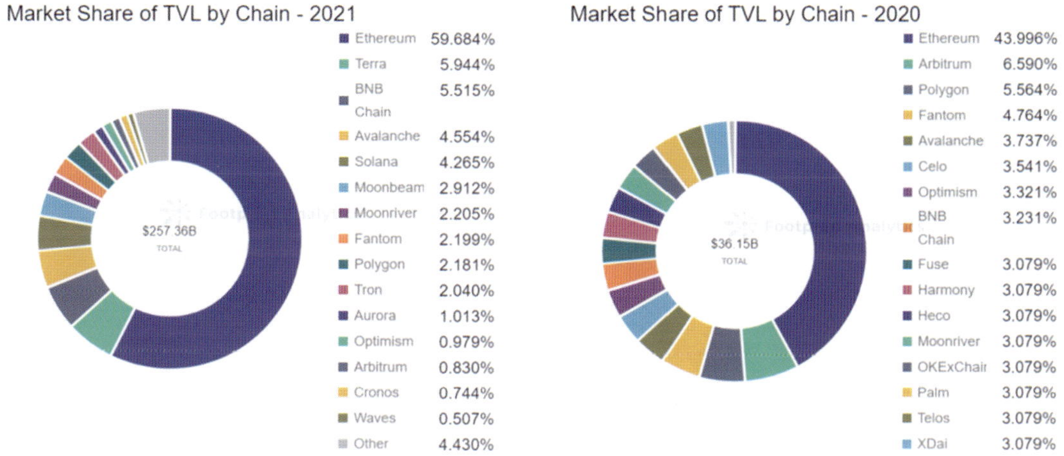

图 1-1　2020 年和 2021 年不同公链项目所分享的市值占比

图片来源：Footprint Analytics。

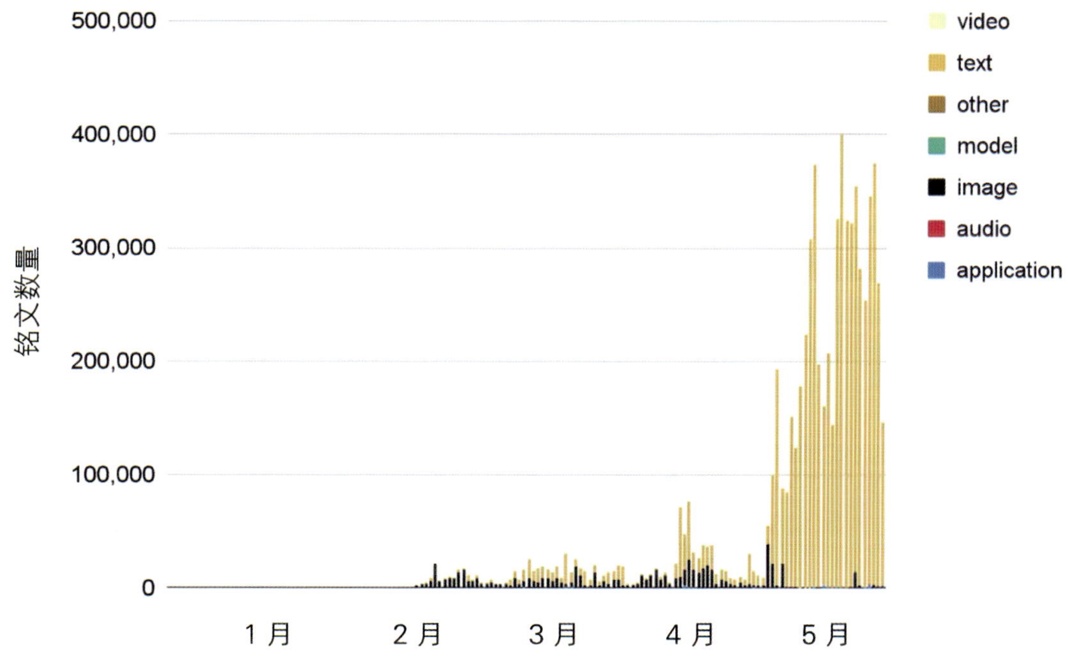

图 1-9　比特币上不同类型铭文数量增长

通向Web 3世界的“硬核”科普

Web 3中的零知识证明

高承实 | 主 编

Zero-Knowledge Proof In Web 3

電子工業出版社
Publishing House of Electronics Industry
北京·BEIJING

内 容 简 介

基于当前 Web 3 世界的快速发展，零知识证明在落地应用方面取得了快速进展。本书从技术原理和相关具体工程实现的角度对其进行介绍。本书第 1 章从总体上回顾了 Web 3 的发展，以及当前的表现形态，第 2 章和第 3 章从最简洁的数学层面向读者介绍了零知识证明是什么，以及如何构建零知识证明。第 4 章从技术层面介绍了 Web 3 世界中零知识证明的主流实现方案，第 5 章从应用层面介绍了零知识证明在 Web 3 世界中的一些典型应用，第 6 章介绍了零知识证明在其他领域的应用及展望。本书定位为科普读物，面向的读者包括但不限于 Web 3 领域的从业者、对零知识证明感兴趣的学生及业内人士。

图书在版编目（CIP）数据

Web 3 中的零知识证明 / 高承实主编. -- 北京 : 电子工业出版社, 2024. 9. -- ISBN 978-7-121-48811-5

Ⅰ. F49

中国国家版本馆 CIP 数据核字第 2024VM9162 号

责任编辑：朱雨萌
印　　刷：山东华立印务有限公司
装　　订：山东华立印务有限公司
出版发行：电子工业出版社
　　　　　北京市海淀区万寿路 173 信箱　　邮编：100036
开　　本：787×1 092　1/16　印张：18.25　字数：403 千字　彩插：1
版　　次：2024 年 9 月第 1 版
印　　次：2024 年 9 月第 1 次印刷
定　　价：98.00 元

凡所购买电子工业出版社图书有缺损问题，请向购买书店调换。若书店售缺，请与本社发行部联系，联系及邮购电话：（010）88254888，88258888。

质量投诉请发邮件至 zlts@phei.com.cn，盗版侵权举报请发邮件至 dbqq@phei.com.cn。

本书咨询联系方式：zhuyumeng@phei.com.cn。

前　言

零知识证明和 Web 3 的未来

什么是零知识证明？

零知识证明的英文是 Zero-Knowledge Proof，是指证明者能够在不向验证者提供任何有用信息的情况下，使验证者相信某个论断是正确的。从这个描述，我们就可以大体想象得出，零知识证明对我们的生活有多么重要！

1. 零知识证明带来了新的信任建立方式

信任是人类社会得以建立和发展最重要的基础之一，如果没有信任，人类社会将不复存在。那么如何建立信任呢？

从古至今，人类可能一共只有 4 种信任建立的方式。

第一种是建立在熟人之间长期反复博弈基础上的信任。经过长期交往，我们可以得出一些结论，比如张三可信，李四不可信，王五在一些方面可信，但在另一些方面就不一定可信等。这种信任，一方面与某个人的能力大小有关，另一方面也是此人的一种相对的天然属性。这种信任是民间社会得以建立和发展的重要基础，民间交往、借贷等经济活动也都建立在这样的信任之上。

如果我们把这种信任做进一步扩展，由个人扩展到组织，就形成了评级机构信用评级的评价对象，这也是经济社会中信用贷开展的前提和基础。如果扩展到国家，这种信任就是一个国家的主权信用评级。在信用评级领域，这种信任更多的是评价对象是否有能力偿还贷款，而不一定与其本来的属性有关。

第二种是建立在中心化权威机构做信任背书基础上的信任。比如我们都会相信政府机构会秉公办事，我们也会相信中央银行发行的货币可以作为通货来使用。然而，有时我们也不得不相信某些机构和组织不会骗我们，但同时我们在内心深处又充满了对它们的不信任。

第三种是区块链带来的去中心化信任。区块链带来的去中心化信任不同于熟人建立在长期反复博弈基础上的信任，也不同于由中心化权威机构做信任背书建立起来的信任。在通过各种去中心化金融基础设施应用 DeFi 实施交易时，我们并不知道和我们交易的人是谁，这个人是否可信就更无从谈起了，这种交易也没有一个权威可信的第三方为交易双方做信任背书，我们相信的是区块链的共识机制和 DeFi 这种去中心化金融交易应用的强制执行力。

区块链带来的这种信任，在某种程度上与由中心化权威机构做信任背书形成的信任有相似之处。比如在上海证券交易所交易股票，我们同样不知道与我们交易的对方是谁，也不知道这个人是否可信，我们相信的是上海证券交易所建立的一整套保障机制。如果真的在交易过程中出现问题，我们相信上海证券交易所会帮我们处理。这种信任是建立在由一个中心化权威机构做信任背书的基础上的，而区块链带来的信任，一是建立在由所有人认同且由所有人努力保障的共识机制之上的信任，二是对各种去中心化智能合约的强制执行力的信任。这种信任不依赖任何一个中心化机构，是一种对去中心化体系的信任。

零知识证明则带来了第四种信任，即建立在数学基础上的信任。这种建立在数学基础上的信任，不看交易双方之前是否认识，更不关心对方是否可信，这种信任也不需要任何机构做信任背书，甚至不需要建立在任何强大的共识机制上。如果非要说有共识，那么这种共识就是数学证明。只要交易双方都相信数学，这种信任就可以得到证明，信任关系就可以建立起来。

2. 去中心化应用带来了数字世界中新的业务组织方式

人类从古至今几乎所有生产生活的组织方式，都是介于中心化和去中心化之间的，是不同程度的中心化和去中心化的组合。人类社会也可以说从来不存在百分之百的中心化，也不存在百分之百的去中心化。但在信息技术出现后，建立在信息技术能力的不对称基础上，基于业务组织管理需要，在原本去中心化的网络通信协议基础上，建立了中心化的业务系统组织管理载体——万维网，即 World Wide Web。建立在万维网基础上的各种业务系统，几乎都是中心化的系统。无论是以前的信息互联网、当前比较成熟的消费互联网，还是正在实施中的工业互联网和产业互联网，都是中心化的系统。

区块链则在数字世界中为去中心化的业务组织管理方式提供了基础设施。在区块链之上，近几年迅速出现了去中心化金融 DeFi、非同质化代币 NFT、链游 GameFi，以及去中心化社交网络 SocialFi 等种类繁杂、数量众多的去中心化应用。虽然这些建立在区块链上的去中心化应用目前主要聚焦在虚拟数字货币相关领域，大多是由投机力量和创新力量综合驱动的，应用规模和应用范围也还比较有限，但其发展前景不容小觑。区块链这种基础设施建立以后，这些去中心化应用一旦与现实世界结合并得到广泛应用，就将在极深的层次上改变当前人类社会的生产生活组织方式，在总体上带来效率的极大提升，并带来交易成本的极大下降。

3. Web 3 的概念界定及其发展困境

基于用户对数据可实施的操作，人们把互联网的发展划分为 Web 1.0、Web 2.0 和 Web 3.0 这 3 个阶段。Web 1.0 是指用户仅能读取数据，其典型代表就是 20 世纪末的信息门户网站。信息门户网站把相关信息数字化后呈现给用户，用户仅能阅读，没有办法上传或写入数据。以 BBS 为开端的互联网被称为 Web 2.0，在这个阶段，用户不仅可以从网络上读取数据，而且可以自行写入数据。

Web 1.0 和 Web 2.0 阶段的互联网大多以平台为运营主体。虽然用户可以读或写数据，但用户并不拥有数据，即使数据是用户自己上传并写入的，数据的所有权归平台所有。平台利用这些数据赚取了超额利润，但这些超额利润没有分配给贡献数据的用户。于是，在区块链去中心化的背景下，业界很多人提出了 Web 3.0 的概念。Web 3.0 试图通过区块链相关技术，帮助用户实现数据的可读、可写和可拥有。

在编者看来，Web 3.0 的愿景在技术上难以实现。一是数据的载体非常广泛，其边际复制成本又几乎为零，这让我们难以将数据局限在一个固定的范围内；二是数据的复制在某种程度上也是难以追踪的，这让确保数据可拥有变得难以实现。

此外，即使通过区块链，也同样难以实现数据可拥有。区块链全节点账本数据同步的技术特性，决定了区块链上难以承载大规模数据。Web 2.0 时代，平台利用数据赚取超额利润的数据就是大数据，而不是小数据或关键数据。这就使得传统的在 Web 2.0 时代产生的数据所有权的问题，在区块链或 Web 3.0 的环境中也同样难以解决。

当然，数据可读、可写、可拥有，确实在区块链或 Web 3.0 的环境下有实现特例。这种特例就是我们平常所说的各种虚拟数字货币，如“同质化代币”FT、“非同质化代币”NFT，还有未来的分布式身份得以建立的“灵魂绑定通证”SBT，以及介于各种同质化代币 FT 和非同质代币 NFT 之间的“半匀质化代币”SFT。这类内容尽管是数据，但又不是我们通常意义上的数据，更不是我们目前所讲的作为生产要素的数据。

同质化代币 FT、非同质化代币 NFT、灵魂绑定通证 SBT、半匀质化代币 SFT 等之所以能在区块链及 Web 3.0 基础上实现可读、可写、可拥有，是因为我们对其认定和使用做了极其严格的界定。同质化代币 FT、非同质化代币 NFT、半匀质化代币 SFT 被我们定位为数字资产，灵魂绑定通证 SBT 被我们定位为身份证明，而这些内容只有在共识机制作用下，才会在其所关联的链上或应用中被认定为有效，一旦跨出了特定区域和环境，承载这些内容的数据就是“垃圾”。这也是区块链领域经常讲的主权区域。

抛开前文提到的人们对 Web 3.0 的各种预期和设想，从现实的技术实现和可能性角度，编者将 Web 3 定义为建立在区块链基础上的各种去中心化基础设施和去中心化应用。在这个定义之下，Web 3 就包括了 Web 3.0。Web 3.0 则被定义为建立在单条区块链之上的去中心化基础设施和去中心化应用。Web 3.0 的典型代表就是建立在以太坊之上的以太坊生态，该生态是将以太坊区块链作为基础，加上以太坊之上的二层网络甚至三层网络扩展，以及构建在以太坊、以太坊的二层网络及三层网络之上的各种去中心化应用的集合。

无论是现在，还是未来，以太坊虽然有可能一家独大，但世界上绝不可能只有一条以太坊区块链。于是，就有了链与链之间的跨链需求和跨链应用。Web 3 的下一步发展则是基于去中心化实现链与链之间的连通。目前的跨链大多还是一个连接不同区块链网络的单独应用，这些应用所实现的功能也几乎都是对源链共识结果在目标链上的扩展。说得直白一些，目前的跨链基本上都是用一套机制认可了源链上的一个共识结果，并将其锁定后在目标链上再生成一个对应的结果。该结果在跨链机制和目标链的共同认可下，成为目标链上的一个新的共识结果。这种跨链无论从安全性，还是功能上都还非常简陋。未来，除了对这种共识结果的跨链，还必然会实现共识过程甚至共识机制本身的跨链。

在这个基础上，目前构建在单一区块链上的各种 DApp（Decentralized Application，去中心化应用），未来也一定会原生地构建在多条区块链上。这种原生多链 DApp 不仅能够集成目前的跨链机制所实现的对不同链上共识结果的跨链，而且能直接完成对不同链上共识过程甚至共识机制的跨链。就像我们现在编写代码，直接通过网络编程，甚至直接进行云原生编程，而不像 20 年前，连最基本的用于节点通信的 socket 函数都要自己来实现。

编者将这种原生地构建在多条区块链上的 DApp 命名为原生多链 DApp，将大多数区块链、基于去中心化机制实现的多条区块链间的原生跨链，以及不同链上的去中心化扩展和原生多链 DApp 命名为 Web 3.1。将来也许还会有 Web 3.2、Web 3.3，甚至 Web 3.9，未来对于去中心化领域的发展，我们只能拭目以待了。

目前 Web 3 的发展面临着用户隐私保护不足、系统可扩展性差、信任受共识机制的主权区域限制、Web 3 与非 Web 3 难以可靠可信连通等种种问题。因此，在确保链上数据公开、透明、不可篡改的同时，如何保护用户隐私、不同的扩展方案如何可信地传递数据、不同共识机制所形成的主权区域如何可信地扩展和传递共识，以及 Web 3 系统如何与非 Web 3 系统可信地交换数据和信用，都是 Web 3 发展必须面对和亟待解决的问题。

4. 零知识证明为 Web 3 和元宇宙的发展提供了新的可能

针对 Web 3 发展面临的问题，业界虽然提出了多种方案，但这些方案大都存在比较严重的缺陷，如大多数方案都需要引入一个中心化或去中心化的第三方，这无疑带来了更大的信任问题。零知识证明为解决 Web 3 发展面临的问题带来了新的思路，零知识证明的一些解决方案也在 Web 3 相关领域有了比较成功的实践。

如果说区块链在去中心化的基础上实现了去身份信任，那么零知识证明就直接实现了去信任。证明者生成的零知识证明只要能通过验证，我们就基本可以确定被零知识证明验证过的事件是可信的。零知识证明并不是严格的数学证明，而是概率证明。虽然从理论上讲，证明者有可能成功欺骗验证者，使得验证者相信证明者拥有或具备某种知识，但如果经过多次零知识证明验证，证明者仍然能够成功欺骗验证者的概率将会越来越低，以至不可能。

零知识证明尽管有很多优点，但很难直接使用。零知识证明和其他隐私计算方案一样，都需要进行构造。如何构造零知识证明，使其既与当前的计算问题相匹配，具有一定的通用性，又不消耗过多的计算资源，还要确保有效性，是零知识证明被广泛应用面临的重要挑战。

前文说过，Web 3 的发展是投机力量和创新力量综合驱动的。在 Web 3 几乎全面开源的背景下，在各种投机力量和创新力量的驱动下，零知识证明在 Web 3 领域的发展速度远快于 Web 2。零知识证明当前阶段最多的应用创新还是在 Web 3 领域的创新，因此我们也把关注点更多地投向了 Web 3 领域。

我们也需要对零知识证明在其他非 Web 3 领域的应用保持高度关注。因为在编者看来，Web 2 与 Web 3 是网络发展和业务组织的两个不同方向，Web 3 不是对 Web 2 的替代，两者分别对应了人类社会中业务的两种不同的组织方式。Web 2 采用了中心化的业务组织方式，保持了中心化一贯的效率高的优点，但存在一定的信任成本；Web 3 则采用了去中心化的业务组织方式，信任基础强，但在单点上效率低。2022 年 6 月 11 日，推特创始人 Jack Dorsey 在 Consensus 大会上宣布将构建 Web 5 去中心化网络平台，直接取代目前 Web 2 和 Web 3 的概念，因此也被称为“Web 2+ Web 3= Web 5”。编者对此是比较认可的，即未来的元宇宙或第三代互联网，一定是兼容 Web 2 与 Web 3 的，同时，Web 2 与 Web 3 也一定是要有交互的。那么，如何在两套不同的共识和机制之间实现可信连接呢？

至少目前来看，零知识证明是一套可行的方案。因此，我们也可以预期，零知识证明在推动 Web 3 继续发展的同时，也将深度推动 Web 2 和 Web 3 的融合，进而推动整个元宇宙的发展。

5. 关于本书

基于当前 Web 3 世界的快速发展，零知识证明在落地应用方面取得的快速进展及其在 Web 3 中应用的迅速推广和普及，以及零知识证明和 Web 3 未来广阔的发展前景，编者从技术原理和相关具体工程实现的角度编写了《Web 3 中的零知识证明》一书。本书定位为科普读物，面向的读者包括但不限于 Web 3 领域的从业者、对零知识证明感兴趣的学生及业内人士。

本书第 1 章从总体上回顾了 Web 3 的发展，以及当前的表现形态，第 2 章和第 3 章从最简洁的数学层面向读者介绍了零知识证明是什么，以及如何构建零知识证明。第 4 章从技术层面介绍了 Web 3 世界中零知识证明的主流实现方案，第 5 章从应用层面介绍了零知识证明在 Web 3 世界中的一些典型应用，第 6 章介绍了零知识证明在其他领域的应用及展望。

虽然在第 3 章和第 4 章，为了说明零知识证明系统是如何构建的，编者不得不引入一些数学知识，但这些数学知识也是零知识证明最基本的内容，只要读者静下心来学习，必要时再借助一些其他渠道的资源，就还是能够掌握的。当然，如果觉得第 3 章和第 4 章关于数学知识的部分有难度，也完全可以跳过，更多关注零知识证明在 Web 3 及 Web 3 领域之外的一些应用。当然，这些应用都是目前市面上真实存在且正在发生的项目。随着更多应用的发展和人类数字化进程的进一步深化，零知识证明的应用领域会越来越广，人类对零知识证明的需求也会越来越多，零知识证明将发挥更多、更大的作用。

为简洁起见，除非特殊标明，本书不再区分 Web 3 和 Web 3.0，尽管对这两者如何界定都快成为业界“公案”了，本书也不再区分 Web 2 和 Web 2.0，一律以 Web 3 和 Web 2

统一指代。

此外，由于零知识证明和 Web 3 都处于行业发展初期，绝大多数项目也是“草根”创业类项目，这个领域又秉持去中心化的原教旨理念，缺少行业协会等相关组织的规范，因此很多表述相当不规范，包括英文缩写中的大小写、连字符“-”的使用等。即使同一个词语，不同公司和项目也有不同的表达，甚至同一个公司和项目对同一个词语在不同地方也会有不同的表述。本书在不改变原有项目和应用表述的情况下，已经尽可能让其保持一致，但限于本书的规模以及包括的项目数量众多，还是难以完全统一。特此说明。

高承实

2023 年 12 月

目　录

第 1 章　Web 3 新基建崛起……001

1.1　Web 3 主流叙事……001

1.1.1　史前叙事……002

1.1.2　公链降临……004

1.1.3　去中心化金融 DeFi 创世……007

1.1.4　非同质化代币 NFT 异军突起……012

1.1.5　链游 GameFi 先声夺人……017

1.2　Web 3 基础设施体系初现……020

1.2.1　Web 3 基础设施框架……020

1.2.2　数据服务……023

1.2.3　去中心化身份堆栈……030

1.2.4　安全与审计……034

1.3　零知识证明叙事升温……038

1.3.1　零知识证明的奥妙……039

1.3.2　自主掌控隐私……041

1.3.3　破解可扩展性难题……045

第 2 章　揭开零知识证明的神秘面纱……050

2.1　“证明”的历史……050

2.1.1　从归纳推理到演绎推理……050

2.1.2　形式化符号语言推理……051

2.1.3　计算机证明……052

2.1.4　交互式证明……053

2.2　绕不开的计算复杂性……054

2.2.1　基本概念……054

2.2.2　P 问题、NP 问题与 NPC 问题……059

2.2.3　电路复杂性……064

2.3　零知识证明的基本原理……068

2.3.1 故事中的零知识证明 …… 068
2.3.2 模拟器定义“零知识性” …… 071
2.3.3 提取器定义“可靠性” …… 075
2.3.4 从交互式证明到简洁非交互式证明 …… 078

第 3 章 零知识简洁非交互论证系统的构造 …… 091

3.1 构造零知识简洁非交互论证系统的主要步骤 …… 092
3.1.1 SNARK 系统的底层 …… 092
3.1.2 可验证计算及其设计 …… 095
3.2 将计算需求转化为电路 …… 103
3.2.1 将问题转化为程序 …… 103
3.2.2 将程序转化为计算电路 …… 104
3.3 信息论模型的构造 …… 112
3.3.1 LIP 模型 …… 113
3.3.2 IOP 模型 …… 114
3.4 证明多项式 …… 115
3.4.1 FRI 承诺 …… 115
3.4.2 KZG10 承诺 …… 120
3.4.3 IPA 承诺 …… 123
3.4.4 不同方案的对比 …… 126
3.5 非交互及零知识的实现 …… 127
3.5.1 非交互性 …… 127
3.5.2 零知识 …… 130
3.6 小结 …… 132
3.6.1 ZK-SNARK 的分类 …… 132
3.6.2 更多的组合和递归 …… 133

第 4 章 零知识证明的主流实现方案 …… 136

4.1 零知识证明技术和应用发展 …… 137
4.1.1 零知识证明的技术发展 …… 137
4.1.2 重新定义区块链运作方式 …… 138
4.2 ZK-SNARK …… 141
4.2.1 工作原理 …… 142
4.2.2 主要协议 …… 142
4.3 ZK-STARK …… 152
4.3.1 工作原理 …… 152

4.3.2 ZK-SNARK 与 ZK-STARK ······ 159
4.4 Bulletproofs ······ 163
4.4.1 工作原理 ······ 163
4.4.2 应用场景 ······ 169
4.5 ZKP 系统的比较维度 ······ 171
4.5.1 效率和安全维度 ······ 171
4.5.2 底层技术维度 ······ 173

第 5 章 零知识证明“众神殿” ······ 177

5.1 市场机会 ······ 178
5.1.1 基础设施 ······ 178
5.1.2 身份与安全 ······ 184
5.1.3 DeFi 与支付 ······ 187
5.1.4 硬件加速 ······ 191
5.1.5 NFT 交易 ······ 193
5.2 Web 3 系统扩容 ······ 194
5.2.1 zkSync ······ 194
5.2.2 StarkNet ······ 201
5.2.3 Scroll ······ 206
5.2.4 Polygon zkEVM ······ 212
5.3 挑战可交互性 ······ 215
5.3.1 跨链桥概述 ······ 215
5.3.2 ZKP 跨链原理及难点 ······ 219
5.3.3 实现以太坊 PoS 轻客户端 ······ 220
5.3.4 将 IBC 引入以太坊 ······ 223
5.3.5 分布式零知识证明 ······ 227
5.4 数字身份解决方案 ······ 229
5.4.1 去中心化身份堆栈 ······ 229
5.4.2 ZK 勋章证明声誉 ······ 232
5.4.3 ZKDID 预言机 ······ 234
5.4.4 ZK-KYC 助力合规 ······ 238
5.5 博弈中的隐私支付 ······ 242
5.5.1 隐私币 ······ 243
5.5.2 隐私交易网络 ······ 248
5.5.3 隐私智能合约 ······ 251

第 6 章　Web 3 之外的零知识证明 ······ 254
6.1　零知识证明赋能生成式 AI ······ 255
6.1.1　为 ML 上链提供基础设施 ······ 256
6.1.2　实现信任证明 ······ 257
6.1.3　开拓游戏新属性 ······ 257
6.2　抵抗虚假信息 ······ 259
6.2.1　音频的 ZK 证明 ······ 259
6.2.2　新闻照片的 ZK 证明 ······ 260
6.3　分布式智能电网的安全控制 ······ 262
6.4　医疗数据保护与安全共享 ······ 264
6.4.1　医疗数据安全共享 ······ 264
6.4.2　医疗数据安全采集 ······ 267

参考文献 ······ 271

后记 ······ 277

第 1 章

Web 3 新基建崛起

区块链世界的发展，早已超越了中本聪（Satoshi Nakamoto）在著名的白皮书《比特币：一种点对点的电子现金系统》（*Bitcoin: A Peer-to-Peer Electronic Cash System*）中所规划的虚拟数字货币的去中心化发行、流通、支付和清算，在技术框架和应用上也从最开始单一的区块链进化到了相对完备的 Web 3 体系。

Web 3 这个词在许多方面可以说是对蒂姆・伯纳斯-李（Tim Berners-Lee）[1]提出的语义网[2]愿景的回归。2014 年，以太坊推出不久，加文・伍德（Gabin Wood）[3]在一篇名为"DApp：Web 3.0 是什么"的文章中指出，Web 3.0 是一个为应用程序制造商提供构建块的包容性协议，这些构建块取代了 HTTP、AJAX 和 MySQL 等传统 Web 技术，并提供了一种创建应用程序的全新方式。目前，Web 3.0 已经开始向更普遍和更通用的 Web 3 叙事挺进了。

1.1 Web 3 主流叙事

叙事不仅仅是讲故事或单纯地讲述，而且是历史、文化、时代精神和个体选择相结

[1] 蒂姆・伯纳斯-李是英国计算机科学家，万维网发明者，2016 年度图灵奖得主，英国皇家学会工艺院院士，麻省理工学院计算机科学及人工智能实验室创办主席和高级研究员，网页科学研究倡议会总监，麻省理工学院集体智能中心咨询委员会成员。1990 年 12 月 25 日，他和罗伯特・卡里奥在 CERN 一起成功通过互联网实现了 HTTP 代理与服务器的第一次通信。

[2] 语义网是由蒂姆・伯纳斯-李在 1998 年提出的一个概念，它的核心是通过给万维网上的文档添加能够被计算机所理解的语义，也就是元数据，让整个互联网成为一个通用的信息交换媒介。

[3] 加文・伍德是以太坊的联合创始人，也是以太坊背后的主要开发人员。他是在该行业很有远见的人，在去中心化应用程序和智能合约开发方面发挥了重要作用。他的贡献帮助塑造了以太坊生态系统的未来，并为其持续增长和发展奠定了基础。他还是加密社区的思想领袖，经常分享自己对去中心化技术未来的想法和观点。

合的载体。在某种程度上，叙事是一个社会、一个时期的重要信念，而信念一旦产生，就会潜移默化或直接影响每个人的行为。正是这些特性，使得叙事成为一种非常重要的经济变化机制和预测变量。成功的叙事会像“病毒”一样广泛传播且难以被“治愈”，最终成为影响经济波动的“神秘力量”。

比特币的故事就是一个成功的经济叙事实例。比特币的出现就像一个意外，在意外发生之后，比特币的“去中心化”叙事一次又一次冲击着人们的认知，同时伴随其价格的一路高涨，周期性地反复塑造着人们对它的信心，并给全球经济、政治、科技、文化等领域都带来了巨大的变化。

在区块链领域，叙事始终被证明是获取关注、投资并带来增长的强大驱动力。区块链创造的概念和相关叙事，将很多默默无闻的概念推向前沿。这些概念包括去中心化金融 DeFi、非同质化代币 NFT、去中心化自治组织 DAO、二层网络 Layer 2、边玩边赚模式 P2E[1]、迷因 Meme[2]、元宇宙，以及如今的流动性质押衍生品 LSD[3]、人工智能、真实世界资产 RWA[4]等。有人称加密货币是一种“叙事游戏”，叙事不断变化，趋势也在不断变化。

1.1.1 史前叙事

互联网是技术发展和社会进步的必然产物，但是它的诞生充满了历史的偶然。区块链的起源同样如此，最早可以追溯到密码学和分布式计算的诞生。

1. 不可或缺的密码学

1976 年，惠特菲尔德 • 迪菲（Whitfield Diffie）、马丁 • 赫尔曼（Martin Hellman）两位密码学大师发表了论文“密码学的新方向”，该论文引领了密码学未来几十年的发展，包括非对称加密、椭圆曲线算法，规定了迄今为止绝大部分密码学的发展方向，也对区块链和比特币的诞生起到了决定性作用。

同年，在另一个领域发生了一件看似完全不相关的事情。1974 年的诺贝尔经济学奖得主弗里德里希 • 冯 • 哈耶克（Friedrich Von Hayek）出版了他人生中最后一本经济学

---

[1] P2E 即 Play to Earn，边玩边赚，是 GameFi 领域被广泛采用的一种经济模式。

[2] Meme，可译为迷因、模因、媒因、文化基因等。Meme 是承载文化思想、符号或实践的一个包含甚广的概念，可以通过包括但不限于演讲、手势、习惯、习俗、口号、谚语、网络爆红事物等具有模仿主题的可模仿现象从一个头脑传递到另一个头脑，近似于学习。

[3] LSD 即 Liquid Staking Derivatives，指流动性质押衍生品。在 DeFi 中，质押资产有锁定期，锁定期内用户不能交易也不能提取。流动性质押的区别在于，用户质押区块链原生代币后，会获得一个收据代币，如 stETH、rETH 等，这类代币有流动性，可自由交易。

[4] RWA 即 Real World Assets，指真实世界中的资产。RWA 指的是可以在链上代表实际资产进行交易的通证（token），包括普通 token 和 NFT。实际资产包括如房地产（房屋和租赁流）、贷款、合同和担保，以及任何可在交易中使用的高价值项目。

专著——《货币的非国家化》。了解比特币的人都知道，《货币的非国家化》一书中提出的非主权货币、货币竞争发行等理念正是去中心化货币的精神指南。

到了 1978 年 4 月，拉尔夫·默克尔（Ralph Merkle）提出了被称为 Merkle Tree（默克尔树，又称哈希树）的数据结构和相应算法，其用途之一是在分布式网络环境中实现对数据同步正确性的校验，这也是 Merkle Tree 被引入比特币系统来实现区块同步校验的原因。1982 年，莱斯利·兰伯特（Leslie Lamport）提出了拜占庭将军问题，这标志着分布式计算的可靠性理论和实践进入了实质性阶段。同年，眼光敏锐的人已经开始尝试将密码学运用到货币、支付等相关领域，大卫·乔姆（David Chaum）提出了密码学支付系统 eCash。

新的思想和技术往往要在“冷板凳”上沉寂一阵子，人们也需要去学习、探索和实践这些新的思想和技术，然后才有可能产生突破性的应用。从 1976 年开始，经过约 20 年，密码学、分布式计算终于进入了爆发期。

2. 加密货币的起源

20 世纪 90 年代，在个人计算机与互联网方兴未艾之时，人们就发现了大型中心化机构试图通过网络加强其对个人信息的监视与控制。掌握数据的中心化机构可以比以往任何时候都更加轻松地追踪其想了解的个人信息。为了保障个人在网络世界的隐私权，1993 年，埃里克·休斯（Eric Hughes）发布了“密码朋克宣言”，密码朋克运动就此诞生。密码朋克运动的诞生也正式宣告了通过密码手段保护个人网络隐私运动的开始。

在这样的思潮下，第一代的数字货币 eCash 出现了。1993 年，密码学家大卫·乔姆基于盲签名技术发明的 eCash 系统，可以在互联网上安全、匿名地进行小额支付。但是当时的市场并不关注隐私保护问题，因此 eCash 最终未能得到普及应用。

此后，密码学家戴维（Wei Dai）提出了 B-money 的设计，这是首个不依赖中心化机构的匿名数字货币方案。B-money 引入工作量证明的思想来解决数字货币发行的问题。另外，任何人（或部分参与者）都可以维护一套账本，构成一套初级的点对点（P2P）网络，使用者在网络内通过对带签名的交易消息的广播来确认转账。但是由于 B-money 未能解决“双花”问题，也未能指出如何有效、安全地维护账本，因此最终未能实现落地应用。

B-money 首次引入了 PoW 机制、分布式账本、数字签名、P2P 广播等技术，与如今的区块链技术非常相似。戴维希望能构建一个保护所有参与者隐私的社区，社区内部人员以点对点的方式交流和交易。这也意味着在互联网中，我们不需要可信的第三方机构，仅通过代码就可以让参与者直接进行可信交易。

到了 1998 年，密码学货币的完整思想终于破茧而出。戴维、尼克·萨博（Nick Szabo）同时提出了密码学货币的概念，其中，戴维的 B-money 被称为“比特币的精神先驱”，而尼克·萨博的 Bitgold 提纲与中本聪在白皮书中列出的系统特性已经非常接近。

3. 点对点网络

21 世纪初，点对点网络的发展及其发展中积累的经验教训也在某种程度上复兴了工程师对点对点协议的兴趣，引导了区块链的设计。

点对点系统的优势在于去中心化，对单点的宕机或离线容忍度高。另外，交易双方直接交互，有着更高的交互效率。例如，在点对点文件共享系统中，所有文件均存储在用户的计算机上，当有人想在这样的系统中下载文件时，他是直接从另一个人的计算机上下载的，而这个人既可能是隔壁的邻居，也可能是世界上任何地方的一个人，这个过程不需要通过任何中心化服务器调度。Napster 是第一个进入主流的点对点协议，在鼎盛时期，Napster 拥有超过八千万名用户，这也向外界证明了点对点系统的潜力。

点对点系统的应用并不局限在文件下载等应用或音乐等产业，凡是存在“中间人”角色的系统都有可能被点对点系统取代。例如，金融行业，货币大多是以数字的方式存储在金融机构的信息系统中的，银行、融资公司等机构则是存款人和贷款人的中间环节，而存款人和贷款人哪怕是看似非常简单的一个动作，如从一个账户转账到另一个账户，也会涉及金融行业的多个中间环节。这不仅会延长交易的处理时间，还会被中间环节收取高额的手续费。此时，你是否希望有一个安全可靠、像 Napster 一样的系统为你提供金融服务呢？

时间来到 2008 年。以雷曼兄弟（Lehman Brothers）的破产为开端，金融危机在美国爆发并向世界迅速蔓延。就在传统金融市场一片狼藉之际，一个不受政府控制的数字货币概念——比特币（Bitcoin）获得了密码学爱好者的关注。一个化名为 Satoshi Nakamoto（中本聪）的人在 metzdowd 密码学邮件列表中发布了《比特币：一种点到点的电子现金系统》，并在 2009 年公开了最初的代码实现方案。

1.1.2 公链降临

公链是区块链和 Web 3 叙事的原点与开端。

根据去中心化程度的不同，区块链被分为公链、私链和联盟链，而公链是区块链和 Web 3 得以建立的基础，是区块链和 Web 3 性能提升的重点，也是众多去中心化应用的基础支撑。只有在公链扎实、稳健、高效运转的基础上，区块链商业应用才能真正落地和发展。

比特币是世界上第一条公链，在比特币之后出现了众多以改良比特币为目的的区块链。为了让区块链能够更加灵活地处理货币和金融业务，通过编程实现更多货币和金融功能，以太坊（Ethereum）出现了。以太坊在比特币系统的基础上增加了智能合约虚拟机，这成了公链发展的转折点。这一时期面世的公链包括 ETH（以太坊）、NEO（小蚁）、QTUM（量子链）、EOS 等。在各种公链中，以太坊一家独大。

随着链上部署的合约数量越来越多、交易频次越来越高，以太坊的性能开始捉襟见肘，同时交易的 Gas 费也居高不下。在这样的背景下，基于不同的共识机制、不同的验证交易层技术，BSC、Solana、Avax 等一批高性能且低成本的公链诞生了，进而形成了多链生态并存的格局。这一时期，加密世界的总市值达到了上万亿美元，同时整个公链生态也被分为兼容以太坊智能合约开发虚拟机环境的 EVM 联盟公链和不兼容以太坊智能合约开发虚拟机环境的非 EVM 公链。由于 EVM 生态强大，所以也有部分非 EVM 公链计划提供 EVM 虚拟机或转为 EVM 兼容方向。

以太坊承载了大部分加密行业的生态应用，同时以太坊一直以来也主导着去中心化金融 DeFi 和非同质化代币 NFT 的发展。公链领域的创新虽然从未间断，在以往关于公链的讨论中，人们也总会讨论谁是“以太坊杀手”，但到目前为止，公链世界仍以以太坊为代表，大部分新公链也不再以打败以太坊为目标。当前的公链创新有的选择依托以太坊生态，解决以太坊的扩展问题，与之携手并进；有的以开创性或颠覆性的技术优势，通过解决“区块链三角难题”来吸引以太坊的用户和流量；有的选择专注某个应用生态，吸引主流用户参与其中……

目前，公链领域的应用已基本涵盖了基础设施、钱包、工具、浏览器、预言机、去中心化金融 DeFi、非同质化代币 NFT、GameFi、SocialFi 等领域。从市值来看，2022 年排名在前 10 位的区块链项目中，有 5 个是公链项目。图 1-1 给出了 2020 年和 2021 年不同公链项目所分享的市值占比。

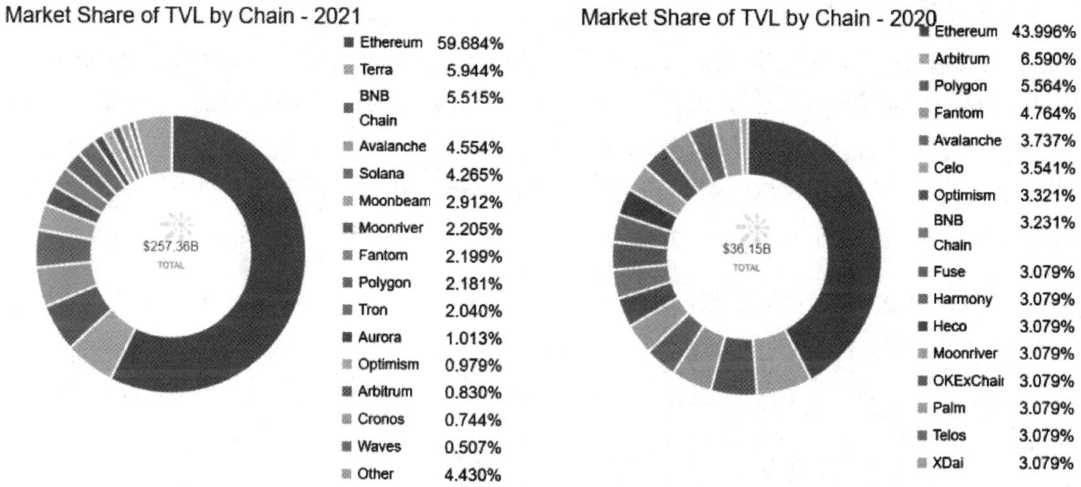

图 1-1　2020 年和 2021 年不同公链项目所分享的市值占比

图片来源：Footprint Analytics。

随着各种结构和类型的公链项目的发展，公链也从原来单一的一层网络（Layer 1），分别向上扩展到了二层网络（Layer 2）甚至三层网络（Layer 3），向下也发展出了零层网络（Layer 0）。最有名的 Layer 0 项目包括 Cosmos、Polkadot、Avalanche。Layer 1 公链项目则有通过新共识机制创建的高拓展性公链 Solana、使用分片技术实现可扩展性的底层区块链 NEAR，以及拥有大量侧链的多层次平台 Polygon。Layer 2 主要用来解决以太坊生态的可扩展性问题，它的技术方案包括状态通道 State Channel、Rollup 和 Plasma 3 类。

目前，Rollup 为主流方案，代表项目有采用 Zero-knowledge Rollup 的 2 层网络扩容方案 Zksync，采用 Optimistic Rollup 2 层网络扩容方案的 Arbitrum。

公链赛道作为行业的基础和叙事核心，其历次革新主要体现在共识机制、可扩展性、模块化 3 个方向。

1. 混合共识崛起

共识机制决定了区块链的可扩展性、安全性和去中心化程度。共识机制的创新更具颠覆性，许多新公链的崛起就得益于此。2018 年上线的一众公链项目几乎放弃了比特币系统所采用的 PoW（Proof of Work，工作量证明）共识机制，以 EOS 的 DPoS[1]为代表的一系列基于 PoS（Proof of Stake，权益证明）的共识机制崭露头角。虽然 PoS 共识算法略显中心化，但其“人人可验证、人人可监督”的特性依旧在当下获得了大多数用户的认同，并在性能上远超 PoW 共识算法。

此外，Solana 通过 PoH[2]共识机制带来了号称在不降低去中心化程度和安全性前提下的可扩展性解决方案。Cosmos 的共识算法则基于 PoS 和 BFT（Byzantine Fault Tolerance，拜占庭容错），是一个类似实用拜占庭容错的共识引擎，具有性能高、一致性强等特点。

2. 更高的可扩展性

为了解决区块链单链容量有限的问题，在部分公链项目选择 2 层网络扩容 Layer 2 Rollup 路线的同时，近年来崛起的“Move 系”公链则选择从头构建新的 Layer 1，试图一次性解决扩容和合约安全问题。“Move 系”公链通过并行化的执行环境提高公链性能，通过 Move 语言和 MoveVM 提高合约的安全性。Aptos 和 Sui 两条区块链都是基于 Move 语言开发的，它们都专注于提升可扩展性。

3. 从单体区块链到模块化区块链

在以太坊 1.0 和 Solana 这样的区块链网络中，执行交易、数据广播、数据存储都是在一条链中进行的，它们属于单体区块链，在基础共识层同时实现执行、结算、共识和数据可用性 4 项功能。模块化区块链则由多个模块分别负责这些功能实现，再通过不同模块之间的松耦合或紧耦合，相对灵活地实现对应功能。这成为当前公链赛道一个显著的发展方向。

Celestia 是第一个模块化区块链网络，它允许主权区块链摆脱单一架构限制，根据自身条件灵活且自由地构建，旨在让任何人都能以最小的开销轻松部署自己的区块链。

公链赛道从“一链独秀”到“百链齐放”是大势所趋。新公链赶超以太坊或成为下一个以太坊的叙事虽然还在继续，但可能很难成为主流叙事。具备特定功能、面向垂直

---

[1] DPoS，Delegated Proof of Stake，代理权益证明共识机制。

[2] PoH，Proof of History，历史证明共识机制。

场景的公链，重视生态建设、帮助 Web 3 走向成熟的公链，将有可能带来公链生态的再次繁荣。

1.1.3　去中心化金融 DeFi 创世

区块链在很多情况下都被称为“分布式账本”，而历史中上一次改变金融和世界的账本则是“复式记账法”。在很多叙事中，区块链就是为了变革货币金融系统的中心化机制而产生的，因此区块链和 Web 3 的创新变革，以及新的用例也总是在金融相关领域出现。

1. 去中心化金融 DeFi 1.0 时代

2009 年 10 月，首个比特币交易所 New Liberty Standard 诞生，区块链货币市场由此开启。ERC-20 协议出现后，市场开始被各式各样的代币充斥，这些虚拟数字货币本身并没有价值承载和依托，其价格完全来自共识。DeFi 时代真正来临是在以太坊诞生之后，它的演进可以分为模仿、创新和完善 3 个阶段，其 3 个阶段的典型事件如下。

第一阶段（2015—2018 年），模仿传统金融服务。

- 2015 年 11 月，首个订单薄去中心化交易所 EtherEx 诞生。该交易所的交易模式模仿了中心化交易所 CEX，区别仅在于订单的匹配确认是用区块链验证完成的。
- 2017 年 12 月，MakerDAO 发行首个稳定币 DAI。DAI 是通过一个名为 MakerDAO 的去中心化平台创建的，该平台用一个智能合约系统来管理 DAI 的数量供给。用户可以将其他加密货币（如 ETH）存入 MakerDAO 平台，并将其作为抵押品来生成稳定币 DAI。抵押品的价值必须始终超过生成的 DAI 的价值，以确保 DAI 价值的稳定。
- 2018 年 9 月，Compound 推出了首个借贷平台，开启了超额抵押借贷模式。

第二阶段（2018—2020 年），创造加密原生的金融产品。

- 2018 年 11 月，首个基于 AMM（Automated Market Maker，自动做市商）机制的 DEX（Decentralized Exchange，去中心化交易所）——Uniswap 上线。这是金融历史上首个非订单簿的交易系统。
- 2018 年 12 月，Synthetix 推出合成资产平台，通过超额质押某种资产来生成合成资产。
- 2019 年 10 月，开源自动化交易程序 Hummingbot 发布“流动性挖矿”白皮书。

第三阶段（2020 年至今），在集合了 AMM 机制、流动性挖矿和合成资产之后，“DeFi 之夏”的高潮于 2020 年开启。之后各个协议开始了“DeFi 乐高”的搭建，并实现了资产的跨链互操作。

- 2020 年 6 月，Compound 推出“借贷即挖矿”，向用户分发治理代币 COMP，为 DeFi 应用带来了新的增长点。
- 2020 年，Polkadot 和 Cosmos 等跨链协议上线。

- 2020 年 9 月，Uniswap 对参与协议的地址发放了“空投”，首次创新了代币分发和用户激励方式。
- 2021 年 5 月，Uniswap V3 推出，开启了金融和 NFT 结合的先例。
- 2021 年，Aave 和 Yearn 等 DeFi 协议实现了乐高积木式的集成和优化。
- 2021 年 4 月，Centrifuge 和 MakerDAO 合作，以房子为抵押物，贷款 18.1 万 DAI。这是现实世界资产第一次基于区块链完成的抵押贷款。

目前，除了传统金融领域的信用贷这个品类在区块链世界尚没有对应产品，绝大部分传统金融世界中的金融类别和金融产品在区块链世界都有了对应产品，并且其中大多数产品有了进一步的创新。图 1-2 给出了以太坊上的 DeFi 生态，按大类从上到下、从左到右，分别为支付、用户服务、基础设施、交易所和流动性管理、投资、用户认证和身份管理、衍生品、市场、稳定币、预测、保险、借贷。

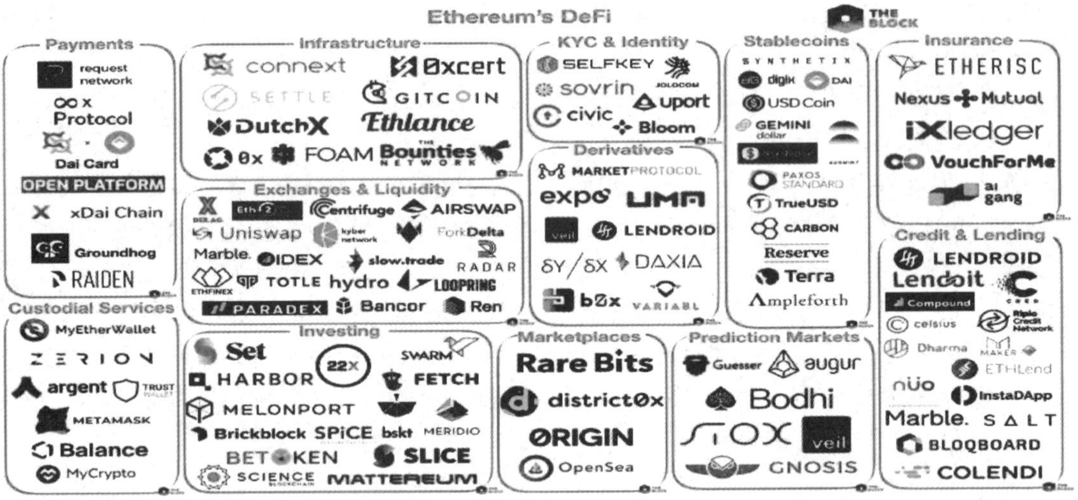

图 1-2　以太坊上的 DeFi 生态

2. 去中心化金融 DeFi 2.0 时代

DeFi 1.0 的标志是流动性挖矿，由用户提供流动性，但提供流动性的用户大多只是简单地进行“挖提卖”（挖矿、提币、卖出），当市场出现恐慌时，提供流动性的人就会抽走流动性。DeFi 2.0 的出现是为了解决流动性供应、资金效率、激励机制等方面普遍存在的问题，让项目可以获得长期流动性。

DeFi 2.0 时代的代表性项目 OlympusDAO 通过 bonding 机制，彻底颠覆了传统的流动性挖矿机制。它利用债券，用第三方的 LP 代币以折扣价兑换协议的原生代币，这为协议及任何使用协议的项目（如 bonding-as-a-service）带来了一个优势，即协议通过发行债券来买入流动性，而不是租用第三方的流动性，因此不存在流动性被抽走的风险。

另一个专注于流动性的 DeFi 2.0 项目就是 Tokemak。该 DeFi 协议的功能是优化和协调流动性，即旨在通过 Tokemak 协议和流动性提供方（Liquidity Provider，LP）来协调流动性，通过流动性主管（Liquidity Director，LD）高效地将流动性去中心化。

从运营数据看，当前 DeFi 2.0 的锁仓规模不是很大，还不足以取代 DeFi 1.0。

DeFi 的垂直领域包括发行、流动性、交易、风险管理等。合成资产包含加密货币和传统衍生资产（本质上是代币衍生品）协议；结构性产品包含收益优化器、收益分配与自动化流动性供应商 LP 管理器等；借贷包括支持用户出借和借用资产协议；现货去中心化交易平台（DEX）是以非托管方式实现各种资产的点对点交易的平台；预测市场则支持用户针对未来结果投注、下注和购买；保险为用户提供了对冲风险保险的协议；Launchpad 指用于代币发行、增加流动性等可组合的模块；抵押债务头寸（CDP）是使用抵押品铸造稳定币的协议，等等。图 1-3 给出了 DeFi 的主要垂直领域及典型项目。

图 1-3　DeFi 的主要垂直领域及典型项目

图片来源：2023 年 9 月，Binance Research《探索加密货币：行业地图》。

3. 去中心化金融 DeFi 面临的困境与其未来发展

DeFi 是当前金融技术最有趣的发展方向之一，它有潜力创建一个更具安全性、开放性，并且确保数据完整和可访问的金融环境。过去几年可被视为 DeFi 应用的开始。就像人类花了相当长时间，才推出了建立在互联网之上的众多应用，而这些应用的普及又花了相当长时间一样，预计 DeFi 只有经历多个创新和失败的循环，才会在真实的金融环境中得到广泛应用。

由于外部环境变化，2023 年第二季度 DeFi 总锁仓量降至 776 亿美元，环比下降 7.1%[1]。以太坊总锁仓量下降 2%，但依然稳坐 DeFi 首位。2023 年 6 月初，美国证券交易委员会（Securities and Exchange Commission，SEC）对币安发起诉讼并称 Polygon（MATIC）属于证券，这个事件对 BNB 和 Polygon 两大区块链产生了重要影响。BNB 总锁仓量下降了 19%，Polygon 也下降了 8%。但与链上 DApp 交互的日均独立活跃钱包

[1] 数据来源：DappRadar。DappRadar 为去中心化应用程序提供了一个全球应用程序商店，它跟踪了 50 多个区块链上的 12000 多个 DApp，包括以太坊、Solana、BNB Chain 和 Cardano。

（dUAW）数量较第一季度增长了 7.97%，这说明，尽管监管等因素带来了行业动荡，但数字资产市场仍在不断增长。图 1-4 给出了 2022 年 12 月至 2023 年 7 月 DeFi 总锁仓量的变化情况，图 1-5 给出了 2023 年第一、第二季度头部区块链锁定的代币数额。

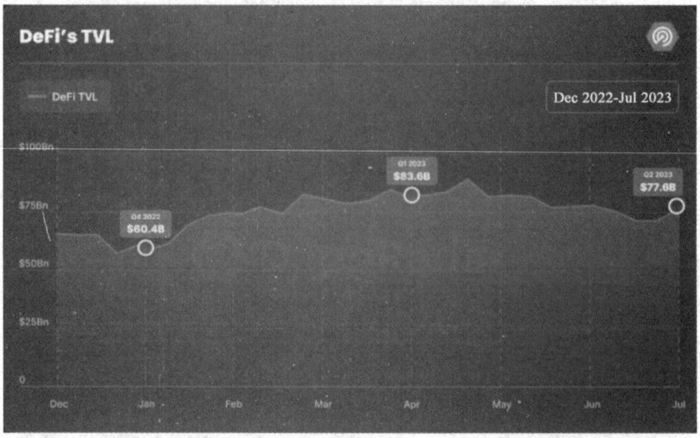

图 1-4　2022 年 12 月至 2023 年 7 月 DeFi 总锁仓量的变化情况

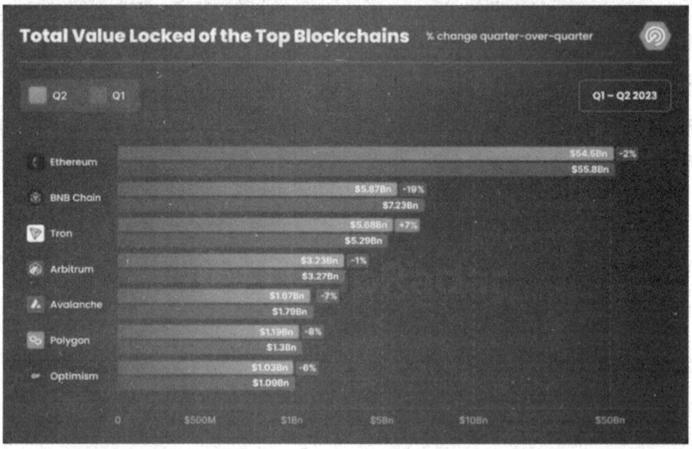

图 1-5　2023 年第一、第二季度头部区块链锁定的代币数额

图片来源：DappRadar。

虽然 DeFi 带来的创新具有显著的颠覆性，但 DeFi 也面临着很多发展上的困境。

在安全性方面，2023 年第二季度，DeFi 应用遭黑客攻击及诈骗事件 117 起，相关损失超过 2.04 亿美元，而 2022 年同期，黑客攻击事件仅有 17 起。2023 年上半年，DeFi 领域共计损失超过 6.65 亿美元，最常见的损失原因是“访问控制问题”，即攻击者未经授权控制钱包，此类事件损失占总损失额的 1/4。位列第二的原因是代码漏洞，由此造成的损失共计 5530 万美元。

在市场监管方面，美国、新加坡等国家积极通过监管法案加强对 DeFi 的监管。2023 年 6 月初，美国证券交易委员会将 68 种加密货币列为未注册证券；同年 7 月中旬，美国证券交易委员会在对瑞波实验室（Ripple Labs）的诉讼中裁定，这家加密公司销售的 XRP 代币并未违反联邦证券法。监管将始终伴随 DeFi 的发展，但对于本身就建立在去中心化基础上且又以去中心化方式运行的金融应用，如何从政策和技术上进行有效监管，也是 DeFi 未来发展必须面对和解决的问题。

DeFi 的发展虽然经历了各种动荡阶段，但 DeFi 领域的创新和变革从未间断。

在产品和交易方式方面，更加多样化的金融产品开始出现，如合成资产、期权和结构性产品。Gains Network 和 GMX 在这个领域表现亮眼，它们提供的资产以合成的方式进行交易，无须借用实际标的的资产，因此各个交易对不再需要订单薄或流动性资金池，从而提高了资金利用效率，提供了获得合成资产杠杆风险最简单的方法。另外，期权交易仍然广受关注，Panoptic Options 和 Dopex 等协议提出了让用户能够交易期权的独特方式。

在流动性供给和获取方面，流动性质押和抵押债务头寸的表现越来越突出，这为用户提供了触达各种链上流动性的机会。上海升级后的以太坊允许将质押的 ETH 在 2023 年重新转换为流动性 ETH，Lido 也推出了流动性质押衍生品 LSD。为了获得 ETH 质押激励并获得 stETH（一种反映其质押 ETH 代币的流动性代币），用户可以将 ETH 存入 Lido。ETH 在 DeFi 中可以用于交易、借贷及提供流动性，从而代替抵押时闲置的 ETH。众多流动性质押提供商开始提供 ATOM、OSMO 等知名 Cosmos 权益证明资产的流动性版本，作为流动性质押衍生品趋势的一部分。

此外，在交易和风险管理方面，DEX 上提供交易的金融产品更加多样化，而且越来越多的项目专注于为用户提供资产保护和其他安全措施，以防范黑客攻击、诈骗和技术漏洞。

在叙事层面，过去几年中，RWA 的叙事一直不温不火，但从 2023 年开始，许多传统金融机构开始布局 RWA，如 J.P. Morgan 在 Polygon 区块链上使用日元和新加坡元的代币化版本执行了第一笔实时交易[1]；持有超过 10 万亿美元金融资产的 BlackRock 正积极推进其向许可区块链领域的扩张，并将股票和债券转换为数字化代币。花旗银行报告指出，几乎任何有价值的东西都可以代币化，金融和现实世界资产的代币化可能是区块链实现突破的“杀手级应用”。有研究者认为，这是因为市场不确定性增加，DeFi 投资者越来越需要多元的现实世界资产组合，从而获得与加密货币无关的稳定收益。RWA 为 DeFi 投资者带来了新的机遇。从 DeFi 的实际出发，想要发展壮大，就必须建立和现实世界的联系。通过将现实世界的资产数字化，DeFi 可以为其用户提供更广泛的金融服务。我们还需要看到的是，RWA 的法律和监管环境仍然不确定且在不断变化，这给投资者和发行者带来了额外的不确定性。另外，RWA 的流动性也是一个需要从业者面对的重大挑战，DeFi 市场缺乏支持大规模交易所需的流动性深度和广度，这可能会限制 RWA 的应用，特别是对高价值资产的应用。

---

[1] 此项目为新加坡金融管理局在 2022 年底开展的资产通证化的首个行业试点项目。

1.1.4 非同质化代币 NFT 异军突起

相比去中心化金融 DeFi，NFT（Non-Fungible Tokens，非同质化代币）更具知名度。腾讯、阿里巴巴、小红书很早就上线了数字艺术平台，明星、艺术家“入圈”NFT 更不鲜见，某知名音乐人曾推出过 Phanta Bear（幻影熊）NFT，NFT 的热度几乎渗透到了世界每个角落，全球都极为关注。

NFT 通常指开发者在以太坊平台上根据 ERC-721 标准/协议所发行的代币。与 NFT 对应的是 FT，即同质化代币，虚拟数字货币中的大多数代币都是同质化代币。它们的区别在于，同质化代币中的一个代币与另一个代币没有区别，而 NFT 则每个都不同，在内容形式上也可以多种多样，动画、图片、视频、MV、虚拟土地、游戏中的道具，甚至现实世界中的物理资产等都可以映射为 NFT。

1. NFT 的诞生与发展

2017 年，两名开发者制作了一款像素角色生成器，可以创建看起来很“朋克”的像素头像。他们关注到以太坊的火热，于是把像素头像放到了区块链上，并让它们可以被人拥有或转让。于是世界上第一个 NFT 项目——CryptoPunks 诞生了。在当时同质化代币占据主流的情况下，图像作为一种加密资产给 Web 3 从业者带来了很多启发。

此后不久，受 CryptoPunks 启发，一款加密猫游戏面世并逐渐走红。该游戏是基于代币标准 ERC-721 构建的，每只数字猫都是独一无二的。基于这种特性，用 NFT 解决版权流转问题，就成了一个显而易见的思路。当一件作品被铸成 NFT 上链后，该作品便被赋予了一个无法篡改的独一无二的编码。这样，无论该作品被复制、传播多少次，原作者始终都是这件作品的唯一所有者。于是，NFT 的概念在市场中开始走红，并逐渐异军突起，发展为市场主流。

2018—2019 年，NFT 生态实现了大规模增长，现实世界中的运动潮牌、艺术领域的创作者开始介入 NFT 市场，OpenSea、SuperRare、Rarible、Nifty Gateway 等 NFT 交易平台也逐渐出现，Web 3 钱包也开始接入 NFT 类型的资产，用户进入 NFT 生态变得更加容易。

2021 年，艺术家 Beeple 的 NFT 单品在佳士得拍出 6935 万美元的高价。村上隆、Snoop Dogg、Grims 等各界明星、艺术家纷纷通过各种平台发布了 NFT，再一次将 NFT 推向大众。2021 年下半年，NFT 和 GameFi 的结合成为新的发展方向。在 Axie Infinity 游戏中，玩家可以把自己养成一个独一无二的形象并转售。2021 年 8 月，Axie Infinity 单月的交易额高达 18 亿美元。

或许有人会有疑问，大部分 NFT 无非是一张图、一幅画、一个身份认证，它为什么会火爆？

NFT 的火爆首先源于加密数字资产市场的火爆。无论是出于爱好、投资或其他需求，NFT 给 Web 3 提供了 DeFi 之外的又一大用例。其次，NFT 可以很好地与体育、艺术、娱乐、文化、游戏等行业结合，更易“出圈”。以 NBA Top Shot 为例，NBA 球员为 NFT 持有者们提供场边座位，并组织了见面会。最后，IP 衍生出的周边产品如卡片、盲盒，在现实的商业世界中由来已久，更容易形成“圈层”。这也为 NFT 的火爆提供了基础。

2. NFT 生态应用

从技术结构与功能属性上看，NFT 技术体系与应用生态可分为基础设施层、项目创作层、交易流通层和衍生应用层 4 层结构，如图 1-6 所示。

图 1-6　NFT 技术体系与应用生态

早期的 NFT 市场大部分以数字艺术和收藏品为标的，随着应用场景的拓宽，NFT 品类也越来越丰富。例如，被称为“NFT 亚马逊”的 OpenSea 有以下一些类别。

（1）体育。基于体育名人的数字艺术收藏，如 NBA Top Shot 球星的短视频剪辑收藏品 NFT。

（2）音乐。艺术家可以将他们的音乐作品“NFT 化”，将买家希望拥有的权利授予买家。

（3）摄影。摄影师可以标记他们的作品并提供全部或部分所有权。例如，OpenSea 用户 erubes1 有一个“Ocean Intersection”集合，该集合中包含了多名 NFT 销售人员和 NFT 持有者。

（4）交易卡。有些交易卡是收藏品，有些交易卡则可以在游戏中交易。如区块链卡牌游戏 Gods Unchained 的卡牌 NFT 就可以用于实际游戏对战中。

（5）效用。效用 NFT 可以代表会员资格或解锁福利。

（6）虚拟世界。如 Decentraland 中的地块 NFT，用户拥有该 NFT 就可以建设改造相应的虚拟土地。

（7）域名。域名 NFT 代表了用户对网站域名的所有权。

除了这些热门品类，NFT 应用生态还有一些新的发展趋势。例如，可赎回的 NFT，该 NFT 允许持有者将 NFT 赎回成现实世界的实物资产，掉期、保险等传统金融市场中的非标准化合同理论上都可以以 NFT 的方式在链上发行并交易。

从交易种类来看，NFT 市场以头像类（Profile Picture，PFP）NFT 为主，PFP NFT 是目前 NFT 市场总市值和交易额都最高的板块，其次为收藏品 NFT 和游戏类 NFT。2022 年 NFT 市场交易总量为 556 亿美元，图 1-7 给出了 2017—2022 年 NFT 市场交易概况。

NFT Yearly Sales Overview Shelly · 2022-12-23 7

Block Date: Year	Sales ($)	Unique Buyers	Unique Sellers	Transactions	Average Sales ($)	Sum of Amount
2022	55 630 961 834.28	3 090 085	2 670 924	45 382 331	1 074.26	8 836 249 704.59
2021	20 200 911 355.46	1 577 930	891 707	14 362 148	1 374.15	73 671 754 378.93
2020	142 630 601.37	32 475	22 610	260 643	398.86	3 591 431 881.69
2019	19 152 362.80	8 051	7 911	98 963	106.04	108 095 219.26
2018	11 342 549.81	2 878	1 961	15 984	599.69	136 785 356.64
2017	140 221.16	167	83	1 222	114.75	498.82

图 1-7　2017—2022 年 NFT 市场交易概况

图片来源：Footprint Analytics。

3. NFT 的新发展趋势

NFT 在 2021 年兴起，2022 年持有者人数（钱包数）从 144.6 万增长到了 377.8 万，增幅达 161.3%。虽然累计用户数相对增多，但交易活跃用户数在 2022 年呈下降趋势。

从 PFP NFT 的激增，到时尚、音乐、娱乐、游戏和元宇宙体验的探索性尝试，虽然市场明暗交替，但 NFT 被普遍认为是 Web 3 世界极其重要的组成部分，将对创作、品牌营销、社交带来显著的影响，并通过和元宇宙、游戏、DAO、DeFi 等领域相关应用的结合，发挥更大的潜力。

从技术层面看，NFT 与 DeFi、CeFi 的交互形式非常有限。目前 NFT 生态多链发展的趋势越发明显，但跨链系统的安全问题、效率问题和中心化问题都是 NFT 生态进一步发展的障碍。想要提高交易效率和应用的实效性，就需要新的预言机和聚合协议让三者联动起来。NFT 在存储方面也存在不少问题，大多数 NFT 存储和交易还没有完全脱离中心化存储系统，这对 NFT 持有者来说是相当大的隐患。目前，Arweave、IPFS 等去中心化存储系统与 NFT 的联动越发紧密。

此外，未来 NFT 可能有以下几种发展趋势。

1）趋势一：NFT 与 DeFi 的结合

NFT 是非同质化代币，流动性天然不足。为了解决这个问题，市场上出现了针对 NFT 资产的金融类应用和工具，用金融化的方式增加 NFT 资产的流动性和可定价性，以提高 NFT 的资金利用率。

（1）NFT 借贷。目前基于 NFT 的借贷协议主要分为“点对点”和“点对池”两种方式。

“点对点”方式让用户直接将 NFT 抵押给他人，如最早的 NFTFi，贷款人可以通过提供 DAI 或 WETH 贷款赚取利息，而借款人可以通过抵押上市的 NFT 来获得流动性。贷款的条款（期限、利息等）由交易方商定，如果借款人违约，抵押的 NFT 将转移给贷款方。

“点对池”方式接收蓝筹 NFT 为抵押物，然后借出其他的加密货币。如 2022 年短暂陷入流动性危机的 BendDAO。这类项目需要贷款人作为流动性提供者，向流动性池提供 ETH，借款人可以通过抵押 NFT 来借款。

（2）NFT 碎片化协议。NFT 碎片化协议通过将 NFT 转为交易精度更高的同质化代币，利用同质化代币或股权的抵押、质押、杠杆等方式，在提升用户交易体验的同时提升资金利用效率。

（3）资金众筹协议。资金众筹协议旨在从需求端解决 NFT 市场过高的用户门槛问题，让参与者在多签环境下集中资金，共同管理 NFT。

（4）流动性池协议。流动性池协议汇集了众多“地板价”NFT，为用户提供了稳定的做市平台。

2）趋势二：NFT 与元宇宙的结合

在元宇宙中搭建的各类数字平台、私人虚拟资产，需要可靠的技术将其权属固化。NFT 通过唯一加密令牌为数字资产确定权属，就像虚拟世界的产权法一样，为元宇宙的发展提供了底层支撑。例如，The Sandbox 元宇宙世界中的所有建筑设施都需要建立在其 NFT 土地之上。

NFT 与元宇宙的结合还将给商业世界带来革新。一个品牌如果想探索元宇宙，最现实和有效的方式就是从 NFT 数字藏品的新营销开始。NBA、可口可乐、麦当劳、LV、GUCCI 等品牌都在“抢滩”探索和应用 NFT。

3）趋势三：NFT 与 DAO 结合

去中心化自治组织 DAO 的出现为 NFT 提供了更多的应用场景。如果一个 NFT 太贵，那么 DAO 可以将集体所有权附加给 NFT，让所有 DAO 成员共同拥有该 NFT，共享该 NFT 带来的收益。

名人艺术家创作的 NFT 作品总能被抢购一空，但对艺术创作领域的新人来说，他们的作品可能永远无人问津。由 DAO 管理的 NFT 创作者集体可以帮助艺术创作者筹集资金，为他们的作品开展营销等活动，推动 NFT 创作者经济的发展。

加密市场处于“熊市”，整体低迷，导致 2023 年 NFT 市场乏善可陈，甚至大多数 NFT 被认为“毫无价值”。某加密货币网站和调查机构 dappGambl 对超过 7 万件 NFT 作品进行了广泛分析，其研究报告指出，其中只有 20%的藏品被完全认领或拥有 100%的所有权，还有 80%的藏品尚未被完全售出，具体如图 1-8 所示。看来，NFT 真正有价值的用例还有待开发。

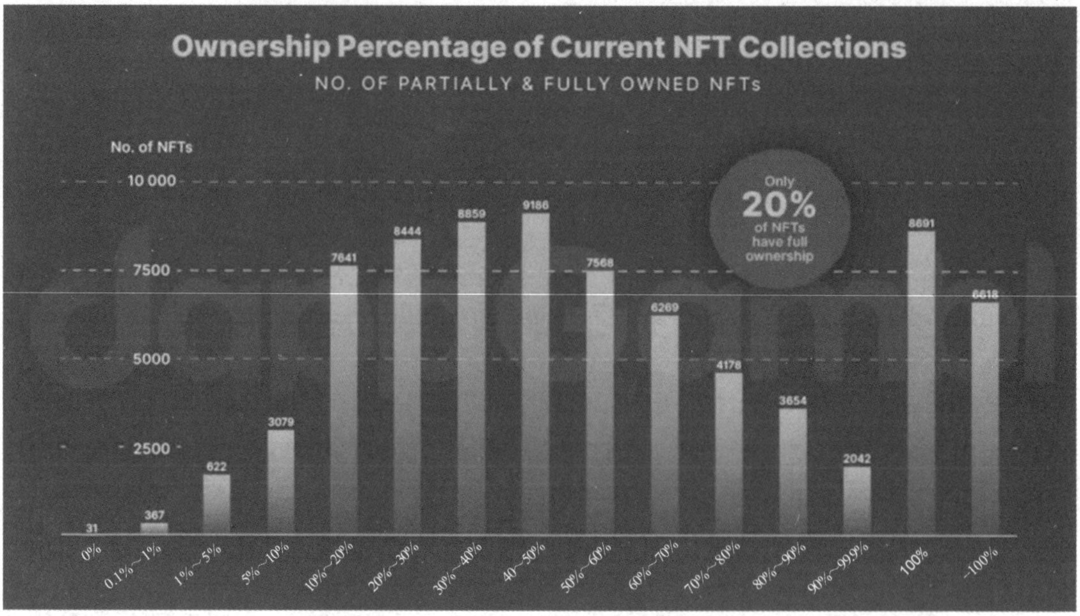

图 1-8 2022 年拥有 100%所有权的 NFT 藏品与不完全所有权的 NFT 藏品数量对比

图片来源：dappGambl 网站。

4）趋势四：比特币上的 NFT 协议——Ordinals

NFT 领域唯一的创新或许来自比特币上的 NFT 协议——Ordinals，它于 2023 年 1 月正式在比特币主网启动，随即引爆了社区，Ordinals Punks 曾一度涨至 55 ETH。Ordinals 是一个给 sat[1]编号的系统，编号基于一个前提，即每个 sat 都是独一无二的，每个 sat 都具有唯一的标识。Ordinals 协议在这个“特殊的 NFT”之上做了一层扩展，即 Ordinals 就是一个“编号系统+注释系统”，它先给每个 sat 一个编号，再将每个编号指向由不同内容载体做的内容填充。这个内容载体可以是 jpg、txt、mp4、gif、zip，以生成对应的 txt 格式或图片格式的铭文。给 sat“打注释”的过程被称为 inscription（铭文）。

与以太坊或兼容以太坊 EVM 生态体系上基于 ERC-721 生成的 NFT 最大的不同是，比特币系统上的 NFT 是真正存储在区块链上的，其遵循的协议被命名为 BRC 20。EVM 系统只存储了 NFT 的元数据（类似于文章标题、作者、发布时间、标签等信息），而真正的内容，尤其需要较大存储空间的 NFT 内容，大多存储在链下的中心化服务器或云上，最好的存储方式就是存储在去中心化存储系统中，如 IPFS。而比特币系统上的 NFT 是存储在区块链上的，虽然需要支付一定的交易费用，但存储的数据会永久地保存在区块链上。

基于 BRC 20 协议生成的文本铭文增长迅速，具体如图 1-9 所示。2023 年 5 月，每日新增的铭文数量是 1—4 月的数倍。比特币 Ordinals 的兴起使比特币网络使用量、交易

1 sat，聪，比特币的最小不可分单位。一聪等于 0.00000001 个比特币，也就是 1 个比特币表示的是 1 亿聪。

费用和存储空间等指标爆发式增长，这可能是比特币应用层的第一个重大突破，有助于将比特币的叙事从单纯的“价值存储”转向获利。

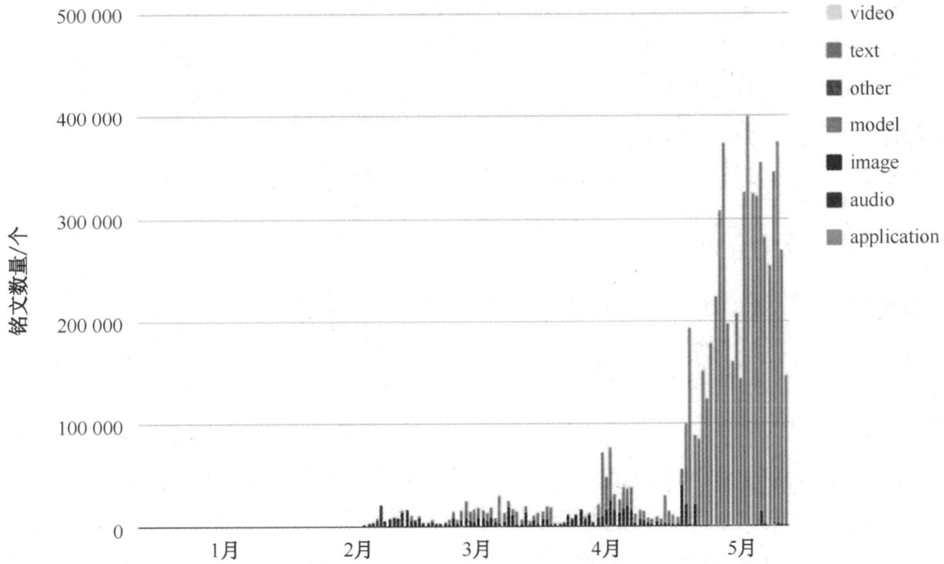

图 1-9 比特币上不同类型铭文数量增长

1.1.5 链游 GameFi 先声夺人

如果说 DeFi 是把现实世界中的金融体系在区块链中以去中心化的结构重现的话，那么 GameFi 就是将 DeFi 以游戏方式进行表达的可视化区块链金融。GameFi 一般被称为链游（链上游戏），也被称为“游戏金融”，最初由 Yearn Finance 创始人 Andre Cronje 创造，是具有游戏化元素的去中心化金融协议。GameFi 的出现得益于 NFT 概念的成熟和 DeFi 的发展。GameFi 与 NFT、DeFi 这些应用层协议将 Web 2 世界的用户引入加密世界，共同构建了加密世界用户的基本盘。

在具体的链游项目中，GameFi 的游戏规则、道具、衍生品等就建立在 DeFi 逻辑基础上的 NFT 产品中。

GameFi 的 NFT 属性使得游戏内的所有资产、道具、角色都具有唯一性和可收藏性，结合链游的属性设定，玩家可以在去中心化的游戏中完全拥有这些资产。从某种意义上说，GameFi 打破了游戏资产只属于游戏开发公司的惯例，允许玩家通过游戏实现财富增长。

另外，相比枯燥的 DeFi 交易，GameFi 增强了去中心化金融 DeFi 和 NFT 的娱乐性和互动性，通过对战、社交等玩法让参与者从中获利。

1. GameFi 的运作机制

GameFi 中的奖励形式多样，包括加密货币，以及虚拟土地、头像、武器、服饰、道具等游戏内资产，玩家通过游戏获得这些物品，并可以在 NFT 市场上交易它们，以获取利润或将其兑换成加密货币。

多数游戏内资产是区块链中的 NFT，可以直接在 NFT 市场交易。在某些项目中，游戏内资产需要先转成 NFT 才能卖出或交易。游戏内资产通常能给玩家创造福利，让玩家赚取更多奖励。不同游戏的玩法不同，玩家通常可以通过完成任务、与其他玩家对战或在拥有的地块搭建货币化建筑来赚取奖励。在某些游戏中，玩家可以将游戏资产质押或借贷给其他玩家，无须玩游戏也能获得被动收入。

2. P2E 经济模型

GameFi 的核心是 P2E（Play-to-Earn）经济模型。传统的网络游戏通过在应用内出售装备、道具或展示广告赚钱，游戏玩家则需要在游戏中购买装备、道具来获得更好的体验。P2E 以收益为出发点推动玩家参与游戏，玩家完全拥有游戏资产掌控权，同时，P2E 也为玩家提供了赚钱的机会。P2E 模式实现了游戏运营及内在资产的去中心化管理。

以 Axie Infinity 为例，该游戏中包含两种 ERC-20[1]代币，即$AXS（原生治理代币）和$SLP（游戏繁殖燃料）。这种经济模型的重中之重就是链游代币的数量控制，即代币生产速度与代币消耗速度的匹配。在理想情况下，新玩家辛辛苦苦“打工升级”成老玩家，在成为老玩家、拥有一定的等级和装备后，升级所需的资源会更多，由此引导老玩家“复投”，维持玩家对代币的需求，从而推动代币价格进一步上涨。代币价格的上涨又会进一步吸引更多的人参与游戏，反过来刺激需求，从而进入一个正向循环。

但在现实中，很多玩家都是冲着短期的“快钱”来的，他们很少会复投，更多的是到了一定时间就“挖提卖”。老玩家抛售的代币，绝大部分会由新玩家来承接，而一旦新玩家增速下降就会导致对代币的需求减少和代币价格的下降。代币价格下降，除了引发更多老玩家的“恐慌抛售”，还会更进一步减少游戏对新玩家的吸引力，最终陷入“死亡螺旋”。

当游戏处于早期或低通胀时，通过调整经济模型内的某些参数，打破游戏内原有代币的供需平衡，可以迅速抬升代币价格。代币价格的上涨会吸引新玩家疯狂涌入，游戏也会进入快速发展阶段。这个过程会积累大量流量，但同时由于大量资金涌入，投资回本周期逐渐缩短，也为游戏埋下了高通胀的种子。

对 P2E 模式来说，早期的经济激励至关重要。因为经济机制决定了流量，流量决定了对构建者的吸引程度，构建者的进入带来了更好的游戏体验，更好的游戏体验则带来了更多的流量，由此进入“正循环”。GameFi 经济模型的大致思路也是对游戏外部价值的拓展和延续，以及对不同利益体之间矛盾的转化，以尽可能延长链游生命周期，摆脱庞氏结局。例如，可以通过更加合理的代币分配方案，平衡投资机构和项目方利润。但

[1] ERC-20 是一种技术标准，定义了一组通用规则，如代币如何转移、交易如何批准，以及代币的总供应量。ERC-20 标准源自 2015 年的一项提案，该提案被通过，将以太坊改进提案 (IEP-20) 合并到以太坊协议中。

当游戏从顶点下滑后，无论是调整打金数量还是调整繁殖费用，都难以挽救流通代币价格，游戏也将进入衰退期，资金开始外流。目前经得住时间沉淀的 P2E 链游仍是少数。

3. 链游 GameFi 的发展与困境

2015 年，第一款区块链卡牌类手游 Spells of Genesis 的问世，拉开了区块链游戏的帷幕。2017 年，以 CryptoKitties 为代表的融入 NFT 类游戏，将区块链的金融属性、NFT 与游戏玩法相结合，到 2017 年 12 月，其单日活跃用户数就达到了 14000 人。此时的区块链游戏仅有 NFT 资产，只有简单朴素的游戏和画面，还没有出现代币经济模型，玩法也比较简单。在此之后，越来越多的链游出现，游戏内容也更多样化，链游时代也就跟着开启了。

2019—2020 年，GameFi 的概念首次被提出，NFT 类资产在 GameFi 中占据了重要的地位，同时游戏的画面、玩法等也有了显著升级。继而，区块链赋予了链游开放的交易协议和资产发行协议，形成了由无数个游戏组成的游戏经济体，大大增加了市场的深度。尤其是 NFT 的融入，让游戏玩家不仅能获取游戏的应用价值，同时还能获取金融价值。

GameFi 1.0 时代的链游存在很多明显的问题。如新玩家需要先购买游戏内物品或资产才能玩游戏，虽然花出去的钱可以从游戏中赚回来，但是随着游戏内流通代币越来越多，如果游戏的可玩性差，加上经济模型不稳定，就会导致其代币价格下跌，玩家再想回本就很难了。此外，大部分 GameFi 1.0 项目只有不断有新玩家进场，其经济模型才能维持平衡，但是 GameFi 1.0 阶段的链游基本都是建立在单一场景中的，虽然有 NFT 道具，但这些内容对新玩家的吸引力有限。

与 GameFi 1.0 更偏向 DeFi 的应用场景不同，GameFi 2.0 站在元宇宙的肩膀上，围绕游戏内数字资产建立的新一波长期可投资经济，以努力解决链游的生命周期问题。以 Blizzard 前副总裁 Aaron Pulkka 创立的加密游戏发布平台 CryptoSteam 为例，其将平台的所有收入，包括来自游戏 DeDragon 的收入都放入 DAO 的秘密信息管理工具中，由协议控制。当治理代币价格低于设定价格时开始回购，又通过债券从市场上回购治理代币以降低流动性，利用治理代币和 NFT 打通所有游戏的经济模型，不参与游戏开发商的分成。通过 DAO 组织，游戏开发商成为 CryptoSteam 的管理者，整个平台是去中心化的，所有的收益将维持平台 GameFi 2.0 经济模型的稳定。

总体来看，自 2023 年初以来，市值最高的 10 个游戏代币价格平均下降了 97%，这主要是因为 P2E 模式无法维持可持续增长，从而失去了活跃玩家群体。从业者普遍认为，盲目的金融化会削弱游戏的内涵，GameFi 的重点应该是有趣的游戏和用户体验，项目应围绕“Play”来建立生态系统，这个生态里可能会有赞助商、广告商、交易者、收藏者、忠实粉丝、游戏者、打金者，通过生态内多方的生产和交换实现经济体系的闭环。

虽然一些传统的游戏开发企业也在进入 GameFi 赛道并尝试了一些项目，但因为缺少 Web 3 行业项目运营及控盘经验，再加上行业监管等原因，以及 P2E 模式本身的问题，这些项目都没有取得新的进展和突破。

1.2 Web 3 基础设施体系初现

在过去几年里，数字基础设施已经从信号塔或光纤网络等底层硬件设施发展为云、数据中心等基础性服务设施，现在被大规模应用的网络软件也已经成为现代生活必要的“基础设施”了。Web 3 虽然出现得比较晚，但得到相当规模应用的底层区块链，被大规模部署和使用的 Web 3 应用及其相关工具、服务和架构，也已经成为 Web 3 世界的“基础设施”了。

尽管普通用户并不关心他们使用的协议是建立在什么区块链网络之上的，应用的是哪种代币协议，他们只要能够与应用程序顺畅且安全地交互就可以了，但坚实完备的基础设施、架构和工具永远是 Web 3 走向规模化应用的关键。

1.2.1 Web 3 基础设施框架

1. Web 3 的构建原则

我们先来探讨 Web 3 系统构建的基础、前提、目标和方法。

（1）新兴技术的成熟。新兴技术的成熟是 Web 3 系统构建的基础。在本书前言中我们也指出，Web 3 在是构建在区块链系统之上的。区块链及相关技术的成熟，推动了 Web 3 革命的发生和 Web 3 的发展。同时，Web 3 的发展也离不开 5G、人工智能、边缘计算、物联网等技术的成熟，这些技术和区块链的结合，让我们可以更加高效和智能地处理更大的数据集，更加灵活地构建新的基础设施和商业模式，这将为下一代应用提供更加坚实的基础。

（2）数字化。数字化是 Web 3 系统构建的前提。区块链之所以到目前还缺少大规模落地的应用，一个重要的原因是区块链只能处理完全以数字为载体的内容，建立在区块链基础上的 Web 3 也是如此。因此，数字孪生技术的广泛应用，可以将物理世界的内容映射为可数字化处理的数据，数字原生技术则会在已有数据基础上演化和衍生出大量新的数据。这些数据将成为 Web 3 系统架构的基础内容，也是 Web 3 系统得以建立的载体。

（3）数据和资产确权。数据和资产确权是 Web 3 系统构建的目标，Web 3 将有助于实现和保障数据、资产在真正意义上的所有者权利。目前，无论是数字形式的法定货币、加密货币还是 NFT，都可以基于钱包通过个人私钥实现确权。未来，结合分布式数字身份（Decentralized Identity，DID）和隐私保护等技术，我们一方面可以在更多场景实现资产确权，另一方面可以实现更多数据的确权，从而实现真正意义上的去中心化治理。

（4）控制和治理的去中心化。控制和治理的去中心化是 Web 3 系统构建的更底层目标，也是 Web 3 系统得以建立和安全运行的底层逻辑。比特币系统的诞生，后续一系列区块链系统的出现，各种加密货币和 NFT，上层的各种 DApp，无一不是基于治理和控制的去中心化及去第三方信任而构建的。在 Web 3 系统中，各种代币既可以代表资产，也可以代表投票权或某种资格。随着 DAO 的兴起和迭代，去中心化组织治理和分布式决策等新的业务组织方式也将真正形成，这将给平台建设者、运营商和用户带来更细粒度、更加数字化的对平台事务的公平决策。

（5）技术的组合和融合。不同技术的组合和融合，是 Web 3 系统构建的基本方法。比特币本身就是一系列已有技术的特定组合，区块链后来的模块化发展，包括 Web 3 系统的构建，更需要相关技术的新组合和不同技术的深度融合。另外，区块链和 Web 3 基本上都是开源的，这也为 Web 3 系统的构建提供了更加透明和方便的组合构建方法。

2. Web 3 基础设施框架模块详解

尽管学界和业界对 Web 3 的理解和定义还存在很多分歧，但在区块链领域，大家对 Web 3 的认识基本是一致的，不同机构给出的 Web 3 的体系结构图也基本是一致的。我们给出了如图 1-10 所示的 Web 3 基础设施架构。

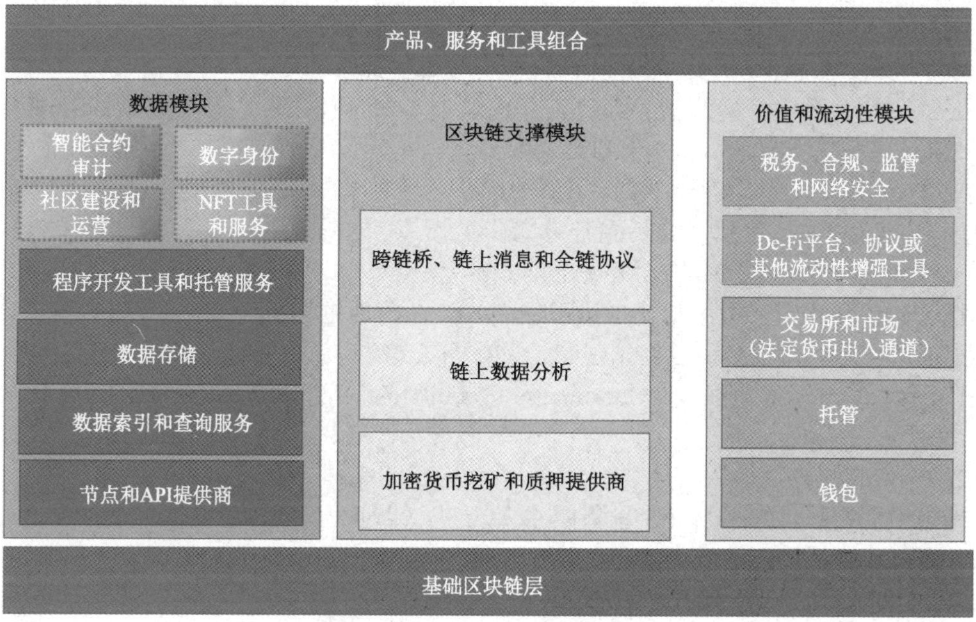

图 1-10 Web 3 基础设施架构

在 Web 3 基础设施中，Layer 1、Layer 2，以及侧链和其他扩展解决方案位于最底层，数据、价值、流动性在此基础上构建。在基础区块链层之上，我们将服务、工具、架构和基础设施分为 3 个类别，分别为以数据模块、价值和流动性模块、区块链支持模块。

1）数据模块

节点和 API 提供商。节点和 API 基础设施是 Web 3 应用程序功能的基础，节点和 API 提供商为开发者远程访问区块链系统提供了坚实的底层硬件基础设施，因此开发者可以专注构建和部署应用程序，以可靠且可扩展的方式访问区块链。

数据存储。出于效率和成本等原因，大多数类型的数据没有必要全部放在区块链上，如视频和大多数前端内容。去中心化存储解决方案，以及为支持区块链系统扩展使用而构建的服务/架构填补了这一空白。

数据索引和查询服务。链上数据被存储在区块链的节点内部，API 索引和查询服务让这些数据易于被使用。这对 Web 3 应用至关重要。同样，预言机将来自外部系统的如天气、代币价格等数据提供给区块链，它相当于通往链上智能合约的数据 API。

区块浏览器。区块浏览器是区块链网络中显示资金流或交易状态数据的搜索引擎。常用的区块浏览器有 Etherscan、Blockchain.com 等。但部分钱包，如 MetaMask 等会使用 API 调用来阻止浏览器显示最近交易。

程序开发工具和托管服务。程序开发工具帮助团队更容易地创建、测试和调试其软件。与 EVM 兼容的区块链有相应的开发者环境，Hardhat、Truffle、Aleo 等非 EVM 链为开发者构建应用程序提供的开发工具也涵盖了类似功能。

智能合约审计。智能合约审计是区块链开发过程的关键环节。开发者依赖智能合约审计程序在公开部署之前确保代码的稳健性和安全性。相应的工具包括 Open Zeppelin、Trail of Bits。

数字身份。Web 3 系统的一个核心是用户的数字身份，其中可能包括 KYC 或许可访问等关键属性。数字身份的相关项目正在构建中，如带有钱包的单点登录（Single Sign On，SSO）系统，或者如“.eth”的 Web 3 身份。

NFT 工具和服务。随着 NFT 用例的增长，各种支持 NFT 生态系统的工具和服务也出现了。这些项目包括从分析到开发人员工作室、NFT 工具包、聚合器和市场，如 Opensea、Rarity Sniper、NFTrade、LooksRare 等。

社区建设和运营。去中心化自治组织 DAO 在落地过程中，如在物流和运营方面，必然会面临一些挑战。目前已经出现了一些项目来帮助 DAO 开展协作、发现、运营、资金管理、启动和分析等工作，如 Coordinape、RabbitHole、Snapshot、DeepDAO、SuperDAO、Tally 等。

2）价值和流动性模块

钱包。作为用户进入 Web 3 世界的主要入口，钱包不仅可以存储数字资产和 NFT 的价值，还可以确认用户的链上身份，并与包括 DeFi 在内的各种 DApp 交互。目前主流的钱包有 MetaMask、Rainbow、Coinbase 等。

托管。合格的托管人对数字资产的广泛采用至关重要。资产的可信保管、记录和管理是机构进入 Web 3 的第一步。

交易所和市场。没有流动性就无法维持价值。交易所和市场对 Web 3 世界是必不可少的。目前，交易所被分为中心化交易所，如 Coinbase 和币安，以及去中心化交易所，最知名的莫过于 Uniswap 了。

法定货币出入通道。许多用户通过中心化交易所完成法定货币与加密货币的兑换，但随着 Web 3 的发展，未来法定货币和加密货币的兑换将变得更加“平滑”和“无缝”。目前已经有一些平台为 DApp 提供集成服务，允许用户使用信用卡购买 NFT。

3）区块链支持模块

加密货币挖矿和质押提供商。加密货币挖矿和质押提供商是 Web 3 中计算层的基础设施，他们通过挖矿或质押获取资格以对交易进行验证并维护网络正常运行。这些提供商运行节点基础设施，也允许用户通过分配资金来获取质押奖励。

链上数据分析。区块链上包含了大量数据，这些数据可以为从政府到贸易商的生态系统中的所有参与者提供有用的信息。链上数据分析对象包括交易数据、钱包和用户活动。链上数据分析服务聚合有用的功能并提供数据仪表盘以可视化区块链数据，这些数据可用于尽职调查、机会发现、市场情绪预测等。典型的链上分析工具有 Chainalysis、Nansen、Dune Analytics。

跨链桥、链上消息和全链协议。未来的 Web 3 一定是建立在多链基础上的，因此区块链间的互操作也必定是未来区块链完整统一生态的基础。区块链间的互操作也会以多种形式出现，既有资产跨链，又有跨链协议的互操作。在钱包之间将交易与直接消息传递相结合来进行对账等用例的链上消息传递功能也在开发中。目前，典型的用例包括 Wormhole、CCIP (Chainlink)、Layer Zero、WalletConnect、EPNS（以太坊消息通知服务）等。

3. Web 3 各模块的交互

Web 3 不是各功能模块的机械组合，各功能模块通过相应的基础设施交互，形成一个统一的 Web 3 整体。

下面通过一个 NFT 项目来讲解各模块是如何组合在一起的。

首先，我们选择以太坊网络来启动 NFT 项目。矿工和质押提供者处理交易，从而支持网络运行。

其次，我们需要构建 NFT。开发团队可能会使用 NFT 开发人员工具包或在标准开发环境中编写自己的智能合约。他们将利用像 IPFS 这样的数据存储服务提供商来存储实际 NFT 指向的数据内容。如果这是一个大型或复杂的项目，开发团队有可能在启动之前聘请智能合约审计公司对代码和项目进行审计。在 NFT 项目发布时，开发团队将 NFT 在 Opensea 等市场上架交易。

再次，用户需要一个钱包来存储 NFT 并使用 ETH 等加密货币完成支付。他们可能会通过加密货币交易所购买 NFT。加密货币交易所、钱包将利用区块链浏览器和 API 提供商提供的功能与以太坊区块链进行交互。

最后，社区和治理。NFT 项目团队可能会用 SMPC、多重签名钱包或托管解决方案管理其财务；利用计数之类的操作工具管理其社区投票提案。同时，成熟的参与者会利用链上工具或 NFT 分析工具来创建数据仪表盘并管理自己的投资组合。

1.2.2 数据服务

Web 3 环境下用户的关键数据不是由中心化平台控制和管理的，用户对自己的数据和身份有完全的掌控权，而且个人创建的数据和内容可以通过“代币化”实现其价值。因此，去中心化的数据基础设施是 Web 3 系统的核心架构和工具。图 1-11 为现有 Web 3

数据原语与 IT 市场常用数据管道的映射，同时也包含了 Web 3 在数据服务中的典型项目。

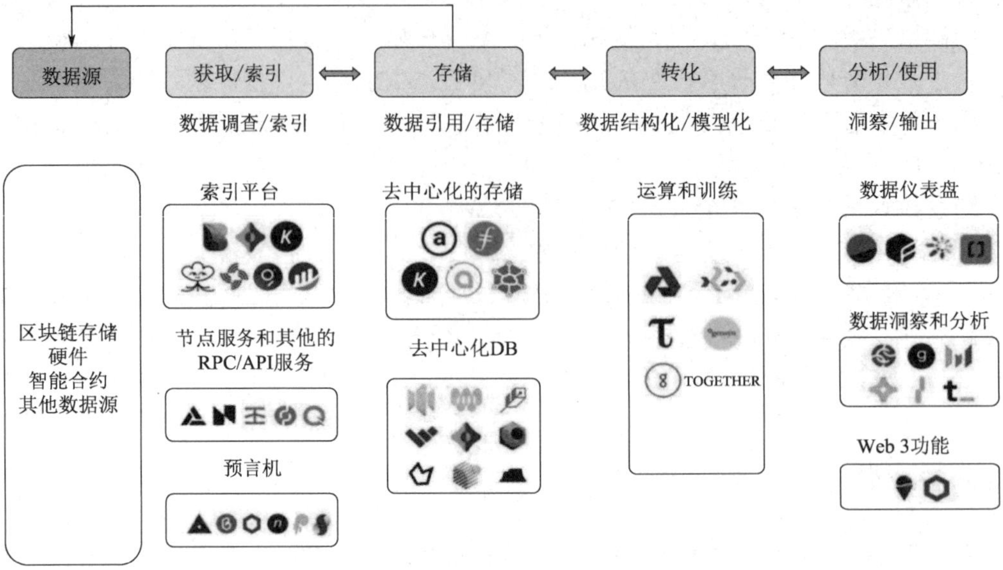

图 1-11　现有 Web 3 数据原语与 IT 市场常用数据管道的映射

1. 去中心化存储

去中心化存储是 Web 3 系统中出现较早且广受关注的基础设施。如果没有去中心化存储，就不存在去中心化网络，更不会发展出 Web 3。那些只有去中心化服务，却没有底层去中心化存储支持的项目，严格意义上也不能算 Web 3 项目。所以说，去中心化存储是 Web 3 发展的基石。

对 DeFi 应用而言，区块链或许已经满足了去中心化基础设施的要求，但对更广泛的 Web 3 应用而言，仅有区块链作为基础设施是远远不够的。以 NFT 为例，根据 NFTScan 的数据，在 11 个主流生态中共有 689995136 个 NFT 资产，即使其中只有 1% 的 NFT 需要去中心化存储，也有约 690 万个 NFT 需要去中心化存储，由此可见 NFT 对去中心化存储的需求规模之大。

传统互联网平台的数据全部存储在平台的中心化服务器或云上，但这种方案面临着用户数据安全、数据所有权、用户隐私保护和数据可持续性等诸多问题。去中心化存储的优势在于数据可跨多个位置存储并可以在多处被访问，降低了网络黑客通过单一节点攻击的概率，同时能够有效地进行数据确权和隐私保护，并使用户完全控制自己的数据。这样的安全性和隐私性是中心化网络所不具备的。最早的去中心化存储解决方案 Storj 和 IPFS 协议在 2017 年就已经上线。

Web 3 的去中心化存储是由 P2P 网络构成的，每个运营者分别拥有整体数据的一部分，并可以通过算法复原数据。为了将区块链去中心化的特点和不断膨胀的数据存储需求结合起来，各个团队在数据存储格式、数据复制方式、数据跟踪方式、存储证明等方面给出了不同的设计和实践，由此形成了两条技术路线，分别是基于区块链网络的存储和基于 P2P 网络的存储。去中心化存储虽然可以解决很多问题，如数据隐私保护、抗审查等，但目前去中心化存储系统发展还不成熟。

基于区块链网络的存储原理相对简单。Arweave 是基于区块链网络存储的典型代表。Arweave 不完全是区块链结构的，系统也不要求节点存储每一个区块，但 Arweave 采用的 SPoRA 共识机制[1]，要求节点若想“出块”，就必须能访问由网络随机设定的历史区块。节点为了提高“出块”概率，就会存储更多的历史区块，并保持永久存储。

基于 P2P 网络存储的典型代表是 Filecoin，其用户文件存储在 P2P 的节点中，而非区块链上，这些 P2P 节点也是 Filecoin 网络的节点，它们依靠用于表示存储了指定数量副本的复制证明 PoRep[2]和用于表示持续存储了数据的时空证明 PoST[3]来证明自己完成了存储任务。

此外，还有一种聚合平台式的存储方案，它可被视为以上两种方案的结合体，以 ColdStack、Stratos 为代表。它会利用其他协议，寻找最合适的途径来完成存储。

去中心化存储服务于 Web 3 生态的应用层，因此它在解决方案上更加倾向于满足终端用户的需求，也就是用更高效、低成本的方式执行数据存储、计算与调用。目前，Arweave、Filecoin 和 Storj 已经成为独立的 3 个头部去中心化存储网络，其中，Filecoin 和 Storj 是更加去中心化的 P2P 存储网络，而 Arweave 是组织更紧密的存储节点网络。表 1-1 给出了不同技术分类下的主流存储项目，表 1-2 为部分主流存储协议数据汇总。

表 1-1 不同技术分类下的主流存储项目

类目	技术原理	区块链/协议
基于区块链网络的存储	Blockweaves	Arweave
	TEE (Trusted Execution) on substrate	Crust Network
基于 P2P 网络的存储	IPFS	Filecoin
	Skynet	Siacoin
	Storj Network	Storj
基于聚合平台的存储	Datamesh	Stratos

数据来源：Huobi Research。

---

[1] SPoRA 是随机访问的简洁证明。网络中的每个矿工如果想生成一个新区块并获得奖励，就必须在本地访问一个随机内存区块。如果它不存储区块，就没有办法生成新区块。矿工还需要通过 PoW 机制找到一个合适的哈希值来生成新的区块，但随机数（Nounce）取决于前一个区块和任何随机的内存区块信息。

[2] PoRep 的全称为 Proof-of-Replication，是存储证明 PoS 的一个实际方案，用来证明数据被矿工独立保存，可以防止女巫攻击、外源攻击和生成攻击。

[3] PoST 的全称为 Proof-of-Spacetime，证明在一段时间内，矿工在自己的存储设备上实际存储了特定的数据。

表 1-2　部分主流存储协议数据汇总

指标/项目	Filecoin	Arweave	Sia	Crust
年收入（美元）	18.6M	728K	144K	/
存储容量	16.7EB	97.92TB	6.40PB	766PB
已使用空间	210.8PB	/	2.75PB	25.1PB
使用比例	1.20%	/	43%	3.15%
节点数（个）	4000	49	717	1791
存储费用［美元/（GB・月）］	远小于 0.0001	2.66（永久）	0.72	0.0008
生态项目的数量（个）	113	36	26	/

数据来源：messari.io、filecoin.io、arweave.org、sia.tech、crust.network、Huobi Research。

存储领域第一个创新方向是在存储中加入计算的功能。目前大多数存储方案只是实现了“去中心化硬盘”的功能，满足了分布式存储的最基本需求，但还没有基于存储的计算功能。为了将可编程性引入去中心化存储网络并释放更多的价值和潜力，Filecoin 提出了 FVM（Filecoin Virtual Machine）的概念。FVM 是一个基于 WASM[1]支持多语言的执行环境，它在 Filecoin 网络中添加了智能合约部署功能，实现了“智能合约+可证明存储”的愿景。此外，Stratos 也在尝试提供一个更完善、全套的解决方案，包括数据库存储、静态存储、计算和共识等多个模块。它将网络分为 3 个层次，其中的资源层除了提供存储功能，还将作为通用计算平台，提供各种面向应用的函数调用接口。

存储领域第二个创新方向是聚合网络。Jackal 就是建立在 Filecoin 之上且专注于提升数据隐私性和安全性的聚合器方案。Jackal 提供了一套给已存文件进行 AES-256 加密的方案，并通过 Cosmos 建立 PoS 共识的 Layer 1 链来管理和收费，相当于在 Filecoin 之上又建立了一层私有云存储协议。同时，Jackal 还将通过其 Proof-of-Persistence 算法来提供 3 倍的文件副本，并在存储价格上进行了优化。

存储领域第三个创新方向是 Layer 1 存储扩展网络。Layer 1 存储和算力扩展的优势是可以直接与 Layer 1 生态深度连接，即时地支撑类似社交、游戏这类数据存储需求较大的项目，同时还可以在获得官方认可后快速实现大规模整合。此方向的代表性项目有 EthStorage[2]。

2. 预言机（Oracle）

区块链是一个建立在共识基础上的封闭系统，智能合约无法直接调取互联网和现实世界的信息，包括股票价格、汇率等，但区块链又需要与现实世界进行数据上的交互，

[1] WASM 是 Web Assembly 的简写，它并不是传统意义上的汇编语言（Assembly），而是一种中间编译的字节码，可以在浏览器上运行非 JavaScript 语言，只要该语言能被编译成 WASM。

[2] EthStorage 是构建在以太坊之上的 Layer 2 存储项目。它定期向以太坊 Layer 1 提交存储证明，在显著增加以太坊存储容量的同时大幅降低了成本。其目标是实现 PB 级存储容量，同时将存储成本降低到 1/1000。

交互时也需要可信的第三方对交互数据进行验证，预言机就充当了区块链和外部数据源之间的桥梁，在智能合约与现实世界进行数据交互方面发挥着至关重要的作用。

预言机使智能合约能够访问区块链之外的数据，如现实世界中的事件、价格或任何不在区块链上的数据。相比拥有丰富数据类型和庞大数据量的链下真实世界，链上世界的数据量远远不足以支撑其完全脱离链下独立发展。当前绝大多数协议如果没有接入预言机，就难以生存。需要指出的是，预言机在这里解决的关键问题不是如何从现实世界获得数据，而是如何帮助区块链信任来自现实世界的数据。

基于预言机的具体功能，我们可将其分为信用预言机（Credit Oracle）、隐私预言机（Privacy Oracle）、乐观预言机（Optimistic Oracle）、NFT 预言机（NFT Oracle），以及去中心化预言机网络（Decentralized Oracle Network，DON）5 种。根据预言机采用的数据来源，可以将其划分为第一方预言机、第三方预言机和多方预言机。根据数据处理方式，可以将其划分为基于博弈论的预言机、基于声誉评价的预言机、基于权益证明的预言机和基于工作量证明的预言机。图 1-12 给出了预言机图谱。

图 1-12　预言机图谱

1）信用预言机

信用预言机可以通过现实世界（链下）和区块链（链上）的数据来计算用户的信用分数或信用等级，同时保持安全性和匿名性。

例如，CreDA 将用户的信用档案铸成 NFT 来提供链上信用评级，让用户能够在各种用例中解锁优惠利率和激励措施，如降低 DeFi 平台的借款利率等。

同时，它创建了一个 DID[1]工具，协助与其他系统的 DID 如 Elastos DID、微软 DID 等进行身份信息交换，并确保该实施过程的透明性。

2）隐私预言机

隐私预言机提供的服务是将链下数据安全、私密地导入区块链。Privy 是一个典型用例，它倾向于在公共（链上）数据和私人（链下）数据之间架起访问的桥梁。通过此预言机可以直接从平台的前端加密用户数据，并将数据私下关联到链上。

3）乐观预言机

乐观预言机是一个 DeFi 预言机，只用于解决有关流动性的争端。它通常可以为链上的任意数据提供服务。

例如，UMA 的争端解决系统，即 DVM（数据验证机制），只在有争端的情况下才会被激活。一旦 UMA 代币持有者对资产的价格进行投票，DVM 通常会在 48 小时内解决争议。如果 DVM 返回的价格显示争论者（Disputer）是正确的，那么争论者将获得奖励，而提议者或清算者将失去保证金。

4）NFT 预言机

NFT 预言机提供来自链下预言机 AI 节点的 NFT 数据，并提供 NFT 的准确估值和风险评估。

典型的如 Banksea 预言机整合了 NFT 数据分析、NFT 估值和 NFT 综合风险评估，为用户和合作伙伴提供安全、客观、实时的 NFT 评估。同时，它具有高度的可扩展性，适用于各种使用场景，如钱包、交易市场、抵押贷款等。

5）去中心化预言机网络

去中心化预言机网络可以简单理解为具有无限应用场景和最大功能服务的预言机解决方案，因为其通过无须信任的链下计算向区块链提供外部数据，并被接入任何智能合约。

Chainlink 是一个去中心化预言机网络，它确保智能合约能够安全可靠地与链外数据和外部 API 交互。Chainlink 网络由独立节点组成的去中心化网络（被称为预言机）构成。在 Chainlink 网络中，预言机从各种来源（如 API、传统数据库和物联网设备）检索数据。这些数据由一组去中心化的独立节点运营商从多个数据源验证和聚合，以确保数据的可靠性和准确性。每个数据源都有一个链上地址和函数，智能合约可以从该地址读取数据。

3. 节点服务和索引器

早期以太坊生态中，链上的主要活动就是交易，但无论是交易种类还是交易数量都比较有限。这意味着自行维护或托管一个完整节点并不会产生太大的负担，因为没有太多的 RPC 请求需要处理，转账请求也不频繁，况且大部分以太坊早期使用者都是“技术

[1] DID，Decentralized Identity，去中心化身份。它指去中心化环境中个人或组织完全拥有自身数字身份的所有权、控制权和管理权。

极客"，对区块链开发有深入的理解，习惯自行通过命令行或集成开发环境直接维护以太坊节点、创建交易和管理账户。随着越来越多无编程背景的用户投身区块链网络，原先由用户托管节点的模式逐渐转变为由项目方托管节点的模式，因为这样可以降低维护的投入和硬件成本。之后随着 DeFi、NFT 等相关协议的兴起，单一的节点托管模式也已经不能满足开发者的需求了。

假设我是一名 NFT 项目的开发者，我想要进行 NFT 交易或展示 NFT，那么我的前端就需要实时读取个人 EOA 账户中的 NFT 数据。但 NFT 实际上只是一种标准化的代币形式，拥有一个 NFT 意味着拥有由 NFT 合约生成的一种 ID 唯一的代币，而 NFT 的图像实际上是元数据，可能是 SVG 数据或指向 IPFS 上的图像链接。尽管以太坊的 Geth 客户端提供了索引指令，但对一些前端需求较多的项目来说，连续请求 Geth 再返回前端在工程上是不切实际的。一些功能如订单拍卖和 NFT 交易聚合，必须在链下进行，以收集用户的指令，再在适当的时机将这些指令提交到链上。

为了满足用户对实时性和准确性的要求，项目方需要构建自己的数据库和数据解析能力。然而，随着用户请求数量的增长和区块链网络规模的扩张，成本与程序设计的复杂性也会相互叠加，由此催生了"索引器"。原本需要项目团队自行维护的任务，现在可以通过提供多链数据和节点 API 的方式实现集成化运作，如存档节点维护、链上数据 ETL（提取、转换、加载）和数据库调用等。

目前，主要的索引平台有 Bitquery、Ceramic、KYVE、Lens、Streamr Network、the Graph，以及各个协议的区块浏览器等。主要的节点服务商包括 Alchemy、All that Node、Infura、Pocket Network、Quicknode。

4. 其他

目前世界上大多数数据中心的云存储利用率约为 70%，其利用率并不高。借助区块链技术，去中心化的云计算市场 Akash 成为世界上第一个去中心化云计算项目，它让任何数据中心和任何拥有计算机的人都能在安全且无摩擦的市场环境下提供云计算服务，从而成为云供应商，以此构建更快、更高效、更低成本的云计算系统。

仪表盘服务和最终用户洞察与分析解决方案允许用户观察和从特定协议中发现各种洞察结果，其中一些解决方案还为最终产品提供 API 服务。当前主要的仪表盘服务有 Dune Analytics、Flipside Crypto、Footprint、Transpose 等，进行最终用户洞察与分析的典型项目有 Chainalaysis、Glassnode、Messari、Nansen 等。

在 Web 3 目前的数据服务赛道中，数据源和存储类项目的"龙头"初显，链上状态存储以以太坊（市值 4740 亿美元）[1]为首，而去中心化存储则由 Filecoin（市值约 55.7 亿美元）、Arweave（市值约 3 亿美元）保持领先地位。数据抽取和转换类的项目仍有创新

[1] 该市值数据及下面几个项目的市值数据为 2024 年 3 月 11 日的数据。

空间，在预言机 Chainlink（市值约 117 亿美元）的基础上，流处理基础设施 Ceramic 等项目崭露头角。在查询和处理类的项目中，the Graph（市值约 42.9 亿美元）已经能够满足大部分的需求了，但此类项目的具体类型和数量还没有到达猛涨期。数据分析类的项目以 Nansen、Dune 为主，只有新的场景出现，才会有新的机会出现。

1.2.3 去中心化身份堆栈

在 Web 2 的中心化平台里，我们的每句话、每笔交易、每个行为都被平台收集、记录，用于分析我们的喜好、习惯，形成我们的用户画像。平台似乎对我们无所不知，甚至隐私也可能成为平台获取流量的工具。去中心化身份（DID）的出现提供了一种新的可能性，由用户完全控制自己身份的生成和使用。那么，它在实践中是如何运作的呢？

例如，一个机构想给你（用户）发放一个凭证。你先要把你的钱包地址发给机构，这是分布式账本或区块链上用于存储数据的特定位置，然后机构用其私钥签署授权，将凭证发送到你的数字钱包地址之后，你就可以在任何时候分享这个凭证，以证明你的身份了。再如，在完成贷款申请时，你往往需要使用一个受信任的工具，让对方检查你的凭证的有效性。在这种情况下，该工具检查公钥和交易细节，以确认凭证的发行机构和发行日期。DID 生态系统中的参与者往往包括用户、凭证机构和第三方验证者。

基于对 DID 理解的不同，过去出现过一些解决办法，如可验证数据凭证、SBT 灵魂绑定、链上声誉、去中心化域名、链上钱包、社交画像等。那么，如何理解 DID 呢？可以从以下 4 个关键属性开始。

（1）去中心化。DID 不依赖中心化机构创建，任何实体都可以随心所欲地创建自己的身份，并且可以在不同环境下实现其所期望的身份、角色和互动的分离。

（2）持续性。身份一旦被创建，就永久地分配给实体。（不排除有个别 DID 是短暂的，但有其具体的适用场景，类似临时身份证。）

（3）可解析。基于身份可以揭示有关该实体的额外信息。

（4）可验证。任何实体都可以证明 DID 的所有权或关于它的声明（可验证的凭证），而不依赖第三方。

以上这几个属性将 DID 与其他标识符区分开来，如 Web 2 系统下的用户名、护照和区块链地址。Web 2 系统下的用户名不具备可验证性，如护照是由中心化机构颁发的，而区块链地址则不具备可持续性，同时其可解析程度也有限。

DID 的构建需要整个生态的共同努力，因此才有了 Web 3 身份堆栈的说法。Web 3 身份堆栈如图 1-13 所示，从下至上可以分为 6 层，分别为去中心化存储层、去中心化标识符层、密钥管理层、认证层、授权和访问控制层，以及证明层。去中心化存储层和去中心化标识符层是基础设施，定义了 DID 标准。大规模的用户交互则是从密钥管理层开始的。

为了获得 Web 3 DID，用户首先要有一个私钥管理账户。在 Web 3 系统中，由私钥管理的账户通常的表现形式是钱包，钱包是一个天然的身份信息容器。经过助记词、SMPC 登录、生物验证等任意一种认证程序后，用户成功登录该钱包。各种 DApp 在获得用户的授权签名后，方可连接钱包并且读取用户的多链地址、域名、交易记录、行为数据、NFT 资产等信息。最后，由证明层的项目生成各式各样的 VC（Verifiable Credential，可验证凭证）或者 SBT（Soulbound Token，灵魂绑定通证），并将其存入钱包以证明用户的身份。后续在和应用项目交互的时候，用户可以自主授权向项目披露哪些数据。在理想情况下，可以用 ZKP（Zero-Knowledge Proof，零知识证明）技术在以上各个环节隐藏用户钱包地址和身份资产信息的直接联系。

	目标	实现方式
证明层	将链上数据通过地址序列化并产出证明、声誉、凭证	VC、ntNFT、SBT、Web 3 原生徽章
授权和访问控制层	定义哪些用户可以访问，以及可访问哪些资源；确认用户身份	个人授权、代币门控、基于角色或资格的控制
认证层	确认用户身份	数字签名、安全代币、PIN、生物识别、钱包、通信协议
密钥管理层	连接应用场景和用户所持凭证的流量入口	钱包、通信协议
去中心化标识符层	自我主权、可加密验证、由一个或多个公钥控制的标识符	基于硬件、去中心化存储等
去中心化存储层	以发行者和验证者可验证的方式存储标识符	区块链、去中心化存储、P2P 网络

图 1-13　Web 3 身份堆栈

1. 密钥管理层

从广义上说，钱包是可用于密钥管理、通信（持有人、发行者和验证者之间的数据交换），以及债权展示和验证的接口及底层基础设施。钱包从类别上可分为加密钱包（如 MetaMask、Ledger、Coinbase Wallet 等）和身份钱包。钱包方案提供了一个天然的身份容器，是连接应用场景和用户所持凭证的流量入口。

一个理想的 DID 钱包应能聚合所有主流公链的地址，在具备签名、转账等交易基本功能的同时，可以整合用户在不同链上碎片化的数据。另外，钱包应该能够显示用户所拥有的各种 VC 或 SBT，在和应用项目交互的时候，用户可以自主授权向项目披露哪些数据，从而帮助用户实现数据主权。

当前主流的 MetaMask 等钱包并不具备这些功能。一个重要原因是，它们基本都是 EOA 钱包，而这类钱包基本只支持链上地址最原生的操作——查询和转账。未来的智能合约钱包（如 Unipass、Argent）则有望在功能上实现更多扩展。

Polygon ID Wallet 是由 Polygon 官方推出的用于管理和存储 Polygon ID 的钱包，该钱包可实现领取声明、ZKP 生成和隐私验证等功能。当前，Polygon ID Wallet 应用还比较少，但支持开发人员自定义用例。此外，还有 ONTO 多链钱包，该钱包旨在帮助用户创建 DID，并通过加密算法充分保护用户隐私，集“链上+链下”身份、NFT、资产管理、资讯推送于一体。尽管 ONTO 的功能很全，能呈现的信息也很多，但是应用场景有限，用户缺少确认的动力。

2. 认证层

目前，大多数 Web 3 社交应用的认证方式都是通过连接钱包实现的，钱包则是通过助记词登录的，或者是基于 SMPC（安全多方计算）方式登录的。想要大规模吸引用户使用 Web 3 DID，更加用户友好、低门槛且安全的登录认证方式是必不可少的前置条件。

Sign-In With Ethereum（SIWE）是由 Spruce、ENS 和 Ethereum 基金会率先提出的认证标准。SIWE 标准化了一种消息格式，供用户使用基于区块链的账户登录服务。Sign-In With X（SIWX）（CAIP-122[1]）在此基础上，使 SIWE 成为以以太坊为中心的 SIWX 的实现，将标准泛化为跨区块链运作。

Unipss 邮箱登录方案应用了零知识密码学，隐去了用户邮箱和钱包地址之间的关系，同时为邮件操作上链提供了保障。

Hexlink 是一种身份预言机，它将用户的身份数据加密后传输给身份服务器，服务器将数据解密并构造零知识的默克尔证明来验证用户身份，可以同时兼容网页版和移动端的应用，支持验证 Web 2 的社交账户、Web 3 的 EOA 账户[2]和 AA[3]的抽象钱包，提供零门槛的 Web 3 账户体验。

3. 授权和访问控制层

认证环节确认了用户的身份，而授权则决定了一个实体能够访问哪些资源，以及其被允许对这些资源做什么。这类项目分为访问控制管理和用户授权管理两类。

---

[1] Sign-In With X，“使用 X 登录”标准由 CAIP-122 定义。

[2] EOA 全称为 Externally Owned Accounts，指外部账户，是区块链（如以太坊）上的一种账户类型。与以太坊上的另一种账户类型——合约账户不同的是，EOA 账户是由用户拥有且不受智能合约控制的账户类型。

[3] AA 全称为 Account Abstraction，指账户抽象。AA 钱包让用户按照合约账户的格式来定义传统助记词钱包，允许用户授权智能合约来控制钱包，也就是通过对 AA 钱包的编程，提高其安全性和可用性。

1）访问控制管理

社区可以根据访问者的代币持有量、链上活动或社交验证，以编程的方式授予访问权，而不用手动分配访问权。例如，Collab.land 使用 Discord 自动化管理机器人，根据代币所有权管理成员的访问。

2）用户授权管理

当与应用项目交互时，用户可自主授权向项目披露哪些数据，并通过统一界面管理各 DApp 的授权情况和拥有的权限。例如，EverRise Wallet 推出的 EverRevoke 钱包权限管理工具可以聚合 5 条区块链的代币和 NFT 授权情况，用户可以看到并管理之前在多个区块链上授予的代币权限，以便随时撤销。

4. 证明层

证明层将链上数据通过地址序列化并产出“证明”“声誉”“凭证”。基于可验证的链上数据，这种“证明”并不限于在某个平台使用，还可以在不同场景下使用。VC 是 W3C 可验证凭证规范所定义的可加密数字凭证的标准数据模型和表示格式，具体如下：

- 发行者是凭证的签发方（如大学）。
- 持有者拥有凭证（如学生）。
- 验证者验证证书（如潜在的雇主）。
- 可验证的呈现是指用户与第三方分享其数据，第三方可以验证该凭证确实是由发行者签署的。

VC 最直接的一个例子就是不可转让的 NFT 徽章。这类 NFT 徽章只有拥有数字钱包且完成了一些链上活动的用户才可以铸造。因为所有的交易历史都在链上，所以所有数据从一开始就可以被验证并具有防篡改特性。DegenScore 通过汇总用户与 DeFi 协议的互动数量来对用户进行“量化”，并用智能合约输出对应的分数。合格的用户可以铸币，并将其作为一个“DeFi 凭证”保存在加密钱包中。如果一个 Degen DAO 仅限于那些达到一定分数的用户加入，那么合格的用户就可以将这个 NFT 呈现给 DAO，在代币门控协议验证持有它的用户的身份后，该用户就可以进入这个 DAO。

目前不同生态的证明层还处于一种割裂的状态，尚不能连接不同生态中与用户 DID 相关的数据，也不能将这些数据整合起来，形成用户自主控制、可以在 Web 3 中流动的去中心化声誉 NFT。如果这些功能被实现，将有助于用户更完整地拥有自己的声誉所创造的经济价值。

Orange 协议是一种声誉和信任铸造协议，它聚合数据和 Web 3 声誉模型，以 VC 和 NFT 的形式生成全面的声誉证明。具体来说，“数据提供者”允许它们的数据被用作模型提供者设计的模型的输入，由 MP 添加计算方法，将声誉标记分配给不同的实体，并将这些模型提供给更多人使用。DApp 开发者由此可以为其用例“植入”这些信誉模型。到目前为止，Aave、Gitcoin、Snapshot、DAOHaus 等项目已经将它们的数据提供给了 Orange。这些数据由它们和其他项目如 Dework、talentDAO 和 Crypto Sapiens 建模，为成员提供不可转让的 NFT。

1.2.4 安全与审计

Web 3 从系统层面构建了去中心化安全、去身份信任、原生安全的框架，并在经济层面加大了黑客攻击成本，但其去中心化、匿名、可编程等特性，使得 Web 3 系统面临的安全威胁并不比传统的 Web 2 系统少。并且，相比 Web 2 系统，攻击 Web 3 系统可以匿名甚至无风险地直接获取利益，这是 Web 3 与 Web 2 的一个巨大差异。由于区块链代码连接了庞杂的经济金融场景，并且直接与用户的加密货币资产关联，因此黑客成功攻击一个漏洞就能为得到数百万、数千万甚至上亿美元的收益。

此外，Web 3 中的去中心化存储也可能带来数据安全问题，因为数据不再集中存储在一个中心化服务器上，而是存储在多个节点上，如果某个节点被攻击，则会造成数据丢失或泄露。智能合约常用的编程语言 Solidity 相对较新，编译系统自身的安全性有待进一步检验，同时开发者经验不足，也会导致漏洞的出现。

区块链及 Web 3 的发展时间较短，如何增强其安全性还有待从业者更进一步研究，并在实践中进行检验。尽管传统意义上的安全服务厂商已经纷纷进入 Web 3 领域，但整体来看，Web 3 领域的安全服务还处于“拓荒”状态。

1. Web 3 面临的安全威胁

根据 SharkTeam 链上安全分析平台 ChainAegis 的数据，2023 年第二季度，Web 3 领域共发生了 228 起安全事件，损失金额累计超过 3.07 亿美元。从图 1-14 中可以看出 Web 3 安全事件依旧呈高发态势。

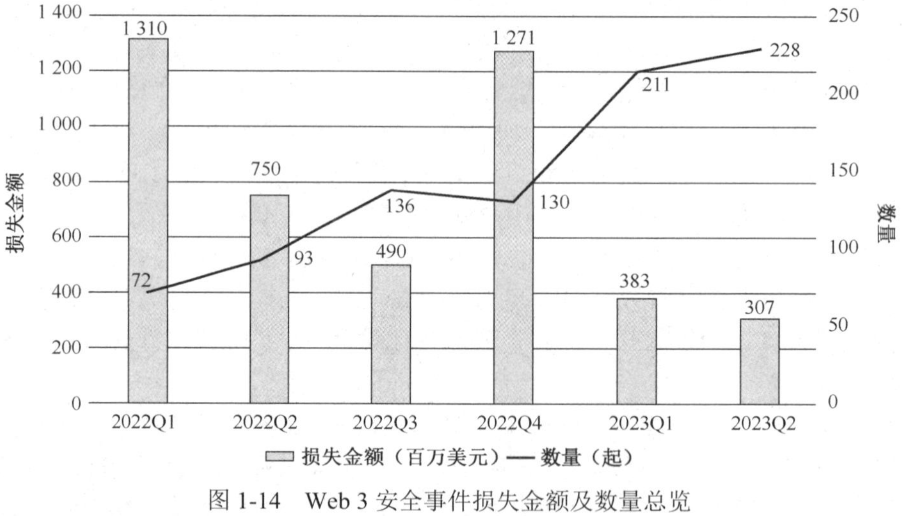

图 1-14 Web 3 安全事件损失金额及数量总览

安全事件类型呈现多样化，主要包括智能合约漏洞、Rug Pull[1]等。智能合约安全漏

[1] Rug Pull 指项目方的恶意欺诈。行骗者夸大代币的价值以吸引投资者加入，在代币价格上涨后，行骗者开始抛售代币，导致代币价格迅速归零。Rug Pull 事件主要集中于 ETH 链上，部分发生在 BSC 链上。

洞主要包括逻辑漏洞、权限漏洞、重入攻击、价格操控及其他方面的漏洞。其中，由逻辑漏洞造成的安全事件占比最高。通常来说，逻辑漏洞在合约安全审计阶段是可以被发现的，项目方可以选择专业的第三方审计机构进行审计。权限漏洞是指合约在授权核验环节存在纰漏，使得攻击者在获得低权限用户账户后，再利用一些方式绕过权限检查，窃取更高的操作权限。

Web 3 领域其他的安全事件包括钓鱼攻击、服务器攻击、热钱包被盗、应用程序被破坏等。其中，钓鱼攻击出现频率较高，给用户直接造成的资产损失也较高。常见的钓鱼攻击方法有以下几种。

（1）网络钓鱼。常见的网络钓鱼方法包括行骗者向用户发送电子邮件，或仿冒正规网站，要求用户重置密码或恢复账户。一旦用户进行了这些操作，行骗者就能窃取用户的私钥。

（2）冒名。行骗者自称是某些 DApp 或机构的员工，通过电子邮件、电话或社交媒体联系用户，再通过发送虚假的免费铸币协议、空投网站网址从用户那里窃取资金，或者通过冒充行为来操纵被骗用户账户以提取资金或窃取敏感数据。

（3）Discord[1]管理者身份劫持。攻击者在控制管理员的身份账户后发布虚假公告或诈骗链接，或直接欺骗受害者放弃他们的加密代币或 NFT。

（4）BGP 劫持。行骗者谎称他们拥有实际上并不能控制的 IP 前缀，并可以将之添加到互联网 BGP 路由器的路由表中。在这种情况下，用户一旦尝试登录，攻击者就可以实现对该 IP 地址流量的劫持，并将其重新导向攻击者设好的陷阱地址。

（5）代码后门和陷阱。攻击者通过隐藏在正常程序中的一段具有特殊功能的恶意代码，如具备破坏和删除文件、发送密码、记录键盘或 DDoS 攻击等特殊功能的后门程序来窃取用户个人信息。

（6）前端恶意代码。攻击者将恶意代码植入交易所等网站前端，如用户浏览器的标签管理系统，从而通过这串恶意代码生成错误的“批准”，将用户的资产转移至攻击者的地址。

Web 2 与 Web 3，一个是中心化结构，另一个是去中心化结构，这也导致了安全范式的转变。Web 2 底层的安全，基本都是以保护某个系统或某个应用为基础的，逐步向外拓展，直至保护所有系统的安全，如传统的防火墙、入侵检测。这也是与传统 IT 系统的端、云和服务的架构相匹配的。而 Web 3 本身就是去中心化的结构，不存在端、云和服务的概念，所以它的安全要从传统的保护端、云和服务的安全转为直接面向系统和体系，保护所有行为和所有节点的安全。

2. 智能合约安全分析工具

如果我们把链上智能合约从开发、部署，到在区块链网络上运行看作一个完整生命

---

[1] Discord 是一款免费的通信软件，使用者可以利用它进行语音、视频及文字聊天。

周期的话，那么针对智能合约的安全分析则可分为合约部署前的分析和合约部署后的分析，大致涵盖了测试、审计、监测 3 个类别，每个类别又有各种类型的分析方式和相应的工具。

（1）审计前合约测试。审计前合约测试是去除一些低级错误的最简单和最容易的方式。高测试覆盖率可以极大地减少低级错误进入审计环节的数量，从而提高审计效率。

（2）Pre-chain 测试与审计。Pre-chain 测试与审计是对智能合约代码的全面分析，以纠正设计问题、排查代码错误，查找安全漏洞。Pre-chain 测试主要包含单元测试、整合测试、端到端测试、基于属性的测试。Pre-chain 审计主要包括静态分析、动态分析、人工分析、形式化验证几种方法。

智能合约审计当下仍然是一个劳动密集型行业，并且对人才的技术能力要求较高。虽然目前市面上有十几款比较流行的审计工具，但是这些审计工具开发的目的是发现比较普通的漏洞，如 Transaction Order Dependency、Random Number、Timestamp、Callstack Depth、Reentrancy、Dangerous Delegate Call 等。仅依赖这些工具可能会漏掉许多和业务逻辑相关的漏洞。通常智能合约审计需要采用自动化工具结合手动代码审查相结合的方法，并且针对客户的智能合约业务逻辑和代币模型，进行专业的人工审查。表 1-3 给出了常见的智能合约测试和自动化审计工具。

表 1-3　常见的智能合约测试和自动化审计工具

工具名	开发团队	工具类型	简介
Mythril	ConsenSys	静态分析	EVM 字节码评估工具，使用 Taint 分析、Concolic 分析和控制流程检查来检测合约漏洞
Slither	Trail of Bits	静态分析	用 Python 3 编写的 solidity 静态分析框架。它运行一组漏洞检测器，抽取有关合约详情的可视化信息，并提供可轻松编写自定义分析的 API
Manticore	Trail of Bits	动态分析（符号执行）	用于分析智能合约和二进制文件的符号执行工具。它可以分析以太坊智能合约（EVM 字节码）、Linux ELF 二进制文件和 WASM 模块
ContractFuzzer	Bo Jiang,Ye Liu etc.	动态分析（模糊测试）	针对智能合约的 ABI 规范。利用该工具可以查找以太坊智能合约的漏洞。此外，该工具还定义了测试预言机来检测安全漏洞、检测 EVM，以记录智能合约运行时行为，并分析这些日志以报告安全漏洞
Firefly	Runtime Verification	动态分析（符号执行）	智能合约质量保证工具。智能合约开发人员可以将它与 Truffle 集成，并在其访问深入的形式验证之前尽可能多地利用现有的测试套件和测试工具
Securify	Ehtereum Foundation& ChainSecurity	静态分析	静态分析 EVM 字节码并获取其中所有算法和数据流的工具。这个过程通过 Souffle 完成自动化。Souffle 是一种为 Oracle 和其他软件的静态分析而创建的编程语言。然后检查结果以找到漏洞并提供修复漏洞的方法

续表

工具名	开发团队	工具类型	简介
SmartCheck	Serei Tikhomirov, Ekaterina Voskresenskaya etc	静态分析	一种可扩展的静态分析工具，用于发现以太坊智能合约中的漏洞和其他代码问题。它能发现与功能违规和操作问题（如运行时问题和性能不佳）相关的不同类型的漏洞
Foundry	Paradigm	单元测试	用 Rust 编写的用于以太坊应用程序开发的快速、便携和模块化工具包，包括用于合约代码的编译和测试的 Forge、用于与智能合约交互的 Cast，以及在本地构建区块链网络的 Anvil

（3）智能合约监测。智能合约监测是在智能合约部署后，对即将和用户钱包进行交互的智能合约、地址、域名、Token 进行的实时检测，以发现异常状态信息。相比智能合约审计，智能合约监测服务涉及的业务内容更为庞杂和细密，不同的服务厂商关注的重点也不同。例如，GoPlus 更加注重提供数据 API 服务给项目方甚至提供一些注重前端的防火墙；Harpie、Blowfish 更注重提供前端服务，用户执行一个交易行为，或者在完成一次授权之前模拟这个交易，以发现问题并阻止用户有安全风险的交易；Tenderly 则更注重开发者的需求，为智能合约开发者提供运行监测等服务。

3. Web 3 发展的安全困境

在 Web 3 安全服务领域有影响力的服务厂商不多，整体市场份额不大且比较分散。DApp 的安全、用户钱包的安全、NFT 的安全等重要的安全服务，目前都是相对空白的市场。Web 3 安全赛道中主要的产品类型有以下几种。

（1）To B。大多数服务 B 端用户的项目以安全审计为主。

（2）To C。服务 C 端用户的核心是安全流量与数据。通过动态风险检测平台，以数据 API 的方式接入 Web 3 应用，覆盖用户的风险场景，实时识别用户可能遇到的资产和行为风险，如针对合约检测的 Token、NFT、授权检测，也可实时识别针对用户使用场景的钓鱼网站、钓鱼邮件、社群诈骗等。这类服务在为用户提供安全防护的同时，也剥离了 Web 3 应用中不好处理的用户侧风险。

（3）To D。围绕开发者软件开发的过程提供全流程、自动化的安全服务，包括事前自动化审计和事后检测。这类产品的开发需要对项目开发流程本身有所理解。

尽管 Web 3 领域安全服务的重要性不言而喻，但目前该领域的发展还存在一些瓶颈，各细分领域的发展也存在一些共性问题。

第一，审计难度大、成本高。相比传统的 Web 2 系统，Web 3 系统更加复杂，其安全审计的成本相对较高。同时，由于 Web 3 还是一个新生事物，特别是智能合约代码的审计需要深入了解 Solidity 语言及其相关技术，需要进行手工审计，以及安全自动化测试等复杂过程，相关专业人才奇缺，因此 Web 3 领域的审计成本居高不下。

第二，审计风险高。Web 3 系统涉及数字资产的存储和交易，对其进行审计，可能面临一定的法律风险。传统会计师事务所的审计服务一旦出现问题，都会由第三方制订一套从上到下的规则来明确哪些是项目方的责任，哪些是审计方的责任。但在 Web 3 安全服务审计领域，暂时还没有这样的规则。

第三，Web 3 技术的去中心化特性意味着审计工作通常不是由单一机构完成的，这就可能导致不同机构意识上的不协调。同时这也意味着，缺乏一致的审计标准和协议可能导致审计结果的不准确与不一致。

1.3 零知识证明叙事升温

区块链诞生虽仅有 10 余年，但其起源可以追溯到久远的密码技术。密码技术的使用不仅可以保障数据的机密性，而且可以保障数据的完整性和准确性，防止数据被篡改、伪造和假冒。区块链中通常使用的密码技术包括哈希算法、非对称加密、数字签名，以及更艰深的同态加密、安全多方计算、零知识证明等。没有密码技术的支撑，区块链系统将不复存在，区块链系统的安全更无从保障。

可以说，没有密码技术，就没有区块链，也就没有 Web 3。有趣的是，Web 3 的叙事焦点经历了比特币、以太坊、DeFi、NFT、GameFi 的多次变迁，唯独缺少对加密技术本身的关注。但随着 Web 3 基础设施建设对隐私保护和扩容需求的迅速升温，一种冷门的密码学技术——零知识证明开始“走红”，成为 2023 年甚至 2024 年最值得关注的 Web 3 技术之一。

零知识证明在计算机科学和密码学等相关领域已经有数十年的发展，并非全新的概念。但此前零知识证明技术复杂，可应用性不强。在区块链诞生后，开发者们发现这项技术在区块链领域有着巨大的应用前景，于是开始对其创新改造，使其逐渐在 Web 3 领域大放异彩。

在众多项目当中，Zcash 是首个使用零知识证明的区块链项目。与比特币相比，Zcash 更注重隐私保护和对交易透明的可控。2017 年，以太坊创始人维塔利克 • 布特林（Vitalik Buterin）发现了零知识证明在以太坊上的应用前景，于是基于扩容需求发展出了 Layer 2。尽管目前 Layer 2 方案之一的 OP-Rollup[1]的各方面数据都领先 ZK-Rollup[2]，但从业者普遍认为，在 StarkWare 和 ZKsync 等项目在技术上实现越完备的合约交互功能之后，ZK-Rollup 替代现有扩容方案的概率会越大。

2022 年，随着 ZK-Rollup 在以太坊领域的应用取得的进展，人们对零知识证明的兴趣激增。根据谷歌趋势数据，关键字“SNARK”[3]在全球范围内的月搜索量在 100000 次到 1000000 次之间，同比增长 900%。2022 年，至少有超过 7.25 亿美元的资金用于零

1 OP-Rollup 全称是 Optimistic Rollup，是基于乐观算法实现的 Layer 2 扩容方案。

2 ZK-Rollup 全称是 Zero-Knowledge Rollup，是基于零知识证明实现的 Layer 2 扩容方案。

3 SNARK 全称是 Succinct Non-interactive Argument of Knowledge，即简洁非交互式知识论证。

知识证明赛道，其中包括 Aleo、Aztec、Scroll、RiscZero、Matter Labs、Elusiv 和 Mina Protocol。

由于零知识证明技术囊括了 Web 3 隐私和扩容这两大核心叙事，因此被认为是未来 5 年最有前景的技术之一。技术的落地需要场景与应用共同承载，零知识证明的叙事才刚刚开始，市场对其接受度也在逐步提高。但总体而言，零知识证明还是一个比较新的技术领域，与真正的繁荣还有较长的距离，无论是内嵌为底层基础设施，还是落地于具体的应用场景，都需要从业者们持续不断地探索。

1.3.1 零知识证明的奥妙

零知识证明是由 S. Goldwasser、S. Micali 和 C. Rackoff 在 20 世纪 80 年代初提出的概念，指的是证明者能够在不向验证者提供任何有用信息的情况下，让验证者相信某个论断是正确的。零知识证明另一个比较通俗的定义是让某人证明他们知道或拥有某些东西，而不泄露他们知道或拥有什么的任何信息。

零知识证明是一种涉及两方或多方的协议，即两方或多方为完成一项任务所需采取的一系列行动。最早的零知识证明是交互式的，为了证明某件事，证明者必须和验证者玩一个问答游戏，就像测谎仪测试，验证者不断对证明者所拥有的“知识”进行提问，通过提问，让验证者相信证明者的确知道这些“知识”。零知识证明后来又发展为非交互式的，非交互式的零知识证明是证明者生成一个东西或一段数据，作为其零知识证明提交给验证者，无须多轮沟通。

1. 零知识证明的一般过程

零知识证明过程中存在两种角色：证明者（Prover）[1]和验证者（Verifier）[2]。证明者和验证者拥有相同的函数或一系列的数值，一般过程如下：

（1）证明者向验证者发送满足一定条件的随机值，这个随机值被称为“承诺”。

（2）验证者向证明者发送满足一定条件的随机值，这个随机值被称为“挑战”。

（3）证明者执行一个秘密计算，并将结果发送给验证方，这个结果被称为“响应”。

（4）验证者对响应进行验证，若验证失败，则表明证明者不具备所谓的“知识”，退出此过程；否则，继续从（1）开始，重复执行此过程。若每次验证均成功，则验证者相信证明者拥有某种知识，而且在此过程中，验证者没有得到关于这个知识的信息。

2. 零知识证明在非区块链领域的应用

零知识证明在技术上非常复杂，连密码学专家都称其为“火星数学”。零知识证明自 20 世纪 80 年代被提出以来，虽然在学术界得到了进一步发展，但在实际中应用很少。

[1] 后文视需要，可能仅以“Prover”指代证明者，也可能直接使用中文“证明者”，或者两者同时使用。

[2] 后文视需要，可能仅以“Verifier”指代验证者，也可能直接使用中文“验证者”，或者两者同时使用。

直到21世纪初，研究人员和企业家才开始将该理论应用于实践，但其在应用方面真正的“拐点”还是在区块链诞生以后。

1）零知识证明在身份验证系统中的应用

零知识证明最初的应用是在网络安全领域。

例如，用户使用密码登录网站的实际过程，是用户在登录网站时输入自己的密码，这些密码或者被发送到服务器，服务器再将密码压缩成一串类似 gobbledygook 的字符串，或者直接在用户所在的客户端将密码压缩成类似 gobbledygook 的字符串。系统再比较该字符串是否和之前存储在系统中被加密过的 gobbledygook 字符串匹配。如果两个字符串相同，用户就能成功登录。

如果网站使用了零知识证明技术来进行身份验证，那么当用户注册时，需要提供一个公钥和一个私钥，公钥被存储在服务器上，而私钥只有用户自己知道。当用户登录时，用户需要向服务器提供一个零知识证明，证明用户拥有与公钥匹配的私钥。服务器通过验证该证明来确认用户身份，这样就可以有效地验证用户的身份和权限，同时保护用户的隐私和安全。

2）零知识证明在隐私计算领域的应用

零知识证明是隐私计算的重要技术支撑，与混淆电路、不经意传输、同态加密、同态承诺、秘密共享等技术一起，实现了安全多方计算中多个参与方数据共享计算中的隐私保护。

在典型的安全多方计算方案中，参与方通常会事先约定一个计算框架，并要求参与方按照既定的框架执行计算过程。但是，参与方可能怀疑对方是否真正使用其私有数据进行了计算，因此可以引入零知识证明技术解决计算结果的可信验证问题。具体而言，参与方中的一方在通过混淆电路或同态加密等方法完成安全计算后，除了将计算结果提供给其他参与方，还可将计算过程转化为零知识证明电路，并采用零知识证明算法生成计算过程的证明结果供其他参与方验证。根据零知识证明协议满足的完备性、可靠性和零知识性3个基本属性，这个过程可在不泄露具体计算数据的情况下，让其他参与方相信计算是按照正确的步骤进行的。

3）零知识证明在匿名投票领域的应用

电子投票也被广泛应用于电子政务决议、团体活动决策、公司股东大会决议、物业基金使用决策等诸多场景。投票过程涉及很多敏感信息，如投票人的身份、投票人的投票结果等，这些因素都可能影响投票人的真实意愿表达，影响投票结果的正确性和公平性。

无记名投票是政治选举中的标准动作。因为选民可能被贿赂或恐吓，所以虽然公开投票可以准确统计投票结果，但选民极有可能不按原有意愿投票。无记名投票意味着投票者要相信计票器，可无论是人工计票器、机械计票器，还是电子计票器，都存在一定的局限性。首先，传统电子计票系统通常中心化程度高，而中心化计票系统存在结果被篡改的风险。其次，传统电子计票很难在保护隐私的情况下做到投票结果的验证，尤其无法做到全局的验证，也难以实现上述不同角色的多种诉求。

零知识证明技术的引入可以解决这个问题。零知识证明既可以隐藏投票者的身份信息，保证真实匿名，又可以让后台放心大胆地记录投票结果。如果有人质疑投票结果，也可以复盘投票过程，让投票无论对投票者还是对被投票者都是安全的。

3. 零知识证明在 Web 3 领域的应用方向

零知识证明在 Web 3 领域有两个非常重要的应用方向：一是隐私保护，二是系统扩容。

（1）隐私保护。零知识证明可以解决常见的区块链网络中因透明性带来的消息泄露问题，如钱包地址和资产额度等信息。DeFi 和 NFT 刚刚兴起时，隐私保护的重要性还没有被彰显出来。在 DeFi 繁荣发展的今天，对加密货币大户和机构来说，其每次链上操作都可能隐含着巨大的信息，牵涉巨大的经济利益，隐私保护的需求变得真实而迫切。

（2）系统扩容。扩容一直是区块链发展要解决的首要问题之一，但区块链扩容可以做到什么程度，一直受区块链“不可能三角”[1]的制约。零知识证明的一个重要特性是，它仅需要生成很少数据量的结果就可以完成对大批量数据的证明。将零知识证明和区块链的共识机制结合起来，通过零知识证明验证共识结果，可以显著降低网络成本，尤其是在成本高昂的区块链网络上，验证计算的正确性比重复计算便宜得多。例如，ZK-Rollup 是将链上的交易打包，在链下执行计算的。链下证明者为这一批次打包的交易创建有效性证明以验证交易的有效性。交易验证在链下处理完成后，系统将继续完成链上处理。ZK-Rollup 运营者汇总该批次交易状态的变化，与有效性证明一同提交到 Layer 1 区块链。该证明可以被 Layer 1 的合约快速验证。再次强调，Layer 1 上的智能合约只需验证该证明的可更新状态，而无须重新计算交易。这样一方面可以节约 Gas 费用，因为证明的验证成本远低于重新执行的计算成本；另一方面只需要在链上存储少量的数据用于验证，节省了存储空间。

另外，在 Web 2 和 Web 3 互操作的过程中，数据、资产账户互通和应用程序的互操作是两个尤为关键的环节。前者涉及不同生态链下共识和链上共识的可信、可靠传递，后者则是程序应用部署过程中的实际问题。零知识证明对两者的互联互通起到了重要作用。

1.3.2 自主掌控隐私

隐私通常是指数据拥有者不愿意被披露的敏感数据或数据所表征的特性。零知识证明能够在不泄露任何隐私的前提下完成对隐私信息的验证，这将为解决当前数据安全中的诸多问题，如隐私安全、数据安全、监管检查，发挥重要作用。

---

[1] 区块链“不可能三角”是以太坊创始人维塔利克·布特林提出的一个理论，指的是区块链网络无法同时实现安全性、去中心化和可扩展性。

1. Web 2 中的隐私问题和解决方案

随着数字经济的迅猛发展，在全社会数据总量同步增长的同时，隐私泄露事件无论是频次还是数量都急剧上升，其影响范围也越来越广。Flashpoint 的数据显示，2022 年全球发生数据泄露事件 4518 件，泄露的数据量达 226.2 亿条，泄露渠道主要包括网站、电商消费平台、社交平台、交通出行购票平台等，涉及科研机构、政府机构、金融行业、教育行业、医疗行业等。避免数据滥用和泄露风险，保证数据收集、存储、使用、加工、传输等环节的安全，其意义不言而喻。

现行的解决方案，一是强化法律保护。近年来，包括我国在内的多个国家和地区，都出台了多部数据安全和隐私保护相关的法律法规。我国涉及公民个人隐私权益保护的法律有《中华人民共和国民法典》《中华人民共和国个人信息保护法》；涉及数据领域国家利益的法律有《中华人民共和国数据安全法》《中华人民共和国网络安全法》等；促进数据要素合规高效流通的规章制度有《中共中央 国务院关于构建数据基础制度更好发挥数据要素作用的意见》，俗称“数据二十条”。

二是从技术角度加强安全防护，引入隐私计算。无论是对数据计算的参与方，还是其他意图窃取信息的攻击者，隐私保护技术都能实现数据在加密或不透明状态下的计算，以达到保护各参与方隐私的目的。隐私计算是一套包含人工智能、密码学、数据科学等众多领域交叉融合的跨学科技术体系，它能在满足数据隐私保护需求的基础上，实现数据“价值”的流通与共享，做到“数据可用不可见”。多方安全计算、可信执行环境、联邦学习、零知识证明、同态加密等隐私计算技术，是数据隐私保护和挖掘数据潜力的“技术解”，也越来越受到业界的重视。

2. Web 3 中的隐私保护问题及其挑战

Web 3 时代喊出了“用户数据主权”的口号。然而，在基于 Web 3 的区块链技术架构中，用户所有的交互数据都会被公开透明地记录在一个个区块中，链上数据可追溯，也就意味着任何人都可以查看任何钱包持有者的所有交易历史记录和代币持有量。这不可避免地涉及如个人身份信息、资产信息等隐私数据的暴露，造成用户在 Web 3 世界“裸奔”的事实。这些敏感数据暴露在公开场合，可能给个人和机构的资产管理带来极大的威胁。如果想要更多的个人和机构进入 Web 3 领域，隐私保护问题不可回避。

Foresight Venturesk 在“读懂 Web 3 的另一面‘隐私’”一文中提到：“Web 3.0 时代的隐私=保密（身份数据）+匿名（行为数据）。”

1）身份隐私

区块链系统通过密码技术生成钱包地址，钱包地址是用户在区块链系统中交易的输入账号和输出账号，也是用户在区块链系统中的账户地址。区块链系统中的账户地址由用户自行生成，与用户身份信息无关，用户创建和使用账户地址也不需要第三方参与。因此，相比传统的如银行卡号一类的账户，区块链系统中的账户地址具有较好的匿名性。其他人可以了解这个钱包地址，也可以了解与这个账户相关的交易信息，但不能知道账户所对应的用户身份。这就是身份隐私，即不知道用户身份信息和钱包地址的关联关系。

虽然在最初的区块链系统中，钱包地址和现实生活中的个人身份没有直接关联，但是用户在使用钱包地址参与区块链业务时，可能会泄露一些敏感信息，如区块链交易在网络层的传播轨迹，而这些信息可能被网络黑客用于推测区块链账户地址对应用户的真实身份。

Androulaki 等人曾在学校中设计了模拟实验，让学生将比特币作为日常交易货币，分析人员采用基于行为的聚类技术对比特币交易数据进行分析，结果发现即使学生采用比特币推荐的隐私保护方法，聚类技术也能将 40%的学生身份和区块链账户地址匹配。也就是说，区块链账户地址具有较好的匿名性，但也只是相对意义上的。

因此，随着区块链系统应用的进一步丰富和区块链项目的进一步落地，区块链的账户地址就更不可避免地与现实生活中的个人身份关联起来了。

2）行为隐私

区块链中存储的交易记录和交易记录背后的知识有可能带来与交易相关的隐私信息的泄露。早期的虚拟数字货币应用的交易记录往往是公开的，不需要额外的保护措施。但是随着区块链被应用到银行等金融领域，对交易记录等重要敏感数据就需要采取额外保护措施了，以限制非授权用户的使用。因为交易记录通常能反映一些敏感信息，如用户购物的交易记录能反映用户的消费水平、生活状态等。在现实生活场景中，还存在交易双方不希望公开交易相关信息的情况，这就要求在对交易的合法性进行判定的同时还需要隐藏交易信息，这对隐私保护也提出了新的要求。

身份隐私和行为隐私是用户在使用区块链时需要重点保护的信息，因为这些信息一旦被泄露就有可能对用户造成危害。另外，由于存储在区块链账本中的数据无法被删除和篡改，即使用户发现部分地址或交易数据已经被曝光，也没有办法采取挽救措施。表 1-4 对区块链技术的隐私内容及面临的挑战给出了更细致的分类。

表 1-4　区块链技术的隐私内容及面临的挑战的细致分类

区块链隐私类别	子类	隐私内容	威胁、攻击、挑战
链上数据隐私	交易隐私	交易发起方、接收方、交易金额等	借助爬虫技术爬取账本信息、账本及交易所等区块链服务信息，构建交易网络拓扑、用户网络拓扑，利用溯源技术及交易特征的数据分析获取隐私信息
	账户地址	账户地址、余额、账户交易联系等	
	用户身份信息	用户真实姓名、年龄、住址、身份证号等	
链码隐私		链码源代码、版本号等	人为窃取、控制网络节点、利用链码漏洞获取隐私信息
网络隐私	节点隐私	服务器地理位置、节点物理信息、系统版本、节点 IP 等	爬取区块链网络节点公开信息或在区块链网络中部署监听节点
	通信隐私	节点间通信数据明文及密文、通信流量等	在区块链网络中部署监听节点进行远程旁道攻击
跨链隐私		跨链操作时涉及的跨链数据及相关账户地址等	在区块链网络中部署监听节点，窃取跨链桥的数据信息
应用隐私	用户端隐私	支付流敏感信息、浏览器 Cookie、密钥存放位置等	软件权限申请，收集论坛、服务器等公开信息，盗取密钥，利用插件漏洞
	服务端隐私		

3. 零知识证明在隐私保护领域的应用

出于国家安全方面的考虑，监管机构需要在宏观层面加强合规性监管，以防范非法金融活动和恐怖主义等风险。但对区块链系统的用户身份、交易信息进行的隐私保护也可能阻碍监管机构对交易的监管，如调查、打击非法金融活动或收回被盗资产等。这是否意味着区块链相关技术的使用会迫使人们在合规性与隐私保护之间做出选择呢？调和用户的隐私需求和出于国家安全需求的监管是必要的，这也是隐私保护技术及其应用需要进一步思考和创新的方向。

既要追求隐私最大化程度的保护，又要满足监管需求，零知识证明可以让用户在隐私受到保护的情况下更充分地参与 Web 3 的生态，恰好成为最有应用前景的工具之一。

目前，零知识证明在区块链隐私保护方面已经解决的问题大体可以分为以下两类。

1）链上及跨链交易信息隐藏

为了保证交易的可靠性和全网数据的分布式一致，区块链设计了特殊的数据结构和共识机制。完整、公开的交易账本不仅会泄露交易数据，还会泄露交易者的关系，因此交易隐私保护的重点是在满足共识机制的前提下，尽可能隐藏数据信息和数据背后的知识。交易中需要隐藏的主要是具体的交易信息，包括交易的来源、去向和内容。在实际应用中，有以下几种用例。

（1）隐私加密货币。隐私加密货币 Zcash 采用零知识证明技术来证明交易的真实性，证明过程不需要透露相关信息就可以隐藏区块链交易的发起方、收款方和交易的金额。

（2）隐私合约。Hawk 是一种能保护隐私的去中心化智能合约框架，其编译器可以自动对未加密的智能合约生成高效的密码协议，交易参与者使用零知识证明等密码原语与区块链交互。Hawk 不仅能保护链上隐私，而且能保护同一智能合约中交易双方彼此的隐私。

（3）隐私协议。以太坊智能合约隐私协议 Zether 实现了对交易过程中的交易地址、账户余额和交易信息的全流程加密，从而确保了数据隐私安全，实现了匿名支付。Zether 协议的主要应用场景包括保密支付、私密权益证明、保密权益投票、保密竞拍等。类似 Zether 的其他隐私协议还有 AZTEC、Flyclient、PGC 等。

2）数字身份认证

在身份认证过程中，零知识证明能够在信息交互的同时，保障用户信息的隐私性和认证结果的正确性。提供证明的一方只需要将由用户身份信息计算出的数据结果上链，验证方即可验证用户身份，并且依赖数学手段完全保证身份信息是真实可信的，同时任何人也无法从证明或证明过程中提取与用户个人信息有关的数据。

零知识证明用于数字身份认证有以下几种应用场景。

（1）自我主权身份管理。基于自我主权身份（Self Sovereign Identity，SSI）模式概念中的身份管理能够确保用户对自身所有个人信息和相关活动数据拥有完全自主权，用户之外的服务方并不存储用户的原始数据，这就保证了用户的隐私数据不会被第三方泄露。匿名机制在用户交易时控制他们的隐私数据，保证隐私数据安全，同时保证用户行使自我主权时的安全性和效率。区块链自我主权身份管理模型如图 1-15 所示。

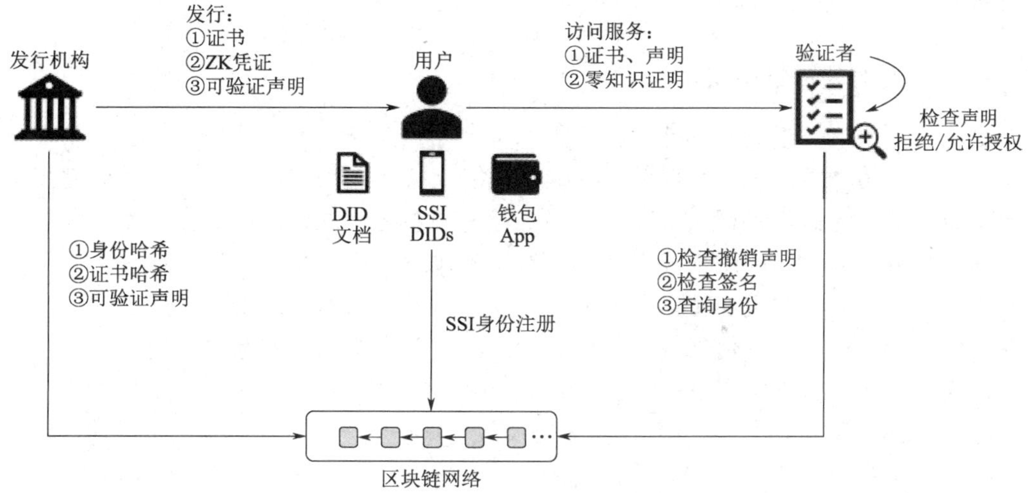

图 1-15　区块链自我主权身份管理模型

（2）连接 Web 2 和 Web 3 的身份。目前，用户在 Web 2 和 Web 3 环境下的身份是分离的。隐私预言机帮助用户在 Web 3 中验证和管理自己的身份凭证，同时提供传统 DID 工具所不具备的兼容性和隐私保障。例如，通过预言机集成 DAO 成员在链下的活动参与信息和资格认证信息，DAO 管理者可以发放相应的出席证明，并对成员的能力资质进行认证。

（3）身份合规。通过零知识证明技术，用户的隐私数据无须直接上链，而是由证明者生成合规证明提交上链，监管方只需要验证链上提交的证明即可完成监管。例如，在信用凭证的场景下，由银行提供某用户是否正确支付了税款的信息，再由用户生成数据证明提交上链，监管方只要验证用户提交的证明是否是根据银行提供的数据生成的证明，同时验证用户数据是否达到信用要求即可。

就目前的状况来看，Web 3 的隐私保护市场还比较小，但随着 Web 3 的发展，未来用户对隐私保护的需求会更为普遍，隐私保护的标准也会更高，那时零知识证明技术的应用也会更为普及。

1.3.3　破解可扩展性难题

可扩展性是指系统为了应对将来需求的变化提供的一种能力。当有新的需求出现时，系统不需要或仅需要少量的更改就可以满足新的需求，无须对整个系统进行重构或重建。传统的分布式系统通常通过提升单机的处理能力、增加机器（或节点）的数量来提升系统的总体容量。

区块链不同于传统的分布式系统，在实现完全的去中心化，并且确保链上数据和资产安全的同时，必然面临性能上的瓶颈。区块链系统的“不可能三角”是其在现实场景中落地应用的最大瓶颈。比特币和以太坊都优先追求去中心化和安全性，而牺牲了可扩展性。

1. 区块链可扩展性难题

区块链可扩展性不足具体体现在以下两个方面。一是交易吞吐量低。以以太坊系统为例，在以太坊系统没有升级以前，其最多只能支持 20 笔/秒的交易确认，这使其难以承载大量交易，无法满足现实应用需求。二是链与链之间的资产（数据）难以交互。不同的应用场景面向不同的用户和需求，也有着不同的共识机制，在现实情况下，很难要求一个区块链系统承载现实生活中的所有应用。因此，只有实现链与链的交互，才能确保区块链不会彼此成为价值（数据）孤岛，从而实现真正的价值互联。

区块链扩展方案分为第 0 层扩展（Layer 0）、链上扩展（Layer 1）、链下扩展（Layer 2）和跨主权区域扩展。Layer 0 扩展方案在不改变区块链上层架构的前提下，通过优化底层数据传输协议，提高区块链的性能，这是一种保留原有区块链生态规则的性能提升方案。Layer 1 扩展方案通过优化区块链的基础协议提升区块链性能，主要技术方案有分片、轻节点、高效的共识机制等。Layer 2 扩展方案将区块链的交易和数据转移到链下，以提高区块链的可扩展性。跨主权区域扩展是指在不同区块链系统间进行的必要的信息交换或转换，并对交换的信息加以利用，实现不同区块链的互联互通与价值转移。跨主权区域扩展主要技术方案有公证人机制、侧链/中继技术方案、哈希锁定和分布式私钥控制等。

2. Layer 2 的技术演进

在彻底的去中心化系统中开展高性能设计，是一项极具挑战性的工作。大量开发者前赴后继，但是至今还没有出现能够承载互联网级别应用的 Web 3 方案。

最初开发者在设计区块链扩容方案时，寄希望于 Layer 1 实现系统扩容，如调整比特币区块大小、引入隔离见证机制、实施分片机制等，但这些方案要么收效甚微，要么过于复杂难以落地，于是开发者转向 Layer 2 寻找机会。

Layer 2 是以太坊一系列链下扩展性解决方案的总称。可以把 Layer 1 想象成一条拥堵的马路，我们在 Layer 2 这条“高速公路”上将数据处理完后放回以太坊，这样就极大地减少了 Layer 1 的拥堵。在链下扩容方案中，Layer 1 做好去中心化和安全保障，做到底层链的绝对可靠、可信任，确保共识，并且以经济激励的方式将信任传递到 Layer 2，Layer 2 则负责提高效率、降低成本，满足各类实际场景的业务需求。

Layer 2 将链上一系列复杂的计算全部转移到链下进行，再将计算好的结果反馈给主网，以此降低交易的复杂度。在 Layer 2 将交易打包上传到 Layer 1 的操作，并不会修改 Layer 1 的世界状态[1]，只会修改相应区块的数据，即区块链只是将交易数据计算结果存

---

[1] 区块链所有节点从同一个创世状态开始，依次执行达成共识的区块内交易，驱动各节点的状态按照相同操作序列不断变化，实现所有节点在执行完相同编号区块内的交易后状态的完全一致，这个状态被称为世界状态。

储进 Layer 1 的区块里。这样既可以通过计算完整回溯这些世界状态的修改过程，让交易过程被完美记录，同时也省下了高额的 Gas 费用。

在 Rollup 出现之前，Layer 2 已经经历了几代技术更迭。但由于去信任化、安全性、易用性或通用性方面存在的问题，这几轮技术更迭都没有推出被广为接受的方案。Rollup 技术的出现成了打破这个局面的关键。

最早的 Layer 2 方案是侧链技术方案。侧链的核心思路是构建一条完全独立的区块链，拥有自己的共识机制，并且有自己的验证者和运营者，通常与 EVM 兼容，可以拓展通用的应用程序，并与主链互相转移资产。侧链的缺陷也很明显。侧链不依赖以太坊的安全性，只选择性地将区块头的快照发送至主链来防止分叉。因为侧链已经构建了一条完全独立的区块链了，所以也有一些人认为侧链不属于 Layer 2 扩展。一般来说，已经发展得比较好的项目，更倾向于保持自身的独立性，但是又不想脱离以太坊的繁荣生态，这样的项目可能更倾向于采用侧链技术方案。

闪电网络是最早尝试无信任假设的 Layer 2 扩展解决方案之一，它允许区块链通过使用小额支付渠道更有效地进行交易，但这种交易仅限于比特币系统中的小额支付。

Plasma 是闪电网络之后出现的技术，其模型兼有侧链和闪电网络的特点。Plasma 将复杂的操作放在子链上执行，然后将批量处理的交易结果汇总发送给主链。它最大的优点是安全性高且可以实现无监管，即使 Plasma 链上所有的验证者串谋作恶，Plasma 链上的资产也是安全的，而且可以退回主链，其缺点是退出机制非常复杂。

Rollup 借鉴吸收了过往众多方案的思想，且考虑了此前方案将数据存储在链下的思路衍生出的安全性和易用性问题，以及直接将数据存储在链上无法实现效率提升的问题，提出了将数据压缩上链的思路。目前，Rollup 是 Layer 2 扩展方案中最受期待的。图 1-16 给出了当前主流 Layer 2 扩展方案汇总。

图 1-16　当前主流 Layer 2 扩展方案汇总

在具体解决方案上，Rollup 又分 OP-Rollup 和 ZK-Rollup 两大类，前者参考了 Plasma 的欺诈证明机制，后者使用零知识证明机制来确保安全。

ZK-Rollup 扩展解决方案和 OP-Rollup 扩展解决方案的根本区别在于其对交易的验证方式。OP-Rollup 使用欺诈证明（Fraud Proof）的方式，只在有节点对 Layer 1 上发布的状态变化提出异议时该机制才会产生证明；而 ZK-Rollup 在每一批链上信息广播后都会发布有效性证明。这就意味着，基于 ZK 的协议数据总是可信的，其代价是消耗更多的 Gas 费用来验证主链上数据的有效性。此外，在 OP-Rollup 解决方案中，交易最终完成和提款处理的标准窗口期是一个星期，而在 ZK-Rollup 解决方案中，用户可以在 10 分钟甚至更短时间内提取资金，效率更高。

从市场份额来看，目前，OP-Rollup 占据了 Layer 2 的主要市场份额，其代表项目 Arbitrum 的 TVL 占 Layer 2 市场份额的 51.6%；Optimism 占 Layer 2 市场份额的 30.56%。这是因为 OP-Rollup 由验证人进行反欺诈验证，技术选型更方便落地，具备可拓展性，所以 Aribitrum 等头部生态发展得更加迅速。

3. 零知识证明后来居上

在 Rollup 诞生之前的闪电网络和 Plasma 采用的均是欺诈证明的方式，在运营者提交信息时不做状态转换合法性的校验，但是会为该批次交易的提交预留“挑战期”。Layer 2 Rollup 中的 OP-Rollup 继承了这种方式。OP-Rollup 的最大优势是它默认不执行，计算相对容易实现且兼容 EVM，这意味着它可以便捷地将现有以太坊上的各种 DApp 吸引过去。不利的一面是，“挑战期”的存在意味着“退出期”长，用户体验差。

ZK-Rollup 以零知识证明为基础，其最初概念来自以太坊创始人维塔利克・布特林（Vitalik Buterin）在 2018 年发表的题为“通过大规模交易验证，链上可扩展至每秒约 500 笔交易”（*On-chain scaling to potentially ~500 tx/sec through mass tx validation*）的文章，其核心思想是利用零知识证明技术将原本需要广播到整个网络的交易转移至 Rollup 合约中处理，并通过零知识证明向主链证明交易的合法性，从而大幅减少主链上的交易负荷。

在 ZK-Rollup 中，所有的交易都被打包在 Rollup 合约中，并生成一棵 Merkle Tree。Merkle Tree 的根节点哈希值被记录在主链上。这样，所有的交易数据都被聚合到 Rollup 合约中了。再将根节点的哈希值，以及一个包含零知识证明的附加数据（这个数据可以用来证明所有的交易在 Rollup 合约中的执行是正确的）提交到主链。当一名用户要执行一笔交易时，他需要将这笔交易提交到 Rollup 合约中，Rollup 合约根据附加的证明数据对交易进行验证。如果验证通过，Rollup 合约就将这笔交易加入 Merkle Tree，并将更新后的根节点哈希值提交到主链上。这样，用户的交易就被记录在主链上了。

ZK-Rollup 有以下几个关键特点。一是将主链作为存储媒介，而非共识引擎；二是将交易压缩，并在链下达成状态共识；三是用零知识证明保证链下状态共识的安全性。

OP-Rollup 与 ZK-Rollup 存在以下几个最关键的区别。

（1）安全性。在安全性方面，ZK-Rollup 优于 OP-Rollup。ZK-Rollup 提交给 Layer 1 的新状态附加了证明，可继承 Layer 1 的安全保证；而 OP-Rollup 中节点恶意串谋的风险更高。ZK-Rollup 区块可以并行计算，扩展性优于 OP-Rollup。OP-Rollup 的实际吞吐量上限为 500 TPS，而 ZK-Rollup 的实际吞吐量可超过 2000 TPS。

（2）验证时间。在验证时间上，ZK-Rollup 优于 OP-Rollup。ZK-Rollup 的最终确定性时间很短，如 zkSync[1] 的最终确定性时间为 10 分钟；而 OP-Rollup 的最终确定性时间最少为一周。

（3）EVM 兼容性。在 EVM 兼容性上，OP-Rollup 优于 ZK-Rollup。不过，随着 zkEVM 的研发，OP-Rollup 的这个优势也将被削弱。

（4）交易成本。两者相比，OP-Rollup 将交易发布在链上的成本更高，并且如果发生争议，所有交易都可能需要在 Layer 1 上重新处理。目前，OP-Rollup 上的 Gas 费用是以太坊上的 1/8 至 1/3，ZK-Rollup 上的 Gas 费用预计将是以太坊上的 1/100 至 1/40。

截至 2022 年 10 月 20 日，Rollup 的 TVL 上升至 3.62M ETH，较 2022 年初增长了 131%，占以太坊主网 TVL 的比例也上升了约 7.5%，实现了逆势增长。ZK-Rollup 在 Rollup 中的占有率不高，但这也恰恰说明其未来的提升空间较大。Bing Ventures 发布的深度报告预计，ZK-Rollup 赛道规模未来将达 10 亿至 100 亿美元级别。

融资方面，2022 年，ZK-Rollup 赛道至少获得了 7.25 亿美元的资金注入，隐私公链项目 Aleo 获得了 ZK 赛道的最大融资（2 亿美元），Aztec 获得了 1 亿美元的融资。StarkWare 项目和 zkSync 项目的估值分别被推到了 80 亿美元和约 10 亿美元。除了私募股权融资，一些基金会还承诺将提供资金，以促进零知识证明应用在各自生态系统中的发展。公链 Polkadot 发布了“Pioneers Prize 计划”，特别关注零知识证明技术。NEAR 基金会在“Tornado Cash 事件”发生后启动了一项资助计划，支持 ZK 项目。

2023 年以后，ZK 赛道各项目都进入了更快的发展阶段。如币安的 ZK 技术引进、Scroll 的技术更新、Way Network 和 Nil Foundation 的巨额融资，更重要的是，ZK 项目 zkSync、starkNet 和 Polygon zkEVM 或将推出代币。这都意味着 ZK 赛道已处在蓄势待发的状态。

[1] zkSync 是以太坊二层网络（Layer 2），使用 ZK-Rollup 技术解决以太坊当前的可扩展性问题。自 2019 年以来，该项目一直由 Matter Labs 开发。

第 2 章

揭开零知识证明的神秘面纱

零知识证明是现代密码学的前沿技术之一，是 Shafi Goldwasser、Silvio Micali 和 Charles Rackoff 在“交互式证明系统中的知识复杂性”（*The Knowledge Complexity of Interactive Proof Systems*）一文中最早提出来的。该文对交互式证明、证明系统的零知识性给出了数学定义，并提出了零知识证明协议。2021 年，因对零知识证明的研究，数学界大奖——阿贝尔奖颁给了数学和计算机领域的科学家拉兹洛・洛瓦兹（László Lovász）和阿维・威格森（Avi Wigderson）。

早期的零知识证明是基础性研究，受效率和可用性等指标限制仅停留在理论层面。近年来，随着 Web 3 的发展，零知识证明有了更多的落地机会，成为区块链系统扩容和链上数据隐私保护的重要工具。随着应用的拓展，零知识证明技术也得到了更多优化，进而被更多开发者、从业者和投资者关注。

2.1 “证明”的历史

人的直觉在很多时候是不准确的，很多看起来显然成立的结论只不过是人类基于日常生活经验得出的，并没有经过严格的检验和证明。哲学家、科学家期望通过“证明”接近真实或真理，从而让人们摆脱直觉的影响，相信本来凭直觉不相信的东西，从而在未知的领域大踏步前进。

2.1.1 从归纳推理到演绎推理

数学证明最早源于古希腊。在此之前存留存的关于数学的记录着重于归纳推理的应用，也就是通过重复的观察来建立经验法则。

我国古代文献《周髀算经》（约成书于公元前 1 世纪）中记载，“以为勾广三，股修四，径隅五。既方之，外半其一矩，环而共盘，得成三四五。两矩共长二十有五，是谓积矩。”它运用拼凑法给出了一个勾股定理的证明，也就是让直角三角形环绕斜边上的正方形的中心旋转，形成如图 2-1 所示的 4 个三角形，由此得到 $AB^2+AC^2=BC^2$。

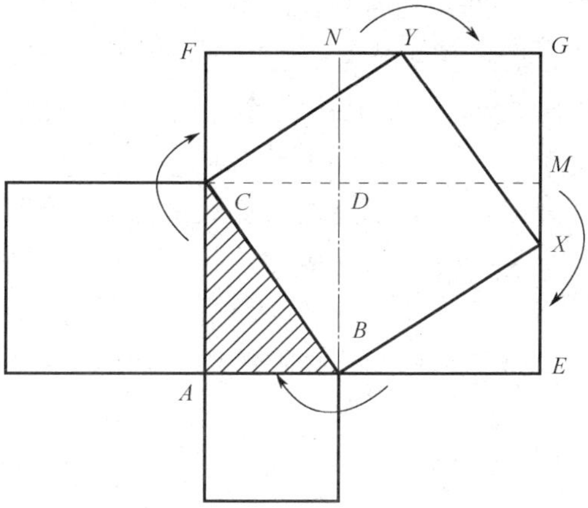

图 2-1　利用拼凑法证明勾股定理

三国时期，吴人赵爽批注《周髀算经》时提出了“勾股圆方图”，也用了拼凑法，将数形结合给出了勾股定理的详细证明。包括希腊、中国、埃及、巴比伦和印度在内的几乎所有文明古国都对勾股定理有所研究。

勾股定理的发现说明，只有当人们掌握了定理的内容，才能找到最严格的证明。类似的示例在数学史上并不鲜见，微积分的发现也是一个典型的例子。19 世纪英国数学家狄摩根（Demorgan）甚至说过：“数学的原动力是想象力而不是推理。”

在数学史上，“为什么要证明”这个问题可以追溯到古希腊。古希腊哲学家、数学家泰勒斯（Thales）把古埃及丈量土地的学问改造成演绎推理的学问，继而在毕达哥拉斯（Pythagoras）、柏拉图（Plato）等哲学家兼数学家的影响下，演绎证明成为追求真理的一部分。他们认为，在现实世界中依靠感觉经验得到的结论不是真的，而是虚幻的，就像插入水中的筷子，看起来变弯了，但这仅是虚假的表象，而不是真实的事物本质。真理需要逻辑的演绎证明才能得到。

2.1.2　形式化符号语言推理

17 世纪，德国数学家戈特弗里德·威廉·莱布尼茨（Gottfried Wihelm Leibniz）首先提出要建立一种“通用的形式语言”用于描述数学推理。在这种语言中，每个概念都应该用一个符号表示。这样，抽象的“思维过程”就可以通过机械的“符号演算”来处理了。一旦发生争论，我们只要坐下来，拿出纸和笔算一算就行了。到了 19 世纪中叶，逻辑终于从“论证”的手段转为处理数学问题的系统方法。

19 世纪末，康托（Cantor）、布尔（Boole）、弗雷格（Frege）、大卫·希尔伯特（David

Hilbert）、罗素（Russell）、布劳威尔（Brouwer）、哥德尔（Goedel）等人定义了形式化逻辑的符号系统，"数理逻辑"的概念和理论逐步形成。这阶段的"证明"是指利用形式化逻辑的符号语言编写推理过程。这个过程包含由字符构成的字符串，证明则是一种由字符串组成的有限长度的序列。数学家为形式语言定义了语义、语法、完备性、递归等概念。这种形式化的逻辑使得人们可以谈论严格意义上的"证明"，而不涉及任何逻辑上的模糊之处。如"对任意自然数 n， n 都大于或等于 0"，用一阶语言形式化之后就是：

$$\forall n \in N, n \geqslant 0$$

既然形式化系统这么好，那么能不能把所有数学都形式化呢？数学家大卫・希尔伯特觉得可以。他畅想了一个美好的未来，所有的数学理论全都可以用一种形式化语言来描述，并且这套系统满足如下 4 个性质：

（1）完备性。任何一个符合这种形式化系统语法的句子，也就是一个命题，都能被证明或被证伪。

（2）一致性。运用这套形式化描述语言和规则，系统不会同时推导出一个命题和它的否定命题。

（3）可判定性。通过一个算法，可以确定每个形式化的命题是真命题还是假命题。

（4）保守性。证明可以不依赖"理想对象"。

更重要的是，这 4 个性质还要在这个系统内被证明过程所保证。这样一来，一个我们日常带有直观意义和可解释的数学系统就变成了一个纯粹由无意义符号表达的、公理加上推导规则构成的形式化系统。

不幸的是，哥德尔在 1931 年提出并证明了"哥德尔不完备性定理"，即稍微复杂些的数学公理系统都会存在不能被证明的命题。之后，图灵（Turing）再次从可计算的角度证明，不存在一个通用的算法，可用于判定任何一个数学命题是否为真。他们向我们揭示出"真"与"可证"是两个不同的概念，"可证"的一定是"真"的，但"真"的不一定"可证"。希尔伯特的计划[1]虽然不能完美实现，但该计划对数学发展的影响是巨大的，也为计算机和人工智能的发展奠定了理论基础。

2.1.3 计算机证明

20 世纪 60 年代，数学家哈斯凯尔・柯里（Haskell Curry）和威廉・霍华德（William Howard）相继发现了计算机程序和数学证明之间的紧密联系，这种联系也被称为 Curry-Howard 同构。具体来说，每个逻辑命题都存在一个程序语言的类型与之对应。进一步研究就会发现，对每个命题的证明，即逻辑演算，都会对应一种类型的程序语言。再进一步，对证明（逻辑演算）的简化方法可对应于对程序的评估方法。这个原则把逻辑与计算联系在一起。如果采用编码的方式来构造证明，那么证明的正确性检查就可以机械地

[1] 希尔伯特的计划是指德国数学家大卫・希尔伯特在 1920 年代提出的一个数学计划，它是一个关于公理系统相容性的严谨证明的计划。该计划的主要目标是为数学提供一个安全的理论基础。

由程序完成。

一些重要的数学猜想，借助计算机就能得到验证。例如，K. Appel 与 W. Haken 借助计算机证明了四色定理[1]。计算机科学家还开发了自动定理证明（Automated Theorem Proving，ATP）的计算机程序，该程序可以使用逻辑规则从一些基本前提推导出结果，从而证明定理。

此外，人们不仅需要研究理论上、原则上的可计算性，还要研究现实中的可计算性，也就是研究计算一个问题需要多少时间和多少存储空间，以及哪些问题是现实中可计算的，哪些问题虽然原则上可计算，但由于计算的工作量太大而在现实中无法计算等。计算复杂性理论也随之发展起来。

2.1.4 交互式证明

传统的证明往往会给出一个命题为真所需要的理论推导过程，但如果在这个过程中有一个“敌手”存在，在你给出证明、说服对方命题为真的同时，对方也会同时获得证明所需要的推导过程和结果的知识。

想象证明者是一个密码学家，这个密码学家提出了一个有意思的问题——证明的目的是说服你，如果我的命题是正确的，那我能不能除了向你证明我的命题是正确的，但不向你泄露除此之外的任何信息？如果验证者刚好也是密码学家，他能理解同行的想法，于是提出另一个问题——如果你不展示证明本身，我怎么能够确信你没有耍赖作弊呢？交互式证明的思想就此萌芽。

1985 年，“交互式证明系统中的知识复杂性”这篇能载入计算机科学史册的经典论文，对“证明”一词进行了重新的诠释，并提出了交互式证明系统的概念，即通过构造两个图灵机进行“交互”而不是“推理”，来证明一个命题在概率上是否成立。严格来说，交互式证明不是数学证明，但是是对“证明”这个概念的拓展。这给后来的计算机科学和密码学的发展带来了深远的影响。

S. Goldwasser 等人提出，交互式证明是证明者和验证者之间的动态通信，当证明者试图说服验证者相信某个数学事实的真实性时，存在动态消息的交互。证明者不向验证者提供超出所考虑声明的真实性的额外知识的极限情况，就是零知识证明。

交互式证明的表现形式是两个或多个图灵机间的“对话脚本”，这个对话过程中有一个证明者角色，还有一个验证者角色。

如图 2-2 所示，假设现在你有两个球，一个是红色的，另一个是绿色的，这两个球除颜色不同外没有其他任何区别。你需要向你的色盲朋友证明这两个球的颜色不一样，但是你又不能直接告诉他，即使你告诉他，他也不会相信，因为他是色盲，看不到颜色。

[1] 四色定理是指任何一张地图只用 4 种颜色就能为具有共同边界的国家着上不同的颜色。此前人们认为至少需要用 5 种颜色。

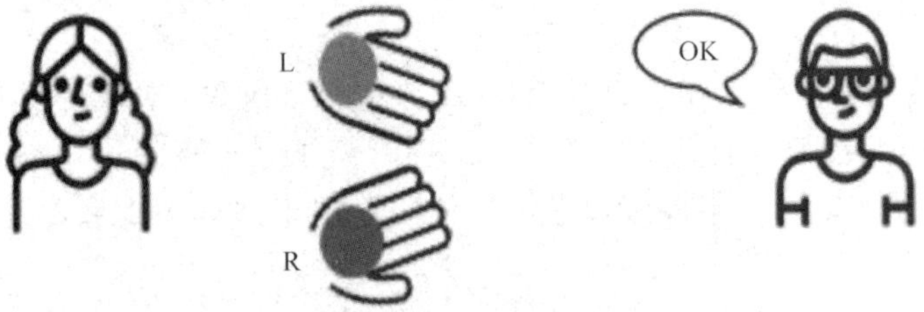

图 2-2　红绿色盲游戏交互

于是，有了下面这个过程。

步骤 1（承诺阶段）：将两个球分别放在色盲朋友的两只手中，并记住最初左右手中球的颜色。

步骤 2（挑战阶段）：让色盲朋友将手放在背后，他通过抛硬币的方式决定是否在背后交换手中的球（如硬币正面朝上，保持不动；反面朝上，则交换手中的球），然后将手中的球展示给你。

步骤 3（回应挑战阶段）：你通过对比他手中球的颜色就可以直接判断他是否在背后交换了球。色盲朋友知道自己是否换了球，从而得知你的判断是否正确。

步骤 4（重复过程）：为了排除偶然性，可以反复进行多次试验，只要你的判断每次都是正确的，基本就可以证明这两个球的确是不同颜色的。

在上述证明的整个过程中，你（证明者）并没有向他（验证者）透露任何有关球的颜色的具体信息，他也无法自行判断球的颜色，因此这个过程并没有传递任何关于被证明消息的有用信息，同时，他也确实相信了“两个球是不同颜色的”这一论断。这个例子让我们相信，确实可以在不泄露任何具体信息的情况下去证明一件事情。

2.2　绕不开的计算复杂性

交互式零知识证明是“数学证明”的非标准概念。它包含了验证者和证明者两个角色，存在一个随机、动态的过程，而且它的结果是概率性的。它可明确数学证明中原本不重要或不存在的某些特征，如计算复杂度、完备性、可靠性。

再进一步，为了了解零知识证明能应用于哪些问题和计算场景，我们不得不基于复杂的理论定义一些说法。如果你不知道什么是“知识”的话，那么即使看到零知识证明你也不会知道它是什么，也不会了解为什么零知识证明只适用于特定的多项式问题。因此，在正式开始介绍零知识证明前，我们有必要对计算复杂性理论的相关概念做简单介绍。

2.2.1　基本概念

计算无时无刻不在发生。哪些问题是容易被计算的，哪些问题是几乎不可能被计算的，这是计算复杂性领域的核心问题。对各种可计算问题的计算过程所消耗的时间、空间等资源量化，进而可对计算问题分类，逐渐发展出计算复杂性理论。计算复杂性理论是用数学方法对计算所需的各种资源的消耗做定量分析的理论，它的作用是确定一个问题能否被计算机求解的实际条件所限制。

1. 问题、算法和复杂性

我们先从“问题”这个概念开始介绍。问题是需要回答的一般性提问，通常含有若干参数。问题的描述通常是这样的：①给定所有参数的一般性描述；②陈述答案或解必须满足的性质。

我们以经典的旅行商问题（Travelling Salesman Problem，TSP）为例。这个问题的参数由有穷的“城市”集合 $C=\{c_1,c_2,\cdots,c_m\}$，以及 C 中每两个城市 c_i 和 c_j 之间的“距离” $d(c_i,c_j)$ 组成。解是这些城市的一个排列次序 $\langle c_{x(1)},c_{x(2)},\ldots,c_{x(m)}\rangle$ 使得式（2-1）的值最小。

$$\left[\sum_{i=1}^{m-1} d\left(c_{x(i)},c_{x(i+1)}\right)\right]+d\left(c_{x(m)},c_{x(1)}\right) \tag{2-1}$$

式（2-1）给出从 $c_{x(1)}$ 出发，依次经过每一个城市，然后从最后一个城市 $c_{x(m)}$ 直接回到 $c_{x(1)}$ 的“旅行”长度。

如图 2-3 所示，取 $C=\{c_1,c_2,c_3,c_4\}$，$d(c_1,c_2)=10$，$d(c_1,c_3)=5$，$d(c_1,c_4)=9$，$d(c_2,c_3)=6$，$d(c_2,c_4)=9$，$d(c_3,c_4)=3$，给出旅行商问题的一个实例，排列次序 $\langle c_1,c_2,c_4,c_3\rangle$ 是这个实例的解，相应的旅行路线长度为 27。这是可能的最短旅行路线长度。

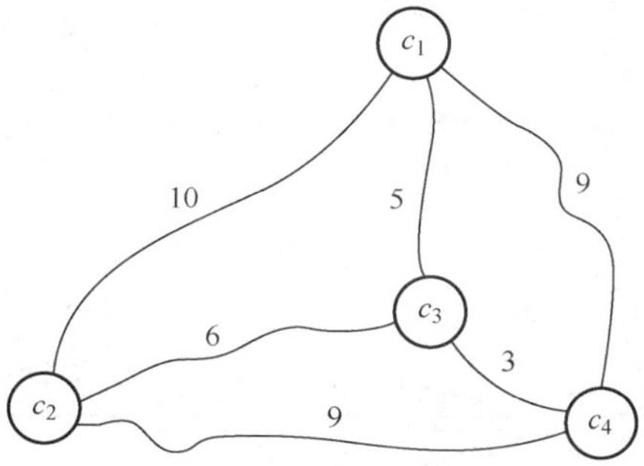

图 2-3　旅行商城市—路线拓扑图

算法是一步步求解问题的通用程序。如果一个算法可以用于某类问题 A 的任何实例，并且能得到该实例的解，那么称该算法可解问题 A。

更准确地说，我们想找的不仅是可解该问题的算法，而是可解该问题“最有效”的算法。时间是衡量一个具体算法是否有效的主要因素，因此“最有效”的算法是指解问题的最快的算法。算法的时间需求可以用一个变量表示，这个变量就是问题实例的“规模”，如对旅行商这类问题，我们常常用城市的数目表示实例的规模。

我们可以把作为计算机输入所提供问题实例的描述看作一个有穷的字符串，每个问题都和一种具体的方式，即一个固定的编码方案关联，这个编码方案把问题的实例映射到描述它们的字符串上。

例如，可以用字母表$\{c,[,],/,0,1,2,3,4,5,6,7,8,9\}$描述旅行商问题的实例，该实例的编码是字符串“$c[1]c[2]c[3]c[4]//10/5/9/6/9/3$”，该实例的输入长度是 32。

2. 时间复杂度与多项式时间问题

一个算法运行到底需要消耗多长时间，在理论上是不能被计算的，必须在计算机上运行才能知道。但我们不可能也没有必要把每个算法都上机测试。我们只需要知道哪个算法消耗时间长，哪个算法消耗时间短就可以了。由于一个算法消耗的时间与算法中语句的执行次数成正比，因此哪个算法语句执行次数多，它消耗的时间就长。一个算法中语句的执行次数称为语句频度或时间频度，记为$T(n)$。$T(n)=O[f(n)]$，$O[f(n)]$为算法的渐进时间复杂度，简称时间复杂度。常见的时间复杂度量级有：

- 常数阶$O(1)$
- 对数阶$O(\log N)$
- 线性阶$O(n)$
- 线性对数阶$O[n(\log N)]$
- 平方阶$O(n^2)$
- k次方阶$O(n^k)$
- 指数阶$O(2^n)$

图 2-4 给出了不同的时间复杂度量级对照。

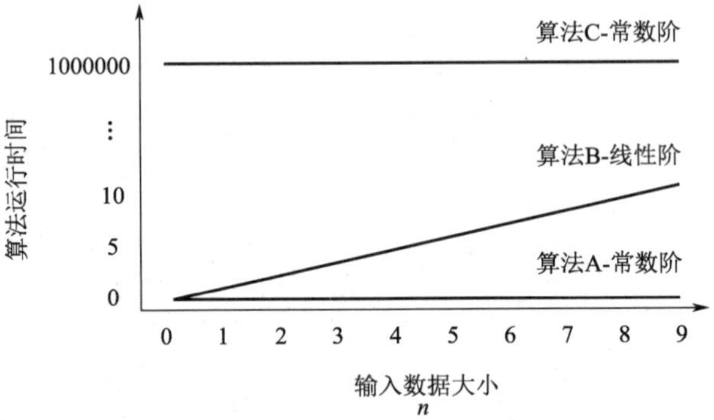

图 2-4 不同的时间复杂度量级对照

图片来源：Hello 算法。

科学家们发现了一种更简单的判定方法，就是多项式时间算法和指数时间算法。多项式时间算法定义为时间复杂度函数为$O[p(n)]$的算法，其中，p是一个多项式函数，n为输入长度。$O(n^k)$、$O[n(\log N)]$都是多项式时间复杂度，而$O(2^n)$则是指数时间复杂度。

如果我们有一台比现有计算机快 100 倍或 1000 倍的计算机，那么在 1 小时内可以解的最大问题实例规模会如何变化？从表 2-1 的数据可以看出，对于 2^n 算法，如果计算机速度提高 1000 倍，在 1 小时可解的实例规模仅增加约 10，而对于 n^2 算法，这个规模差不多变为原来的约 30 倍。

表 2-1　不同时间复杂度函数 1 小时内可解的最大问题实例规模

时间复杂度函数	用现在的计算机	用快 100 倍的计算机	用快 1000 倍的计算机
n	N_1	$100N_1$	$1000N_1$
n^2	N_2	$10N_1$	$31.6N_2$
n^3	N_3	$4.64N_3$	$10N_3$
n^4	N_4	$2.5N_4$	$3.98N_4$
2^n	N_5	$N_5+6.64$	$N_5+9.97$
3^n	N_6	$N_6+4.19$	$N_6+6.29$

这充分表明多项式时间算法是比指数时间算法更优的算法。人们认为，只有知道了问题的多项式时间算法才能认为"很好地解决"这个问题。想象一下，当计算机处理的数据达到 100 万个的时候，时间复杂度是多项式级还是指数级，其所需的运行次数就会有天壤之别。因此我们更要研究一个问题是否存在多项式时间算法。

在一般情况下，我们会将多项式时间作为有效算法的标志。换句话说，如果一个问题困难到不可能用多项式算法求解，那么我们就认为这个问题是难解的。

3. 空间复杂度与多项式空间问题

一个算法或程序的空间复杂度是指该算法或程序运行所需要的存储空间大小，记为 $S(n)$。算法运行过程中内存空间的使用主要包括以下几种：

- 输入空间，用于存储算法的输入数据。
- 暂存空间，用于存储算法运行过程中的变量、对象、函数、上下文等数据。
- 输出空间，用于存储算法的输出数据。

空间复杂度的推算方法与时间复杂度大致相同，只是将统计对象从"计算操作数量"转为"使用空间大小"。与时间复杂度不同的是，我们通常只关注"最差空间复杂度"，这是因为内存空间是一项硬性要求，我们必须确保所有输入、暂存和输出的数据都有足够内存空间预留。最差空间复杂度中的"最差"有两层含义，分别是输入数据的最差分布和算法运行过程中的最差时间点。空间复杂度的计算有以下两种方法。

（1）以最差输入数据为准。当 $n<10$ 时，空间复杂度为 $O(1)$；当 $n>10$ 时，初始化的数组 nums 占用 $O(n)$ 空间，因此最差空间复杂度为 $O(n)$。

（2）以算法运行过程中的峰值内存为准。例如，程序在执行最后一行之前，占用 $O(1)$ 空间，但当初始化数组 nums 时，程序占用 $O(n)$ 空间，因此最差空间复杂度为 $O(n)$。

常见的空间复杂度类型从低到高排列如下：

- 常数阶 $O(1)$
- 对数阶 $O(\log N)$
- 线性阶 $O(n)$
- 平方阶 $O(n^2)$
- 指数阶 $O(2^n)$

不同类型空间复杂度度量占用内存空间的对比如图 2-5 所示。

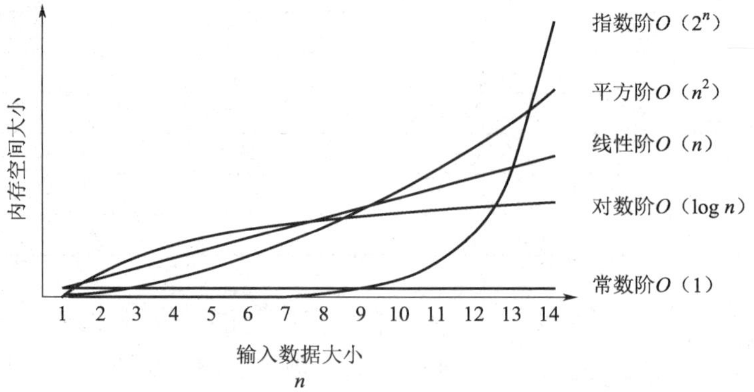

图 2-5　不同类型空间复杂度度量占用内存空间的对比

图片来源：Hello 算法。

在理想情况下，我们希望算法的时间复杂度和空间复杂度都能达到最优，然而在实际情况中，想让时间复杂度和空间复杂度同时达到最优是非常困难的。降低时间复杂度通常要以提升空间复杂度为代价，反之亦然。我们将牺牲内存空间来提升算法运行速度的思路称为“以空间换时间”；反之则称为“以时间换空间”。具体选择哪种思路取决于我们更看重哪个方面。在大多数情况下，时间比空间更宝贵，因此“以空间换时间”是更常用的策略。

PSPACE$[f(n)]$ 和 NDSPACE$[f(n)]$ 分别用来表示在确定型和非确定型图灵机上使用 $O[f(n)]$ 大小的空间可以判定的问题的集合。此外，与 P 问题、NP 问题类似，如果 f 是任意多项式，问题就转化成了 PSPACE 多项式空间问题。因此，可以认为，PSPACE 包含了所有可以通过合理内存来解决的问题。

P、NP 类中的所有问题，都属于 PSPACE 类问题。

4. 计算模型

在历史上，“计算”这个词一直被理解为将机械的规则作用于操作数上。人类为了解决计算问题，用了各种各样的方法，从直觉到算盘、计算尺，再到计算机。我们目前使用的计算模型包括图灵机（Turing Machine）和电路（Circuit），它们分别是一致性和非一致性计算模型的代表。

图灵机是一种通用的计算模型，该模型由艾伦·图灵（Alan Turing）提出，能模拟实际计算机的所有计算行为。著名的邱奇—图灵论题（the Church-Turing Thesis）[1]表明，一切直觉上能计算的函数都可用图灵机计算，反之亦然。

具体做法是给一台机器配上一条无限长的空纸带（实际上是一个两端都能随需增长的一维数组），并且允许在纸带的任意位置读写字符。一条纸带既能做存储又能做输入。可以在纸带上预先填满字符串当作输入，机器在执行过程中可以读取这些字符并在必要的时候覆盖它们。

将一个无限长的纸带作为无限存储。机器有一个读写头，能在纸带上读、写符号并将纸带左右移动。初始时，纸带上只有输入串，其他地方都是空的。如果需要保存信息，机器可以将这个信息写在纸带上。为了读已经写下的信息，机器可将读写头往回移动到该信息所在的位置。机器持续地计算，直到产生输出。机器预置了接受和拒绝两种状态，如果进入这两种状态，机器就输出接受或拒绝，如果不能进入任何接受或拒绝状态，机器就继续执行下去，永不停止。图 2-6 给出了一个 3-带图灵机的运行快照。

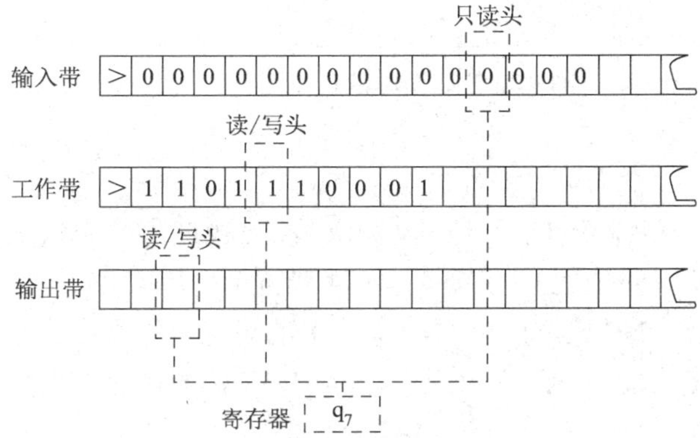

图 2-6　一个 3-带图灵机的运行快照

确定型图灵机（Deterministic Turing Machine，DTM）在计算过程中，下一步动作只有一种可能；非确定型图灵机（Nondeterministic Turing Machine，NTM）在计算过程中，机器可以在多种可能性动作中选择一种继续运行。非确定型图灵机是假想的，但其能力是等价的，只是有些问题更适合用非确定型图灵机来表达。如果用确定型图灵机去模拟一个 $t(n)$ 时间的非确定型图灵机，则所需的时间为 $2O[t(n)]$。

2.2.2　P 问题、NP 问题与 NPC 问题

定义 P 问题与 NP 问题的目的是把能被高效验证的所有问题归类。NP 这个词于 20 世纪 70 年代初问世，在之后很短的时间内就成了固有难解性问题的代名词。当算法设计人员试图解决比较大且比较复杂的问题时，就会面临它。NPC 问题的分布非常广泛，现在已经知道我们经常碰到的数学和计算机科学中的很多问题都是 NPC 问题。

---

[1] 该论题最基本的观点表明，所有计算或算法都可以由一台图灵机来执行。

1. P 问题与 NP 问题

P 问题（Polynomial Problem），是指能够在确定型图灵机上在多项式时间内解决的问题。排序、二分查找、图的遍历、最小生成树都属于 P 问题。P 问题被认为是容易求解的。

NP 问题（Nondeterministic Polynomial Problem），是指可以用非确定型图灵机在多项式时间内解决的问题。到目前为止，我们还不清楚 NP 问题是否存在有效的多项式时间算法，但是去验证某个问题是否成立是可以在多项式时间内完成的。也就是说，NP 问题不知道存不存在一个多项式时间算法来求解，但是我们可以在多项式时间内验证一个正确解。该算法在计算机上将以指数时间运行，也就是说该算法是难解的。

例如，合数问题[1]虽然还没找到一个有效的多项式时间算法来求解，但可以比较容易地去验证一个数是否是合数。因为只需找到该数的一个因子，如 24 可以是 4 和 6 的乘积，因此它是合数。

实际中使用的 ZK-SNARK（Zero-Knowledge Succinct Non-Interactive Argument to Knowledge，零知识简洁非交互论证）在通常意义上都属于 NP 问题，但我们目前还不知道的是，有没有不属于 NP 问题的 ZK-SNARK 存在。

2. NPC 问题

在 P 问题和 NP 问题的基础上，科学家们继续寻找有力的方法来分析问题的难解性，并且从难度维度发现了问题之间的关联。1971 年前后，库克（Cook）和勒维（Levin）各自独立地提出了 NPC（NP-complete，NP 完全）的概念，并给出了一些 NPC 的组合问题的例子。很快，NPC 问题被证实是广泛存在的，并且很多有实践意义的问题都是 NPC 问题。

定义 NPC 问题的意义在于，如果某个问题被证明是 NPC 问题，则说明该问题不存在有效的多项式时间算法，因此就可以不用将精力花费在寻找有效算法上了。NPC 问题被认为是 NP 问题中最难的。

下面列举了卡普[2]的 21 个问题，“巢状”排版表示这些问题归约的方向。例如，背包（Knapsack）问题是 NPC 问题，精确覆盖问题可归约到背包问题一类，因此背包问题列在了精确覆盖问题的子项中。

- 布尔可满足性（Satisfiability）问题：对布尔逻辑内合取范式方程式的满足性问题（一般直接称为 SAT 问题）
    - 0-1 整数规划（0-1 Integer Programming）
    - 分团（Clique，参考独立集）问题
        - ✓ Set Packing

---

[1] 如果一个自然数是 2 个大于 1 的整数的乘积，则称该自然数为合数。

[2] 理查德·卡普（Richard Karp），1935 年 1 月 3 日出生于美国马萨诸塞州波士顿，1985 年图灵奖得主，美国国家科学院院士，美国国家工程院院士，加州大学伯克利分校教授。

- ✓ 最小顶点覆盖（Vertex Cover）问题
  - ➢ 集合覆盖（Set Covering）问题
  - ➢ Feedback Node Set
  - ➢ Feedback Arc Set
- ✓ 有向哈密顿循环
  - ➢ 无向哈密顿循环

- ● 每句话至多 3 个变量的布尔可满足性问题（Satisfiability With At Most 3 Literals Per Clause，3-SAT 问题）
  - ■ 图着色（Chromatic Number）问题
    - ✓ 分团覆盖（Clique Cover）问题
    - ✓ 精确覆盖（Exact Cover）问题
      - ◆ Hitting Set
      - ◆ Steiner Tree
      - ◆ 三维匹配（3-Dimensional Matching）问题
      - ◆ 背包（Knapsack）问题
        - ○ Job Sequencing
        - ○ 划分（Partition）问题
          - ○ 最大割（Max Cut）问题

为了说明 NPC 问题，我们先引入一个概念——归约。简单地说，一个问题 B 可以归约为问题 A 的含义是，可以用问题 A 的解法解决问题 B，或者说问题 A 可以“变成”问题 B。

问题 B 可归约到问题 A 说明了问题 A 的时间复杂度高于或等于问题 B 的时间复杂度。因为既然问题 B 能用问题 A 的解法来解决，倘若问题 A 的时间复杂度比问题 B 的时间复杂度还低，那么问题 B 的解法就可以改进为问题 A 的解法，两者的时间复杂度相同。

一个问题归约为另一个问题，时间复杂度增加了，问题的应用范围也扩大了。通过对某些问题的不断归约，我们能不断找到复杂度更高，但应用范围更广的算法来代替复杂度虽然低，但只能用于很小范围的一类问题的算法。如果不断地归约下去，最后是否有可能找到一个时间复杂度最高，但能“通吃”所有 NP 问题的超级 NP 问题呢？这类问题就是 NPC 问题。

为证明某个问题 A 属于 NPC 问题，我们需要依据 NPC 问题的定义，开展如下工作：

（1）证明问题 A 属于 NP 问题。

（2）找到一个已被证明是 NPC 问题的问题 B。

（3）证明问题 B 可归约到问题 A。

（4）证明该归约可在多项式时间内完成。

3. P 问题、NP 问题、NPC 问题三者的关系

P 问题和 NP 问题有助于我们更加深入地理解计算复杂性，尤其在密码学领域，密码

的安全通常是由计算任务的复杂性保障的。P 问题和 NP 问题是否是恒等的通常被认为是理论计算机科学中最重要的难题之一，但到目前为止，还没有人能够回答这个问题[1]。

首先，所有的 P 问题都属于 NP 问题。也就是说，能在多项式时间内解决一个问题，必然能用多项式算法验证一个问题的解，既然解都有了，验证任意给定的解也只需要比较多项式时间解决问题得出的解和多项式时间验证问题得出的解就可以了。

“P 问题是否等于 NP 问题”的意思是“如果一个问题的解可以在多项式时间内被验证，那么是否可以在多项式时间内找到这个解”。大部分人都相信 P 问题是不等于 NP 问题的，这是因为至今未找到 NPC 问题的有效算法。

如果 P=NP，世界可能会变成一个“计算乌托邦”。数学家将会被高效的证明发现程序取代，人工智能将变得非常完美，因为对大型概率树的穷举搜索很容易完成，科学家能自动找出解释实验数据的最简理论。我们也希望 P≠NP，因为这样至少我们的网络银行账号相对来说还是安全的。

NPC 问题理论非常有用，也极其重要，因为数千个有用的问题已被证明是 NPC 问题（继而可以假定它们不属于 P 问题）。然而，还有一些有趣的 NP 问题既未被证明属于 P 问题也未被证明属于 NPC 问题。有时，研究者们将一些更著名的问题用问题自身的名字来单独命名复杂性类别，如大数分解问题和所谓的唯一性游戏猜想问题，这些问题的复杂性与其他问题的复杂性密切相关。图 2-7 是目前比较公认的 P 问题、NP 问题、NPC 问题的关系。

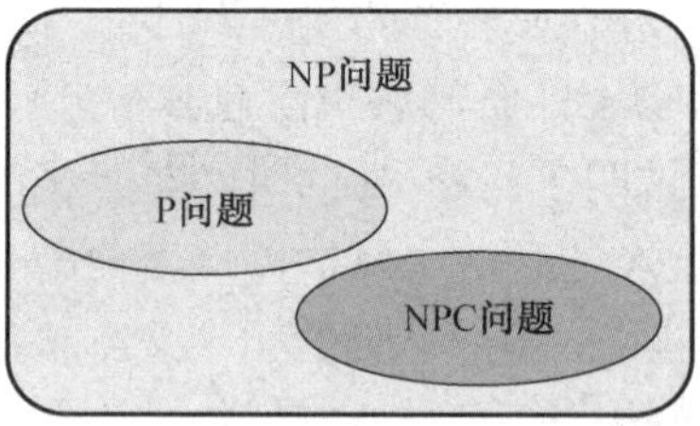

图 2-7　P 问题、NP 问题、NPC 问题的关系

4. SAT 问题

SAT（布尔可满足性）问题是计算机历史上第一个被证明为 NPC 问题的问题。该问题具体是指给定一个布尔公式，问在所有变量的取值（取 TRUE 或 FALSE）中是否存在一个赋值，使得布尔公式的值为 TRUE。

最简单的 NPC 问题来自命题逻辑领域。变量 $u_1,\cdots,u_n$ 的一个布尔公式由变量和逻辑运算符与 AND$(\wedge)$、或 OR$(\vee)$、非 NOT$(\neg)$ 组成。例如，$(u_1 \wedge u_2) \vee (u_2 \wedge u_3) \vee (u_3 \wedge u_1)$ 是一个布尔公式。如果命题 φ 是 $u_1,\cdots,u_n$ 上的一个布尔公式且 $z \in \{0,1\}^n$，则 $\varphi(z)$ 表示将 φ 的变量依次赋予 z 中各个值之后 φ 的取值。z 中的 1 表示真、0 表示假，如果存在赋值

[1] 据说 GPT4 在 97 轮对话后给出 P≠NP 的结论，解决了这一问题（参见百家号：机器之心 Pro 的文章）。

z 使得 $\varphi(z)$ 为真，则称命题 φ 是可满足的，否则称其为不可满足的。

前面给出的公式 $(u_1 \wedge u_2) \vee (u_2 \wedge u_3) \vee (u_3 \wedge u_1)$ 是可满足的，因为赋值 $u_1 = 1$，$u_2 = 0$，$u_3 = 1$ 满足该公式。一般而言，赋值 $u_1 = z_1$，$u_2 = z_2$，$u_3 = z_3$ 满足该公式当且仅当至少有两个 z_i 的值为 1。

如果变量 $u_1, \cdots, u_n$ 上的布尔公式是在变量（或变量的否定）上进行 OR 操作所得的若干个公式之上的 AND 操作，则称该公式是合取范式（Conjunctive Normal Form，CNF）。例如，式（2-2）是一个 3-CNF。

$$(u_1 \vee \overline{u}_2 \vee u_3) \wedge (u_2 \vee \overline{u}_3 \vee u_4) \wedge (\overline{u}_1 \vee u_3 \vee \overline{u}_4) \qquad (2\text{-}2)$$

式（2-2）也可以更一般化地表示为 $\bigwedge_i \left(\bigvee_j v_{i_j} \right)$。

其中，每个 v_{i_j} 要么是一个变量 u_k，要么是变量的否定 $\overline{u}_k$。项 v_{i_j} 称为公式的文字；项 $\bigvee_j v_{i_j}$ 称为公式的子句。如果一个公式中每个子句至多包含 k 个文字，则称该公式为一个 k 合取范式或 k-CNF。所有可满足的 CNF 公式构成的问题记为 SAT 问题，所有可满足的 3-CNF 公式构成的问题记为 3-SAT 问题。

SAT 问题是 NP 问题中最难的问题，而且任何 NP 问题的输入都可以用下面的方法转换成一个同样的 SAT 问题的输入：

所有的 NP 问题 L 都有一个在多项式时间内可计算的“还原函数（Reduction Function）”，见式（2-3）。

$$f : L(x) = \mathrm{SAT}[f(x)] \qquad (2\text{-}3)$$

著名的 Cook-Levin 定理（又称 Cook 定理）证明，SAT 问题是 NPC 问题，任何 NP 问题都可以在多项式时间内被确定型图灵机归约为这个问题。该定理同时指出，如果 SAT 问题可以被快速求解，那么所有 NP 问题都可以被快速求解。

因为 SAT 问题是 NPC 问题，所以这样的还原函数对任何可能的 NP 问题都是存在的。如给定一个区块哈希，想要验证一笔比特币交易是否合法，可以将一笔交易转换成一个布尔函数的还原函数，当且仅当这笔交易合法时，这个布尔函数是可满足的。图 2-8 给出了 P 问题、NP 问题、NPC 问题、SAT 问题的关系。

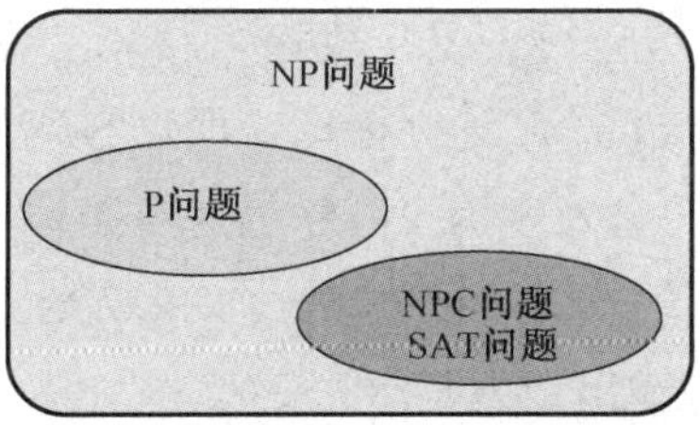

图 2-8　P 问题、NP 问题、NPC 问题、SAT 问题的关系

那么对我们来说，找到一个对所有 NP 问题都通用的 ZK-SNARK 就变得很容易了。我们只需要选择适合的 NPC 问题；如果我们想使用 ZK-SNARK 来验证交易的话，那么处理这个确定的 NPC 问题即可。

2.2.3 电路复杂性

布尔电路是一种计算模型，而非真实物理意义上的电路。它是布尔公式的扩展，也是现代计算机中芯片的简化模型。任何在 NP 问题空间内的功能函数（计算任务），都可以用异或门和与门的组合（布尔电路）、加法门和乘法门的组合（算术电路）来实现。布尔电路在零知识证明、安全多方计算和全同态加密领域被广泛使用。

任何在 NP 问题空间内的问题，均可以在多项式时间内归约为电路满足性问题，即电路满足性问题可以用布尔电路的方式来表示。同时，算术电路也是电路的一种，我们可以将布尔电路扩展到算术电路。由此，大部分基于 NP 问题空间的计算任务，都可以用算术电路来构建。

编程语言也可以用来描述计算，但是编程语言在构造零知识证明系统时非常复杂。图灵机的执行过程很简单，为一个图灵机构造零知识证明系统也比编程容易，但是用图灵机编程的体验就不太友好了。因此，我们要在“容易写程序”和“容易构造零知识证明”之间选择一个平衡点，这个平衡点就是电路。例如，CPU、各种芯片、嵌入式设备、ASIC 矿机等都是基于电路设计的。

零知识证明根据使用场景的不同，一般可以分为专用类零知识证明和通用类零知识证明。通用类零知识证明均基于电路构造，运用不同的约束系统，将电路编译为特定的数学表达式。

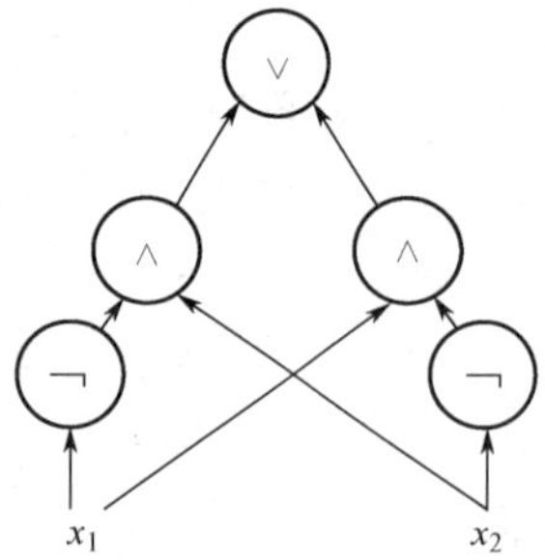

图 2-9　在两个比特位上计算异或（XOR）函数的布尔电路

1. 布尔电路与算术电路

布尔电路是表示如何将一系列标准布尔操作与 $(\wedge)$、或 $(\vee)$、非 $(\neg)$ 作用到输入二进制串上并产生输出结果的一种程序图。从数学角度看，布尔电路比图灵机简单一些。图 2-9 给出了在两个比特位上计算异或（XOR）函数的布尔电路。

我们将入度为 0 的节点称为输入节点，标记为常数或输入变元，将出度为 0 的节点称为输出节点。一个系统可以有多个输出。每个非源顶点成为一个逻辑门，用与 $(\wedge)$、或 $(\vee)$、非 $(\neg)$ 的任意一个操作进行标记。顶点的扇入度指的是进入该顶点的边的条数。标记为 $\wedge$ 和 $\vee$ 的顶点的扇入度为 2；标记为 $\neg$ 的顶点的扇入度为 1。布尔电路 C 的规模（或大小）是 C 中顶点的个数，记为 $|C|$。如果 C 是一个布尔电路，$x \in \{0,1\}^n$ 是它的一个输入，则将 C 在 x 上的输出记为 $C(x)$。

通过布尔电路可以计算布尔函数。一个 n 元函数的电路有多大呢？虽然精确的答案难以计算，但是大多数拥有 n 个变量的布尔函数的规模都是指数级的。

构造零知识证明系统比较常用的是算术电路。算术电路和布尔电路的主要区别如下：

（1）布尔电路处理的是布尔值，算术电路处理的是有限域 $\mathbb{F}$ 中的元素。

（2）布尔电路中的门是逻辑门，算术电路中的门是加法门和乘法门。

（3）算术电路对涉及的代数运算的计算逻辑更友好。

那么要被证明的问题是如何用算术电路表示出来的呢？

图 2-10 表述的是一个与非门（NAND）布尔电路，两组输入信号分别通过 AND 和 NOT 这两个基础逻辑门。通过对 AND、OR、NOT 这样的基础逻辑门拼加和堆叠，我们可以实现任何复杂逻辑，包括或非门（NOR，NOT-OR）、异或门（XOR，Exclusive-OR）、同或门（XNOR，Equivalence）。

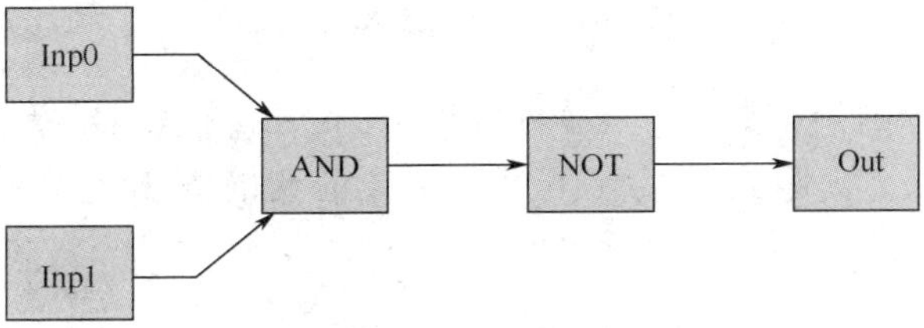

图 2-10　一个与非门布尔电路

算术电路也同理，如图 2-11 所示，只不过算术电路图中的基础模块从逻辑门变成了数学运算。通过叠加运算门，我们可以搭建一个复杂多项式的“电路”。

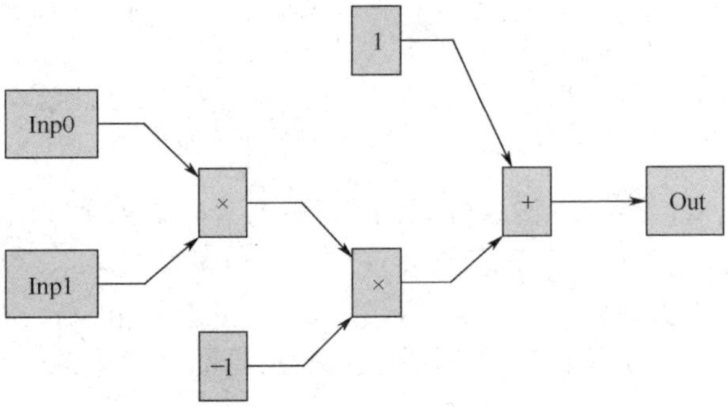

图 2-11　算术电路 NAND 门

上面展示的案例之所以非常简单，是因为我们一直在假设算术电路的输入和布尔电路的输入一样，都是 0 或 1。在真实场景中，一个运算门的输入取决于我们有限域的选择，这个数值的上限可能非常大，因此必须约束算术电路的输入，而且输入取值只能是 0 或 1。

但是怎么用运算门来表示这样的关系呢？因为算术电路其实就是一个复杂的多项式，如图 2-11 中的 NAND 门，相当于 $\text{Out} = 1 - \text{Inp0} \times \text{Inp1}$，所以我们可以把“用运算门表示关系”这个问题转化为能否构造一个多项式，只有当输入满足 $\{0,1\}$ 的时候，才会输出 0？最终我们得出，存在这样的多项式可以满足这个要求：

$$n \in \{0,1\} \Leftrightarrow n \cdot (n-1) = 0 \tag{2-4}$$

式（2-4）的意思是，只有当 n 取值为 0 或 1 时，后面的多项式 $n \cdot (n-1)$ 才会输出 0。如果有多个输入值，那么只需把同样的多项式复制一份，两者相加就可以了，如图 2-12 所示。

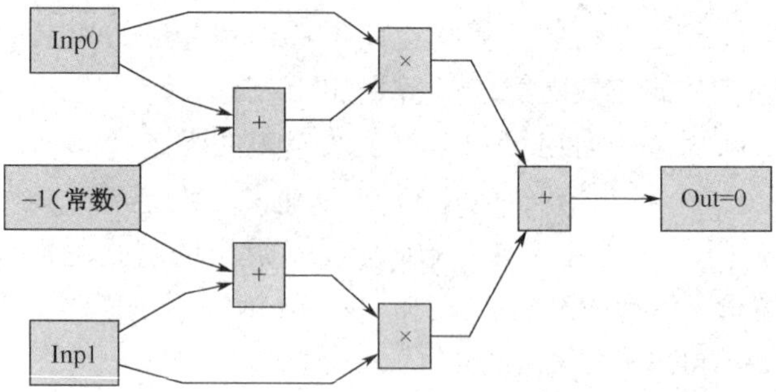

图 2-12　同样的多项式相加

在我们了解算术电路的概念后，就可以把不同的电路模块拼接起来，生成一个可以用作证明的算术电路。我们先定义一个可以用作证明的算术电路 $C(x,w)$，具体构造如图 2-13 所示。

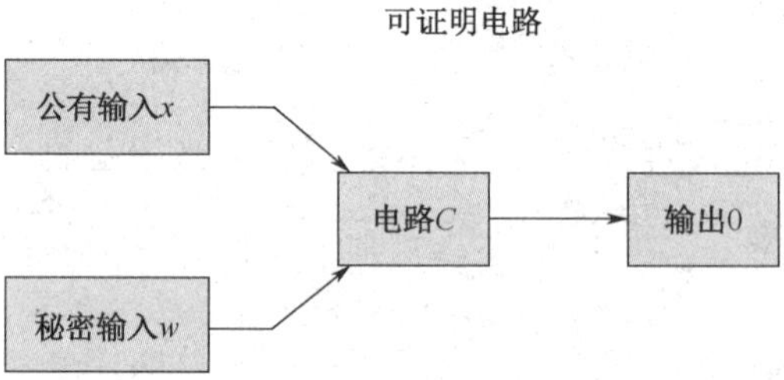

图 2-13　一个可以用作证明的算术电路

电路 C 有两组输入，第一组输入标记为 x，称为公有输入（Public Input），也就是说，所有人都知道 x 的值。这里 x 一般表示想要证明的问题的特性和一些固定的环境变量；第二组输入标记为 w，称为秘密输入（Secret Input），或称 Witness。有了电路 C 后，我们的目标就是证明 $C(x,w)=0$。换句话说，在 A 和 B 已知算术电路 C 输出为 0，并且公有输入为 x 的情况下，A 需要证明它知道能够构成该输出的秘密输入值为 w。

2. 电路复杂度

在得到证明电路 C 后，我们可以计算这个电路的复杂度。电路复杂度通常指的是电路的规模（电路的门数）或深度（从输入到输出的最长路径的长度），一个计算问题的电路复杂度是计算此问题的电路的最小规模或最短深度。一般来说，我们用 $|C|$ 来表示电路规模，前文提到的 NAND 证明电路，$|C|$ 的值大概在 10 左右。在真实使用场景中，如果我们要把像 SHA-256[1]这样的复杂函数用算术电路来表示，$|C|$ 可能会达到 25000 左右。

待证明电路的规模是影响零知识证明的证明速度的主要因素之一。不同 zkEVM 对以太坊的兼容程度不同，也会导致电路复杂度不同，如 Zksync、StarkWare 构建了与原生

[1] SHA-256 是哈希函数的一种，该函数由美国国家安全局（NSA）研发，由美国国家标准与技术研究院（NIST）在 2001 年发布，属于 SHA 算法之一，是 SHA-1 的后继者。

以太坊不同的虚拟机，从而绕开了一些以太坊原生的不适合利用零知识证明处理的底层代码，降低了电路的复杂度，而 Scroll、Hermez 这类项目的目标是从最底端兼容以太坊的 zkEVM，电路自然也会更复杂。

3. 电路可满足性条件

大多数通用论证系统都需要将计算机程序编译成适合概率证明的模型，如算术电路。有些计算机程序天然适合通过算术电路实现，特别是仅涉及整数或有限域元素的加法和乘法的程序。图 2-14 所示为 2×2 矩阵乘法朴素算法的算术电路，下面的二扇入分层算术电路实现了标准的 $O(n^3)$ 时间朴素算法，用于将两个 $n\times n$ 阶矩阵 $\boldsymbol{A}$ 和 $\boldsymbol{B}$ 相乘。

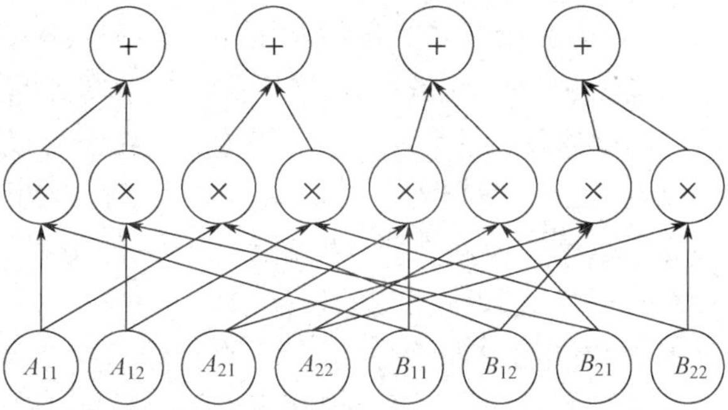

图 2-14　2×2 矩阵乘法朴素算法的算术电路

但是，执行“非算术”操作的其他计算机程序，如评估复杂条件语句的程序，就很难转化为小型算术电路了。为了解决这个问题，需要引入电路可满足性条件。

电路可满足性条件，即 CIRCUIT-SAT，简单来说，就是一个电路是否存在一组输入，使得电路的输出为真。如果存在，则称该电路为可满足的，否则，该电路就是不可满足的。

这个问题在计算机硬件优化中极其重要。如果一个子电路总是输出 0，那么该子电路对整个电路来讲就是非必要的，我们可以用一个更为简单的子电路来取代原电路，该子电路省略了所有逻辑门，并提供常数值 0 作为输出。如此一来，开发出这个问题对应的多项式算法也就变得容易了。

如果我们要开发一个零知识证明论证系统，需要把计算机程序转化为算术电路，那么可以通过普通的算术电路评估转化。例如，输入指定的一个算术电路 C，输入为 x，输出为 y，目标是确定 $C(x)=y$。但是这个方法产生的电路规模极大，验证者几乎无法运行该电路，几乎等同于让验证者在没有证明者帮助的情况下运行整个程序。因此，研究者从电路评估转向了讨论电路可满足性。在算术电路可满足性问题中，电路 C 接收两个输入 x 和 w。第一个输入 x 是公开且固定的，即对证明者和验证者都是已知的。第二个输入 w 通常被称为证据，有时也被称为非确定性输入。给定第一个输入 x 和输出 y，目标是确定是否存在一个 w 使得 $C(x,w)=y$。直观来看，电路可满足性的实例比电路评估实例更加简洁，因为检查一个命题的证明过程往往比首次证明这个命题更容易。

需要指出的是，证据 w 在一般情况下会非常大。通过与多项式承诺方案的加密原语结合，可以避免证明者将整个证据 w 发送给验证者。

2.3 零知识证明的基本原理

零知识的概念最早是由 Shafi Goldwasser 等人提出的，在这之前，该领域的研究工作主要聚焦在如何加强证明系统的可靠性上。也就是说，原先大家都假设会有恶意的证明者试图耍手段，误导验证者接受错误的论述。但 Goldwasser 等人却从另一个角度思考了这样一个问题，如果我们压根儿就不相信验证者，那该怎么办？他们抛出了这样的问题："在验证者的验证过程中，究竟会获取多少单纯验证论述但无须知道真假的额外信息？"

例如，有个客户端需要使用密码登录 Web 服务器，在"真实世界"的标准操作流程中，登录密码会在客户端以哈希形式发送到 Web 服务器。我们可以将"登录"这个动作视为某种证明，即我们要能提供一串输入字符，这串输入字符经过哈希运算后的值与密码的哈希值相同（因为哈希运算的单向性，这串输入字符只能是我们的密码），但这里存在一个问题，就是客户端实际上是知道我们的密码的。

大多数系统以一种更加糟糕的方式进行"证明"：客户端直接将原始密码发给服务器，服务器重新计算密码的哈希值并将其与存储值进行比较。这里的问题更加明显，也就是在协议结束时，服务器已经获取了我们的密码明文。

Goldwasser 等人提出了一种全新的方案来完成"证明"。如果零知识证明真的可行，它将允许我们在证明某些数学陈述为真的同时，保证不会有任何不相关的信息被透露出去。在给定合理假设的情况下，三染色问题、布尔可满足性问题等广泛的数学问题存在零知识交互证明。

2.3.1 故事中的零知识证明

1. 三染色问题

假设我们要部署一个新的蜂窝电信网络，其网络架构如图 2-15 所示。图 2-15 中的每个顶点代表一个无线电塔，每条连线（边）代表无线电塔信号两两重叠的区域。如果区域有重叠，则意味着连线上的信号会互相干扰，为此需要避免因信号重叠带来的混淆。

如果现在通信网络只允许传递 3 种波段的信号，那就可以避免临近无线电塔信号互相干扰的问题。于是这个挑战就变为如何部署不同的波段，使得相邻的两个无线电塔波段不同。

现在用不同颜色表示不同波段，可以很快找到如图 2-16 的一种解决方案。

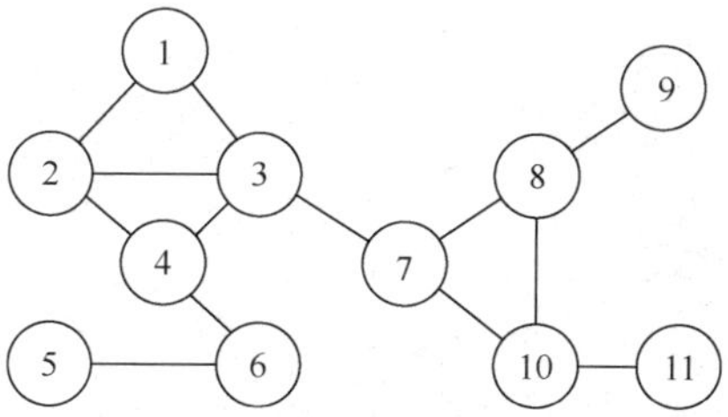

图 2-15 蜂窝电信网络架构

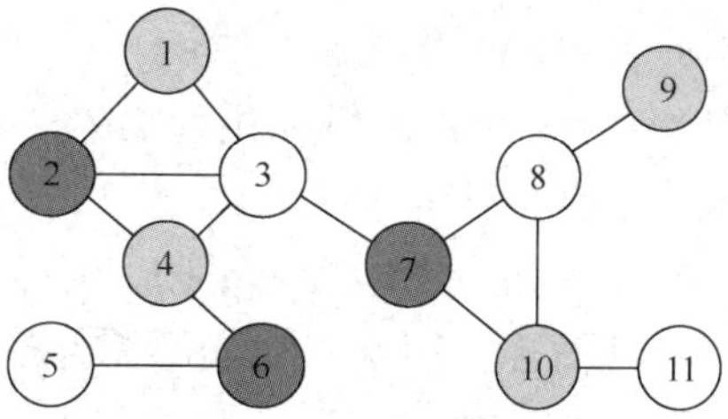

图 2-16 三染色问题的一个解决方案

这就是著名的三染色问题（Graph Three-Coloring）。三染色问题也是最著名的 NPC 问题之一。

如果三染色问题只是类似图 2-16 给出的这种示例，那么我们用笔就能轻松找出解。但如果无线通信网络特别复杂且规模庞大，在所能调配的计算资源都无法找到解的情况下，该怎么办？

在一般情况下，我们会请外包公司帮忙，但这又会导致另一个问题，即我们和外包公司的互信问题。在没有得到有效染色方案之前，我们应该不会付钱给外包公司。但对外包公司来说，在我们付款之前，外包公司也不会愿意给我们染色方案。由此陷入僵局。

我们需要在没有第三方托管，以及不存在合同管理的情况下，利用密码学方法解决这个问题。

假设有一个大仓库、大量的彩笔和纸张，还有一堆帽子，下面就是基于零知识证明给出的这个问题的密码学解决方案。

首先我们进入仓库，在地板上铺满纸，并在空白的纸上画出无线电塔图。然后离开仓库，换外包公司进入仓库，外包公司在彩笔中随机选定 3 种颜色，并在纸上照着他们的解决方案上色。至于用哪种颜色并不重要，只要染色的方案有效就行。在染色结束后，外包公司用帽子把纸上的每个无线电塔盖住。当我们回到仓库的时候，会看到如图 2-17 所示的样子。

显然，这种方法保护了外包公司染色方案的秘密，但对我们却没有一点帮助。

为了消除我们的疑虑，外包公司决定给我们机会“挑战”他们的染色方案。我们被允许随机选择图上的一条边（两个相邻帽子中间的一条线），要求外包公司揭开两边覆盖着的帽子，让我们看到他们染色方案中的一小部分，如图 2-18 所示。

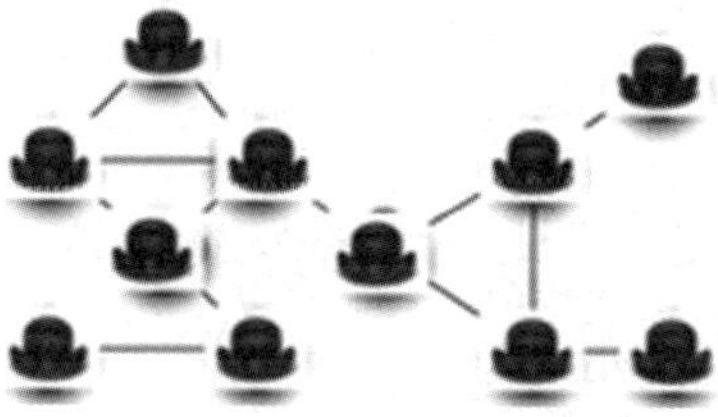
图 2-17 被盖上帽子的三染色解决方案

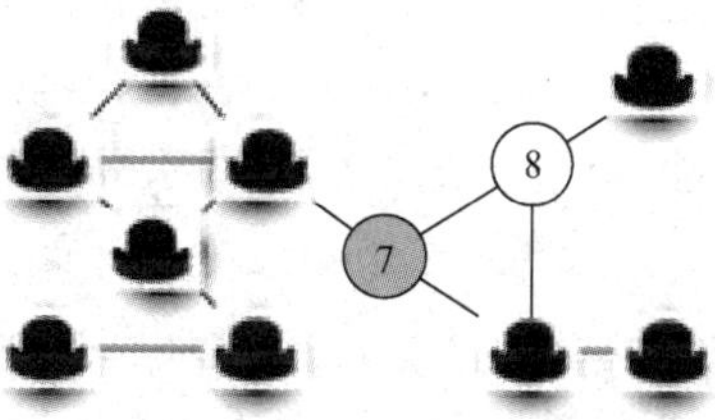

图 2-18 被部分揭开帽子的三染色解决方案

由此有可能产生两种结果：

（1）如果两个点的颜色相同（或根本没有被染色），就可以确信外包公司对我们撒谎。因此我们不会付钱。

（2）如果两个点的颜色不同，那么外包公司可能没有撒谎。

第一种情况很简单，我们不需要付钱，但第二种情况我们就要小心了。因为即使我们进行了一轮观察，毕竟只揭开了两顶帽子，只看到两个点，仍然不能保证外包公司给我们的方案是有效的。假如图上有 E 条不同的边，目前看来外包公司仍有很大的可能给了我们一个无效的染色方案。实际上，在经过一次揭帽观察后，我们仍有高达（E-1）/E 的概率被骗（如果有 1000 条边，那么还有 99.9%的概率这个方案无效）。

如果外包公司让我们再试一次，重新观察。我们重新铺上新的纸张，并把无线电塔图画上后再次走出仓库。外包公司再次从大量彩笔中随机选出 3 种颜色染色。他们再次完成有效染色方案，但使用新的 3 种随机颜色。

接着，染色方案又被帽子盖上。我们走进仓库再进行一次“挑战”，随机选择一条新的边。上述逻辑再一次适用。不过这次情况稍好，我们对外包公司多了那么一点信任，相信他们没有对我们撒谎，因为他们如果要欺骗我们，就必须连续两次都这么幸运。这当然有可能发生，但发生的可能性相对较低。连续两次都骗到我们的概率为 $[(E-1)/E]\times[(E-1)/E]$（在有 1000 条边的情况下，约有 99.8%的可能性，被骗的可能性还是很高）。

不过不用担心，事实上我们可以不断地重复上述挑战，直到我们相信外包公司给出了有效的染色方案。这种相信是概率性的，也就是说，经过大量的迭代，我们最终可以将信任提升到一个程度，那时外包公司只剩下微不足道的概率能骗到我们，但这个概率低到可以让我们安全地把钱交给外包公司。

另外，这个方案还有个好处，就是同时保护了外包公司的利益。如果我们想作弊（不想给钱），在挑战的过程中试图算出外包公司正确的染色方案，那也不要紧，外包公司每次迭代前随机更换 3 种新的颜色，就会让我们的作弊手段失效，而我们获得的信息毫无用处，因为每次挑战的结果均无法被联系起来。

2. 零知识证明协议的性质

上述零知识证明方案内含了 3 类不同性质的内容：

（1）完备性（Completeness）。只要证明者确实知道存在一个解决方案，那么通过协议一定能让一个诚实的验证者相信这个结论。

（2）可靠性（Soundness）[1]。如果证明者并不知道是否存在秘密输入，也就是解决方案，那么他就无法说服一个诚实的验证者。

（3）零知识性（Zero-Knowledgeness）。在协议中，诚实的验证者无法获得除声明为

[1] 有些文献中也将其称为有效性。

真之外的任何其他信息。

这就是 G.M.R（Garay，Marchand 和 Rivest）提出的每个零知识协议必须满足的 3 个属性。完备性是说只要重复足够多次挑战，这个协议最终能够说服验证者（概率性的）；可靠性代表了如果证明者试图欺骗验证者，会有很大的概率被验证者发现。其中，如何定义“零知识性”和“可靠性”是非常有挑战的，也是需要严格证明的。

2.3.2　模拟器定义“零知识性”

“零知识证明”不是通过给出一个不允许发生的事件列表来定义零知识，而是直接给出一个极致的“模拟条件”。密码学通过构造“模拟器”（Simulator）来给出这个模拟条件：利用算法创造一个理想世界，在这个理想世界中可以欺骗任何对手，让对手无法区分理想世界和现实世界，但由于在理想世界中并不存在知识，所以可以推导出算法满足“零知识性”。

1. 时光机实验

为了更好地理解零知识性，我们给出两个例子。还是接着 2.3.1 节的例子来讲，这次的故事是“时光机实验”。

假如外包公司并没有吹嘘得那样厉害，花了数周时间，仍然没有想出染色问题的解决方案，而现在只剩下 12 个小时了。外包公司决定诱导我们相信他们已经完成了有效的染色方案。

外包公司的办法是潜入某研究室，并“借用”时光机。最初他们想将时间倒退几年，这样他们就可以获得更多时间来解决染色问题了。不幸的是，大多数时光机也有限制，只能倒退 5 分钟，但这 5 分钟就已经足够欺骗我们了。

因为外包公司实际上不知道正确的染色方案，只能直接从大量彩笔中随机选出颜色涂上，然后盖上帽子。如果他们足够幸运，我们在验证时选中了不同颜色的点，那他们就可以继续进行证明，以此类推。

然而，不可避免的是我们会在某次验证时发现两个相同颜色的点。如果按照正常验证规则，外包公司就被揭穿了，而这也是时光机派上用场的时候。任何时候，即便外包公司被我们找到同色的点，他们也可以轻松挽回败局，只要其中一个工程师按下时光机按钮，让时间倒退 5 分钟，他们再以新的完全随机方式着色。接着时间正常前行，验证工作也继续进行。从我们的角度来看，会认为这是完全公平的挑战，因为我们不知道时光机的存在，所以我们看到每一次挑战结果，都会认定这就是真实的，而统计结果也完全一致。然而，需要再次说明的是，在“时光机实验”中，外包公司完全没有关于如何染色的方案。

在现实世界中，时间当然不能倒退，也没有人能用时光机器骗我们，因此基于帽子的验证协议是合理且可靠的。这表示在一定轮次的挑战后，我们应该相信被帽子盖着的图是被正确染色的，同时外包公司也遵守了协议规则。

而上面展示的是时光机能“倒退”我们的时间，那样的话，即使外包公司没有正确的染色方案，他们仍能使验证工作正常进行。从我们的角度出发，这两种情况有什么区别？答案是没有区别。“没有区别”就恰好证明了一件非常重要的事情。

假设我们（验证者）在正常挑战协议过程中，有办法“提取”关于正确染色方案的信息，那么当我们被时光机糊弄的时候，“提取”策略应该仍然有效。从验证者的角度来看，验证者在“公平的挑战”和“时光机实验”下，得到的信息是相同的（无法区分两个实验）；且证明者在“时光机实验”中投入的信息量为零，则证明即使是公平的挑战，也不会透露任何相关信息给验证者。

综上所述，零知识是为了保护证明者的利益，因为证明者不想在交互过程中透露更多的信息给他人，不想让验证者知道完整的方案，甚至不想让验证者从交互过程中分析出任何信息。

2. 阿里巴巴与四十大盗

下面再来看一个轻松的例子，阿里巴巴与四十大盗。

图 2-19　洞口里的岔路

在巴格达的城市里，住着一个叫阿里巴巴的人。每天阿里巴巴都会到集市上买东西。有一天，阿里巴巴被一个盗贼抢了钱包，他一路追着盗贼到了一个山洞口，然后盗贼就消失了。阿里巴巴发现洞口里面有两条岔路，如图 2-19 所示。

阿里巴巴不知道盗贼往哪边跑了，于是他决定去“左边”的岔路看看，很快他就发现这是个死胡同，也不见盗贼踪影。然后，他又去“右边”的岔路检查，发现右边的岔路也是个死胡同。第二天，阿里巴巴又去集市上买东西，这一次另一个盗贼抢了他的篮子，阿里巴巴追着这个盗贼到了与昨天相同的洞口，然后盗贼又不见了。

第三天，第四天，……，第四十天，同样的故事不断上演，阿里巴巴追着第四十个盗贼到了神秘的洞口，盗贼又消失了。阿里巴巴想，这个山洞里面一定有机关，于是他躲在“右边”岔路的尽头，耐心地等了很长时间。这时，一个盗贼跑了进来，走到岔路的尽头念了一条咒语“芝麻开门”，墙壁居然打开了。盗贼跑进去之后，墙壁又合上了。另一个受害者追了进来，找了半天，像阿里巴巴一样一无所获。阿里巴巴等人走了之后，试了一下这条咒语，果然非常有效，而且阿里巴巴还发现这面墙壁也通向“左边”的岔路。后来，阿里巴巴找到了更换咒语的办法，并且把一条新咒语和山洞的地理位置写在了一张羊皮纸上。

很久以后，阿里巴巴的羊皮纸流落到几名研究人员的手里。他们跑到巴格达，找到了洞口的位置，发现咒语居然仍然有效。一家电视台知道了这件事情，说服了其中一名研究人员向电视观众展示“他知道这个咒语”。

首先，电视节目主持人把摄像机架在洞口，让所有人都在洞口等待，这时一个人 A

进入洞口，然后主持人抛一个硬币，来决定让 A 从哪个岔路跑出来。A 重复了这个过程 40 次，每次都成功。

很快，另一家电视台眼红，也想拍一个类似的节目。但是 A 因为签了独家协议，没办法参与这个新节目。怎么办呢？第二家电视台的人心生一计，他们找了一名演员，打扮得和 A 一模一样。每次主持人掷硬币后，都让这名演员跑出来，但是很显然，因为演员并不知道咒语，没办法打开墙壁，所以表演有时碰巧会成功，有时则会失败。电视台把那些失败的片段剪掉，完美地留下了完整的 40 次成功的影像，作为节目的素材。

两家电视台同时播放的节目，引起了诉讼，前一家电视台把后一家电视台告到了法院。两段视频作为证据呈交法院，但法官和专家都无法分辨二者的区别（不考虑其他的证据、证词），最终官司不了了之。

第一家电视台录制视频的参与者完全明白 A 才是真正知道咒语的人，但是他却不能把这个事实传递给不在场的观众。

我们把这两次实验看作平行世界，第一次实验是在现实世界中进行的，第二次实验是在理想世界中进行的。在理想世界中，实验通过构造一个模拟程序，生成了一段记录。尽管这个模拟程序并没有与关于咒语的知识，但其结果与真实世界验证者看到的完全一样。如果计算机无法分辨二者的区别，那就证明了验证者无法从对话过程中获得任何他自己不在现场就无法获取的信息。这个模拟程序是零知识的，因为演员没有得知任何知识。

3. 回到数字世界

以上两个例子让大家对“真实世界和虚拟世界不可区分”“虚拟世界没有知识输入”这两件事有了一定的理解。我们现在把这个过程放到数字世界来看，数字世界可以通过程序回滚来实现“时光机”的效果。

不管外包公司、我们、A 或演员，还有每一位观察者，都是一个个可执行程序。我们首先需要将协议带入数字世界，这要求我们构建“帽子”的数字等价物，既能隐藏真实数字又能同时“约束”（或“承诺”）证明者某样东西，这样验证者就不能在事后改变主意。

这样的工具被称为数字承诺方案。数字承诺方案允许一方在保密的同时承诺给定消息，然后“公开”该承诺给定的消息以揭示消息中的内容。在给定一个数字承诺方案后，开始生成零知识协议运行所需的所有要素，证明者先将染色方案编码为一组数字消息（如数字 0、1、2），再为每条消息生成数字承诺，并将这些数字承诺发给验证者。当验证者挑战时，证明者只需要揭示承诺内容是否正确。

现在可以证明以下定理：如果你能想出一个计算机程序（用于验证过程）在参与协议运行后能提取有用信息，那么就有可能在该程序上使用“时光机”，使其从协议“假”的运行中提取相同数量的有用信息。

因为协议是在计算机中运行的，所以“时间倒流”很容易被实现。事实上，我们一直在“倒带”计算机程序。例如，考虑使用具有快照功能的虚拟机软件。

任何计算机程序都可以“倒带”到较早的状态，只需重新启动程序并为其提供完全相同的输入即可。如果输入是固定的，程序将始终遵循相同的路径执行。因此，我们可以通过从头开始运行程序并在达到某个点时“分叉”其执行来“倒带”程序。

最终我们得到这样的结论：如果验证者在运行真实协议后成功提取了信息，那么验证者应该能从模拟协议中提取相同数量的信息，但是因为没有信息被放入模拟协议，所以没有信息可以被提取。因此，验证者可以提取的信息必须始终为零。

综上，证明零知识的过程就是要寻找一种算法，或者更通俗一点说是要写出一段代码，这段代码运行在外部计算机系统中，但是实现了模拟器的功能，而且在模拟器中需要一个不将“知识”作为输入的“外包公司”，可以骗过在模拟器中运行的验证者。

4. 不同模拟器下零知识性的 3 种形式

根据模拟器工作方式的不同，我们对零知识性有如下不同的定义方式。

非黑盒模拟器相对应的零知识叫作非黑盒零知识，非黑盒零知识的定义中允许每位验证者都存在一个“独家定制”的模拟器，这种定义允许模拟器针对不同的验证者的实现细节定制不同的采样过程。

黑盒模拟器对应的就是黑盒零知识。黑盒零知识的定义中要求存在唯一的模拟器，能对所有的验证者采样。因为这个唯一的模拟器不可能知道所有验证者的具体实现细节，所以它只能通过黑盒调用的方式来访问验证者。不过，模拟器对验证者具有完全的控制权，可以决定验证者的随机数，并给验证者输入任何验证消息。因此，在模拟器的视角里，验证者是一个黑盒的确定性算法。

如果模拟器只针对诚实验证者，对应的则是诚实验证者零知识（Honest Verifier Zero-Knowledge）。因为诚实验证者的行为是完全在预期中的，模拟器可以利用这些信息，所以这个模拟器对验证者的访问是非黑盒的。因为非黑盒模拟器访问到的信息更多，所以非黑盒模拟器的零知识性比黑盒模拟器的零知识性更容易达成。

诚实验证者零知识是最容易实现的。这里的诚实验证者更准确地说是“半诚实”（Semi-Honest）的，或者说是“诚实但好奇”的。这样的验证者表面上会遵守协议，但有可能在私下里试图从消息中提取知识。相比之下，恶意验证者的行为是完全不受限制的。恶意验证者可能宕机、发送不符合约定格式的消息、不按协议规定的分布采样等。

要证明一个系统对恶意验证者满足零知识性，就要把所有的情况都考虑到。模拟器是一个随机算法，它的输出就是一个随机变量。零知识性要求模拟器输出的随机变量和真实系统产生的随机变量难以区分。不过，“难以区分”也有很多种定义，由此可以得出零知识证明的多种变体。

如果两个随机变量的分布是统计不可区分的，也就是它们的统计距离（Statistical Distance）可忽略，就称这个证明系统是统计零知识（Statistically Zero-Knowledge）的；如果统计距离为 0，又称其为完美零知识（Perfect Zero-Knowledge）的。

如果两个随机变量的分布是计算不可区分的，也就是任何多项式时间内的随机敌手都无法区分这两个随机变量的分布，就称这个证明系统是计算零知识（Computationally Zero-Knowledge）的。

2.3.3　提取器定义“可靠性”

由于模拟器没有“知识”能被提取，因此验证者在与之交互后无法获得任何有价值的信息，这个过程保障了证明者的利益。

要讨论知识证明的可靠性，有一个好的方法。就像 2.3.2 节讨论的模拟器一样，我们需要证明一个特定算法的存在，这个算法被称为信息提取器。它是一种特殊类型的验证者，与证明者进行交互，并且如果证明者成功完成了证明，提取器能够提取证明者的私钥。这个过程保障了验证者的利益。

1. 知识可靠性

维基百科对“知识”的定义为“Knowledge is a familiarity or awareness of someone or something。”因为这个定义无法量化，涉及主观的东西，所以在计算机领域并不适用。

秉持“实用主义”的计算机科学家开始尝试用“输出”来定义“知识”，使得“知识”变为具体的可以进行检验和处理的内容。这种思想迁移到计算机世界就是“图灵机”的输出。如果机器“知道”一项内容，它可以将其“输出”。具体来说，如果一台机器知道陈述 x 的证据，那么它就可以输出该证据 w[满足 $(x,w)\in R$]。一台机器如果把这项“知识”输出了，那么它当然“知道”这项知识。还有一种情况是，它从来不输出这项知识（零知识证明系统的证明者永远不会明文传输证据本身），但它依然可能“知道”这项知识，因为它“可以”输出这项知识。

对知识可靠性（Knowledge Soundness）的定义，最终通过引入“知识错误（Knowledge Error）” κ 实现了。κ 表示恶意证明者幸运地猜对所有挑战，从而调用零知识模拟器生成正确协议脚本的概率。

知识可靠性的定义是：一个证明系统具有错误 κ 的知识可靠性，如果存在概率多项式时间 K，使得对任意证明者 P^*，如果 P^* 以概率 $\varepsilon>\kappa$ 使得 V 相信 x，那么 $K^{P^*(\cdot)}(x)$ 以期望运行时间 $\dfrac{\mathrm{poly}(|x|)}{|x|-\kappa(|x|)}$ 输出 w，使得 $(x,w)\in R$。

知识证明系统满足“知识可靠性”是一般证明系统里“可靠性（Soundness）”的增强。“知识可靠性”蕴含“可靠性”，它不仅证明了“陈述是正确的”，而且证明了“知道为什么陈述是正确的”，即知道相应的“证据”。

2. 提取器

想像某程序运行在一个虚拟机里，它的随机数是可以由我们任意指定的。在整个运行过程中，CPU 的状态、所有的内存读写操作，都可以由虚拟机记录下来。该程序"知道"我们总可以从这些记录中提取相关信息。这就是对提取器（Extractor）的一种直观理解。

提取器是一种算法，它能够和被提取的程序同时运行，能够访问被提取程序的内部状态，并且可以输出提取的结果。上文描述的提取器是非黑盒提取器，因为它可以访问被提取程序的内部状态。如果它和证明者交互后输出为 accept，那么它就能输出满足条件的值。如果上述条件能被满足，那么这样一个证明系统就是一个知识证明系统。

类似于零知识定义中的模拟器，提取器也可以用黑盒的方式来定义。黑盒提取器无法访问程序的内部状态，但可以调用该程序，控制该程序的随机数，并读取该程序的输出。我们引入一个记号 $\varepsilon^{\langle P,V\rangle}$，表示提取器通过黑盒的方式访问一对一的证明者和验证者的交互过程。所有的证明者只需要一个黑盒提取器就够了。在黑盒提取器的状态下，知识证明可以有如下定义：存在一个提取器，对任意验证者，如果 P 和 V 交互后 V 输出为 accept，那么 $\varepsilon^{\langle P,V\rangle}$ 就会输出满足条件的值 w。

在上文中，$K^{P^*(\cdot)}(x)$ 就是提取器，也称 Witness 扩展模拟。

3. 可靠性证明的工作原理

我们借用 Schnorr 协议来看一下提取器是如何工作的。提前阅读 2.3.4 节中关于 Schnorr 协议的内容，有助于理解本节内容。

- 证明者 Alice
- 验证者 Bob

第一步：Alice 选择一个随机数 r，并且计算 $R=r\times G$，并将 R 发给提取器，如图 2-20 所示。

第二步：提取器也选择一个随机的挑战数 c，并且发给 Alice。

第三步：Alice 计算并且回应 z，然后提取器检查 z 是否正确，如图 2-21 所示。

第四步：提取器发现 z 没有问题，发动"超能力"，将时间回退至第二步，如图 2-22 所示。

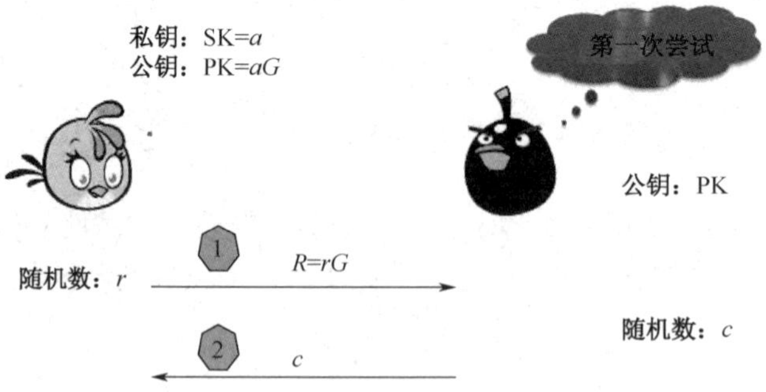

图 2-20　Alice 将 R 发给"提取器"

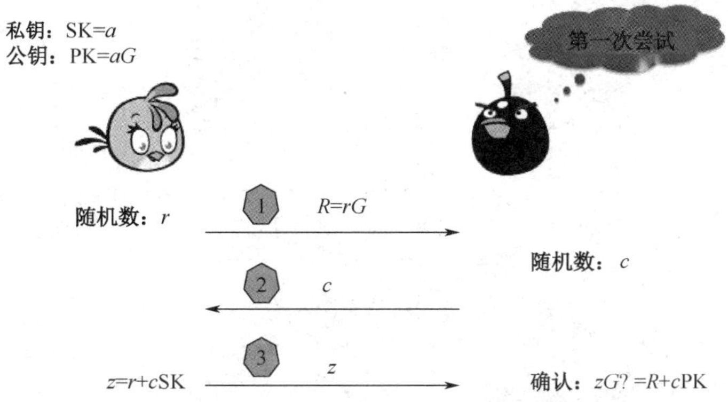

图 2-21　Alice 计算并且回应 z，然后提取器检查 z 是否正确

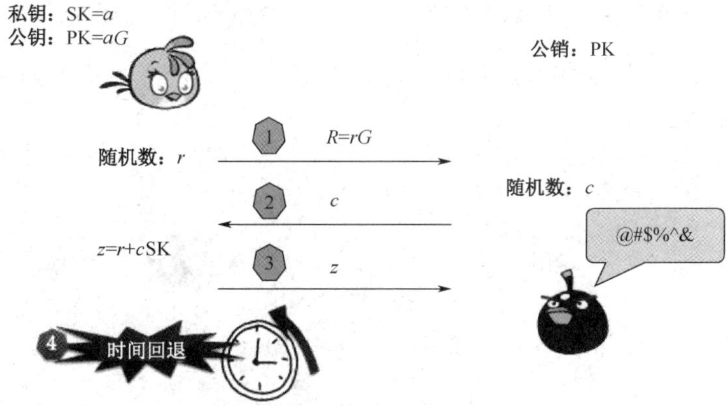

图 2-22　提取器发动超能力，将时间倒回第二步

第五步：提取器再次发送一个不同的随机挑战数 c' 给 Alice，这时 Alice 回到第二步，会有一种似曾相识的感觉，但是无法感知时间回退这个事实，如图 2-23 所示。

第六步：Alice 再次计算并回应 z'，然后发给提取器，提取器检查 z' 是否正确，如图 2-24 所示。

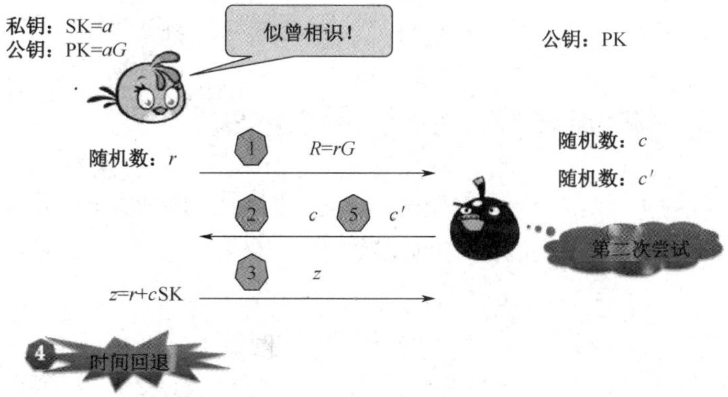

图 2-23　提取器再次发送一个不同的随机挑战数 c' 给 Alice

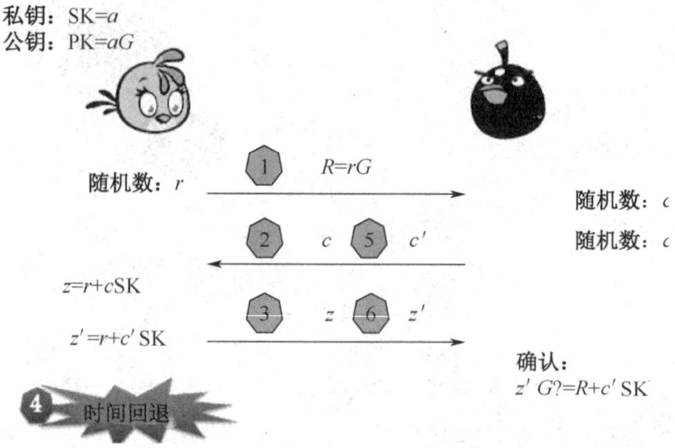

图 2-24　Alice 再次计算并回应 z'，提取器检查 z' 是否正确

第七步：这时提取器有了 z 和 z'，就可以直接推算出 Alice 拥有的私钥 a，达成“知识提取”，如图 2-25 所示。

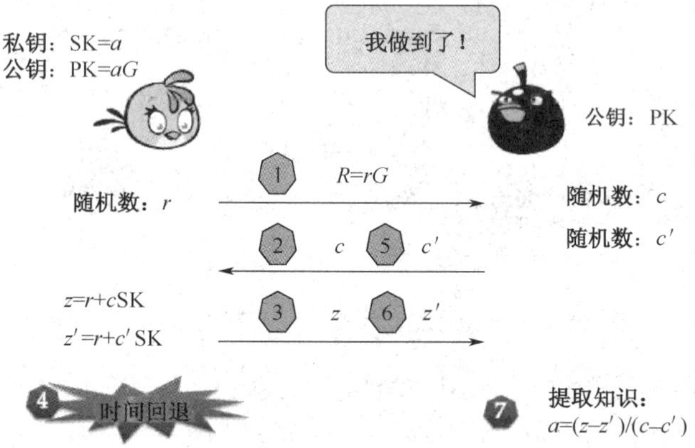

图 2-25　提取器直接推算出私钥 a，达成“知识提取”

提取器把 Alice 的“知识”完整地提取出来了，这套机制保证了一个没有知识的证明者是无法让提取器达成目标的，从而证明了该系统的可靠性。

2.3.4　从交互式证明到简洁非交互式证明

G.M.W（Goldreich, Micali 和 Wigderson）设计的通用零知识证明协议被称为 GMW 协议，该协议是一套基于数学的程序化算法，这套算法可用于证明 NP 问题中的任何陈述（数学命题）。

如果存在可以在多项式时间内验证的任何决策问题（可以用是或否回答的问题），我们可以通过将问题转化为三染色问题的一个实例，并运用 GMW 协议来证明。

1. 以 Schnorr 协议为代表的交互式零知识证明

早期的交互式零知识证明协议大多是专用的，仅能用于证明某类特定问题。直到一个非常简洁、用途广泛的零知识证明协议——Schnorr 协议出现，交互式零知识证明协议才开始变得通用。Schnorr 协议是 Claus-Peter Schnorr 在 20 世纪 80 年代提出的特定的知识证明方案，是许多现代密码学数字签名方案的基础。

Schnorr 协议本质上是一种零知识技术，即证明方声称知道一个密钥 x 的值，通过 Schnorr 协议，可以在不透露 x 的情况下向验证方证明其对 x 的知情。

交互式 Schnorr 协议流程如下。

Alice 拥有一个秘密数字 a，我们认为这个数字就是“私钥”，然后把它映射到椭圆曲线群上的一个点 aG。我们把这个点当作“公钥”。Alice 要向 Bob 证明它拥有公钥 PK 对应的私钥 SK。我们让 Alice 充当证明者，Bob 充当验证者。

第一步：Alice 选择随机数 r，然后计算 $R=rG$（映射到椭圆曲线群上），将 R 发送给 Bob。

第二步：Bob 回应一个随机数 c，将 c 发送给 Alice。

第三步：Alice 根据挑战数计算 $z=r+ac$，然后把 z 发给 Bob。Bob 通过图 2-26 中的公式“同态地”检验 z 的计算过程。如果这个公式成立，那么就能证明 Alice 确实拥有私钥 a。

交互式 Schnorr 协议验证过程如图 2-26 所示。

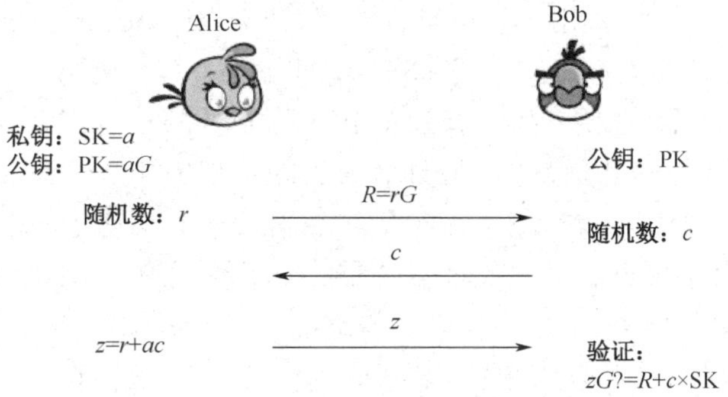

图 2-26 交互式 Schnorr 协议验证过程

z 的计算和验证过程有几个关键技巧。

（1）Bob 必须给出一个随机挑战数，然后在椭圆曲线上同态地检查 z。如果我们把挑战数 c 看作一个未知数，那么 $r+ac=z$ 可以看作一个一元一次方程，其中 r 与 a 是方程中的常数和系数。在 c 未知的前提下，如果 $r+ax=r'+a'x$ 要成立，那么根据 Schwatz-Zippel 定理，极大概率上 $r=r'$，$a=a'$ 成立。也就是说，Alice 在 c 未知的前提下，想找到另一对不同的 r' 和 a' 来计算 z 骗过 Bob 是几乎不可能的。这个随机挑战数 c 实现了对 r 和 a 的限制。虽然 Bob 随机选了一个数，但是由于 Alice 事先不知道，所以 Alice 不得不使用私钥 a 来计算 z。这里的关键就是 c 必须是随机数。

（2）Bob 的验证工作是在椭圆曲线群上完成的。Bob 不知道 r，但是他知道 r 映射到椭圆曲线群上的点 R；Bob 也不知道 a，但是他知道 a 映射到椭圆曲线群上的点 PK，即 aG。通过同态映射与 Schwatz-Zippel 定理，Bob 可以验证 z 的计算过程是否正确，从而知道 Alice 是否是通过 r 和 a 计算得出的 z，但是又不会暴露 r 与 a 的值。

（3）在协议第一步中产生的随机数 r 确保了 a 的保密性。

零知识证明系统的设计往往依赖证明者和验证者的多轮交互。事实上，在许多应用场景中，通过交互方式进行证明会让系统算法过于复杂以致不可用，或者有极大的延迟。例如，在区块链系统中，如果一个交易需要交易的发送者和每个矿工都交互一次，让矿工进行验证，那么整个过程将漫长无比，而非交互式零知识证明则可以直接广播给所有的矿工，让他们自行验证。如何将交互式零知识证明协议改造为非交互式零知识证明协议，成了一个非常有意义的问题。

实际应用场景对实现零知识证明的简洁性也提出了要求，比如：

- 证明所需时间 $\text{time}(p)=O(|x|)$ 和电路大小要成正比。
- 证明规模 $|\pi|=O(\log|c|)$ 和 log 电路规模要成正比。
- 验证所需时间 $\text{time}(v)=O(|x|+\log|c|)$ 和公有输入 x 的规模再加上 log 电路规模要成正比。

2. 从 PCP 到简洁的交互式零知识证明

Babai 等人在 1991 年提出了随机可查证明（Probabilistically Checkable Proof，PCP）。在 PCP 模型中，验证者构造一个证明字符串，即 PCP，其长度可以非常长，远远超过验证者的计算能力。所以，证明者不会直接把 PCP 发送给验证者，而是向验证者发送一个预言机（Oracle），称作 PCP 预言机。验证者可以随意查询 PCP 预言机，获取 PCP 字符串任意位置的比特。如图 2-27 所示，PCP 的突破在于其构造了简洁的交互式零知识证明，所有的 NP 问题都可以在多项式时间内通过概率验证的方法被证明。

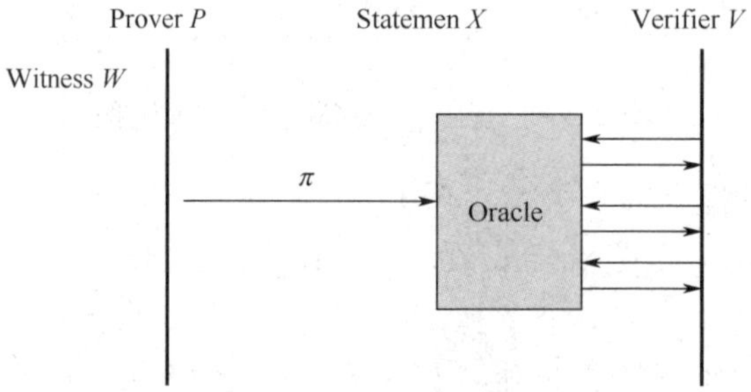

图 2-27　PCP 的验证方式

假设 Alice 是一名即将毕业的研究生，Bob 的任务是评审 Alice 的论文是否合格，交互式证明模型就是答辩。Alice 和 Bob 直接对话，如果 Alice 能成功回答 Bob 的所有提问，Alice 就能毕业了。在 PCP 模型中没有答辩，Alice 只是把毕业论文发给 Bob，而且毕业论文超级长，Bob 不可能看完全文，只能在论文中随机挑选几段来读。如果 Bob 挑选的这些段落都没有问题，相互之间逻辑通顺，Bob 就可以相信 Alice 的论文是合格的。

PCP 预言机本身很短，传递它只需要很小的通信量，但 PCP 预言机传递的信息量却很大，通过它可以随机访问一个很长的字符串。然而，真正的 PCP 预言机是不存在的，PCP 只是我们构造的一个理想化模型。

假如我们构造了一个 PCP 模型下的证明系统，这个系统包括两种算法 P_{PCP} 和 V_{PCP}，分别是证明者（Prover）和验证者（Verifier）的算法，我们可以将它转化为交互式证明（IP）模型下的证明系统，这个证明系统包括两种算法 P_{IP} 和 V_{IP}，这个转化需要用到 Hash 函数，其过程如下：

（1） P_{IP} 按照 P_{PCP} 的计算过程生成 PCP 字符串 Π。

（2）当 P_{IP} 需要发送 PCP 预言机时，P_{IP} 调用 Hash 函数在字符串 Π 上构造一个 Merkle Tree，并将 Merkle Tree 的根 rt 发送给 V_{IP}。

（3） V_{IP} 按照 V_{PCP} 的逻辑进行验证。

（4） 当 V_{PCP} 需要访问 PCP 预言机时，V_{IP} 把要查询的索引 i 发送给 P_{IP}。

（5） P_{IP} 将 Merkle Tree 的第 i 个叶子的值 v，及其 Merkle Tree path 发送给 V_{IP}。

（6） V_{IP} 使用 rt 和 path 验证 v，如果验证通过，就将 v 作为 PCP 预言机的返回值继续执行 V_{PCP} 的逻辑。

（7）最后，V_{IP} 输出和 V_{PCP} 一样的结果。具体如图 2-28 所示。

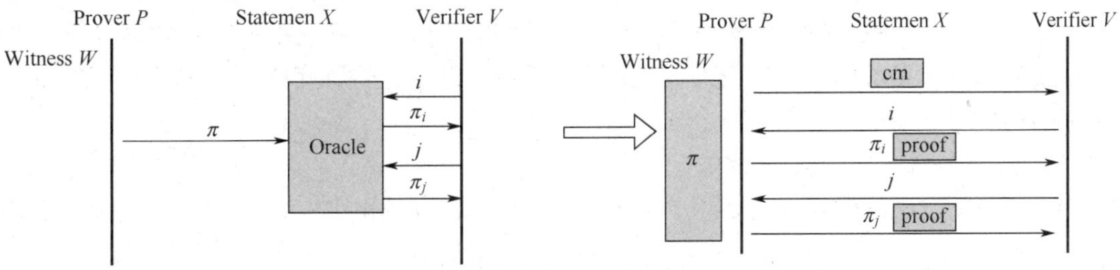

图 2-28 PCP 模型下的证明系统验证过程

上述过程中的 Merkle Tree 可以用密码学组件向量承诺（Vector Commitment，VC）来代替。VC 使得证明者可以向验证者发送一个短的字符串，代表对一个向量的承诺，而验证者可以要求证明者展示这个向量中任意位置的值，并提供合法性证明，而证明的长度则远小于向量的长度。实际上，Merkle Tree 就是一个简单的 VC 实现。

简单的 PCP 系统很难满足简洁证明的要求。就像上文中 Bob 验证 Alice 的数组的问题一样，Alice 的证明 π 就是它的整个数组，而且还需要将数组导入只读区域以防篡改。这样一来，虽然 Bob 验证的次数很少（k 次），但是还是无法避免这个庞大的证明 π 可以储存在哪里的问题。如果 A 要向 B 证明自己拥有一个长度为 100 万比特的数组，那么我们就需要额外规划 100 万比特长度的空间来存储证明。

1992 年，Kilian 基于 PCP 构造了简洁的交互式零知识证明。该构造对 PCP 证明系统做了一点小小的改进，与其把证明全部导出让 Alice 的数据在后续无法被篡改，还不如使用 Merkle 承诺和 Merkle 证明的方式来确保 Alice 不会篡改自己的数据。这样一来，就不需要一个中间方来存储 Alice 的大量证明数据了。

改进过的具体证明步骤如下：

（1）证明者生成一系列需要的证明 π，但不需要将其发送给验证者。相反，证明者建立一个 Merkle Tree，向验证者提供 π 的 Merkle 承诺 C_π。

（2）随后，验证者随机抽查证明根哈希中的某几项。

（3）证明者向验证者展示抽查的那几项的值，并且附加一个 Merkle 证明来证明这几个值真的是在原有的证明 π 当中的。验证者通过对比 Merkle 证明得到的 Merkle 承诺是否与之前得到的承诺相同来确认证明者是否没有作假。

（4）在同样的协议进行 k 轮之后，验证者输出验证结果，结束证明。

这样，通过使用 Merkle Tree，我们可以巧妙地把证明的量从原有的 $O(|c|)$ 降低到 $O(\log|c|)$。

3. 从交互式到非交互式零知识证明

在零知识证明中，验证者用一个随机数产生挑战，如阿里巴巴与四十大盗中，主持人通过抛硬币来决定让证明者从左侧还是右侧出来，证明者如果真的知道咒语，就一定可以从要求的方向走出来，否则就有一半的概率失败。因此，挑战的生成是一个很关键的步骤。对挑战有两个要求，一是挑战必须是随机的，二是挑战不能被证明者预测。如果我们能够让证明者自己生成一个不可预测的随机数，是不是就可以实现非交互式的零知识证明呢？

1）公共参考串模型实现非交互

1988 年，Manuel Blum、Paul Feldman 和 Silvio Micali 在“非交互式零知识及其应用”（*Non-Interactive Zero-Knowledge and Its Applications*）一文中提出，任何零知识证明中的交互都可以通过共享一个公共、简短、随机的字符串来代替，由此展示了“交互”与“隐藏随机性”的不必要性。

公共参考字符串（Common Reference String，CRS）生成器在这里是一个有用的工具，它可以从某个分布返回一个值，我们将这个值称为公共参考字符串。在 CRS 模型中，互动开始前可信的参与方会生成一个 CRS，该 CRS 对所有的参与方都是可见的，但是生成后是不可被修改的，从而协议的参与方可以基于该 CRS 完成进一步交互。

1990 年，Uriel Feige、Dror Lapidot 与 Adi Shamir 提出了另一种方案，即 NIZK（Non-Interactive Zero Knowledge）方案。NIZK 方案不再基于特定的数论假设，而是基于一个密码学工具陷门置换[1]（Trapdoor Permutation）。NIZK 方案提出了隐藏比特（Hidden

---

[1] 陷门置换，Trapdoor Permutation。此理论最早出现在姚期智教授的论文 *Theory and Application of Trapdoor Functions* 中，是公钥密码学的重要基础。

Bits）的概念，把隐藏比特藏入 CRS。由此，模拟器就可以通过修改 CRS 中的隐藏比特来达到模拟的效果。不过，这个方案需要共享更长的 CRS，其长度超过 kn^5（k 是安全参数，n 是要证明的“命题”的长度）。

之后，在多位专家的努力下，CRS 的长度最终缩短到了 kn，由此模拟器就可以通过“超能力”，拿到这个公钥所对应的陷门，从而密封所有信息，但可以得到相同的密文；而提取器可以用“超能力”拿到公钥对应的私钥，从而解密证明得到“知识”。

接下来，我们从一个简单的例子开始，理解如何基于 CRS 来构造 NIZK 系统。为此，我们以一个 NPC 问题——哈密尔顿环路问题为例。该问题是：一个地图是否存在一个环路，能不重复地穿过每个城市，用矩阵表示的哈密尔顿环路地图如图 2-29 所示。

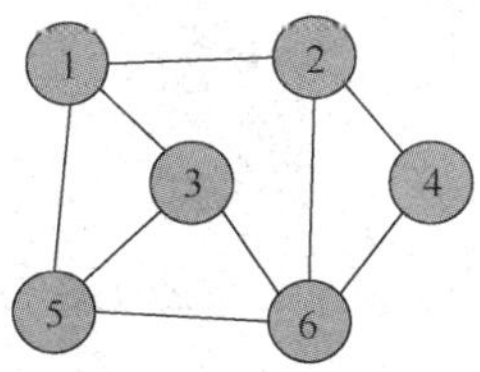

	1	2	3	4	5	6
1	0	1	1	0	0	0
2	1	0	0	1	0	1
3	1	0	0	0	1	1
4	0	1	0	0	0	1
5	1	0	1	0	0	1
6	0	1	1	1	1	0

图 2-29　用矩阵表示的哈密尔顿环路地图

我们用一个 $V \times V$ 的矩阵来数字化地表示图 2-29 左侧的城市示意图，凡是两个城市 (A,B) 有公路相连，那么就在 (A,B) 和 (B,A) 中填上 1，否则填 0。这个矩阵被称为邻接矩阵。

寻找哈密尔顿环路是一个 NPC 问题，换句话说，不存在一个算法使得计算机在 $\text{poly}(n)$ 多项式时间内找到环路。但是，计算机可以在多项式时间内检验一个路径是否是哈密尔顿环路。例如，这个地图中就有一个带方向的哈密尔顿环路，我们一眼就能验证这个环路确实穿过了每一个城市，如图 2-30 所示。如果一个地图有哈密尔顿环路，那么它的邻接矩阵一定满足下面的特征：每一行一定有一个 1，每一列一定也有一个 1。

下面我们给出一个三步交互协议，Alice 向 Bob 证明她“知道”这个地图 G 的哈密尔顿环路。如图 2-31 所示，其中：

公共输入为：G 为一个有 6 个顶点的地图，也可表示为一个 6×6 的邻接矩阵[1]。

---

[1] 此处 G 既表示地图，又表示矩阵。矩阵本应用黑斜体表示，但为方便起见，在不影响阅读的情况下，本节仅用斜体表示。

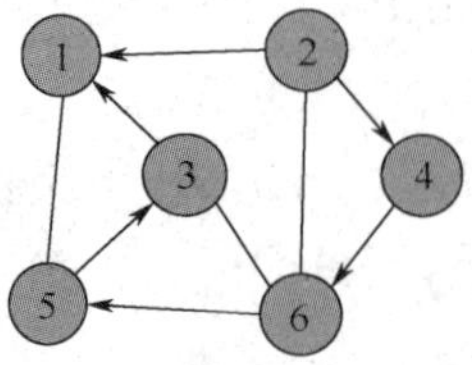

	1	2	3	4	5	6
1	0	1	1	0	0	0
2	1	0	0	1	0	1
3	1	0	0	0	1	1
4	0	1	0	0	0	1
5	1	0	1	0	0	1
6	0	1	1	1	1	0

图 2-30　拥有哈密尔顿环路的矩阵每行/列都有一个 1

秘密输入为：G 的哈密尔顿环路 C（图中箭头标出的公路）。

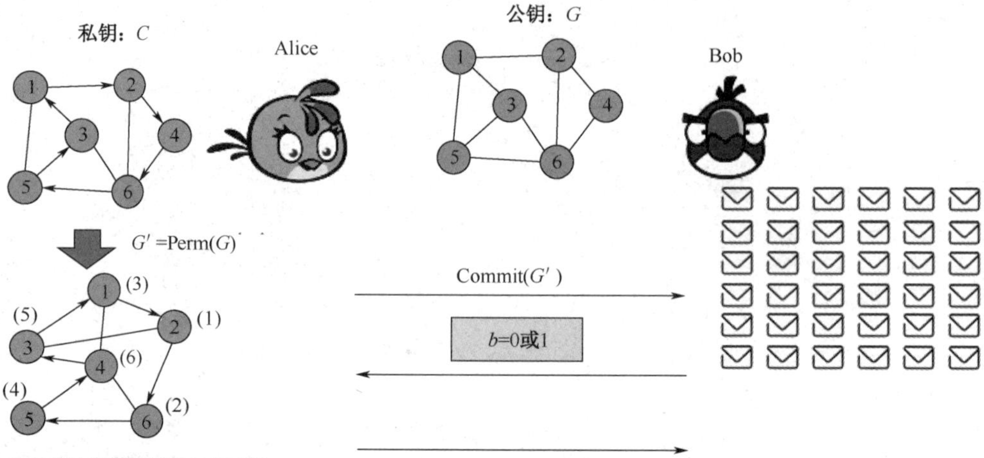

0	1	1	1	0	0
1	0	1	0	0	1
1	1	0	1	0	0
1	0	1	0	1	1
0	0	0	1	0	1
0	1	0	1	1	0

图 2-31　Alice 向 Bob 证明地图 G 的哈密尔顿环路

第一步：Alice 随机选择一个“置换”[1] $\text{Perm}(\cdot)$，通过这个置换，产生一个新的图 G'。然后 Alice 把 G' 的每个单元加密，生成一个新的矩阵并发送给 Bob，如图 2-31 中左侧的矩阵。经过置换图前后是同构的。在图 2-32 中，每个顶点上小括号中的编号为拖动之前该点在图中的编号。形式化定义为：

$\text{Perm}(\cdot)$ 是一个 $\{1,v\}$ 到 $\{1,v\}$ 的双射函数新图 G' 的邻接矩阵，$[\text{perm}(i),\text{perm}(i+1)]=1$ 当且仅当 $[i,i+1]=1$，其中，i 是顶点编号，v 是顶点个数。

[1] 所谓置换，可以想象成用鼠标随意拖动图中的点，但是点和点之间的连线会跟着点一起被拖动，拖动结束后会形成新的图。

第二步：Bob 随机选择 b（0/1）进行挑战。

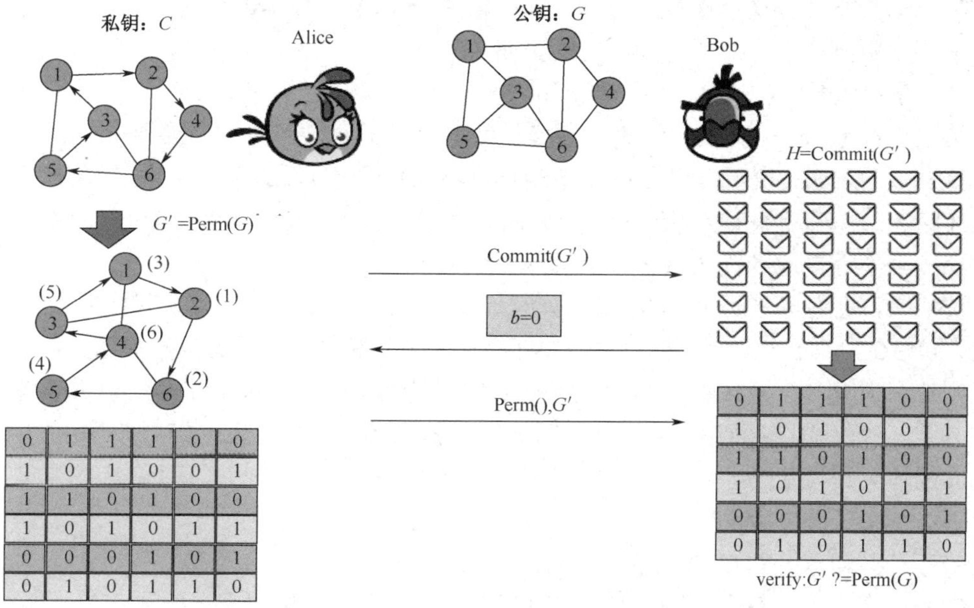

图 2-32　Alice 发送置换函数 $\text{Perm}(\cdot)$

第三步：如果 $b=0$，那么 Alice 发送置换函数 $\text{Perm}(\cdot)$，并且揭示完整的图 G'。Bob 则确认 G' 是否是原图 G 经过置换得到的；如果 Bob 第二步发送的 $b=1$，那么 Alice 揭示 G' 中的哈密尔顿环路 C' 即可，而 Bob 需要验证 C' 是否是一个哈密尔顿环路，如图 2-33 所示。

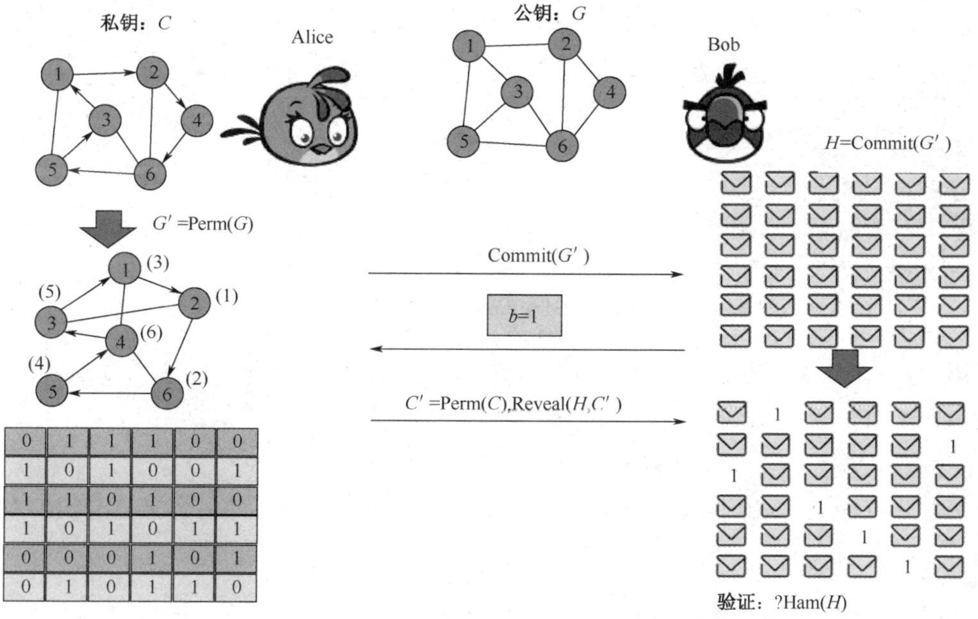

图 2-33　Bob 验证 C' 是否是一个哈密尔顿环路

我们再梳理一下上面看似复杂的过程。

第一步：Commit（承诺），证明者 Alice 需要把手中的答案进行同态变换，产生一个新答案，然后把每条边都锁起来，交给 Bob。

第二步：Bob 随机选择 b 进行挑战。

第三步：Alice 根据 Bob 的随机挑战，做出两种不同的回应。如果 b=0，那么 Alice 打开第一步的承诺，表示自己在第一步没有作弊；如果 b=1，那么 Alice 只需要解密哈密尔顿环路的边（公路），其他边则不需要解密。Bob 可以轻易地检查 Alice 解密的边是否构成了一个不重复地经过所有城市的环路。

接下来，我们把上面的三步协议改动一下。如果一个仅包含环路的子图 C 是图 G 的子图，$C \leqslant G$，那么说明 G' 包含哈密尔顿环路。这个事实等价于另一个事实：一个哈密尔顿图 G 的补集[1] $!G$ 是环路子图 C 的补集 $!C$ 的子图。用邻接矩阵来理解，就是如果一个图 G 包含一个环路子图 C，那么 G 矩阵中所有值为 0 的单元集合必然被 C 矩阵中所有值为 0 的单元集合包含，可以表示为 $!G \leqslant !C$。根据第二个事实，我们可以定义如下的交互协议：

（1）公共输入：图 G，表示为 6×6 的邻接矩阵。

（2）秘密输入：G 的哈密尔顿环路 C（图 2-34 中箭头标出的公路）。

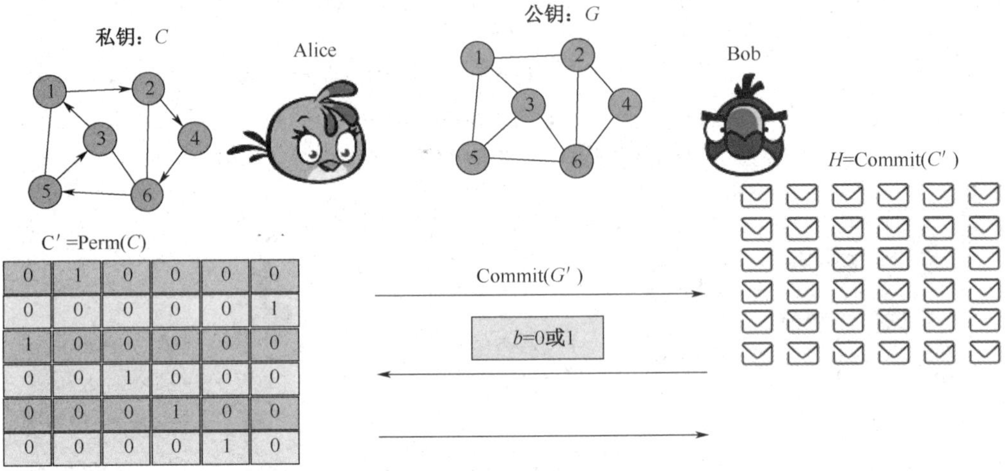

图 2-34　Alice 构造 $C' = \mathrm{Perm}(C)$ 并加密后发送给 Bob

第一步：Alice 随机选择一个置换 $\mathrm{Perm}(\cdot)$，并且通过 C 构造一个哈密尔顿环路子图 $C' = \mathrm{Perm}(C)$，然后 Alice 加密 C' 的每个单元，把解密后的结果发送给 Bob。

第二步：Bob 随机选择 b 进行挑战，如图 2-34 所示。

第三步：如果 $b=0$，Alice 揭示完整的 C'，而 Bob 验证 C' 是否是一个哈密尔顿环

[1] 补集是一个新地图，顶点保持不变，旧地图上的边在新地图中不存在，而新地图中的公路在旧地图中不存在，但是两个图重合在一起，就变成了一个完全图（任意两个顶点之间都存在一条边）。

路子图，如图 2-35 所示。如果 $b=1$，Alice 发送 $\text{Perm}(\cdot)$，同时按照 $C'=\text{Perm}(C)$ 中的所有含 0 单元所在的位置，揭示 C' 中对应的单元；Bob 验证 C' 中被揭示单元是否全部为 0，如图 2-36 所示。

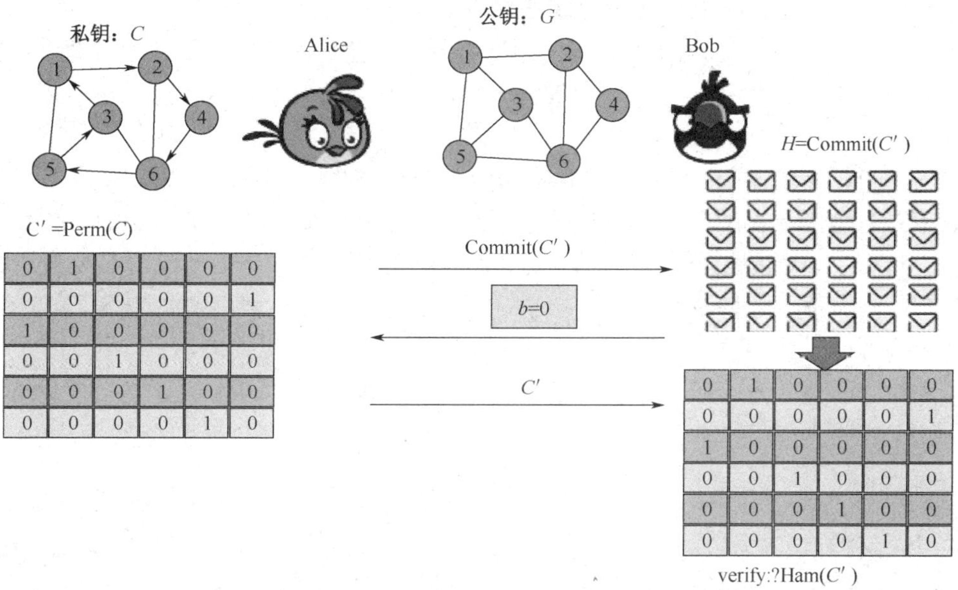

图 2-35　$b=0$ 时 Bob 验证 C' 是否是哈密尔顿环路子图

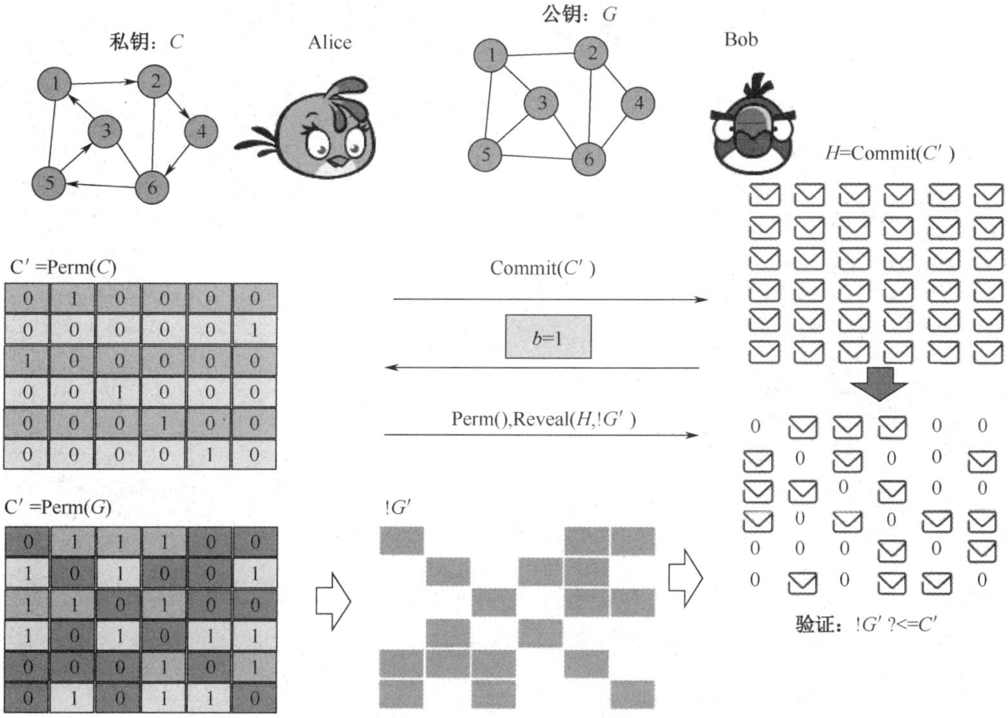

图 2-36　$b=1$ 时 Bob 验证 C' 中所有被揭示单元是否全部为 0

再重新理解上面的三步协议。

第一步：证明者 Alice 需要把哈密尔顿子图 C 进行置换，生成一个新的哈密尔顿子图 C'，加密后交给 Bob。

第二步：Bob 进行随机挑战，得到结果为 0 或 1。

第三步：如果 Bob 挑战为 0，那么 Alice 打开第一步的承诺，展示一个带有唯一环路的图；如果 Bob 挑战为 1，Alice 则按照 G' 中值为 0 的单元的位置打开承诺，展示承诺中被打开的位置的值全部为 0。

这里的第一步中 Alice 发送的内容是与地图 G 无关的。同样地，第二步中 Bob 发送的挑战也是与地图无关的。这样我们可以把第一步发送的承诺改为事先准备好的字符串，并且假设这个字符串是由一个可信第三方产生的，这样一来，Bob 就没有必要发送 $b=0$ 了，因为可信的第三方是诚实的，第三方一定会事先准备好一个正确的环路子图。于是，三步协议变成了一步，成功去除了交互，有望实现 NIZK 证明。接下来，我们把协议的第一步和第二步置于一个事先准备好的字符串中，只需要让 Alice 发送第三步的内容给 Bob，如图 2-37 所示。

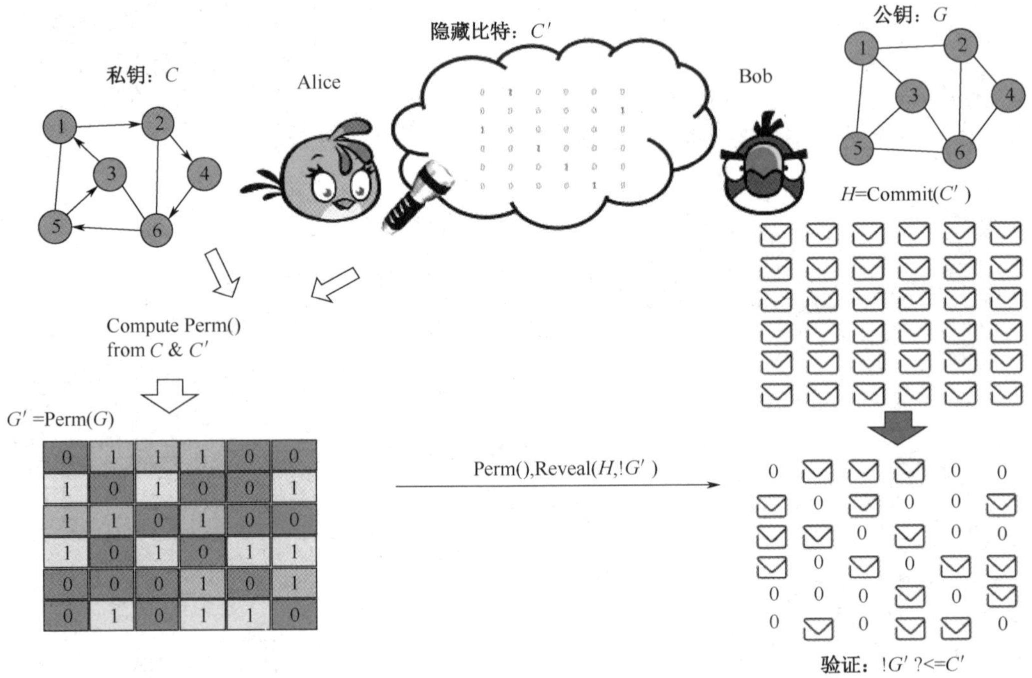

图 2-37　去除交互后的验证协议

但是，这里事先准备好的字符串并不能对 Bob 公开，否则 Bob 就能计算出环路 C 了，因此，我们也称它为隐藏比特。隐藏比特是一个随机字符串，它对验证者 Bob 隐藏，但是对证明者 Alice 公开。在证明过程中，Alice 可以选择性地揭示一部分隐藏比特给 Bob 看。图 2-37 中各步的具体情况如下：

第一步：Alice 得到一个随机的哈密尔顿环路子图 C'，然后计算得到一个置换 $\mathrm{Perm}(\cdot)$，使得 $\mathrm{Perm}(C)=C'$。

第二步：Alice 根据 $\mathrm{Perm}(\cdot)$ 计算出一个置换后的图 $G'=\mathrm{Perm}(G)$。

第三步：Alice 生成证明，该证明由两部分组成，一是置换 $\mathrm{Perm}(\cdot)$，二是 G' 的邻接矩阵中所有值为 0 的单元对应的 C' 矩阵的值，相当于 Alice 需要用“超级手电筒”给 Bob 揭示的隐藏比特。

那么 Bob 怎么验证这个证明呢？在 Bob 拿到证明之后，只需要检验两个东西：

（1）$\mathrm{Perm}(\cdot)$ 是否是一个合法的置换，如不能出现两个顶点映射到同一个顶点的情况。

（2）对于 G 中的每条“非边”，经过置换后，Bob 检验对应的隐藏比特，其值必须为 0。

接下来，我们要把隐藏比特中的“隐藏”特性去除，变成 CRS。这里需要借助陷门置换这个密码学工具，陷门置换工具可以对 CRS 和隐藏比特进行变换。除了基于陷门置换的变换，还有各式各样的解决方案来升级隐藏比特，如采用 Invariant Signature[BG90] 或 Verifiable Random Generator [DN00]来实现隐藏比特的变换，弱可验证随机函数 [BGRV09]也可实现此变换。

至此，一个完整的 NIZK 证明得以实现。隐藏比特的方法是目前已知唯一的基于“一致性分布”的共享 CRS，可以实现任意 NP 问题的 NIZK 证明。

2）Fiat-Shamir 启发式（Heuristic）实现非交互

另一种非交互方式是通过 Fiat-Shamir 启发式来实现的。Fiat-Shamir 启发式是利用哈希函数对前面生成的脚本进行哈希运算，从而得到一个值，用这个值来充当挑战数的方式。

将哈希函数 H 视作一个随机函数，挑战数是均匀随机地被选择的，独立于证明者的公开信息和承诺。安全分析认为，Alice 不能预测 H 的输出，只能将其当作一个随机预言机。在这种情况下，Alice 在不遵循协议的情况下做出正确响应的概率（特别是当 Alice 不知道必要的秘密时）与 H 值域的大小成反比。

Fiat-Shamir 启发式实现非交互的流程如图 2-38 所示。

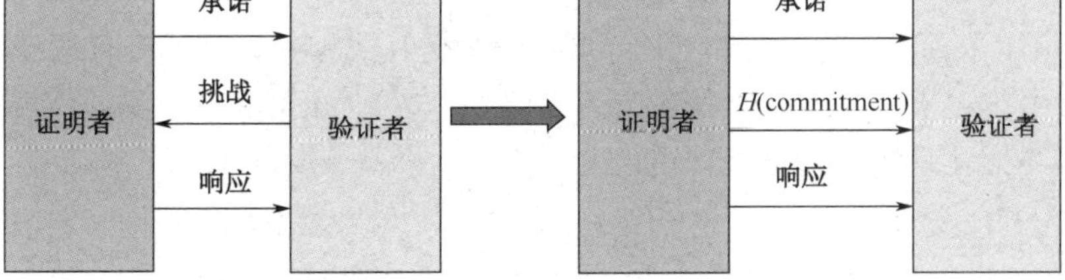

图 2-38 Fiat-Shamir 启发式实现非交互的流程

交互式 Schnorr 协议的第二步，Bob 需要给出一个随机的挑战数 c。这里我们可以让 Alice 用 $c = \text{Hash}(\text{PK}, R)$ 来计算这个挑战数，从而达到去除 Schnorr 协议第二步的目的。

其中，R 是 Alice 发给 Bob 的椭圆曲线群上的点，PK 是公钥。该式达到了两个目的，一是 Alice 在生成承诺 R 前，没有办法预测 c，即使 c 最终是 Alice 计算的；二是 c 通过哈希函数计算，会均匀分布在一个整数域内，可以作为一个随机数。

由于哈希函数的单向性质，所以虽然 c 是 Alice 计算的，但是 Alice 并没有能力挑选 c 来作弊。因为只要 Alice 一生成 R，c 就相当于已经固定下来了。

这样，就把三步 Schnorr 协议合并为一步。Alice 可直接发送 (R,z)，因为 Bob 拥有 Alice 的公钥 PK，于是 Bob 可自行计算出 c。然后验证 $zG ?= R + c \times \text{PK}$。其步骤如下：

（1）Alice 均匀随机选择 r，并依次计算 $R = rG$、$c = \text{Hash}(\text{PK}, R)$ 和 $z = r + c \times \text{SK}$。

（2）Alice 生成证明 (R,z)。

（3）Bob（或任意一个验证者）计算 $c = \text{Hash}(\text{PK}, R)$。

（4）Bob（或任意一个验证者）验证 $zG ?= R + c \times \text{PK}$，具体如图 2-39 所示。

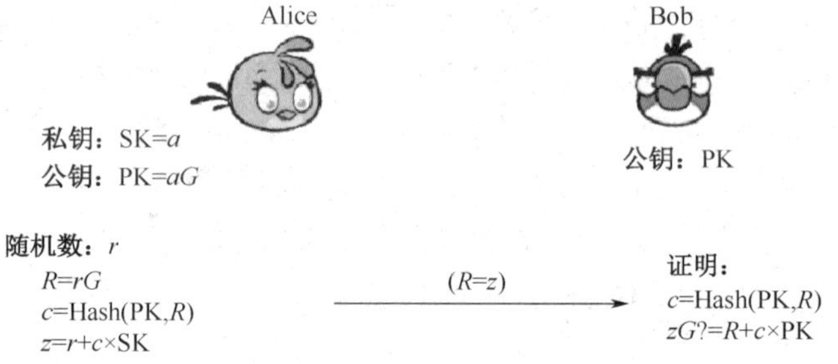

图 2-39　优化后的验证流程

不仅是 Schnorr 协议，任意的公开密钥交互式协议都可以用 Fiat-Shamir 启发式把整个协议“压缩”成一步交互，将系统变成一个非交互式证明系统。

1991 年，Manuel Blum、Alfredo Santis、Silvio Micali 和 Giuseppe Persiano 在“非交互式零知识及其应用”（*Non-Interactive Zero-Knowledge and Its Applications*）一文的基础上，发表了“非交互式零知识”（*Noninteractive Zero-Knowledge*）一文，提出了首个非交互式的完美零知识证明系统，也就是在双方只进行一次验证的条件下，验证信息的真伪，同时还可以实现线下验证和公开验证。

但不得不说的是，截至目前，我们介绍的非交互式零知识证明还仅限于理论研究，在实际工程中难以实现，因为这种证明还不够“简洁”。在第 3 章，我们将展示一个零知识简洁非交互论证系统是如何被构造的。

第3章

零知识简洁非交互论证系统的构造

零知识证明是证明者希望能够证明自己知道某个问题的答案，而又不希望透露答案给验证者而产生的。因此，它需要至少存在一个问题，这样才能对这个问题进行证明。

如果零知识证明需要对接无数个问题，那么这个零知识证明的解决方案通常是不具备通用性的。我们希望有一种方案，可以将其他问题都转化为一类问题，这样零知识证明只针对该类问题进行研究就可以了。

基于第 2 章的内容我们知道，需要证明的问题必须是 NP 问题，否则我们就无法在多项式时间内对该问题进行验证。如果能把 NP 问题归约为 NPC 问题，验证就会变得相对简单。电路是描述 NPC 问题的常用方法，我们可以用逻辑电路来表示一个特定问题或任意一段程序。

因为逻辑电路是给计算机使用的，所以需要我们将这个问题的表述转化为数值化表述。数值化的过程通常采用约束系统，如常见的 R1CS[1]（Rank-1 Constraint System，秩为 1 的约束系统）就是一种约束。编写的电路经过 R1CS 编译器，会被编译成符合 R1CS 规范的约束数值。我们用这组数值描述该电路，从而让计算机方便地计算。

但使用 R1CS 直接构造零知识证明往往无法实现简洁性，因为在实际问题的验证过程中，我们可能需要验证数万个逻辑运算，非常耗时。那么有没有办法通过一次运算就完成验证呢？这就需要将 R1CS 转换为 QAP（Quadratic Arithmetic Program，二次算术程序）问题或 DEIP（Doubly Efficient Interactive Proof，双向高效的交互式证明）、IPA（Inner Product Argument，离散对数内积论证）等方案。无论哪种方案，其目的都是简化验证。

---

[1] R1CS 是一种描述电路的语言，其本质上是一种矩阵向量方程。具体来说，R1CS 是由 3 个向量$(\boldsymbol{a},\boldsymbol{b},\boldsymbol{c})$组成的序列，其解是一个向量 $\boldsymbol{s}$，$\boldsymbol{s}$ 必须满足方程 $\boldsymbol{s}\cdot\boldsymbol{a}\times\boldsymbol{s}\cdot\boldsymbol{b}=\boldsymbol{s}\cdot\boldsymbol{c}$ 。其中，$\cdot$ 代表内积运算。

3.1 构造零知识简洁非交互论证系统的主要步骤

零知识简洁非交互论证系统的开发通常分两个步骤。第一步要为一个或多个行为受限制的证明者开发一个信息论安全协议（证明），如交互证明（Interactive Proof，IP）、多证明者交互证明（Multiple Interactive Proof，MIP）或概率可检验证明（Probabilistically Checkable Proofs，PCP）。第二步则是将信息论安全证明与密码学结合，以验证协议。第二步通常也会赋予由此产生的论证系统一些重要属性，如零知识性、简洁性和非交互性。如果得到的论证系统满足这几个属性，那么它实际上就是一个零知识简洁非交互论证系统。

截至目前，已经有多种开发零知识简洁非交互论证系统（ZK-SNARK）的方法了，这些方法可以根据其基于的信息论安全协议类型分类，分为 IPs、MIPs、PCPs，或者 IOPs（IP 和 PCP 的混合体）等类型。

IPs、MIPs、PCPs、IOPs 等协议与多项式承诺方案的加密原语结合，就可以转化为简洁的交互式论证。再通过 Fiat-Shamir 启发式加密，将交互论证转化为非交互和可公开验证的论证，从而构造出零知识简洁非交互论证系统。

综上，构造一个零知识简洁非交互论证系统的主要步骤如下：

（1）针对问题，构建对应的电路。

（2）根据电路生成 R1CS。

（3）将 R1CS 转化为 QAP 问题。

（4）初始化 QAP 问题的参数。

（5）构建信息论系统。

（6）加密编译。

以上过程如图 3-1 所示。

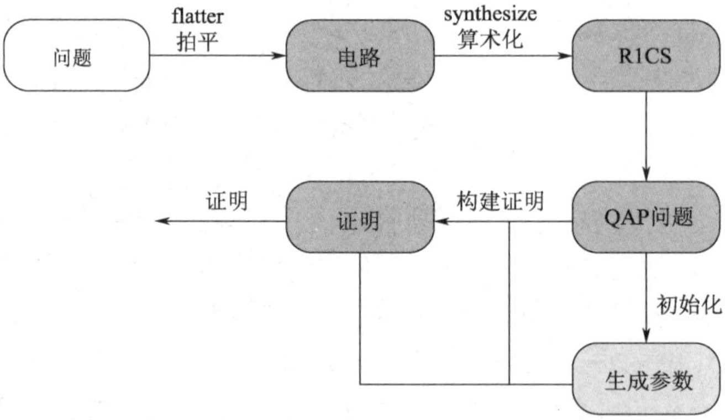

图 3-1 构造一个零知识简洁非交互论证系统的主要步骤

3.1.1 SNARK 系统的底层

零知识证明的英文全称是“Zero-Knowledge Proof”，本章标题中“零知识简洁非交互论证”的英文全称是“Zero-Knowledge Succinct Non-Interactive Argument of Knowledge”，我们可以看到这其中些许不同。零知识证明使用的单词是“Proof”，意为证明，是能使某人相信某个陈述为真的过程；而零知识简洁非交互论证使用的词是“Argument”，意为论证。无论证明还是论证，都属于传统“证明”概念的一种延展。论证系统更强调的是作弊的证明者无法欺骗验证者接受错误的陈述，除非它破解了密码系统，但这不可能在多项式时间内完成。

本章涉及的可验证计算（Verifiable Computing，VC），指的就是通过交互证明和论证的加密协议，让证明者能够向验证者提供保证，即证明者正确执行了所请求的计算。

1. 交互证明和论证

想象一个实际场景。一家企业（验证者）正在使用云计算服务提供商的存储和计算服务，企业将其所有数据发送到云（证明者）存储，企业本地仅存储非常少的“秘密”数据摘要。随后，企业向云询问有关其数据的问题，通常使用计算机程序 f 来处理，即企业希望使用云服务商的计算设施来验证存储的数据是否正常。云计算服务提供商运行程序 f，并向用户发送程序 f 的计算结果，如图 3-2 所示。验证者在本地保存了文件的摘要，先在云上计算存储在云上对应文件的摘要，再比较两者是否一致，以判定云上的文件是否正常。企业（验证者）可以使用交互证明系统来获得声明输出正确性的正式保证，而不是盲目相信云（证明者）正确执行了程序 f。

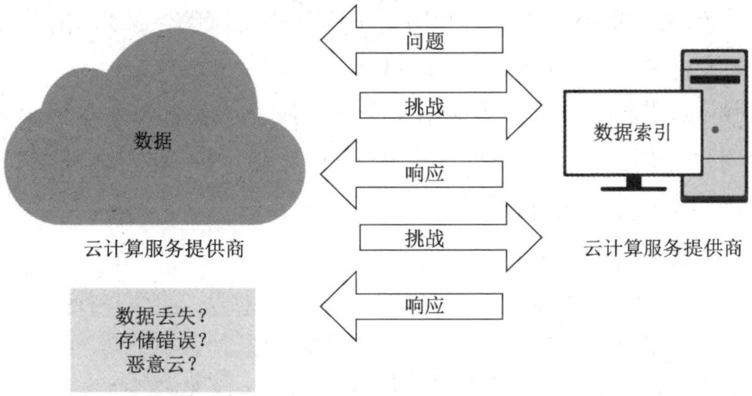

图 3-2 检查云计算服务提供商是否正确地存储和处理用户数据的交互证明

在交互证明中，企业询问云并发送一系列挑战，随即接收云对这些挑战的响应。询问结束时，企业须决定是否接受答案，接受为有效，拒绝为无效。

交互证明的完备性意味着如果云在数据上正确运行程序并遵循规定的协议，那么企业将被说服接受答案为有效。交互证明的可靠性意味着如果云返回错误的响应，那么无论云如何努力诱使用户接受答案为有效，企业都有极大概率认为该答案为无效。直觉上，交互证明的交互特性让企业可以利用意外因素（云无法预测企业的下一个挑战）来抓住“说谎”的云。

交互证明与传统的静态证明存在一些差异。静态证明是可传递的，这意味着如果证明者向验证者提供了一个陈述为真的证明，则验证者可以通过复制该证明向第三方证明相同的陈述为真。相比之下，交互证明不可以传递。验证者可以试图通过向第三方发送他与证明者交互的转录（Transcript）来说服第三方相信该陈述为真，但是除非第三方相信验证者正确地表示了这种交互，否则第三方不会被说服。这是因为交互证明的可靠性仅在每次证明者向验证者发送响应时成立，而证明者并不知道验证者将如何发起下一个挑战。

交互证明是一种论证系统，它的可靠性保证机制只针对在多项式时间内运行的作弊证明者。交互证明和论证的区别在于论证允许存在不正确陈述的“证明”，只是这些“证明”需要花费非常大的算力才能找到。

此外，本章提到的证明概念在本质上都是概率性的，是指验证程序将做出随机选择，并且可靠性保证将以极大的概率成立。也就是说，验证程序宣布错误陈述为真的可能性极小。

2. 零知识简洁非交互论证系统

一个 ZK-SNARK 系统，往往由 3 个核心算法组成：Setup、Prove 和 Verify。

1）生成算法 Setup：$\text{Setup}(C) \to (S_p, S_v)$

Setup 算法会对我们确定好的电路 C 进行一系列预处理，然后生成两组参数。S_p 是给证明者的参数，S_v 是给验证者的参数。这些参数用于方便双方生成和验证简短证明。一般来说，生成算法的复杂度和电路 C 的复杂度是成正比的，都是 $O(|C|)$。

2）证明算法 Prove：$\text{Prove}(S_p, x, w) \to \pi$

证明者会用 Prove 算法生成一个证明 π，然后把这个证明发送给验证者。Prove 算法在生成证明的时候会用到预处理数据 S_p、公有输入 x，还有秘密输入 w。最后生成的证明 π 的空间复杂度仅为 $|\pi| = O(\log|C|)$。

3）验证算法 Verify：$\text{Verify}(S_v, x, \pi) \to \text{Yes/No}$

验证者会用 Verify 算法验证收到的证明 π。这个算法会返回 1/0，代表验证是否通过。验证的过程除了需要对方提供证明 π，还需要预处理数据 S_v，以及公有输入 x。验证的复杂度也非常低，一般来说，验证的复杂度为 $O(|x| + \log|C|)$。

简洁非交互论证系统流程如图 3-3 所示。

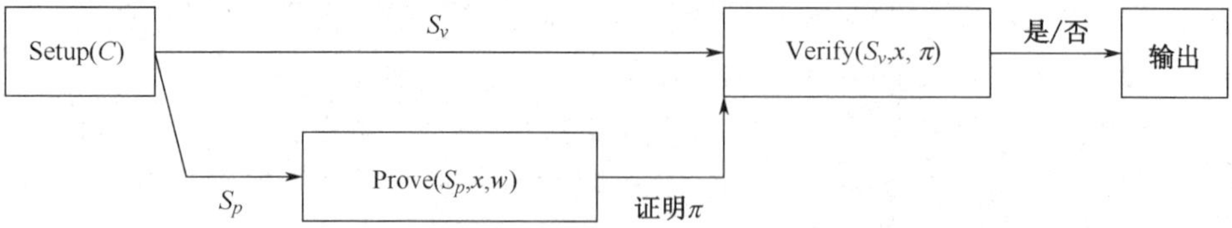

图 3-3　简洁非交互论证系统流程

证明者提交的证明 π 可以充分说服验证者相信证明者真有这么一个秘密的 w，可以

满足 $C(x,w)=0$。

从以上 3 个核心算法可以看到一个健全的零知识论证系统需要满足以下几个要求：

（1）完整性。如果秘密输入 w 满足电路的要求，那么通过 w 生成的证明 π 一定可以被验证通过，如式（3-1）所示。

$$\text{Verify}\left[S_v, x, \text{Prove}(S_p, x, w)\right] = \text{Yes} \Leftrightarrow C(x, w) = 0 \tag{3-1}$$

（2）知识证明。证明者一定得拥有一些我们没有的信息，我们需要知道这个 w 是存在的，且是可以被提取出来的。

（3）简短证明。这个论证系统一定得简短高效才能满足我们的要求，不然抛开零知识的要求，还不如把原有的 w 直接告诉对方来得简单。

（4）零知识。公有输入 x 和证明 π 不能暴露任何与秘密输入 w 有关的信息。

接下来，我们可以开始探索零知识论证系统到底是如何实现的。

3.1.2　可验证计算及其设计

可验证计算（Verifiable Computing，VC）协议是交互证明和论证的加密协议，可以将计算任务外包给不受信任的第三方，第三方需要在完成计算任务的同时提交一份关于计算结果的正确性证明。20 世纪 80 年代中期和 90 年代初的一些理论研究表明，VC 协议非常强大，如用手机就可以监视功能强大但不受信任甚至恶意的超级计算机的运行，或者让数学家通过查看证明的几个符号便能获得高度的可信性，以确信这个证明是真的。

通用 VC 协议的实现成本极高，即使非常短的计算过程，证明者也需要数万亿年的时间。因此，通用 VC 协议被认为是无法在实际工程中使用的。但如果 VC 协议是零知识的，成本就会降至合理水平。这也推动了零知识简洁非交互论证系统在加密环境中的发展。

零知识简洁非交互论证系统中的“简洁”意味着证明很短；“非交互”意味着证明是静态的，由证明者的单个消息组成；“知识”意味着该协议不仅确定了一项陈述是真实的，而且还确定了证明者知道该陈述的真实性的“证据”。

GKR 协议是由 Goldwasser、Kalai 和 Rothblum 在 2015 年提出的一个交互证明协议，可用来设计 VC 协议。在 GKR 协议下，通过一个交互证明过程，证明者向验证者证明某算术电路的输出结果是正确的，其中，证明者的时间计算复杂度和电路规模呈多项式关系，而验证者的时间计算复杂度和电路输入规模呈准线性关系（这比该电路本身的规模小得多）。因此，这对验证者具有计算简洁性。之后，GKR 协议成了多个交互证明协议及简洁非交互证明协议的组件。

要想了解 GKR 协议的构建思想，就必须对 GKR 协议中的 Multi-Linear Extension 和 Sum-Check 协议这两个组件有很好的理解。

1. Multi-Linear Extension

Multi-Linear Extension 简称 MLE，并没有被广为接受的中文翻译，有时被译为“多线性扩展”。接下来，我们先定义函数（或映射）的多项式函数扩展，再定义 MLE。

Extension 的定义是：考虑一个从 l 维二进制空间到有限域的映射（或函数）$f:\{0,1\}^l \to \mathbb{F}$，我们说一个定义在有限域上的 l 变量多项式函数 $g(x), x \in \mathbb{F}^1$ 扩展了 f，如果 $f(x)=g(x)$ 对任意的 $x \in \{0,1\}^l$ 成立。

这里扩展的含义其实就是在 l 维二进制空间 $\{0,1\}^l$ 上，l 变量多项式函数 g 和映射 f 相等。但要记住，g 本身是定义在 l 维有限域 $\mathbb{F}^1$ 上的[1]。

MLE 的定义是：任意形如 $f:\{0,1\}^l \to \mathbb{F}$ 的函数（或映射）具有一个唯一的 MLE 函数，记为 $\tilde{f}$。这里的 MLE 函数 $\tilde{f}$ 是一个 Multi-Linear（多线性）的多项式函数。多线性的含义是该多项式函数有多个变量，且该函数中每个变量的最高幂次只能是 1。

一个有多个变量的多项式函数，如果每个变量的最高幂次只能是 1，那么固定其他变量后单独考察每个变量，该函数都是线性的。一个具有两个变量的多项式函数 $g(x_1,x_2)$，如果 $g(x_1,x_2)=(1-x_1)(1-x_2)$，那它就是多线性的；如果 $g(x_1,x_2)=x_1x_2^2$，它就不是多线性的，因为 x_2 的幂次为 2，大于 1。

我们再来看一个函数 f 和它的 MLE 函数 $\tilde{f}$ 的例子，然后再给出 MLE 唯一性的构造性解释。

图 3-4 给出了一个在 l 维二进制空间 $\{0,1\}^l$ 上的函数 f 的示例，其中 $l=2$，函数取值为 $f(0,0)=1$，$f(0,1)=2$，$f(1,0)=8$，$f(1,1)=10$。

图 3-4　二维二进制空间上的函数示例

我们给出图 3-4 中的函数 f 的 MLE 函数 $\tilde{f}$ 如式（3-2）所示：

$$\tilde{f}(x_1,x_2)=(1-x_1)(1-x_2)+2(1-x_1)x_2+8x_1(1-x_2)+10x_1x_2 \quad (3\text{-}2)$$

可以明显地看出 $\tilde{f}(x_1,x_2)$ 是多线性的。图 3-5 中对 $\tilde{f}$ 的部分取值情况进行了展示。从图 3-5 可以明显地看到，$\tilde{f}$ 是定义在 $\mathbb{F}^2$ 上的，在 $\{0,1\}^2$ 上，$\tilde{f}$ 和 f 函数值相同，即 $\tilde{f}(0,0)=1$，$\tilde{f}(0,1)=2$，$\tilde{f}(1,0)=8$，$\tilde{f}(1,1)=10$。

---

[1] 这里交替使用了函数和映射来称呼 f，其目的是想强调 f 可以只定义一个从 $\{0,1\}^l$ 到 $\mathbb{F}$ 的映射关系，即使 f 没有具体的函数表达式，而只用映射表进行表达。这一特性在交互证明、零知识证明协议中经常使用。一个算术电路的计算功能可以很直接地表达为一个映射表，然后再找出该映射的 MLE，就可将其转化为一个多项式。

$\tilde{f}:\mathbb{F}^2\to\mathbb{F}$

1	2	3	4	5	6	
8	10	12	14	16	18	
15	18	21	24	27	30	……
22	26	30	34	38	42	
29	34	39	44	49	56	

图 3-5　二维二进制空间上函数 f 的 MLE 函数 $\tilde{f}$ 的部分取值情况

我们也可以找到其他多项式函数，它们也是 f 的一个扩展，例如，$g(x_1,x_2)=-x_1^2+x_1x_2+8x_1+x_2+1$ 就是 f 的一个扩展，因为可以很容易验证 $g(0,0)=1$，$g(0,1)=2$，$g(1,0)=8$，$g(1,1)=10$。但是，我们注意到 $g(x_1,x_2)$ 不是多线性的，因为在其函数表达中，变量 x_1 的最高幂次不是 1 而是 2。

接下来，我们要解释，为什么函数 f 只有唯一的 MLE，即 $\tilde{f}$。

多线性拉格朗日基多项式（Multilinear Lagrange Basis Polynomial）的定义是：给定 $\boldsymbol{w}$ 是 l 维的二进制向量 $\boldsymbol{w}\in\{0,1\}^l$，$\boldsymbol{r}$ 是 l 维的有限域向量 $\boldsymbol{r}\in\mathbb{F}$，把形如 $\tilde{\delta}(\boldsymbol{r})=\prod_{i=1}^{l}[r_iw_i+(1-r_i)(1-w_i)]$ 的函数称为相应于 $\boldsymbol{w}$、关于变量 $\boldsymbol{r}$ 的多线性拉格朗日基多项式。

于是，给定 $\boldsymbol{w}$，$\tilde{\delta}(\boldsymbol{r})$ 是 $r_1,r_2,\cdots,r_l$ 等变量的多线性多项式函数，此时，可以看到如下结果。

我们构造一个多线性多项式函数 $\tilde{f}(\boldsymbol{r})=\sum_{\boldsymbol{w}\in\{0,1\}^l} f(\boldsymbol{w})\tilde{\delta}_{\boldsymbol{w}}(\boldsymbol{r})$

该函数 $\tilde{f}$ 就是 f 的 MLE 函数，并且是唯一的 MLE 函数。因为从 $\tilde{f}$ 的结构中可以看到，其包含的多线性拉格朗日基多项式已经是所有的关于 $\boldsymbol{r}$ 的多线性多项式了，没有其他形式的可能。我们还可以看到，在图 3-4 和图 3-5 中给出的 $l=2$ 的例子中，$\tilde{f}(x_1,x_2)$ 也被写成用多线性拉格朗日基多项式表达的形式。

MLE 的意义在于两个方面，一是 MLE 可以将一些很抽象的映射关系转化成一个具有函数表达的多线性多项式，二是某函数（映射）的 MLE 是该函数（映射）的一种距离放大编码（Distance-Amplified Encoding），它可以将原函数（映射）中的微小的扰动放大到多项式空间中变成较大的扰动。距离放大编码特性最大的用处在于，当要检验某函数（映射）$f:\{0,1\}^l\to\mathbb{F}$ 是否正确时，不需要对 $\{0,1\}^l$ 中所有的点都进行检验，仅需在 f 的 MLE 函数 $\tilde{f}$ 上进行一次单点检验。GKR 协议对电路计算结果进行检验的过程中也用到了这一特性。

2. Sum-Check 协议

零知识证明也是一类算法（协议）的统称，包括 PLONK、Groth 16、STARK、Virgo、Orion、Foaks 在内的许多种协议，都属于零知识证明的范畴。这些协议适用于不同的计算场景，它们的复杂度和效率也不同，但是协议的目标是相同的，就是证明者希望在不向验证者透露任何自己的秘密信息的情况下让验证者相信自己拥有秘密。Sum-Check 协议是众多协议的基础组件，很多计算问题需要转化成 Sum-Check 协议能处理的问题，从而生成证明。

我们先用一个数气球的例子简单了解一下 Sum-Check 协议的逻辑。假定一个场景，公园里的某个活动有 n 只气球，气球只有红和绿两种颜色，其中，将红色气球上标记 1，绿色气球上标记 0。现在需要统计一共有多少只红色气球。

我们邀请 Bob 来完成这个任务。如果仅有他一个人，他只能依次把所有气球上的标记数字加起来，得到最终结果 C。这对 Bob 而言，他的时间成本为 $O(n)$。那么有没有对 Bob 来说效率更高的办法呢？

一个办法是引入另一个人 Alice。Bob 可以把这个任务交给 Alice。等 Alice 把最终的统计结果传过来之后，Bob 只需花费较低的时间成本去校验这个结果就行了，这个校验的时间成本是 $O(\log n)$。

我们将上述问题算术化。假设有一个定义在有限域 $\mathbb{F}$ 上的多元多项式，记作 g，Sum-Check 协议的目的是让证明者向验证者提供式（3-3）～式（3-5）：

$$l = \lceil \log n \rceil \tag{3-3}$$

$$g \in \mathbb{F}^{1} \to \mathbb{F} \tag{3-4}$$

$$C = \sum_{b_1 \in \{0,1\}} \sum_{b_2 \in \{0,1\}} \cdots \sum_{b_l \in \{0,1\}} g(b_1, b_2, \cdots, b_l) \tag{3-5}$$

$(b_1, b_2, \cdots, b_l)$ 代表了第 i 个气球的二进制编码。如果第 i 个气球为红色，则 $g\left(b_1^{(i)}, b_2^{(i)}, \cdots, b_l^{(i)}\right) = 1$；相反，则 $g\left(b_1^{(i)}, b_2^{(i)}, \cdots, b_l^{(i)}\right) = 0$。

在 Sum-Check 协议中，对验证者 Bob 而言，他不知道这 n 个气球的颜色或标记的数字，或者说他不知道函数 g 的所有取值。但是证明者 Alice 提前把问题的解求出来了，时间成本为 $O(n)$，得到结果 C。验证者 Bob 要做的是校验结果 C 是否正确。整个校验的时间成本为 $O(\log n)$，相比之前自己独自完成任务的时间成本要低很多。那 Bob 该如何验证呢？

为了方便理解，假定 $n=14$，$C=5$，则 $l=4$，具体的气球编号及标记如表 3-1 所示。

表 3-1　气球编号及标记

气球编号	0	1	2	3	4	5	6	7	8	9	10	11	12	13
二进制编号	0000	0001	0010	0011	0100	0101	0110	0111	1000	1001	1010	1011	1100	1101
数字标记	0	0	1	0	1	0	0	0	1	1	0	0	1	0

证明者拥有完整的 MLE 函数，如式（3-6）所示。

$$\begin{aligned}\tilde{g}(X_1,X_2,\cdots,X_4)=&(1-X_1)X_2(1-X_3)(1-X_4)+\\&(1-X_1)(1-X_2)X_3(1-X_4)+\\&(1-X_1)(1-X_2)(1-X_3)X_4+\\&X_1(1-X_2)(1-X_3)X_4+\\&(1-X_1)(1-X_2)X_3X_4\end{aligned} \tag{3-6}$$

证明者初始声明输出式（3-7）：

$$H_0=\sum_{b_1\in\{0,1\}}\sum_{b_2\in\{0,1\}}\cdots\sum_{b_4\in\{0,1\}}g(b_1,b_2,\cdots,b_4)=5 \tag{3-7}$$

协议一共包含 $l+1$ 轮，每轮会处理 b 中的一个变量。每轮中处理特定变量 H 的具体函数用 h 表示。

第一轮：

- 证明者拥有的 MLE 函数为 $h_1(X_1)=\sum_{b_2\in\{0,1\}}\cdots\sum_{b_4\in\{0,1\}}\tilde{g}(X_1,b_2,\cdots,b_4)=3(1-X_1)+1$。
- 证明者发送多项式 $h_1(X_1)$，并声明 $H_1(X_1)=h_1(X_1)=\sum_{b_2\in\{0,1\}}\cdots\sum_{b_4\in\{0,1\}}\tilde{g}(X_1,b_2,\cdots,b_4)$ $=4-3X_1$。
- 验证者验证 $H_1(0)+H_1(1)$ 是否等于 H_0。如果验证通过，那么验证者选择随机数 r_i 发给证明者。

第二轮：

- 假设验证者随机选择 $r_1=4$，把它发给证明者。
- 证明者拥有的 MLE 函数为 $h_2(X_2)=\sum_{b_3\in\{0,1\}}\cdots\sum_{b_4\in\{0,1\}}\tilde{g}(4,X_2,\cdots,b_4)=2X_2-5$。
- 证明者证明 $H_1(4)=h_1(4)$，再次声明 $H_2(X_2)=h_2(X_2)=\sum_{b_3\in\{0,1\}}\cdots\sum_{b_4\in\{0,1\}}$ $\tilde{g}(4,X_2,\cdots,b_4)=2X_2-5$。
- 验证者验证 $H_2(0)+H_2(1)=H_1(4)$ 是否等于 $h_1(4)$，如果验证通过，则继续，验证者选择随机数 r_i 发给证明者。

第三轮：

- 假设验证者选择的随机数 $r_2=3$，然后把它发给证明者。
- 证明者拥有的 MLE 函数为 $h_3(X_3)=\sum_{b_4\in\{0,1\}}\tilde{g}(4,3,X_3,b_4)=23X_3-11$。
- 证明者证明 $H_2(3)=h_2(3)$，再次声明 $H_3(X_3)=h_3(X_3)=\sum_{b_4\in\{0,1\}}\tilde{g}(4,3,X_3,b_4)=$ $23X_3-11$。
- 验证者确认 $H_3(0)+H_3(1)=H_2(3)$ 是否等于 $h_2(3)$，如果验证通过，则继续，验证者选择随机数 r_i 发给证明者。

第四轮：

- 假设验证者选择的随机数 $r_3=2$。
- 证明者拥有的 MLE 函数为 $h_4(X_4)=\tilde{g}(4,3,2,X_4)=21-7X_4$。
- 证明者证明 $H_3(2)=h_3(2)$，再次声明 $H_3(X_3)=h_3(X_3)=\tilde{g}(4,3,2,X_4)=21-7X_4$。
- 验证者确认 $H_4(0)+H_4(1)=H_3(2)$ 是否等于 $h_3(2)$，如果验证通过，则继续，验证者选择随机数 r_i 发给证明者。

第五轮：

- 假设验证者选择的随机数 $r_4=1$，发给预言机。
- 验证者计算 $h_4(1)=\tilde{g}(4,3,2,1)=14 \bmod 5=4$。
- 验证者确认 $H_4(1)$ 是否等于 $h_4(1)$，如果验证通过，则接受，否则拒绝。

以上过程较好地体现了零知识证明的以下几个特性。

（1）完备性。若证明者拥有有效的 Witness，则验证者会以不低于 $[1-\text{negl}(n)]$ 的概率接受证明。

（2）可靠性。若证明者没有有效的 Witness，则验证者会以低于 $\text{negl}(n)$ 的概率拒绝证明。

（3）简洁性。Proof 的规模必须远小于 Witness 的规模。

Sum-Check 协议有一个重要的计算和证明应用，即电路计算验证。这也是 GKR 交互证明协议要解决的问题。

3. GKR 协议

GKR 协议是一个交互证明协议，它的目的是为难以处理的问题，如 SAT 问题开发一个交互证明，让证明者说服验证者接受一个在有限域上进行计算的算术电路 C 在某输入 x 上的计算输出为 $y:C(x)=y$。验证者知道该算术电路和输入 x，但是在 GKR 交互证明协议下，验证者比自己计算该电路的输出具有更低的时间复杂度。

考虑一个含有 S 个门节点（包括输入门节点）的算术电路 C。图 3-6 中是一个含有 7 个门节点的电路示例，其中有 4 个输入节点、1 个输出节点。我们把电路在某给定输入 x 下各个门节点的计算输出值赋给该门节点，并将此时所有门节点和其赋值的集合称为该电路的一个 transcript（转录）。现在，对所有门节点的索引采用 $\lceil \log_2 S \rceil$ 个比特进行二进制编码，就可以将一个 transcript 转化为一个映射关系 $T:\{0,1\}^{\log_2 S} \to \mathbb{F}^{|Y|}$。

有了上述表示关系，我们就可以使用 MLE 技术，求出该 transcript 映射关系的 MLE 多项式表达 $\tilde{T}(x)$，并对所有 $x \in \{0,1\}^{\lceil \log_2 S \rceil}$，满足 $\tilde{T}(x)=T(x)$。因为 $T(x)$ 的 MLE 是唯一的，所以证明该电路在某输入下的计算结果就变成了证明 $\tilde{T}(x)$ 的正确性。如果验证者自己能够计算 $\tilde{T}(x)$，那么验证者只需要选择一个随机挑战数 $r \in \mathbb{F}^{\lceil \log_2 S \rceil}$ 并发给证明者。证明者计算 $\tilde{T}(r)$ 并发给验证者供其验证。

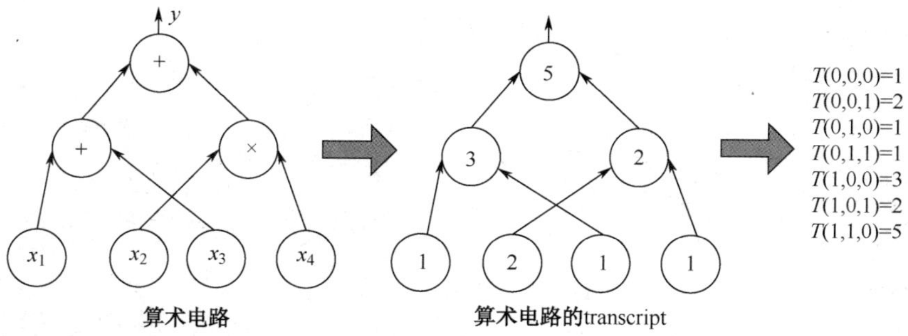

图 3-6 算术电路、算术电路的 transcript 和在该 transcript 下的函数映射关系

这个方法用到了 MLE 的距离放大编码的特性，即验证者不需要在原映射 $T(r)$ 上验证所有的 $x \in \mathbb{F}^{\lceil \log_2 S \rceil}$ 映射结果是否正确，只要在 $T(x)$ 的 MLE 多项式 $\tilde{T}(x)$ 上做一次单点验证就可以判断证明者确实拥有 $T(x)$ 的全部知识了。

但是，直接利用 MLE 的特性来验证，需要验证者知道该 MLE 的多项式，即需要验证者知道原映射 $T(x)$ 的全部映射关系。这就等价于需要验证者自己完整计算一次该电路的计算过程，从而得到电路的 transcript。因此，直接利用 MLE 的特性来验证虽然可以实现电路计算结果的证明，但是并没有为验证者降低任何计算复杂度。GKR 协议巧妙地利用了电路结构，并使用 Sum-Check 协议和 MLE 等技术，相比验证者完全自己计算电路结果，降低了交互证明过程中验证者的计算复杂度。

GKR 协议的核心思想是将电路计算结果的验证过程分解为按层进行。从输出层开始，在验证某层电路计算输出时就假设该层的上一层计算输出结果是正确的。在 GKR 协议的初始化阶段，证明者告知验证者该电路的计算输出结果，GKR 协议从输出层开始逐层迭代，第 i 次迭代的目的是将有关对第 i 层的门节点计算输出的声明归因到第 $i+1$ 层的门节点计算输出上，即只要所声明的第 $i+1$ 层的门节点计算输出的值为真，那么声明的第 i 层的门节点计算输出的值也为真，在电路每一层的迭代证明过程都是通过一次 Sum-Check 协议在所构建的 MLE 多项式上实现的。

在 GKR 协议的初始化阶段，证明者要先声明电路输出层门电路计算输出值，但验证者无法在自己不亲自计算电路的情况下验证这个声明（这也正是交互证明协议想要避免的）。因此，第一次迭代使用 Sum-Check 协议将有关电路输出的声明归因到关于第 2 层门电路计算输出值的声明，或者更具体地说，是关于第 2 层门电路计算输出值的 MLE 多项式的一次单点验证的声明。验证者同样无法自己检查第 2 层门电路计算输出值的声明，因此进入第二次迭代并再次使用 Sum-Check 协议将该声明归因到关于第 3 层门电路计算输出值的声明。按照电路的层级结构，GKR 协议的交互证明过程层层迭代，直到该迭代证明过程到达输入层，验证就变成了对电路输入值声明的检查，而验证者是可以自行完成该检查的，因为验证者知道输入值。上述过程如图 3-7 所示。

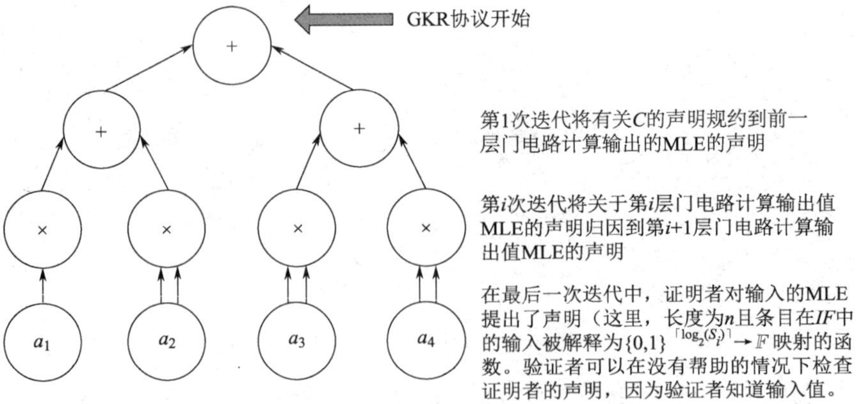

图 3-7　GKR 协议逐次迭代进行验证的过程

下面，我们将一个深度为d、扇入为 2，输入$x \in \mathbb{F}$的分层算术电路C的 GKR 协议形式化地描述如下。在整个过程中，k_i表示$\lceil \log_2(S_i) \rceil$，其中，$S_i$是$C$的第$i$层门数。

- 在开始时，p发送一个函数$D{:}\{0,1\}^{k_0} \to \mathbb{F}$，宣称等于$W_0$(将输出门标签映射到输出值的函数)。
- v随机选取一个$r_0 \in \mathbb{F}^{K_0}$，并让$m_0 \leftarrow \tilde{D}(r_0)$。协议的其余部分致力于确认$m_0 = \tilde{W}_0(r_0)$。
- 对于$i = 0,1,\cdots,d-1$，定义式（3-8）：

$$f_{r_i}^{(i)}(b,c) := \widetilde{\mathrm{add}}_i(r_i,b,c)\left[\tilde{W}_{i+1}(b)+\tilde{W}_{i+1}(c)\right]+\widetilde{\mathrm{multi}}_i(r_i,b,c)\left[\tilde{W}_{i+1}(b)\cdot\tilde{W}_{i+1}(c)\right] \quad (3\text{-}8)$$

式中，add_i和multi_i是两个连接谓词函数，输入为 3 个门电路的标签r_i,b,c，其中，$r_i \in \{0,1\}^{s_i}$是一个来自第i层电路的门节点二进制标签，$b,c \in \{0,1\}^{s_{i+1}}$是两个来自第$i+1$层电路的门节点二进制标签。当门节点$r_i$是一个加法（乘法）门且$r_i$将门节点$b,c$的输出作为它的两个输入时，函数$\widetilde{\mathrm{add}}_i(r_i,b,c)\left[\widetilde{\mathrm{multi}}_i(r_i,b,c)\right]$的输出为 1；在其他情况下，函数$\widetilde{\mathrm{add}}_i(r_i,b,c)$和$\widetilde{\mathrm{multi}}_i(r_i,b,c)$输出为 0。

- p声称$\sum_{b,c\in\{0,1\}^{k_{i+1}}} f_{r_i}^{(i)}(b,c) = m_i$。为了让$v$检查这个声明，$p$和$v$将 Sum-Check 协议应用于$f_{r_i}^{(i)}$，直到$v$在该协议中的最后一次检查。此时，$v$必须在随机选择的点$(b^*,c^*) \in \mathbb{F}^{K_{i+1}} \times \mathbb{F}^{K_{i+1}}$上评估$f_{r_i}^{(i)}$是满足$l(0)=b^*$和$l(1)=c^*$的唯一的曲线。
- p发送一个至多为k_{i+1}次的一元多项式q给v，声称$\tilde{W}_{i+1}$满足l。
- v在 Sum-Check 协议中执行最后一次检查，用$q(0)$和$q(1)$代替$\tilde{W}_{i+1}(b^*)$和$\tilde{W}_{i+1}(c^*)$
- v随机选择$r^* \in \mathbb{F}$，并设置$r_{i+1} = l(r^*)$和$m_{i+1} \leftarrow q(r_{i+1})$。
- v直接检查$m_d = \tilde{W}_d(r_d)$。

$\tilde{W}_d$就是$\tilde{x}$。当x被解释为将$\{0,1\}^{\lceil \log n \rceil}$映射到$\mathbb{F}$的函数的评估表时，$\tilde{x}$是输入$x$的多

线性扩展。

3.2　将计算需求转化为电路

因为证明系统不能直接应用于计算机程序，所以需要将其转化为等效的概率证明。常见的概率证明包括多项式方程、布尔电路和算术电路。

GKR 协议用于验证可被表达为低深度算术电路的计算，是交互证明系统中基本的构建模块。但在现实世界中，面对巨型算术电路，人们通常会使用 Java 或 Python 等编程语言编写计算机程序，并希望在其数据上执行该程序。为了让 GKR 协议在这种情况下发挥作用，我们需要一种高效的方法，将计算机程序转化为算术电路。然后，我们就可以将 GKR 协议（或任何其他用于电路评估的交互证明或论证系统）应用于由此产生的算术电路中。

大多数通用论证系统的实现都是分两步进行的。第一步，将计算机程序编译成模型，如算术电路可满足性实例。第二步，应用交互证明或论证系统检查证明者。在这些实现中，从程序到电路的编译器被称为前端，检查电路并正确评估的论证系统被称为后端。

3.2.1　将问题转化为程序

假设一个保险机构需要知道用户的某项体检数据是否达标，但用户只想让保险机构知道数据是否达标，不想透露具体的数据给他们。那该怎么去做？

假设这个体检的隐私数据是 x，x 的值在 0～7 之间（包含 0 和 7）为达标，否则为不达标。那么我们需要把这个需求转化为一个可计算的问题，即有一个程序，其输入为 x，当 x 的值在 0～7 之间时，输出“真”，当 x 的值不在该范围时，输出“假”。

该程序的计算过程可以表达为如式（3-9）至式（3-12）的验证过程。在输入 x 后，如果这 4 个方程都能被满足，也就是方程左边的计算结果都为 0，就能证明 x 的值在 0～7 之间，那么就输出“真”，否则输出“假”。

$$b_0(b_0-1)=0 \tag{3-9}$$

$$b_1(b_1-1)=0 \tag{3-10}$$

$$b_2(b_2-1)=0 \tag{3-11}$$

$$2^0b_0+2^1b_1+2^2b_2-x=0 \tag{3-12}$$

其中，b_0、b_1、b_2 的值由 x 确定，它们也是输入；前 3 个方程约束 b_0、b_1、b_2 的值为 0 或 1；最后 1 个方程验证 x 的值是否在 0～7 之间。

可以把式（3-9）至式（3-12）组成的方程组表达为一个数学运算电路。以 $b_0(b_0-1)$ 为例，如图 3-8 所示。

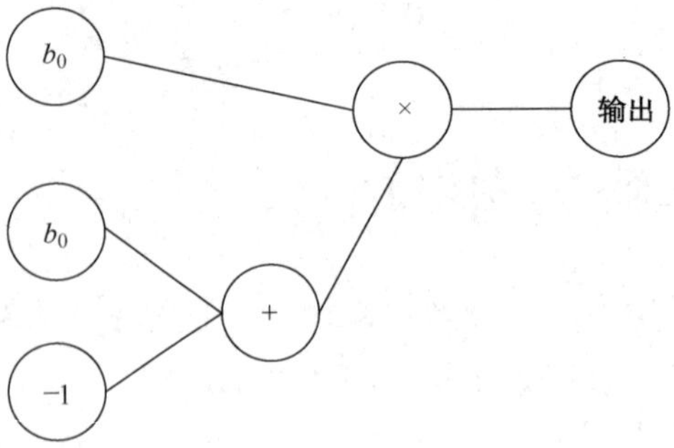

图 3-8 $b_0(b_0-1)$ 的数学运算电路

整个程序计算过程的抽象表达如图 3-9 所示。

图 3-9 整个程序计算过程的抽象表达

如此一来，一个问题就被转化为"输入+用来证明的算术运算电路+输出"。如果输出为真，就可以相信输入为真。在前文的例子中，如果输出为 0，就可以相信用户的体检数据达标。

3.2.2 将程序转化为计算电路

编译器可以将计算机程序有效地转换为机器码[1]。我们说一个程序在 $T(n)$ 时间步内运行，意思是它可以被编译成长度最多为 $T(n)$ 的机器指令序列。要想确切地定义什么是机器指令，必须指定一个硬件模型，然后在这个硬件模型上思考程序是怎样运行的。

硬件模型是一个简单的随机存取机（Random Access Machine，RAM）。RAM 由以下组件组成：

（1）（主）存储器。包含 s 个存储单元，每个单元都可以存储数据（如 64 位数据）。

（2）寄存器。寄存器是 RAM 可以操作数据的特殊存储单元。也就是说，主存储单元只能存储数据，RAM 允许对寄存器中的数据执行运算，如"将寄存器 1 和寄存器 2 中的数据相加，并将结果存储在寄存器 3 中"。

（3）一组允许的机器指令，数量为 $l=O(1)$。通常，这些指令的形式为：

- 将当前存储在指定寄存器中的值写入主存储器的特定位置。
- 将主存储器特定位置的值读入寄存器。
- 在寄存器中对数据执行基本操作。

（4）程序计数器。这是一个特殊的寄存器，告诉机器要执行的下一条指令。

[1] 机器码指的是在机器硬件上以单位时间执行的基本指令。

第一种转化的方法让电路以迭代的方式进行运算，每个时间步对应计算机程序的一次迭代。第 i 次迭代将程序执行 i 步后的 RAM 配置作为输入，并“执行程序的下一步”。也就是说，它决定了在执行第 $i+1$ 个机器指令后 RAM 的配置。

如果计算机程序在具有最多 $s(n)$ 个存储器单元的 RAM 上运行时间为 $T(n)$，那么该程序可以转化为深度不超过 $T(n)$ 且宽度约为 $s(n)$ 的算术电路，也就是每层电路的门数不超过 $s(n)$ 且有两个输入的算术电路。图 3-10 给出了将任意时间 $T(n)$ 和空间 $s(n)$ 内运行的程序转换为深度为 $T(n)$ 且宽度约为 $s(n)$ 的电路的技术简化示意图。

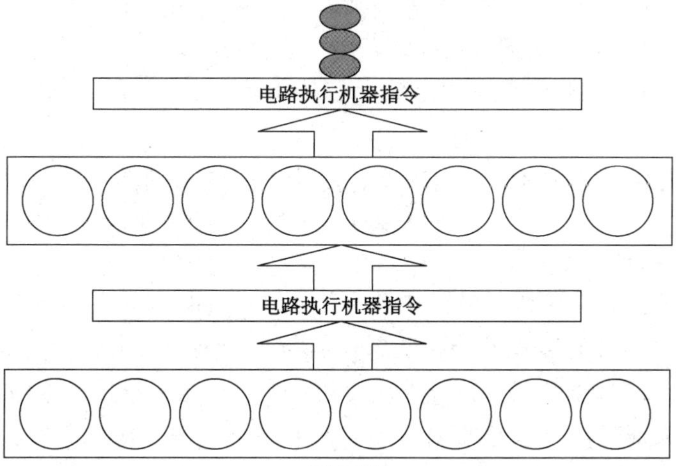

图 3-10 将程序转化为相应深度和宽度的电路的技术简化示意图

这个转化的关键是，只有常数个可能的机器指令且每个指令都非常简单，可以以简单的方式操作常数个寄存器。因此，将程序执行 i 步后的机器配置映射到第 $i+1$ 步后配置的电路非常简单。

但是，这种转化产生的电路大小为 $[T(n)\cdot s(n)]$，这意味着，相比运行计算机程序［需要的时间为 $T(n)$］，仅写下或读取电路的代价也要高出 $s(n)$ 倍。低效的根源在于，对 RAM 的每一个时间步，电路都会产生一个全新的机器配置。

回过头来看，这样的转化方式本质上是对算术电路的评估。指定一个算术电路 C，输入 x 和输出 y，目标是确定 $C(x)=y$。这种方式产生了非常深的电路，那么将 GKR 协议应用于生成的电路会导致验证者几乎无法运行程序。

另外一种转化方法是基于电路可满足性的。在 C-SAT 问题中，电路 C 接收两个输入 x 和 w，第一个输入 x 是公开且固定的，即对证明者和验证者来说，x 都是已知的；第二个输入 w 通常被称为证据，有时也被称为非确定性输入或辅助输入。给定第一个输入 x 和输出 y，目标是确定是否存在一个 w，使得 $C(x,w)=y$。电路可满足性实例比电路评估实例“更具表现力”，因为检查一个命题的证明是否正确往往比首次发现该证明更容易。

现有的零知识简洁非交互论证的待证明陈述表示形式大都转化成了 C-SAT 问题。也就是说，只有当我们设计出解决电路可满足性实例的高效证明系统时，这种转化才会在交互证明中发挥作用。

1. 电路语言及执行方式示例

电路语言通过提供一种结构化和形式化的方式来表示计算机程序，常见的电路语言有 Circom、Noir、Cairo 和 Leo 等。

接下来，介绍一种从程序到电路可满足性实例的方法。其基本思想是，前端设计者将指定一组“原语操作”（也称指令集），类似真实计算机处理器的汇编指令。想要使用前端的开发者直接用汇编语言（或某种高级语言）编写“证明检查程序”，然后将程序自动编译成汇编代码，再由前端将其转化为等效的电路可满足性实例。StarkWare 项目采取的 Cairo 就是基于 CPU 的前端设计方法，它将任意运行时 T 的 RAM M 转化为大小为 $\tilde{O}(T)$ 的电路 C。

为了描述转化中的主要思想，引入执行随机存取机 M 在输入 x 上的转录（transcript）的概念。转录描述了执行过程中每个步骤 M 配置发生的变化。对 M 执行的每个步骤 i，转录仅列出了在步骤 i 结束时每个寄存器和程序计数器的值。

从 RAM 执行到电路可满足性的转化产生了一个电路可满足性实例 (C,x,y)，其中，x 是 M 的输入，y 是 M 声称的输出，证据 w 是 M 执行输入 x 的转录。电路 C 将简单地检查 w 是否是 M 在输入 x 上执行的转录。如果检查通过，那么 C 将根据转录输出与 M 相同的值；如果检查未通过，那么 C 输出一个特殊的拒绝符号。转录原理如图 3-11 所示。

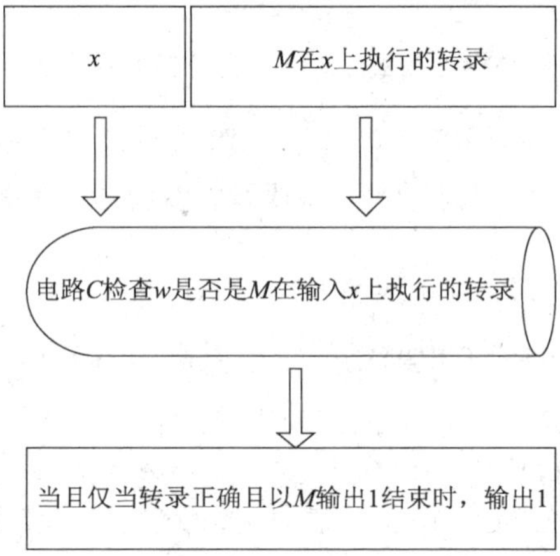

图 3-11 转录原理

对于任意运行时间为 T 的 RAM M，我们现在已经概述了一个大小为 $O[T\cdot \text{polylog}(T)]$ 的电路 C 的所有组件，使得 $M(x)=y$ 存在一个满足 $C(x,w)=y$ 的 w。证据 w 指定了 M 的一个转录。C 先检查转录的时间一致性，再根据路由网络按内存顺序对转录条目排序。如果有并列的情况，则按时间排序。任何路由计算都需要对原始记录重新排序，电路可以用 $O[T\cdot \text{polylog}(T)]$ 个门检查重新排序后的转录的顺序是否符合规定——这等同于将与每个转录条目关联的内存位置或时间戳解释为整数，并将每对相邻的整数进行比较，以确认它们是否按递增顺序排列，最终给出按规定顺序重新排列的转录，电路可以轻松地检查每次内存读取是否返回最后一个写入该位置的值。

直观地说，当将简洁论证应用于电路可满足性时，验证者不仅需要证明者在输入 x 上运行 RAM M，而且需要生成执行的转录，并通过电路 C 确认转录没有错误。此外，用于时间一致性和内存一致性检查的电路数据并行，这确保了如果将 GKR 协议（与承诺方案结合使用）应用于电路 C，则验证者可以在时间 $O[n+\text{poly}\log(T)]$ 内运行，无须明确地枚举所有 C 的门。此外，证明者可以生成整个电路 C 和证据 w，并在时间 $O[T\cdot\text{poly}\log(T)]$ 内执行应用于 $C(x,w)$ 的 GKR 协议的一部分。

2. 将计算电路转化为 R1CS 系统

在 3.2.1 节中，我们知道一个问题需要被转化为“输入+用来证明的数学运算电路+输出”。随之而来问题是，验证者凭什么相信这个“输出”是“输入”通过“用来证明的数学运算电路”计算出来的？最简单的方法就是让验证者看着证明者输入和计算，但这样就无法隐藏输入了，也就不是“零知识”了。

因此，我们要在数学运算电路的基础上接着做转化，把输入、用来证明的数学运算电路、输出三者绑定，也就是说，能够通过某种方式验证“输出”是否为“输入”通过“用来证明的数学运算电路”计算出来的。只有这样，在输出为真的前提下，只要该验证通过，证明者就可以相信输入为真。

为了完成这种绑定，需要把用来证明的数学运算电路转化为多项式。一般来说，电路代表的逻辑关系非常复杂，是很难直接推导出多项式的，因此往往需要借助一个中间媒介，这个中间媒介被称为 R1CS。

在我们想要证明的电路问题 C 里，可以把电路每个逻辑门之间的关系用矩阵 $\boldsymbol{A}$、$\boldsymbol{B}$、$\boldsymbol{C}$ 来表达，把电路的公有输入 $\boldsymbol{x}$ 与秘密输入 $\boldsymbol{w}$ 用 $\boldsymbol{z}=\begin{bmatrix}1\\ \boldsymbol{x}\\ \boldsymbol{w}\end{bmatrix}$ 来表达。这样一来，只要 R1CS 矩阵 $\boldsymbol{A}$、$\boldsymbol{B}$、$\boldsymbol{C}$ 之间的逐项积[1]关系成立，就代表这个电路的输入合法，即 $C(\boldsymbol{x},\boldsymbol{w})=0$。

图 3-12 展示了一个示例电路和转化所得的 R1CS 的实例。知道一个证据 $\boldsymbol{w}$，使得 $C(\boldsymbol{w})=\boldsymbol{y}$，等价于知道一个满足 R1CS 约束条件的向量 z，该 R1CS 以矩阵形式和约束条件列表形式表示，以提高可读性。

[1] 逐项积是指把两个一样大小的矩阵 $\boldsymbol{A}$ 和 $\boldsymbol{B}$ 的每个元素相乘，最后得到一个同样大小的矩阵 $\boldsymbol{C}$。可以表达为：$\boldsymbol{A}=\begin{bmatrix}a_{11} & a_{12}\\ a_{21} & a_{22}\\ a_{31} & a_{32}\end{bmatrix}$，$\boldsymbol{B}=\begin{bmatrix}b_{11} & b_{12}\\ b_{21} & b_{22}\\ b_{31} & b_{32}\end{bmatrix}$，$\boldsymbol{C}=\boldsymbol{A}\odot\boldsymbol{B}\begin{bmatrix}a_{11}b_{11} & a_{12}b_{12}\\ a_{21}b_{21} & a_{22}b_{22}\\ a_{31}b_{31} & a_{32}b_{32}\end{bmatrix}$。

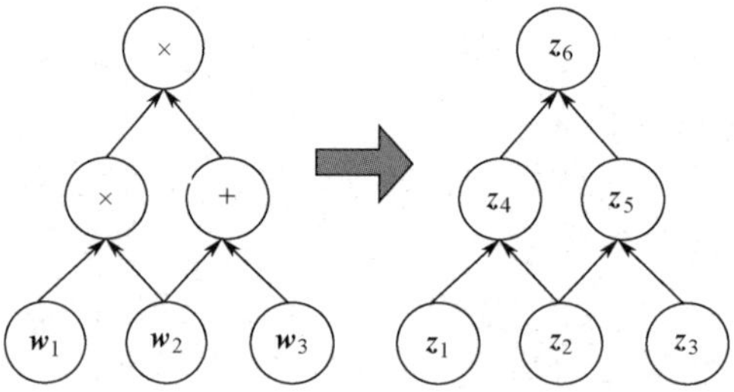

图 3-12　一个示例电路和转化所得的 R1CS 的实例

在图 3-12 中，$\boldsymbol{w}=\begin{bmatrix}1\\z_1\\z_2\\z_3\\z_4\\z_5\\z_6\end{bmatrix}$，约束条件为$\begin{cases}z_1\cdot z_2=z_4\\1\cdot(z_2+z_3)=z_5\\z_4\cdot z_5=z_6\\1\cdot z_6=\boldsymbol{y}\end{cases}$

因此，示例电路对应的 Rank-1 约束系统向量如表 3-2 所示。

表 3-2　示例电路对应的 Rank-1 约束系统向量

方程	Rank-1 约束系统向量
$z_1\cdot z_2=z_4$	$\boldsymbol{a}_1=(0,1,0,0,0,0,0),\boldsymbol{b}_1=(0,0,1,0,0,0,0),\boldsymbol{c}_1=(0,0,0,0,1,0,0)$
$1\cdot(z_2+z_3)=z_5$	$\boldsymbol{a}_2=(1,0,0,0,0,0,0),\boldsymbol{b}_2=(0,0,1,1,0,0,0),\boldsymbol{c}_2=(0,0,0,0,0,1,0)$
$z_4\cdot z_5=z_6$	$\boldsymbol{a}_3=(0,0,0,0,1,0,0),\boldsymbol{b}_3=(0,0,0,0,0,1,0),\boldsymbol{c}_3=(0,0,0,0,0,0,1)$
$1\cdot z_6=\boldsymbol{y}$	$\boldsymbol{a}_4=(1,0,0,0,0,0,0),\boldsymbol{b}_4=(0,0,0,0,0,0,1),\boldsymbol{c}_4=(y,0,0,0,0,0,0)$

其中，$\boldsymbol{a}_1\boldsymbol{w}=z_1,\boldsymbol{b}_1\boldsymbol{w}=z_2,\boldsymbol{c}_1\boldsymbol{w}=z_4$

$\boldsymbol{a}_2\boldsymbol{w}=1,\boldsymbol{b}_2\boldsymbol{w}=z_2+z_3,\boldsymbol{c}_2\boldsymbol{w}=z_5$

$\boldsymbol{a}_3\boldsymbol{w}=z_4,\boldsymbol{b}_3\boldsymbol{w}=z_5,\boldsymbol{c}_3\boldsymbol{w}=z_6$

$\boldsymbol{a}_4\boldsymbol{w}=1,\boldsymbol{b}_4\boldsymbol{w}=z_6,\boldsymbol{c}_4\boldsymbol{w}=\boldsymbol{y}$

因此，

$$\boldsymbol{A}=\begin{bmatrix}0&1&0&0&0&0&0\\1&0&0&0&0&0&0\\0&0&0&0&1&0&0\\1&0&0&0&0&0&0\end{bmatrix},\quad \boldsymbol{B}=\begin{bmatrix}0&0&1&0&0&0&0\\0&0&1&1&0&0&0\\0&0&0&0&0&1&0\\0&0&0&0&0&0&1\end{bmatrix},\quad \boldsymbol{C}=\begin{bmatrix}0&0&0&0&1&0&0\\0&0&0&0&0&1&0\\0&0&0&0&0&0&1\\y&0&0&0&0&0&0\end{bmatrix}$$

于是有 $\boldsymbol{Aw}\odot\boldsymbol{Bw}=\boldsymbol{Cw}$，即

$$\left(\begin{bmatrix}0&1&0&0&0&0&0\\1&0&0&0&0&0&0\\0&0&0&0&1&0&0\\1&0&0&0&0&0&0\end{bmatrix}\cdot\begin{bmatrix}1\\z_1\\z_2\\z_3\\z_4\\z_5\\z_6\end{bmatrix}\right)\odot\left(\begin{bmatrix}0&0&1&0&0&0&0\\0&0&1&1&0&0&0\\0&0&0&0&0&1&0\\0&0&0&0&0&0&1\end{bmatrix}\begin{bmatrix}1\\z_1\\z_2\\z_3\\z_4\\z_5\\z_6\end{bmatrix}\right)=\begin{bmatrix}0&0&0&0&1&0&0\\0&0&0&0&0&1&0\\0&0&0&0&0&0&1\\y&0&0&0&0&0&0\end{bmatrix}\begin{bmatrix}1\\z_1\\z_2\\z_3\\z_4\\z_5\\z_6\end{bmatrix}$$

（3-13）

$$\begin{cases}z_1\cdot z_2=z_4\\1\cdot(z_2+z_3)=z_5\\z_4\cdot z_5=z_6\\1\cdot z_6=\boldsymbol{y}\end{cases}\tag{3-14}$$

现在我们尝试把一个简单的区间证明电路C转化为 R1CS 矩阵$\boldsymbol{A}$、$\boldsymbol{B}$、$\boldsymbol{C}$。我们假设要证明某个电路的秘密输入$\boldsymbol{w}$的值在 0～15 之间。数学运算电路如式（3-15）所示。

$$\begin{cases}2^0\cdot\boldsymbol{w}_0+2^1\cdot\boldsymbol{w}_1+2^2\cdot\boldsymbol{w}_2+2^3\cdot\boldsymbol{w}_3-\boldsymbol{w}=0\\\boldsymbol{w}_0\cdot(\boldsymbol{w}_0-1)=0\\\boldsymbol{w}_1\cdot(\boldsymbol{w}_1-1)=0\\\boldsymbol{w}_2\cdot(\boldsymbol{w}_2-1)=0\\\boldsymbol{w}_3\cdot(\boldsymbol{w}_3-1)=0\end{cases}\tag{3-15}$$

首先根据电路的要求，找到公有输入$\boldsymbol{x}$和秘密输入$\boldsymbol{w}$分别是哪些。因为这个问题不涉及任何公有输入，所以我们的解$\boldsymbol{z}$就是：

$$\boldsymbol{z}=\begin{bmatrix}1\\\boldsymbol{w}\\\boldsymbol{w}_0\\\boldsymbol{w}_1\\\boldsymbol{w}_2\\\boldsymbol{w}_3\end{bmatrix}$$

然后，根据式（3-15），可以将其依次转化为 5 行 R1CS 矩阵：

$$\boldsymbol{A}=\begin{bmatrix}0&-1&1&2&4&8\\0&0&1&0&0&0\\0&0&0&1&0&0\\0&0&0&0&1&0\\0&0&0&0&0&1\end{bmatrix},\boldsymbol{B}=\begin{bmatrix}1&0&0&0&0&0\\-1&0&1&0&0&0\\-1&0&0&1&0&0\\-1&0&0&0&1&0\\-1&0&0&0&0&1\end{bmatrix},\boldsymbol{C}=\begin{bmatrix}0&0&0&0&0&0\\0&0&0&0&0&0\\0&0&0&0&0&0\\0&0&0&0&0&0\\0&0&0&0&0&0\end{bmatrix}$$

把$\boldsymbol{z}$代入之后，发现$\boldsymbol{A}$、$\boldsymbol{B}$、$\boldsymbol{C}$三个矩阵的逐项积正好还原了我们之前推导出来的 5 条逻辑电路关系。也就是说，如果$\boldsymbol{z}$满足 R1CS 程序，那也代表了$\boldsymbol{z}$当中的秘密输入$\boldsymbol{w}$

满足了数学运算电路 C，如式（3-16）所示。

$$\left(\boldsymbol{A}\cdot\begin{bmatrix}1\\ \boldsymbol{w}\\ \boldsymbol{w}_0\\ \boldsymbol{w}_1\\ \boldsymbol{w}_2\\ \boldsymbol{w}_3\end{bmatrix}\right)\odot\left(\boldsymbol{B}\cdot\begin{bmatrix}1\\ \boldsymbol{w}\\ \boldsymbol{w}_0\\ \boldsymbol{w}_1\\ \boldsymbol{w}_2\\ \boldsymbol{w}_3\end{bmatrix}\right)=\boldsymbol{C}\cdot\begin{bmatrix}1\\ \boldsymbol{w}\\ \boldsymbol{w}_0\\ \boldsymbol{w}_1\\ \boldsymbol{w}_2\\ \boldsymbol{w}_3\end{bmatrix}\Leftrightarrow \mathbb{C}(\boldsymbol{x},\boldsymbol{w})=0 \tag{3-16}$$

这样一来，我们就得到了可以构成 R1CS 程序的矩阵 $\boldsymbol{A}$、$\boldsymbol{B}$、$\boldsymbol{C}$ 了。在零知识证明领域，R1CS 基本上就是电路的代名词。不过，大部分 ZK-SNARK 不会直接从 R1CS 着手，而是把 R1CS 问题继续转化，因为针对 R1CS 问题直接构造零知识证明往往无法实现简洁性，其通信复杂度过高。

3. 从 R1CS 到 QAP

在一个问题被成功地从算术电路转化为 R1CS 程序矩阵后，我们要做的就是将 R1CS 问题转化为易证明的语言，以实现简洁性。

例如，在基于 Linear-PCP 的零知识证明中，需要将 C-SAT 问题转化为 QAP 可满足问题，即判断是否存在一个多项式能够被某个公开多项式整除。在基于 IPA 的零知识证明中，需要将 C-SAT 问题中所有的线性约束和乘法门约束归约为判断一个多项式是否为零多项式。在基于 DEIP 的零知识证明中，需要将 R1CS 问题转化为多元多项式的求和验证问题，得到一个等价的多项式问题，再针对这个多项式问题设计证明方案。简单来说，就是转化为一个 QAP 问题的解，然后公开 QAP 问题，拥有解的人公布自己的 Witness，其他人来验证该证明是否成立。

不同的 ZK-SNARK 选择的多项式问题各不相同，有的选择 QAP 问题，有的选择基于 ROM 模型的 DEIP、IPA 等，这个过程会用到一些向量积、拉格朗日插值法等数学知识。这里主要介绍由 R1CS 向 QAP 问题的转化。

QAP 的实现逻辑和 R1CS 相同，两者的区别在于 QAP 使用多项式代替内积运算。在介绍这种转化之前，我们先了解一下拉格朗日插值公式，如式（3-17）所示，其作用是建立一个穿过指定点的多项式。

n 次多项式 $f(x)$，若 $f(x_0)=y_0, f(x_1)=y_1,\cdots,f(x_n)=y_n$，则

$$\begin{aligned}f(x)=&\,y_0\times\frac{(x-x_1)(x-x_2)\cdots(x-x_n)}{(x_0-x_1)(x_0-x_2)\cdots(x_0-x_n)}+y_1\times\frac{(x-x_0)(x-x_2)\cdots(x-x_n)}{(x_1-x_0)(x_1-x_2)\cdots(x_1-x_n)}+\\ &y_2\times\frac{(x-x_0)(x-x_1)\cdots(x-x_n)}{(x_2-x_0)(x_2-x_1)\cdots(x_2-x_n)}+\cdots+y_n\times\frac{(x-x_1)(x-x_2)\cdots(x-x_{n-1})}{(x_n-x_1)(x_n-x_2)\cdots(x_n-x_{n-1})}\end{aligned} \tag{3-17}$$

例如，通过点(1,3)，(2,2)和(3,4)的多项式如式（3-18）所示。

$$\frac{(x-2)(x-3)}{(1-2)(1-3)}\times 3+\frac{(x-1)(x-3)}{(2-1)(2-3)}\times 2+\cdots+\frac{(x-1)(x-2)}{(3-1)(3-2)}\times 4=1.5x^2-5.5x+7 \tag{3-18}$$

在这里我们直接给出一个结论，通过 n 个点 $(x_1,y_1),(x_2,y_2),(x_3,y_3),\cdots,(x_n,y_n)$ 的 $n-1$ 阶多项式如式（3-19）所示。

$$\frac{(x-x_2)(x-x_3)\cdots(x-x_n)}{(x_1-x_2)(x_1-x_3)\cdots(x_1-x_n)}y_1+\frac{(x-x_1)(x-x_3)\cdots(x-x_n)}{(x_2-x_1)(x_2-x_3)\cdots(x_2-x_n)}y_2+\cdots+ \frac{(x-x_1)(x-x_2)\cdots(x-x_{n-1})}{(x_n-x_1)(x_n-x_2)\cdots(x_n-x_{n-1})}y_n \tag{3-19}$$

我们以下面的向量对应的 R1CS 为例。

$$\boldsymbol{A}=\begin{bmatrix}0&1&0&0&0&0\\0&0&0&1&0&0\\0&1&0&0&1&0\\5&0&0&0&0&1\end{bmatrix},\boldsymbol{B}=\begin{bmatrix}0&1&0&0&0&0\\0&1&0&0&0&0\\1&0&0&0&0&0\\1&0&0&0&0&0\end{bmatrix},\boldsymbol{C}=\begin{bmatrix}0&0&0&1&0&0\\0&0&0&0&1&0\\0&0&0&0&0&1\\0&0&1&0&0&0\end{bmatrix}$$

在上述 3 个向量 $\boldsymbol{A}$、$\boldsymbol{B}$、$\boldsymbol{C}$ 中，利用在每个 x 坐标处求多项式代表一个约束条件（每个向量的第一个行向量代表 $x=1$），将每个向量的 4 个长度为 6 的行向量转化成 6 个长度为 4 的向量（6 个阶为 3 的多项式）。也就是说，如果我们求出 $x=1$ 处的多项式，就得到了第一组向量，如果我们求出 $x=2$ 处的多项式，就得到了第二组向量，以此类推。

在每个 x 点处评估不同的约束，每个向量组都有 4 个约束，因此我们分别用多项式在 $x=1,2,3,4$ 处的情况评估这 4 个向量，然后用拉格朗日插值公式将 R1CS 转化为 QAP。具体如图 3-13 所示。

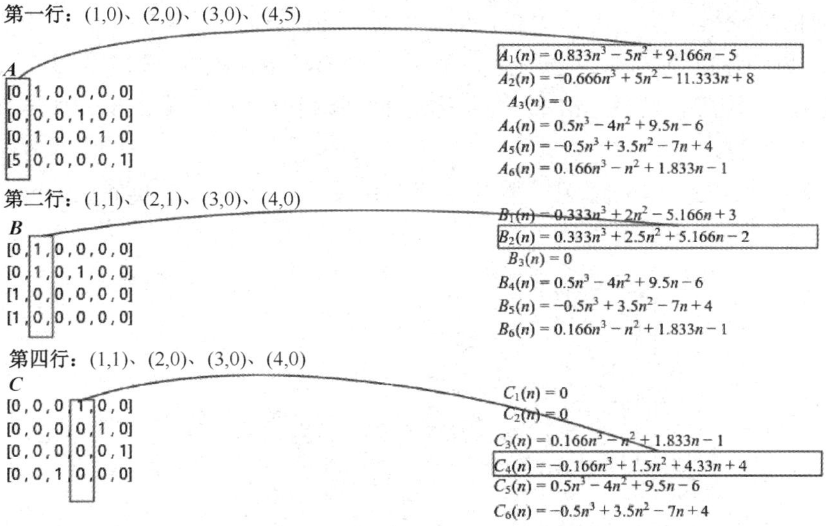

图 3-13 将 3 个矩阵分别转化为 6 组多项式

以向量 $\boldsymbol{A}$ 举例，首先需要求对向量 $\boldsymbol{A}$ 的第一列采用拉格朗日插值法，求过点(1,0)、(2,0)、(3,0)、(4,5)的多项式，求得三阶多项式

$$y_1=0.833x^3-5x^2+9.166x-5$$

不难验证，将 $x=1,2,3,4$ 分别代入上述多项式，可以恢复向量 $\boldsymbol{A}$ 的第一个列向量，同理可以求出剩余的 17 个系数向量。

在得到这些多项式后，计算问题就转化为求 s，使 $(s\cdot a)\times(s\cdot b)-(s\cdot c)=0$ 在 $n=1,2,3,4$ 情况下成立，也等价于式（3-20）。

$$[s\cdot A(n)][s\cdot B(n)]-[s\cdot C(n)]=H(n)Z(n) \tag{3-20}$$

其中，$Z(n)=(n-1)(n-2)(n-3)(n-4)$

对每个要用 ZK-SNARK 验证的函数来说，只需要执行一次多项式。由此我们可以看到，之所以做 QAP 问题的转化，就是为了不再一个个去检验 R1CS 的每个约束，而是一次性检查完所有约束。Pinocchio、Groth16、GKMMM18 都是基于 QAP 构建的 ZK-SNARK。

3.3 信息论模型的构造

因为不够“简洁”，所以第 2 章中描述的“零知识非交互证明”仅限于理论研究，在实际工程中难以实现。在完成一系列准备工作（将计算电路转化为 R1CS，再将 R1CS 转化为 QAP）之后，我们离“简洁性地落地”仅一步之遥了。

在构造 ZK-SNARK 的场景中，我们希望证明者只发送一个简短的证明字符串给验证者就能完成验证。这个目标可以通过引入信息论模型实现。许多零知识简洁证明都是基于一定的信息论模型构造的，例如，第一个零知识简洁证明就是基于 PCP 构造的；基于 SMPC-in-the-Head 的零知识证明是先利用 SMPC-in-the-Head 构造零知识的 PCP（或 IPCP、IOP），再调用合适的 SMPC 协议构造的；基于 QAP 的零知识证明本质上是基于 Linear-PCP 构造的。

图 3-14 是 ZKP 常用的理想模型及相互转化关系。接下来，我们一一介绍这些模型及它们之间转化的具体实现。

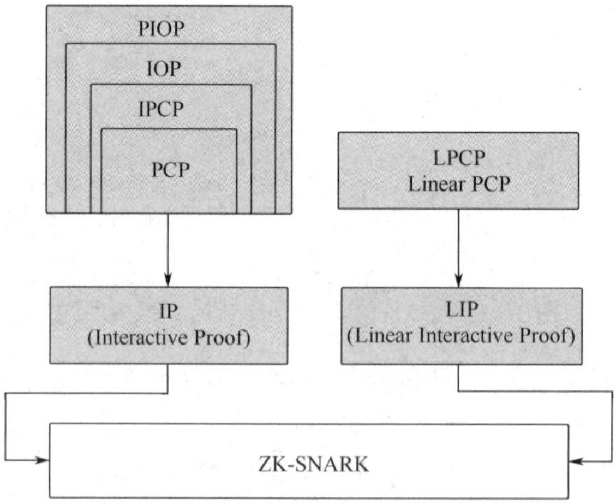

图 3-14 ZKP 常用的理想模型及相互转化关系

图 3-15 是基于信息论安全证明维度的 ZKP 分类。所有的 ZK-SNARK 实现都是基于 LPCP 的。为实现 ZK-SNARK，我们需要先将 LPCP 转化为 LIP，再将 LIP 转化为 SNARK，最后转化为 ZK-SNARK。

PCP 和 IPCP 模型在第 2 章中已经做过介绍，这里不再赘述。

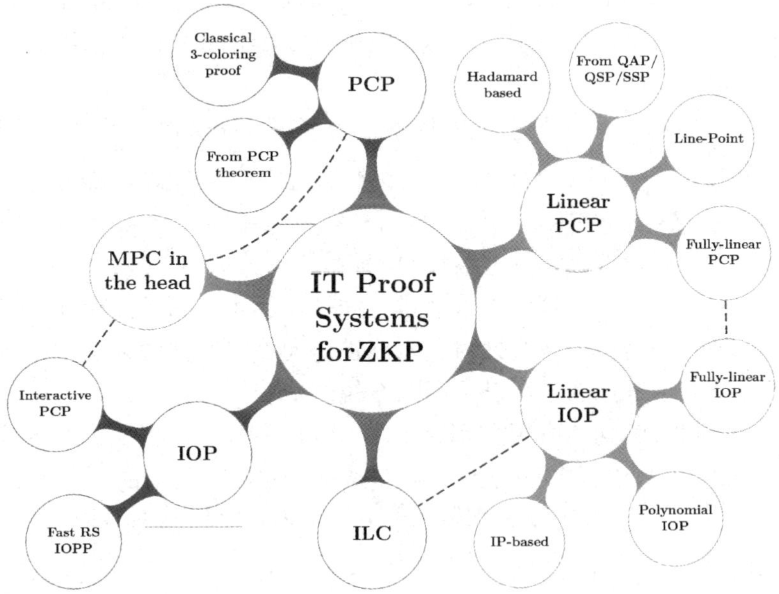

图 3-15 基于信息论安全证明维度的 ZKP 分类

图片来源：ZkpComRef, Concrete Schemes。

3.3.1 LIP 模型

在 LIP（Linear Interactive Proof）模型中，证明者和验证者需要交互。但是，相比 IP 模型，LIP 模型增加了“证明者只能是线性的”这个限制条件。目前已有的验证者复杂度和证明规模为常数级别的 ZK-SNARK 都是基于这两个模型构造的。

什么是线性的证明者呢？验证者发给证明者的消息只能是 $\mathbb{F}^n$ 中的向量，而证明者的消息只能是验证者消息的线性函数。一个向量的线性函数，其实就是在这个向量上乘以一个矩阵。因此，在第 i 轮交互中，证明者收到验证者的挑战 e，此时证明者已经收到了 i 条验证者消息，记这些消息合在一起的向量为 $(\boldsymbol{v}_1\|\cdots\|\boldsymbol{v}_i)$，它的长度是 $n\cdot i$。于是，证明者只能选取一个矩阵 $\boldsymbol{A}_i \in \mathbb{F}^{n\cdot i\times k}$ 并计算 $\boldsymbol{y}_i = \boldsymbol{A}_i(\boldsymbol{v}_1\|\cdots\|\boldsymbol{v}_i)$ 发送给验证者。

证明者计算矩阵 $\boldsymbol{A}_i$ 时，不能用到验证者挑战中的信息，也就是说，计算 $\boldsymbol{A}_i$ 时只能使用 Setup 信息、陈述 x、证据 w，以及证明者自己的随机数。因为在计算矩阵 $\boldsymbol{A}_i$ 时，证明者没有用到任何验证者的消息，所以在和验证者交互前，证明者就可以把所有矩阵提前计算好。

因为 LIP 对证明者做了很多限制，所以它是一个理想模型，现实中并不存在严格遵守约定的证明者。假如有一个 LIP 模型下的零知识证明系统，现在我们要把它转化成 ZK-SNARK，转化的思路是用密码学手段让证明者无法破坏线性的约定。

我们用只支持加法的同态加密 $\mathrm{Enc}(\cdot)$ 来确保证明者只能计算验证者消息的线性函数。当验证者发送消息 $\boldsymbol{v}$ 时，验证者对 $\boldsymbol{v}$ 的每位计算 $C_i=\mathrm{Enc}(v_i)$，得到一个密文向量 $\boldsymbol{c}$。在密文空间中，证明者只能进行线性运算且根据密文无法获知明文，而验证者可以用密钥解开密文 $A\boldsymbol{c}$ 得到 $\boldsymbol{y}=A\boldsymbol{v}$。

使用同态加密 $\mathrm{Enc}(\cdot)$，只是把 LIP 模型下的证明系统转化成了 IP 模型下的证明系统。这是一个秘密随机数的证明系统，所以不能对它应用 Fiat-Shamir 变换得到 ZK-SNARK。要想得到 ZK-SNARK，需要用到可信第三方 TTP（Trusted Third Party）。TTP 采样出 $\boldsymbol{v}_i$ 并加密得到 $\boldsymbol{c}_i$，把密文放到 Setup 信息中，再把密钥删掉。

这样一来，证明者连同验证者都只能进行线性运算了。为了能让验证者做至少一次非线性运算，一种方法是引入双线性对。双线性对允许对密文做乘法，但是乘法计算是在另外一个密文空间中进行的，所以不影响系统的安全性。

至此，从 IP 到 PIOP 的所有模型都介绍完了。过去几年，出现了大量基于这些模型构造的 ZK-SNARK，其中很多都是无须可信第三方的，证明者的复杂度大多为拟线性 $O(T\log T)$，验证者的复杂度和证明规模大多为对数 $O(\log T)$ 或对数的多项式（其中，T 代表 NP 问题的标准验证时间）。

3.3.2 IOP 模型

和 PCP、IPCP 一样，在 IOP 模型下构造的证明系统也可以类似转化成 IP 模型下的证明系统。

IPCP 模型可以被看作特殊的 IOP 模型。在 IPCP 模型中，如果将对话环节的证明者消息看作一个 PCP 预言机，那么一个 IPCP 模型下的协议就可以被看作 IOP 模型下的协议。

多项式 IOP (Polynomial IOP，PIOP) 模型是对 IOP 模型的进一步一般化。和 IOP 模型类似，在 PIOP 模型中，验证者向证明者发送消息，证明者向验证者发送预言机，不过在 PIOP 模型中证明者发送的是多项式预言机。

一个 PCP 预言机代表了一个固定长度字符串 s，验证者可以向预言机查询 s 的任意位置处的比特 $s[i]$。一个多项式预言机代表了一个固定次数的多项式 $f(x)$，验证者可以向预言机查询 $f(x)$ 在任意 $x\in\mathbb{F}$ 处的取值。

多项式预言机比 PCP 预言机更强大，因为使用多项式预言机可以实现 PCP 预言机的功能。假如有一个长度为 n 的字符串 s，要构造字符串 s 的 PCP 预言机，可以将 $s[1]$，$s[2]$，…，$s[n]$ 插值得到一个 $n-1$ 次多项式 $S(X)$，使得对任意 $i\in[1,n]$，$S(i)=s[i]$。

为 $S(X)$ 构造一个多项式预言机，其可以当作 s 的 PCP 预言机来用，因为当查询 i 时，它返回的正是 $S(i)=s[i]$。

因为多项式预言机可以实现 PCP 预言机的功能，所以 IOP 模型也可以被看作特殊的 PIOP 模型。

把 PIOP 模型下构造的证明系统转化为 IP 模型下的证明系统，基本思想和 PCP、IPCP 及 IOP 的一致，即让证明者代替多项式预言机的角色，但是需要的密码学工具并不一样。简单的 Merkle-Tree 或 VC 是不能模拟多项式预言机的，我们需要用到一个更强大的密码学工具——多项式承诺（Polynomial Commitment，PC）。

多项式承诺使得证明者可以向验证者发送一个短的字符串 cm，代表对一个多项式 $f(x)$ 的承诺。验证者可以向证明者请求任意的 $x\in\mathbb{F}$，证明者返回 $f(x)$ 的值并附带一个证明。根据这个证明和承诺，验证者可以验证证明者返回值的正确性。

3.4 证明多项式

密码编译器将信息论证明系统转化为证明者和验证者直接交互的协议，从而消除信息论证明系统背后的理想化假设。它运用某些密码学原语，再将这些原语实例化，如哈希函数或配对友好的椭圆曲线，从而得到一个可以在现实中实现的具体方案。

具体的零知识证明方案来自信息论证明系统和密码编译器的组合。最常用的方法有 FRI 承诺、KZG10 承诺、IPA 承诺、DARKS 承诺等，其中，FRI 承诺是基于哈希函数实现的、KZG10 承诺是基于配对组实现的、IPA 承诺是基于离散日志组实现的、DARKS 承诺是基于未知订单组实现的。

3.4.1 FRI 承诺

FRI 即 Fast Reed-Solomon IOPP，是针对 Reed-Solomon 编码上的 RPT 问题设计的零知识证明协议，其实质是给定多项式在 N 个点上的取值，验证多项式的次数低于 ρN。FRI 在每次递归中，将 RPT 问题的计算次数减少一半，并通过 $\lceil \log N \rceil$ 次递归，将原问题转化为常数次数的计算，最终得到一个验证者复杂度为 $\lceil \log N \rceil$ 的证明协议。FRI 承诺的核心是对要承诺的多项式进行“折叠”，通过“折叠”将一个计算次数很高的多项式逐步转化为计算次数较低、验证者可以接受的计算复杂度的多项式。

1. Reed-Solomon 编码

Reed-Solomon 编码（简称 RS 码）是利用多项式冗余进行出错校验的编码，这里的多项式都是系数在 $\mathbb{F}$ 中的多项式。

设编码大小为 N，给定一个集合 $S=\{s_0,\cdots,s_{N-1}\}\subset\mathbb{F}$，待编码的内容为 d 个 $\mathbb{F}$ 中的

元素$(a_0,\cdots,a_{d-1})$，编码过程如下：

设多项式$f(x)=a_{d-1}x^{d-1}+\cdots+a_0$，编码结果为$[f(s_0),f(s_1),\cdots,\ f(s_{N-1})]$，即多项式$f(x)$在集合$S$指定的$N$个点上的取值。简洁起见，将这个编码记为$f(S)$。

我们知道，给定d个不同点上的取值，可以唯一确定一个$d-1$次多项式。因此，当$N\geqslant d$时，从编码可以唯一确定被编码的数据，这个过程被称为多项式插值。对两个不同的d次多项式，在这N个点中，最多有$d-1$个点上的取值相等，故两个不同的编码至少有$N-d+1$个位置不同。因此，这样的编码可以容纳$N-d$个随机错误。显然，如果$N=d$，该编码将毫无容错性，也就成了从向量空间$\mathbb{F}^d$到它自身的一一映射。

一个 RS 码记为$\mathrm{RS}[\mathbb{F},S,\rho]$，其中$0<\rho<1$，表示多项式$f(x)$的次数不超过$\rho N$。实际上，$\mathrm{RS}[\mathbb{F},S,\rho]$表示了如下集合：

$$\{f(S)|f\in\mathbb{F}[X],\ \deg f\leqslant\rho N\}$$

2. RPT 问题

简单来说，RPT（RS Proximity Testing）问题是给定一个长度为N的编码，判断它是否属于$\mathrm{RS}[\mathbb{F},S,\rho]$，即判断一个编码是否是一个合法的 RS 码。最简单的方法是对给定的编码解码，即通过多项式插值，恢复多项式$f(x)$的各项系数。如果$f(x)$的次数不大于ρN，则输出 1，否则输出 0。实际上，作为一个纠错码，RS 码最初设计的目标就是这样的。

RPT 是否存在更高效的解法？例如，能否不读取完整的编码，即完整的$f(S)$，只读取其中一小部分$\log N$级别的编码，就能以较大概率做出准确判断呢？

乍一看，上述目标似乎是不可能达到的，毕竟对一个合法的编码$f(S)$，只需要改动其中任意一位，就能得到一个非法的编码$f(S)'$。如果一个验证算法只读取了$f(S)'$的一小部分，那么大概率会错过被改变的那一位，而得到的输入和$f(S)$没有任何区别。

但 RPT 问题还有另外一个限制条件，即它的输入要么是一个合法的编码，要么和所有合法的编码有至少δN个位置相同。这也就是它的名称中 Proximity 这个词的含义。

但是，即使增加了上述限制条件，效率依然不能被提高多少。无论δN的值有多大，验证算法至少需要验证ρN个点。实际上，如果只能读取编码上不到ρN个位置，再强大的算法也不可能判断这个编码是否合法。这些信息实在是太少了，甚至还不足以唯一确定一个ρN次以内的多项式，更不要说识别出一个更高次数的多项式了。

于是我们退而求其次，除了编码本身，还应该允许验证者通过验证算法和证明者交互。这就引入了交互证明模型。

3. IOPP

IOPP 是 IOP 的“变种”，其核心算法类似于快速傅里叶变换，通过不断降低每轮验证函数的阶数，来验证证明者提供的信息。这种算法的工作量非常接近于一个低阶的多项式函数，这也是一种概率性的验证方式，只是优化了证明的规模和验证者的工作量。

表 3-3 给出了来自 FRI 论文里的比较数据。

表 3-3　来自 FRI 论文里的比较数据

	证明生成	证明长度	验证生成	查询	轮次
$\text{Testing}_{[\text{RS92}]}$	0	0	$\tilde{O}(\rho N)$	ρN	0
$\text{PCP}_{[\text{ALM}^+98,\text{AS98}]}$	$N^{O(1)}$	$N^{O(1)}$	$N^{O(1)}$	$N^{O\left(\frac{1}{\delta}\right)}$	1
$\text{PCP}_{[\text{BFL90,BLFS91}]}$	$N^{1+\epsilon}$	$N^{1+\epsilon}$	$\frac{1}{\delta}\log^{O(1,\epsilon)} N$	$\frac{1}{\delta}\log^{O(1,\epsilon)} N$	1
$\text{PCPP}_{[\text{BS08,BGH}^+06]}$	$\geqslant N\log^{1.5} N$	$\geqslant N\log^{1.5} N$	$\geqslant\frac{1}{\delta}\log^{5.8} N$	$\geqslant\frac{1}{\delta}\log^{5.8} N$	1
$\text{PCPP}_{[\text{Din07,Mie09}]}$	$N\log^C N$	$N\log^C N$	$\frac{1}{\delta}\log^C N$	$O\left(\frac{1}{\delta}\right)$	1
$\text{IOPP}_{[\text{BCF}^+16,\text{BBGR16b}]}$	$N\log^C N$	$>4\cdot N$	$\frac{1}{\delta}\log^C N$	$O\left(\frac{1}{\delta}\right)$	$\log\log N$
RS 码优化后的 IOPP	$<6\cdot N$	$<\frac{N}{3}$	$\leqslant 21\cdot\log N$	$2\log N$	$\frac{\log N}{2}$

4. FRI 概述

FRI 是为 RPT 问题构造的一个 IOPP，由证明者和验证者双方交互执行。当协议开始时，验证者已经获知了完整的编码 $f(S)$。虽然验证者还没有读取这个编码，但可以在协议执行过程中随时查询编码的任意部分。证明者知道多项式 $f(x)$ 次数不高于 ρN。在协议执行过程中，证明者和验证者多次交互，每次交互中，证明者都会向验证者发送一个字符串，验证者可以随机读取这个字符串的任意比特，而并不需要读取整个字符串。在交互结束后，验证者确信 $f(x)$ 是次数不大于 ρN 的，输出 1；或者验证者判断证明者是一个恶意攻击者，输出 0。

在这个过程中，需要一个密码学方案模拟可信的第三方，然后在验证者选择的位置打开该多项式。下面介绍 FRI 是如何实现的。

证明者发送一个 Merkle 根序列，对应的 codeword 在每次迭代中长度减半。验证者检查连续轮次的 Merkle-Tree 以测试简单的线性关系。诚实的证明者所表示的多项式的计算次数同样在每一轮中减半，因此远小于 codeword 的长度。对恶意证明者来说，这个度数比 codeword 的长度小 1。最终证明者发送一个与常数多项式对应的 Non-Trivial codeword。

我们用数学语言重新描述这个过程。证明者宣称多项式 $f^{(0)}:L^{(0)}\to\mathbb{F}$，在集合 $L^{(0)}\subset\mathbb{F}$ 上的取值 $f^{(0)}(L^{(0)})$ 属于 RS 码 $\mathbb{F},L^{(0)},\rho$。注意我们用 $L^{(0)}$ 代替了 S，$L^{(0)}$ 是一个乘法群，设其大小为 $N=2^n$。这里用上标号 $^{(0)}$ 是为了表示这是递归的第一步，目前可以先忽略。$\mathbb{F}$ 是一个二元域，即大小为 2 的幂的有限域。

在协议开始前，证明者已经对整个编码，即 $f^{(0)}(L^{(0)})$ 进行过承诺，验证者可以随时要求证明者提供$f^{(0)}$在$L^{(0)}$中的某个位置的取值。证明者不能撒谎。

验证者逐个查询$f^{(0)}$的值。它至少要查询$\rho N = \rho 2^n$个点才能做出判断，即用多项式插值法。该方法的通信复杂度为$O(N)$。我们称该方法为暴力查询法。

下一步，对$f^{(0)}$进行如下拆分。将$f^{(0)}$中的偶数次项放到一起，看作关于X^2的多项式，记为$P_1^{(1)}$，再将奇数次项放在一起，提取公因子X后也可以看作关于X^2的多项式$P_2^{(1)}$。

$$f^{(0)}(X) = P_1^{(1)}\left(X^2\right) + X \cdot P_2^{(1)}\left(X^2\right) \tag{3-21}$$

其中，$P_1^{(1)}$和$P_2^{(1)}$这两个多项式的次数都在$\rho N = \rho^{2^{n-1}}$以内，定义域为$L^{(1)}$，$L^{(1)}$是对$L^{(0)}$中的每个元素做平方得到的。因为$x^2 = (-x)^2$，所以$L^{(1)}$的元素个数刚好是$L^{(0)}$的元素个数的一半，即$\left|L^{(1)}\right| = \left|L^{(0)}\right|/2 = 2^{n-1}$。

例如，$f(X) = 2X^4 + 3X^3 + 5X^2 + X + 3$。

- 偶数次项为$2X^4 + 5X^2 + 3 = P_1^{(1)}\left(X^2\right)$，则$P_1^{(1)}(X) = 2X^2 + 5X + 3$
- 奇数次项为$3X^3 + X = X \cdot P_2^{(1)}\left(X^2\right)$，则$P_2^{(1)}(X) = 3X + 1$。

接下来，定义二元多项式$Q^{(1)}(X,Y) = P_1^{(1)}(Y) + XP_2^{(1)}(Y)$，其中，$X \in L^{(0)}$，$Y \in L^{(1)}$，这个多项式的定义域为$L^{(0)} \times L^{(1)}$。根据定义$f^{(0)}(X) = Q^{(1)}\left(X, X^2\right)$，即当$Y = X^2$时，$Q^{(1)}(X,Y) = f^0(X)$。

如图3-16所示，灰色部分为Q的定义域，图中曲线为$Y = X^2$。因为$\mathbb{F}$为离散的有限域而非实数域，这条曲线的实际形状并非如此，只是为了辅助理解而画成实数集中的抛物线形状。

因为当$Y = X^2$时，$Q(X,Y) = f^0(X)$，所以在图3-16中的抛物线上，$Q(X,Y)$的值和$f^0(X)$的值相等。

另外，当固定Y的值时，Q相对变量X是一个线性函数，在图3-16中任意Y值处画一条横线，Q在这条横线上是线性函数。

同样地，当固定X的值时，Q是关于Y的一个低于$\rho^{2^{n-1}}$次的一元多项式，在图3-16中任意X值处画一条竖线，得到图3-17，这条竖线就代表一个低于$\rho^{2^{n-1}}$次的多项式。

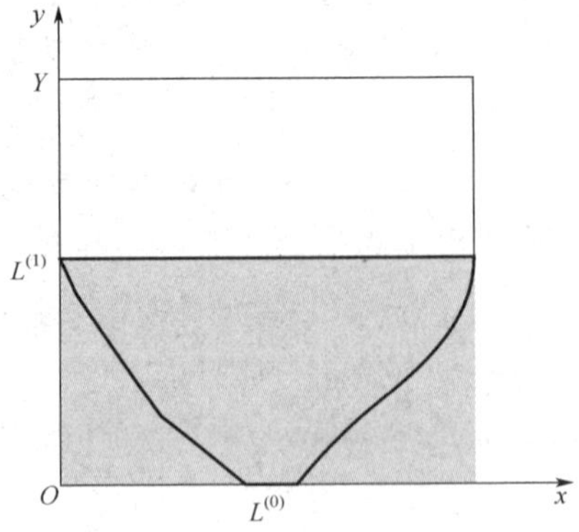

图 3-16　二元多项式 Q 的定义域

接下来，验证者在 $L^{(0)}$ 中均匀随机选取 $x^{(0)}$，令 $f^{(1)}(Y):=Q\left(x^{(0)},Y\right)$，也就是说，将 Q 的第一个变量固定到 $x^{(0)}$ 处，得到一个一元多项式，记为 $f^{(1)}$，如图 3-17 中竖线所示。根据上文，$f^{(1)}$ 的次数低于 $\rho^{2^{n-1}}$。

至此，完成了第一步递归，由 $f^{(0)}$ 得到了 $f^{(1)}$。

证明者和验证者执行以下协议：

第一步，验证者随机选取 $x^{(0)}$ 发送给证明者，然后证明者计算 $f^{(1)}(Y):=Q\left(x^{(0)},Y\right)$，并承诺 $f^{(1)}\left(L^{(1)}\right)$。

第二步，验证者随机选取 $y\in L^{(1)}$，求出 $y=X^2$ 的两个根 s_0 和 s_1。然后，验证者向证明者查询 $f^{(0)}$ 在 s_0 和 s_1 处的值，记为 α_0 和 α_1，以及 $f^{(1)}$ 在 y 处的值，记为 β，如图 3-18 所示。

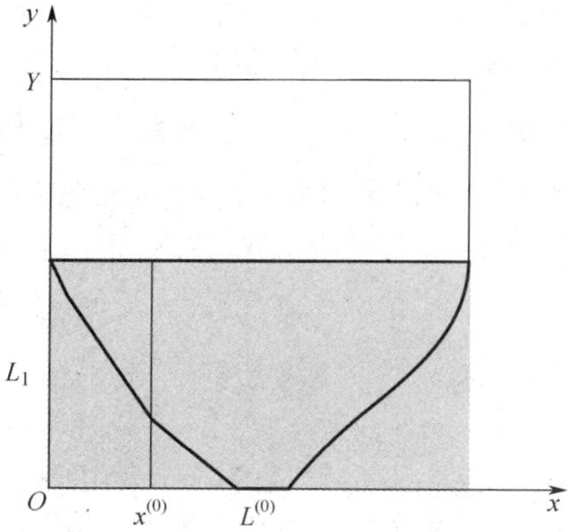

图 3-17　在二元多项式 Q 的定义域中固定 X

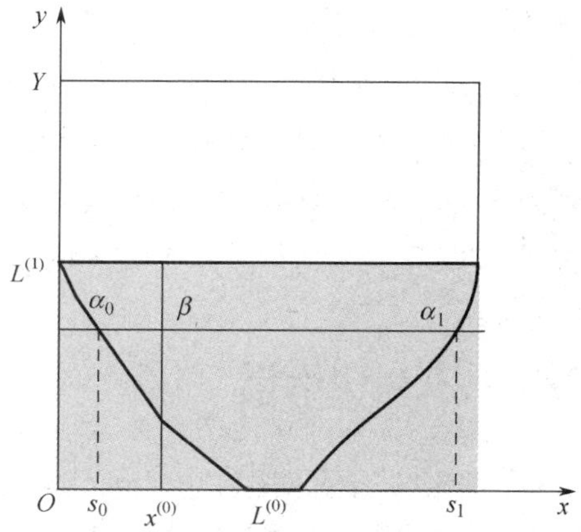

图 3-18　验证者查询 $f^{(0)}$ 在 s_0 和 s_1 处的值

验证者验证 (s_0,α_0)、(s_1,α_1)、(x_0,β) 3 点共线。上文提到，Q 在每条横线上是线性的。

将此验证过程进行多次，以保证对大多数的 Y，Q 都是线性的。

第三步，验证者验证 $f^{(1)}\in \mathrm{RS}[F,L^{(1)},\rho]$。

要得出上述方案的正确性，需要证明，如果以下两点同时成立，即可推出 $f^{(0)}\in \mathrm{RS}[F,L^{(0)},\rho]$。

（1）对大部分 Y，上述第二步验证都可以通过。

（2）第三步能够验证通过，即 $f^{(1)}\in \mathrm{RS}[F,L^{(1)},\rho]$。

验证过程是对 Y 进行抽样调查的过程，如果抽到的样本全部合格，可以大概率相信总体中绝大部分样本是合格的，但不能证明全部样本都是合格的。

假如 10000 个样本中只有 1 个不合格，抽查其中 100 个，只有 1%的概率能把不合格的样本抽到。因此，即使 100 个样本全部合格，也不能确信全部样本都是合格的，但是大概率可以相信 99%的样本是合格的。

对编码 $f^{(0)}(L^{(0)})$ 的 Proximity 要求在这里起了关键作用，即 $f^{(0)}(L^{(0)})$ 要么属于 $RS[F,L^{(0)},\rho]$，要么和这个集合中所有多项式的距离都大于 δN。从这一点可以推出，在上述第二步验证中，不合格的 Y 值要么一个也没有（$f^{(0)}$ 合法的情况），要么有相当大的比例（$f^{(0)}$ 不合法的情况），使得第二步可以运用抽样调查。

为了验证第二点，即对次数已经减半的 $f^{(1)}$，验证者可以选择暴力查询，其验证复杂度已经减小了一半。验证者也可以选择对 $f^{(1)}$ 递归使用上面的方法，直到递归 $r=O(\log N)$ 次之后，$L^{(r)}$ 的大小 2^{n-r} 是一个给定的常数，此时，对 $f^{(r)}$ 进行暴力查询也只需要常数时间。

综上所述，在整个递归协议中，验证者需要发送 $x^{(0)},\cdots,x^{(r-1)}$ 给证明者，然后证明者承诺 $f^{(1)},\cdots,f^{(r)}$ 这 r 个多项式。验证者通过暴力查询验证 $f^{(r)}$ 的次数在 $\rho^{2^{n-r}}$ 以内。对每一对 $f^{(i)}$，$f^{(i+1)}$，$0\leqslant i<r$，验证者执行上面提到的第二步验证，即随机挑选若干 Y，求解 s_0，s_1 为 $Y=x^2$ 的根，验证 $\left[s_0,\ f^{(i)}(s_0)\right]$、$\left[s_1,f^{(i)}(s_1)\right]$、$\left[x^{(i)},f^{(i+1)}(Y)\right]$ 3 点共线。

在上述验证中，暴力查询验证 $f^{(r)}$ 所需的通信和计算复杂度为常数，每对多项式随机挑选的 Y 的数量也是常数，每次验证 3 点共线所需的通信和计算复杂度也为常数。因此，整个递归算法的通信复杂度是 $O(\log N)$ 级别的。

3.4.2 KZG10 承诺

KZG 承诺[1]基于配对组，其主要优点是承诺和打开仅由恒定数量的群元素组成，缺点是它需要一个结构化参数字符串，其长度与承诺的多项式系数的数量一样长，而且必须以指定的方式生成该字符串，并且任意应用承诺多项式的参与方都能获得该字符串。但这个过程容易产生陷门，在产生陷门时必须将其丢弃。也就是说，生成参考字符串的任意一方都知道一些信息，该信息会打破多项式承诺方案的绑定属性，从而破坏使用承诺方案的论证系统的可靠性。这个过程也被称为可信设置。

与 FRI 承诺相比，KZG10 承诺有一些独特的功能，它不是对某个字节做出的承诺，而是对多项式的承诺。此外，由于 KZG 承诺是基于配对的，其证明规模恒定，为单个椭圆曲线组元素数量，验证时间恒定，所以仅需进行两次配对操作。

1. 主要步骤

在接下来的示例中，有两个角色，一个是想要外包多项式计算的验证者和想要评估多项式并证明评估正确的证明者。我们还将假设它们相互发送的任何消息都将成为公共

[1] 由 Kate、Zaverucha 和 Goldberg 提出，也称卡特（Kate）多项式承诺方案。

信息。以 KZG10 承诺为例，其证明和验证过程如图 3-19 所示。

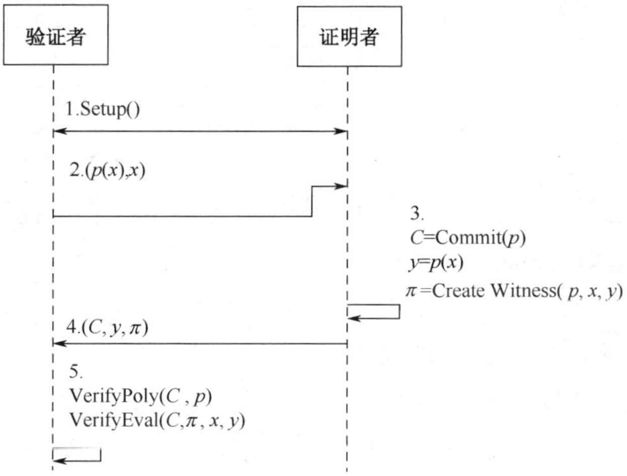

图 3-19　KZG10 承诺的证明和验证过程

图 3-19 是一个典型的代理计算的例子。其对应的场景是：验证者有一项计算比较重的任务，他不想做这件事，于是把这个任务委托给能够胜任这份工作的第三方证明者。但问题是，验证者如何保证证明者不会偷懒，是否是随机提交了一个结果呢？也就是如何保证计算结果的正确性？

KZG10 承诺的逻辑是，证明者除了提交计算结果 y，还需另外提交一份能验证计算结果正确性的证明，包括一个多项式承诺 π 和原多项式的承诺 C。验证者在拿到这些数据后先验证提交的多项式承诺 C 是否正确，再验证计算结果 y 的正确性。此外，这里还有一个原则，就是验证者的验证成本要远低于计算成本。

那么，证明者如何提供这些证明呢？可以按以下步骤进行：

（1）验证者发送带有 x 坐标的多项式进行评估。

（2）证明者计算对多项式的承诺、多项式的评估和评估证明。

（3）证明者将所有信息发给验证者。

（4）验证者检查证明者是否正确评估了多项式，并承诺了正确的多项式。

这个过程中验证者并不会对多项式进行计算。

表 3-4 和表 3-5 是 KZG10 验证中参数、函数或步骤所代表的内容。

表 3-4　KZG10 验证中参数所代表的内容

参数	描述
$p(x)$	待计算的多项式
(x, y)	待评估的点 p
C	提交的多项式 $p(x)$
π	评估证明

表 3-5　KZG10 验证中函数或步骤所代表的内容

函数或步骤	描述
Setup	设置用于协议其余部分的参数
Commit	在给定多项式时创建“承诺”
CreateWitness	在 p 上生成 x 的评估证明
VerifyPoly	检查提交的多项式和多项式是否重合
VerifyEval	检查提交的多项式是否被正确计算

2. 将多项式承诺作为椭圆曲线点

KZG10 承诺中最重要的部分是公共引用字符串 CRS，这是一组商定的 Setup 公共参数，所有参与者都用它来计算和验证承诺和证明。

CRS 是一组椭圆曲线点。与 ECC 公钥不同的是，在 ECC 公钥体系中，密钥持有者 $\left(\alpha, g^{x}\right)$ 知道他们的私钥和公钥，而在 KZG10 承诺中，有一些带有“未知”私钥的“公钥”。尽管我们不知道使用什么神秘数字 α 来创建这些“公钥”，但我们确实知道每个连续的“公钥”都是由另一个 α 连续的幂定义的。

要保证 KZG10 承诺是安全的，就要保证 α 是隐藏的。在实践中，可以通过执行 SMPC 函数生成 CRS，由多个机器提供随机的 α 分片。只要有 1 个参与者是诚实的，在参与之后销毁了自己提供的 α 分片，这个系统就是安全的。

在确定了 CRS 后，就可以创建多项式承诺了。我们需要类似“哈希”的函数来建立隐藏和绑定。利用 CRS 和某些 EC 算法[1]，我们可以计算 α 上的多项式 $p(x)$，并得到 EC 点。方法如下：

$$\mathrm{Commit}(p)$$

$$g^{p(\alpha)} = g^{\sum_{i=0}^{n} \alpha^{i} c_i} = g^{\alpha^{n} c_n + \cdots + \alpha^{2} c_2 + \alpha c_1 + c_0} = \prod_{i=o}^{n}\left(g^{\alpha^{i}}\right)^{c_i}$$

3. 评估证明

接下来提交多项式，在已知点上对其进行评估，并创建“我们已经进行了评估”的证明。通常来说，多项式的评估很容易，但创建一个“我们已经进行了评估”的证明并不简单。以下是创建证明的过程：

---

[1] EC 算法，Erasure Coding，又称纠删码。EC 算法是一种编码容错技术，最早用在通信行业解决部分数据在传输中的损耗问题。在数据存储中，纠删码将数据分割成片段，并生成校验数据块片段，将其存储在不同硬盘上。从纠删码的形态看，它是“K 个数据块+M 个校验块”的结构，其中，K 和 M 的值可以按照一定的规则设定，可用 N=K+M 来表示。变量 K 代表原始数据；变量 M 代表校验数据；变量 N 代表纠删码后创建的数据的总值。当小于或等于 M 个存储块（数据块或校验块）损坏时，整体数据块可以通过计算剩余存储块上的数据得到，整体数据不会丢失。

$$y = p(x)$$
$$\pi = \text{CreateWitness}(p, x, y)$$
$$g^{\alpha(x)} = g^{\frac{p(\alpha)-P(x)}{\alpha-x}}$$

因为我们不知道α，因此要先在α和x之间进行$[p(\alpha)-p(x)]/(\alpha-x)$的多项式除法，然后用 CRS 计算得到多项式，最后验证评估证明。

验证归结为检查两个目标组的 EC 点是否相等。通过简化和重新排列，可以确认双方都在计算同一件事。这里使用的是椭圆曲线配对。椭圆曲线配对为执行 EC 算法提供了一种工具，指的是在椭圆曲线上取两个点（通常在两个不同的组中），并在第三个不同的组中生成一个新点。如果有人篡改，就会验证失败。

如果想验证多项式上多个点的评估证明，就必须重复相同的协议。这样做的效率不高，会导致大量冗余通信，但 KZG10 技术已经实现了在多项式上的“批量”验证。

4. 多项式上的“批量”验证

“批量”验证利用了拉格朗日多项式和零多项式。当给定数据时，拉格朗日多项式旨在插值或“拟合”所有数据的正态多项式，它的表述如式（3-22）所示。

$$L(x) = \sum_{i=0}^{k-1} y_i \prod_{\substack{0 \leqslant j \leqslant i-1 \\ i+1 \leqslant j \leqslant k-1}} \frac{x - z_j}{z_i - z_j} \tag{3-22}$$

零多项式则可以表述为式（3-23）。

$$Z(x) = \prod_{i=0}^{k-1} x - z_i \tag{3-23}$$

在 CreateWitness 中，通过拉格朗日多项式和零多项式进行如式（3-24）的变换。

$$g^{\frac{p(\alpha)-p(x)}{\alpha-x}} \to g^{\frac{p(\alpha)-L(\alpha)}{Z(\alpha)}} \tag{3-24}$$

在 VerifyEval 中，进行如式（3-25）的变换。

$$e\left(\pi, g^{\alpha-x}\right) = e\left(Cg^{-y}, g\right) \to e\left(\pi, g^{Z(\alpha)}\right) = e\left(Cg^{-L(\alpha)}, g\right) \tag{3-25}$$

这样就添加好了批处理，并增加了两个函数 CreateWitnessBatch 和 VerifyEvalBatch。但是我们怎么知道这种变换可以正确地“批量”验证点呢？

对于“新”的 CreateWitnessBatch，如果所有的点都是合法$p(x)$的评估，那么$p(x)$和$L(x)$具有相同的交点。执行$p(x)-L(x)$会产生一个根为$(Z_0, Z_1, \cdots, Z_k)$的多项式。由于在 CreateWitnessBatch 中可以做多项式整除，因此在 VerifyEvalBatch 中可以通过π和$Z(\alpha)$的配对执行$p(\alpha)-L(\alpha)$。

3.4.3　IPA 承诺

零知识证明 BulletProofs、Halo2 算法的核心是 IPA 承诺，也称内积证明。IPA 承诺的安全假设较少，不需要配对，也不需要可信设置。

1. 主要原理

内积证明的基本策略是“分治法”，即将一个问题规约成多个同类型的子问题，而不是试图一步完全解决它。在规约的每一步，问题规模都会减半，这保证了在 $\log n$ 步后，问题规模会减小到 1，之后就可以通过简单证明解决了。

假设我们需要证明的承诺 $\boldsymbol{C}$ 具有如式（3-26）所示的形式。

$$\boldsymbol{C}=\boldsymbol{a}\cdot\boldsymbol{g}+\boldsymbol{b}\cdot\boldsymbol{h}+(\boldsymbol{a}\cdot\boldsymbol{b})\boldsymbol{q} \tag{3-26}$$

其中 $\boldsymbol{g}=(g_0,g_1,\cdots,g_{n-1})$，$\boldsymbol{h}=(h_0,h_1,\cdots,h_{n-1})$，且 $\boldsymbol{q}$ 是“基”，即它们是群 G 中的元素，并且它们对任意一方的离散对数都未知。$\boldsymbol{a}\cdot\boldsymbol{g}$ 是一个由标量组成的向量 $\boldsymbol{a}$ 和另一个由群元素组成的向量 $\boldsymbol{g}$ 的乘积，我们将其定义为式（3-27）。

$$\boldsymbol{a}\cdot\boldsymbol{g}=a_0g_0+a_1g_1+\cdots+a_{n-1}g_{n-1} \tag{3-27}$$

也就是说，我们要证明 $\boldsymbol{C}$ 是以下元素的承诺：

（1）基为 $\boldsymbol{g}$ 的向量 $\boldsymbol{a}$

（2）基为 $\boldsymbol{h}$ 的向量 $\boldsymbol{b}$

（3）基为 $\boldsymbol{q}$ 的内积 $\boldsymbol{a}\cdot\boldsymbol{b}$。

2. 证明

我们想让证明者向验证者证明承诺的确具有形式 $\boldsymbol{C}=\boldsymbol{a}\cdot\boldsymbol{g}+\boldsymbol{b}\cdot\boldsymbol{h}+(\boldsymbol{a}\cdot\boldsymbol{b})\boldsymbol{q}$，并且以 $\boldsymbol{g}$、$\boldsymbol{h}$、$\boldsymbol{q}$ 为基。就像之前提到的，不是直接证明，而是把这个问题规约成如下形式——如果这一性质对于另一个承诺 $\boldsymbol{C}'$ 成立，则 $\boldsymbol{C}$ 也满足该性质。整体步骤大体和 KZG10 相同，证明者提交一些信息，然后验证者发起一个挑战，从而引出下一个承诺 $\boldsymbol{C}'$。

1）证明描述

承诺 $\boldsymbol{C}$ 符合 $\boldsymbol{C}=\boldsymbol{a}\cdot\boldsymbol{g}+\boldsymbol{b}\cdot\boldsymbol{h}+(\boldsymbol{a}\cdot\boldsymbol{b})\boldsymbol{q}$ 的形式，并且以 $\boldsymbol{g}$、$\boldsymbol{h}$、$\boldsymbol{q}$ 为基。我们将符合这种形式的 $\boldsymbol{C}$ 称为拥有“内积性质”。

2）规约步骤

假设 $m=\dfrac{n}{2}$，证明者计算

$$z_L=a_mb_0+a_{m+1}b_1+\cdots+a_{n-1}b_{m-1}=\boldsymbol{a}_R\cdot\boldsymbol{b}_L \tag{3-28}$$

$$z_R=a_0b_m+a_1b_{m+1}+\cdots+a_{m-1}b_{n-1}=\boldsymbol{a}_L\cdot\boldsymbol{b}_R \tag{3-29}$$

这里我们定义 $\boldsymbol{a}_L$ 为向量的“左半部”，$\boldsymbol{a}_R$ 为向量的“右半部”。向量 $\boldsymbol{b}$ 类似。然后证明者计算如式（3-30）和式（3-31）的承诺，并发送给验证者。

$$\boldsymbol{C}_L=\boldsymbol{a}_R\cdot\boldsymbol{g}_L+\boldsymbol{b}_L\boldsymbol{h}_R+z_{Lq} \tag{3-30}$$

$$\boldsymbol{C}_R=\boldsymbol{a}_L\cdot\boldsymbol{g}_R+\boldsymbol{b}_R\boldsymbol{h}_L+z_{Rq} \tag{3-31}$$

然后，验证者发送挑战 $x\in\mathbb{F}_p$，这意味着 x 是 $\boldsymbol{C}_L$ 和 $\boldsymbol{C}_R$ 的哈希值，证明者以此计算更新的向量，长度为原向量的一半。

$$\boldsymbol{a}'=\boldsymbol{a}_L+x\boldsymbol{a}_R \tag{3-32}$$

$$\boldsymbol{b}' = \boldsymbol{b}_L + x^{-1}\boldsymbol{b}_R \tag{3-33}$$

接下来，验证者计算新的承诺和基：

$$\boldsymbol{C}' = x\boldsymbol{C}_L + \boldsymbol{C} + x^{-1}\boldsymbol{C}_R \tag{3-34}$$

$$\boldsymbol{g}' = \boldsymbol{g}_L + x^{-1}\boldsymbol{g}_R \tag{3-35}$$

$$\boldsymbol{h}' = \boldsymbol{h}_L + x\boldsymbol{h}_R \tag{3-36}$$

如果新的承诺 $\boldsymbol{C}'$ 符合 $\boldsymbol{C}_L = \boldsymbol{a}' \cdot \boldsymbol{g}' + \boldsymbol{b}' \cdot \boldsymbol{h}' + \boldsymbol{a}' \cdot \boldsymbol{b}'\boldsymbol{q}$ 的形式，那么承诺 $\boldsymbol{C}$ 就遵从最初的假设，拥有“内积性质”。至此所有的向量规模都减半。

一直重复以上步骤，n 每次减半，直至 $n=1$。这时证明者发送的 $\boldsymbol{a}$ 和 $\boldsymbol{b}$ 两个向量，实际上是两个标量，验证者可以非常直观地计算 $\boldsymbol{D}$，如式（3-37）所示。

$$\boldsymbol{D} = \boldsymbol{ag} + \boldsymbol{bh} + \boldsymbol{abq} \tag{3-37}$$

如果 $\boldsymbol{D}$ 等于 $\boldsymbol{C}$ 就接受，反之则拒绝。

3. 构造承诺

如果想要验证多项式 $f(x) = \sum_{i=1}^{n-1} a_i x^i$，我们通常需要从承诺 $\boldsymbol{F} = \boldsymbol{a} \cdot \boldsymbol{g}$ 开始构造。证明者可以将 $y = f(z)$ 的计算发送给验证者。

在大多数情况下，$\boldsymbol{F}$ 是证明者生成的承诺，一个恶意的证明者可以在这里作弊，如提交一个 $\boldsymbol{F} = \boldsymbol{a} \cdot \boldsymbol{g} + \boldsymbol{tg}$。在这种情况下，因为证明者生成的承诺有一个偏移，所以能够证明 $f(\boldsymbol{z}) = \boldsymbol{y} - \boldsymbol{t}$。

为了避免这种情况，我们需要对证明过程做一点改变。当收到承诺 $\boldsymbol{F}$ 和计算结果 $\boldsymbol{y}$ 后，验证者生成一个向量 $\boldsymbol{w}$ 并且重新选择基 $\boldsymbol{q} := \boldsymbol{wq}$，之后证明继续。因为证明者不能预判 $\boldsymbol{w}$ 的取值，也就无法成功操控除 $f(\boldsymbol{z})$ 外的结果。

如果我们想进行多项式计算，验证者已知向量 $\boldsymbol{b} = (1, \boldsymbol{z}, \boldsymbol{z}^2, \cdots, \boldsymbol{z}^{n-1})$，给定挑战 $\boldsymbol{x}_0, \boldsymbol{x}_1, \boldsymbol{x}_2, \cdots, \boldsymbol{x}_l$，则可以简单地得到 $\boldsymbol{b}_l$。

因此，我们可以从所有承诺中移除第二个向量并且只计算 $\boldsymbol{b}_l$。这意味着验证者必须能够从初始向量 $\boldsymbol{b}_0 = (1, \boldsymbol{z}, \boldsymbol{z}^2, \cdots, \boldsymbol{z}^{n-1})$ 中计算最终的 $\boldsymbol{b}_l$。因为 $\boldsymbol{b}$ 的规约过程与基向量 $\boldsymbol{g}$ 相同，线性组合也由之前定义的多项式 $f_{\boldsymbol{g}}$ 的系数定义，即 $\boldsymbol{b}_l = f_{\boldsymbol{g}}(\boldsymbol{z})$。

到目前为止，我们用一个内积证明计算了一个由 $f(\boldsymbol{x}) = \sum_{i=0}^{n-1} f_i \boldsymbol{x}^i$ 定义的多项式中的 f_i。然而，在多数情况下我们想要一个在给定定义域 $\boldsymbol{x}_0, \boldsymbol{x}_1, \boldsymbol{x}_2, \cdots, \boldsymbol{x}_{n-1}$ 由计算值定义的多项式。因为任何阶数低于 $(n-1)$ 的多项式都是由 $f(\boldsymbol{x}_0), f(\boldsymbol{x}_1), \cdots, f(\boldsymbol{x}_{n-1})$ 的计算结果定义的独一无二的多项式，所以这两者是完全等价的，但是这两者之间的转化在计算上比较费时。为了避免这项计算开销，我们尝试避免使用多项式系数的形式，可以通过提交多项式值 f 的承诺而不是系数的承诺来实现，如式（3-38）所示。

$$\boldsymbol{C} = f(\boldsymbol{x}_0)\boldsymbol{g}_0 + f(\boldsymbol{x}_1)\boldsymbol{g}_1 + \cdots + f(\boldsymbol{x}_{n-1})\boldsymbol{g}_{n-1} \tag{3-38}$$

IPA 的向量 $\boldsymbol{a}$ 的形式为 $\boldsymbol{a}=\left[f(\boldsymbol{x}_0),f(\boldsymbol{x}_1),\cdots,f(\boldsymbol{x}_{n-1})\right]$。

现在可以计算这个新的承诺多项式的取值，记作式（3-39）。

$$f(z)=A(z)\sum_{i=0}^{n-1}\frac{f(\boldsymbol{x}_i)}{A'(\boldsymbol{x}_i)}\frac{1}{z-\boldsymbol{x}_i} \tag{3-39}$$

式中，$A(z)=\prod_{i=0}^{n-1}(z-\boldsymbol{x}^i)=z^n-1$； $A'(\boldsymbol{x})=n\boldsymbol{x}^{n-1}=\sum_{j=0}^{n-1}\prod_{i\neq j}(\boldsymbol{x}-\boldsymbol{x}^i)$。

如果我们选择向量 $\boldsymbol{b}$，那么

$$\boldsymbol{b}_i=\frac{A(z)}{A'(\boldsymbol{x}_i)}\frac{1}{z-\boldsymbol{x}_i} \tag{3-40}$$

可以得到 $\boldsymbol{a}\cdot\boldsymbol{b}=f(z)$，因此，这种 IPA 的向量可以被用作证明点值多项式的取值。除了这一点差异，其他的证明过程与之前完全相同。

3.4.4 不同方案的对比

不同的零知识证明算法的关键差别，是它们采用了不同的多项式承诺方案。图 3-20 展示了零知识证明算法与其他多项式承诺方案的对应关系。

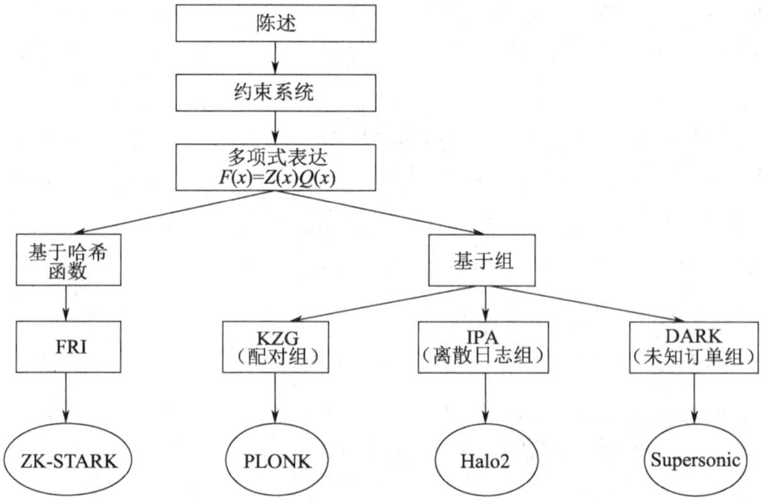

图 3-20　零知识证明算法与其他多项式承诺方案的对应关系

同样地，不同的多项式承诺方案也使得零知识证明算法具有不同的属性、效率和安全性。例如，基于 FRI 的 ZK-STARK 算法具有抗量子性，并且不需要任何可信设置，因为它只依赖了很少的数学安全假设。基于 DARK 的 Supersonic 算法，如果未知阶组是 RSA 组，则需要可信设置，因为它依赖整数分解问题 IFP 假设。如果未知订单组是类组，则不需要任何可信设置，因为它依赖计算类组元素数量的难度。表 3-6 给出了每种多项式承诺方案的优点和缺点。

表 3-6 每种多项式承诺方案的优点和缺点

	FRI	KZG	IPA	DARK(RSA)	DARK(Class)
透明	yes	no	yes	no	yes
简洁	yes	yes	no	yes	yes
后量子	yes	no	no	no	no

在零知识证明算法中，简洁一般表示证明简洁、验证简洁、通信简洁。表 3-7 给出了每种多项式承诺方案对应的性能指标。

表 3-7 每种多项式承诺方案对应的性能指标

	FRI	KZG	IPA	DARK
证明规模	$O\left[\log^2(d)\right]$	$O(1)$	$O[\log(d)]$	$O[\log(d)]$
确认时间	$O\left[\log^2(d)\right]$	$O(1)$	$O[\log(d)]$	$O[(d)]$
证明时间	$O\left[d\log^2(d)\right]$	$O(d)$	$O(d)$	$O(d)$

从表 3-7 可以看出，KZG 承诺方案在简洁方面是最好的，因为它的证明规模和验证时间都是恒定的，这意味着电路规模的增加不会导致证明规模的增加。其他多项式承诺方案的证明规模与电路规模有关，这意味着证明规模会随着电路规模的增大而增大。但是在安全性方面，KZG 承诺方案与其他方案相比较差，因为它需要第三方可信设置。

3.5 非交互及零知识的实现

在证明多项式的过程中，密码编译器还有一些其他作用，如消除交互、缩小某些消息的规模，为没有零知识功能的信息论证系统 ITPS 添加零知识属性。

非交互属性。实现零知识非交互证明基于的模型，可分为 CRS 模型和 ROM 模型。例如，基于 QAP 的零知识证明均基于 CRS 模型实现非交互，而基于 DEIP、IPA 和 SMPC-in-the-Head 的零知识证明是基于 ROM 实现非交互的。需要说明的是，即使是基于 ROM 实现零知识非交互的证明，也可能需要公共参考串，如 Libra 等。

零知识属性。多项式的系数就是零知识证明中的“知识”，这个系数包含了想要隐藏的秘密输入。用 ZK-SNARK 完成零知识证明，就是验证者给出随机点进行挑战和证明者给出随机点上的解完成证明的过程。例如，基于 DEIP 和 IPA 的零知识证明是通过承诺的隐藏性及盲化多项式实现的零知识性，基于 SMPC-in-the-Head 的零知识证明则是通过 SMPC 协议的隐私性实现的零知识性。

3.5.1 非交互性

1. 基于 CRS 模型的实例

Jens Groth 在 2010 年基于指数知识假设（Knowledge of Exponent Assumption，KEA）

与 Pairing 提出了一种新的 NIZK Arguments 方案 Groth10，这也是后续许多 ZK-SNARK 方案的起点。这里的 CRS 由一对对的$\left(g^{x^n}, g^{ax^n}\right)$构成，被用来实现“知识承诺”，其中 x 与 a 是两个随机数，在生成 CRS 后，它们必须被“遗忘”。

最新的 Sonic 方案 MBK+19 在 Groth10 的基础上实现了可更新的 CRS。任何人担心 CRS 中的秘密被泄露了，他可以在原有 CRS 的基础上打一个补丁，继续往里藏一个秘密，这样就能保证 CRS 的安全性。这里的 CRS 还是“全局（Universal）”的，即 CRS 只需要生成一次，就可以应对所有的命题证明。这个方案后续被最新的 PLONK、Marlin 等方案采用。

基于 CRS 的 ZK-SNARK 的系统参数必须由可信第三方生成，这在去中心化的区块链应用中会带来安全问题，因为这意味着任何了解如何生成 CRS 的人都可以伪造证明，从而破坏可靠性。而 ZK-STARK 不需要可信设置，因此在某种程度上有更好的安全性。

在“可信设置过程”中安全地生成 CRS 的方法依然具有重要意义。到目前为止，ZK-SNARK 设置过程中使用的首选技术是安全多方计算（SMPC）。

SMPC 试图确保没有任何一方能够生成或获取关于 CRS 的底层数学结构的知识。SMPC 通过要求生成过程在尽可能多的独立参与者之间共享来实现这一点，只要少数人（甚至一个人）诚实行事，就可以确保设置安全。2015 年，Eli Ben-Sasson 等人提出了一种改进的 SMPC 结构，只要有一个参与者是诚实的，即使其他参与者都不诚实，它也可以生成安全参数。ZCash 使用此方案为 ZCash 的第一个版本“Sprout”生成 CRS。尽管该方案有创新，但过程却很烦琐，并且仅限于可以信任地正确执行该过程的专家。

目前，Groth16 的 SMPC 过程几乎成了行业标准，该过程包括两个阶段，第一个阶段被称为“Powers of TAU”，它是所有给定规模以下的电路的通用设置。第二个阶段将第一个阶段的输出转化为特定关系的 CRS。在该方案中，协调器用于管理参与者之间的消息，这扩展了处理流程，从理论上使其能够支持数百乃至数千名参与者。尽管存在协调器，但 SMPC 的输出仍可以被独立验证，从而保证了安全性，Filecoin、Ethereum 和 ZCash 等都用它来为其系统生成 CRS。图 3-21 直观地描绘了 Powers of TAU 的过程。

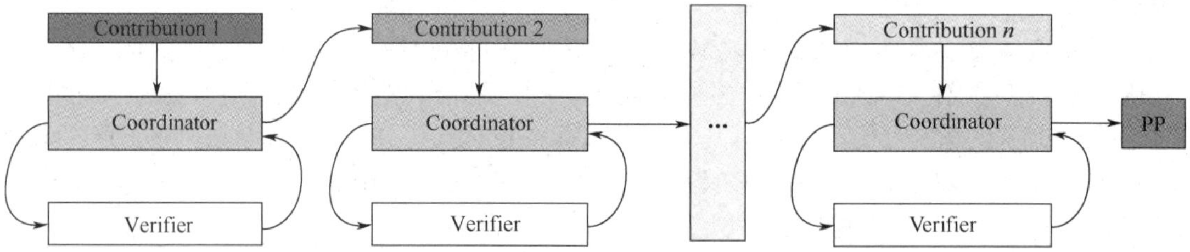

图 3-21　Powers of TAU 的过程

CRS 生成的内容甚至被开发成产品，供其他项目使用。例如，Tornado.cash 运行了一个设置过程，让用户能够直接通过 Web 浏览器使用该产品，这让其参与者人数达到了创纪录的 1114 名。

2. 基于 ROM 模型

通过 Fiat-Shamir 变换可以实现公开可验证的非交互证明。变换过程引入了随机预言机模型（Random Oracle Model，ROM）的理想化环境。Fiat-Shamir 变换中随机预言机是如何发挥作用的呢？

首先，Fiat-Shamir 变换的目的是将论证转化为随机预言机模型中的非交互、可公开验证的协议（后续用 I 指代原论证，用 Q 指代转化后的协议）。Fiat-Shamir 用随机预言机派生值替换交互式协议 I 中验证者的每条消息。在 Q 中，I 的第 i 轮中验证者的消息是通过查询随机预言机确定的，其中，查询点是证明者在第 $1,2,\cdots,i$ 轮中发送的消息列表。上面的简单尝试消除了验证者需要向证明者发送任何信息的需求，证明者可以简单地发送一个包含整个协议的转录（一个交互式协议中证明者与验证者交换的所有消息列表，其中，验证者在记录中的随机硬币投掷被替换为随机预言机评估）的单个消息。过程如图 3-22 所示。

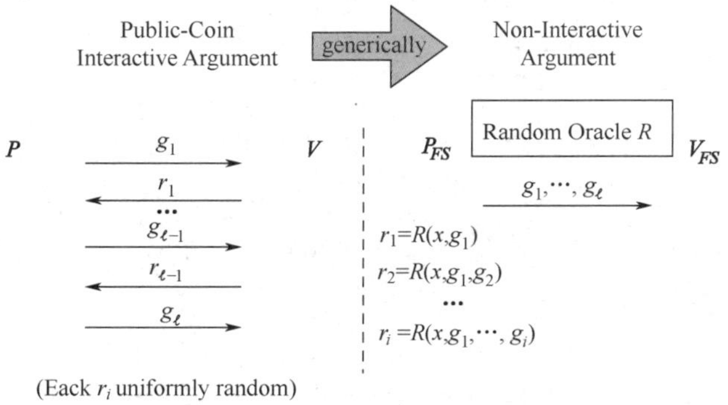

图 3-22　Fiat-Shamir 变换的过程

理论上，现实世界中的作弊者可能会利用对这种简洁表示的访问来破坏协议的安全性。但在实践中，随机预言机模型中已被证明安全的协议通常被认为是安全的。

随机预言机模型是现实中哈希函数的理想化“替身”。在 ROM 中，高效算法无法将现实中的哈希函数与随机函数区分开。换句话说，对于任何输入 $x \in D$，R 从 $\{0,1\}^k$ 中随机选择其输出 $R(x)$。因此，ROM 只是假设证明者和验证者可以查询一个随机函数 R。这意味着有一个预言机（称为随机预言机），证明者和验证者可以向预言机提交任何查询 x，预言机将返回 $R(x)$。也就是说，对于提交给预言机的每个查询 $x \in D$，预言机做出一个独立的随机选择来确定 $R(x)$，并返回该值。它会记录自己的回应，以确保如果再次查询 x 时重复相同的回应。

随机预言机假设在现实世界中是不成立的，因为指定一个随机函数 R 需要 $|D|\cdot K$ 位，基本上必须列出每个输入 $x \in D$ 的值 $R(x)$，为了确保密码的安全级别，$|D|$ 必须非常大（例如，$|D|\geqslant 2^{256}$ 或更大），这在现实中是完全不可行的。在现实中，随机预言机被一个具体的哈希函数（如 SHA-3）替代，它通过一个小型电路或计算机程序简洁地被指定，该程序可以对任意输入评估其哈希函数。

3.5.2 零知识

1. 基于同态加密

承诺证明与全同态加密（Fully Homemorphic Eneryption，FHE）有着千丝万缕的联系。FHE 方案允许在加密数据上进行计算。具体来说，假设 c_1 和 c_2 为密文，对应的明文为 m_1 和 m_2 。FHE 方案允许任何人在只知道 c_1 和 c_2 （但不知道对应的明文）的情况下计算 $m_1 \cdot m_2$ 和 $m_1 + m_2$ 的加密结果。也就是说，任何算术电路都可以在加密数据上对逐个门进行评估。

例如，一个计算能力有限的用户可以用 FHE 方案加密其数据，并请求云计算服务在其加密数据上评估一个算术电路，从而将敏感计算放到云端。云服务可以逐个地执行电路。对于电路中的每个加法门和乘法门，云服务可以将加法或乘法操作作用于门的输入邻居的密文，而无须“打开”密文。这样，云服务获得电路输出的加密结果，可以将其发送给用户，用户再对其进行解密。在这种情况下，FHE 方案避免了将用户的信息泄露给云端。

承诺证明的零知识论证在概念上类似，其中，证明者扮演用户的角色，验证者扮演云服务的角色。为了保证零知识，证明者希望将证据的元素隐藏起来，因此证明者使用加法同态承诺（Pedersen 承诺）方案对证据的元素进行承诺。验证者试图获得电路输出的承诺，类似云服务器试图获得输出的加密结果。

承诺证明的零知识论证的关键在于，承诺方案是加法同态而不是全同态的。这意味着验证者可以独自“加上两个承诺的值”而不需要打开承诺，但不能对它们执行乘法运算。因此，对于电路中的每个乘法门，承诺证明的零知识论证中的证明者通过发送关于乘积的承诺并以零知识证明的方式帮助验证者计算乘积，确保验证者确实可以打开该承诺以获得承诺值的适当乘积。这就是为什么证明长度与电路中的乘法门的数量呈线性关系，但与加法门的数量无关。

在简单的电路可满足性交互式证明中，证明者将满足 $C(x,w)=y$ 的证据 w 发送给验证者，然后运行 GKR 协议，证明 $C(w)=1$ 。这里，验证者知道证据 w 。

我们可以让证明者为 w 的每个元素提交 Pedersen 承诺，然后用 GKR 协议来证明 $C(w)=1$ 。然而，在 GKR 协议中，证明者发送的消息也会向验证者泄露有关证据 w 的信息，因为证明者发送的消息都由低次单变量多项式组成，其系数是在 w 上评估时从 C 的门值导出的。为了解决这个问题，我们不让证明者“明文”发送这些多项式的系数给验证者，而是让证明者为这些系数提交 Pedersen 承诺，以证明证明者知道承诺打开的内容。总的来说，当论证系统的证明者和验证者完成模拟 GKR 协议后，论证系统的证明者已经发送了所有的证据 w 和 GKR 证明者所有消息的 Pedersen 承诺。

如果隐藏 w（也就是在零知识论证中），验证者如何确认承诺值可以使 GKR 验证者接受 $C(w)=1$ 的声明呢？

大致的思路是，存在一个电路 C'，它以证明者在 GKR 协议中的消息（包括证据 w）为输入，使得仅当证明者的消息能够使 GKR 验证者接受时，C' 的所有输出都为 1。C' 包含 $O\left(d\log|C|+|w|\right)$ 个加法门和乘法门。我们可以将零知识证明应用于 C'，在 $C'(w')=1$ 的论证系统中，w' 包含 C 的证据 w 和 GKR 协议中证明者的消息，论证系统对 w' 进行承诺。根据 C' 的性质，应用于 C' 的证明的总通信成本和验证者运行时间为 $O\left(|w|+d\log|C|\right)$。应用于 C' 的证明的可靠性确保了当证明者 P 说服了论证系统验证者接受时，证明者 P' 就能说服 GKR 验证者接受。

前面描述的论证系统的通信复杂度随着 $|w|$ 的增长而线性增长，因为证明者为证据 w 的每个条目发送一个隐藏承诺，并在零知识论证中证明它知道如何打开每个承诺。在一些多项式承诺方案中，证明者可以用可提取的多项式承诺方案——承诺 w 的多线性扩展 $\tilde{\omega}$，而非单独承诺 w 的每个条目，从而将证明长度对 $|w|$ 的依赖从线性降至亚线性甚至对数级别。

2. 基于安全多方计算的隐私性

SMPC 是 Secure Multi-Party Computation，即安全多方计算的英文缩写，它是一种保护数据隐私的密码学技术，也常被简称为 MPC。SMPC 允许多个参与者在不公开其私人数据的情况下进行计算，并最终获得计算结果。SMPC 有如下几个步骤：

（1）出示设置。对实际计算时需要用到的数学工具进行约定。

（2）本地运算。参与者自行运算，生成用于交换的信息，用这个信息无法回推原来的输入值。

（3）信息交换。参与者互相交换结果。

（4）合并结果。将交换的结果合并，生成最终值。

如果 SMPC 在归集了所有参与者的输入后生成了值，那么我们可以相信，把所有人的输入归集起来由自己执行，也会得到相同的结果。也就是说，输入和输出有正确性的保证。此外，SMPC 的输入可以保证隐私性。零知识证明的健全性、零知识性可以很好地对应 SMPC 的正确性与隐私保护。

基于 SMPC-in-the-Head 的零知识证明的构造思路是证明者在脑海中模拟运行一个针对零知识函数的安全多方计算协议，并由证明者执行 SMPC 的所有步骤。证明者将 Witness 拆分成多个碎片，接着执行一个 SMPC 协议，将每个碎片作为一个参与者，共同计算的内容是将所有参与者的输入混合后放入零知识证明系统的电路中。

具体来说，在 SMPC 中有一个“视图”，内容包含输入、随机输入、来自其他参与者的信息。知道输入和其他参与者传递的信息后，凭借 SMPC 的正确性保证，就可以计算出结果以确认证明者的声明了。同时，通过这些信息证明系统也无法得知其他的输入。综上，只要我们拥有一个安全的 SMPC，就有可能构建一个安全的零知识证明系统。

3.6 小结

至此我们介绍了构造通用零知识简洁证明的基本原理和常用工具，这些常用工具组合在一起，构成了论证体系，再用 Fiat-Shamir/CRS、同态加密，加上随机值等步骤，就可以逐步搭建 ZK-SNARK 协议了。

3.6.1 ZK-SNARK 的分类

零知识证明系统的本质是将信息论模型与多项式承诺方案结合，以获得简洁的论证。每种多项式 IOP 和多项式承诺方案的组合都会产生一个 SNARK，常数轮多项式 IOP 需要单变量多项式承诺方案，IP 和 MIP 需要多线性多项式承诺方案，使用透明多项式承诺的 SNARK 是透明的，使用 IOP 的多项式承诺的 SNARK 可能是量子安全的。图 3-23 给出了多项式 IOP 和多项式承诺方案的不同组合产生的 SNARK。

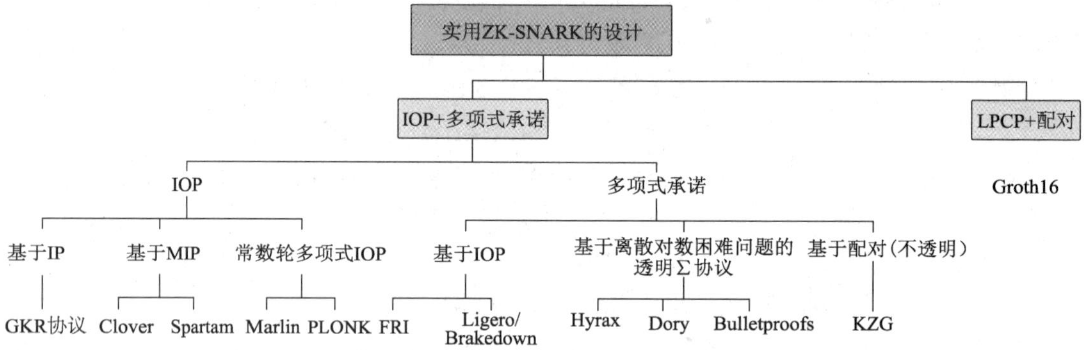

图 3-23　多项式 IOP 和多项式承诺方案的不同组合产生的 SNARK

大多数已知 ZK-SNARK 是通过将 IP、MIP 或常数轮多项式 IOP 与多项式承诺方案组合产生的。以下是已实现的几种系统使用的组合：

（1）ZXZS20 使用 IP 与基于 FRI 的组合，产生了名为 Virgo 的系统。

（2）WTS+18 探讨了 IP 与基于 multilinear 的多项式承诺（Bulletproofs 和 Hyrax-commit）的组合，产生了名为 Hyrax 的系统。

（3）ZGK+17a、ZGK+17b 和 XZZ+19 探讨了 IP 与 KZG 多项式承诺的组合，产生了 ZK-vSQL 和 Libra 系统。

（4）Set20、SLayer 20 和 GLS+ 21 探讨了 MIP 与不同的多线性多项式承诺的组合，产生了包括 Spartan、Xiphos、Kopis、Brakedown 和 Shockwave 等系统。

（5）BSCR+ 19、COS20 和 KPV19 探索了 IOP 与基于 FRI 的（单变量）多项式承诺

的组合，产生了 Aurora、Fractal 和 Redshift 等系统。

（6）Marlin CHM+ 20 和 PLONK GWC19 等系统探索了 IOP 与基于 KZG 的（单变量）多项式承诺的组合，Marlin 使用 R1CS 的多项式 IOP，而 PLONK 则针对电路可满足性给出了不同的多项式 IOP。这些工作都是在 Sonic 的基础上做的优化。

（7）Halo 2 将 IOP 与 Bulletproofs 的多项式承诺方案进行了组合。

（8）从 Genarro、Gentry、Parno 和 Raykova GGPR13 的线性 PCP 派生出了许多系统，其中包括 BCG+13、PHGR13。其最流行的变体是 Groth 的 Gro16，证明长度仅为 3 个配对友好的群元素，这种变体被称为 Groth16。

3.6.2　更多的组合和递归

在 3.6.1 节描述的 ZK-SNARK 分类的基础上，可以选择任意两个已知的 SNARK，然后将它们组合一次或多次，从而形成新的 SNARK。

1. 组合

如果有两个 SNARK 系统，ζ 和 σ，它们分别有不同的成本配置。ζ 的证明速度非常快（例如，与被证明语句的大小成线性关系），但证明规模大，验证时间长，如为电路规模的平方根。相比之下，σ 的证明速度较慢，但证明规模小，验证时间非常短，如为对数长度甚至常数长度。是否可以将它们结合起来，获得最佳效果？也就是说，我们希望通过一种被称为“证明组合”的技术来获得具有 ζ 的证明速度且具有 σ 的证明规模和速度的系统 F 。

证明组合技术在实际上是可行的。假设 F 系统证明者 P_F 声称知道一个证明 w，使得 $C(w)=1$，其中 C 是一个指定的电路。P_F 可以使用 ζ 生成一个 SNARK 证明 π 来证明手头的声明。但是，π 规模非常大且验证慢，P_F 不想明确地将 π 发送给 F 的验证者。相反，P_F 可以用 σ-SNARK 系统向 F 的验证者证明它知道 π 。实际上，P_F 发送给验证者的是 σ 的证明 π'。换句话说，P_F 使用快速验证的 σ-SNARK 建立了对 ζ 证明 π 的知识，这个证明将使 ζ 的验证者相信 P_F 知道一个证据 w，使得 $C(w)=1$。

系统 F 的最终证明规模，是 σ 应用于 ζ 验证电路 C' 生成的证明的规模。由于系统 σ 证明和验证过程很快，所以系统 F 证明和验证过程也很快。除了降低验证成本，证明组合还有其他好处。例如，如果 SNARK ζ 不是零知识的，但 SNARK σ 是零知识的，则组合的 SNARK F 将是零知识的。因此，组合可以用于将高效但非零知识的 SNARK ζ 转化为新的零知识证明系统 SNARK $\sigma\cdot\zeta$ 。

2. 递归

众所周知，零知识证明在当前两个最主要的用途是隐私保护和系统扩容。ZK-Rollup 是区块链扩容的重要方向。ZK-Rollup 在发布到主区块链之前会为每批交易创建一个

SNARK 证明，并且单个 SNARK 证明只能验证在 Layer 2 Rollup 上生成的一个交易块。由于 SNARK 可以在不使用原始输入的情况下，验证已被单块 ZK-SNARK 验证过的交易，所以在这个过程中可以引入递归。递归 SNARK 通过将不同 Layer 2 区块生成的 SNARK 证明组合成一个证明提交给 Layer 1，可以一次性验证多个交易块。这意味着一个 SNARK 可以验证其他 SNARK，一旦链上合约接受提交的证明，所有交易都会生效。通过使用零知识证明可以极大地提高交易验证数量，相应的代表方案有 Sonic、PLONK、Marlin 和 Plonky2。图 3-24 是递归 SNARK 的应用示意。

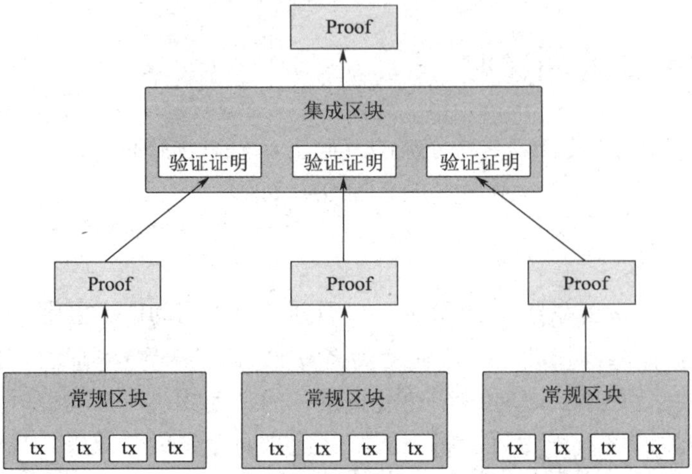

图 3-24　递归 SNARK 的应用示意

图片来源：Matter Labs。

设 $F^{(i)}(x)$ 表示 F 对 x 进行 i 次迭代应用，例如，$F^{(3)}(x)=F\{F[F(x)]\}$。在这种证明系统中，F 为延迟函数，只有进行顺序计算才能得到最终结果，但是结果可以被快速地验证。假设我们已经为 $F^{(i-1)}(x)=y_{i-1}$ 设计了一个 SNARK σ_{i-1}，那么，存在一个 SNARK σ_i，可以证明 $F^{(i)}(x)=y_i$ 的声明，即证明者 P 使用 SNARK σ 来证明。

（1）证明者知道一个 σ_{i-1} 证明 π_{i-1}，使得 $F^{(i-1)}(x)=y_{i-1}$

（2）$F(y_{i-1})=y_i$。

以上方法首次在 Groth 的 Gro16 中使用。它的一个优点是产生了增量可验证计算 IVC（Incrementally Verifiable Computation），对于每次迭代 $j-1$，证明者可以输出 y_{j-1} 和证明 π_{j-1}，使得 $y_{j-1}=F^{(j-1)}(x)$，任何其他方都可以从此“接管计算”，计算 $F^{(j-1)}(x)$ 并使用 π_{j-1} 计算证明 π_j，使得 $y_j=F^{(j)}(x)$。

相比非组合基础 SNARK 的直接应用，上述递归解决方案减少了证明者的空间使用成本，因为证明者只需要将基础 SNARK 应用于一个接一个的 F（它不会将基础 SNARK

“一次性”应用于计算 $F^{(i)}$ 的整个电路）。也就是说，在计算证明 π_i 的任何时间内，证明者只需要记住前一个证明 π_{i-1} 和 $F^{(i-1)}$ 的前一个输出 y_{i-1}。

然而，当应用于使用配对的 SNARK 时，递归 SNARK 的证明速度较慢，这是因为证明过程需要使用配对友好的椭圆曲线循环来支持任意深度的递归。解决这个问题最简单的方法是将可信设置 SNARK 替换为不需要配对的 SNARK，例如，基于 FRI、Ligero 的多项式承诺方案，Hyrax 的多项式承诺方案或 Bulletproofs。

第4章

零知识证明的主流实现方案

零知识证明与 Web 3 结合，既能充分利用以太坊等底层区块链的安全性，又能提高 DApp 的交易吞吐量，降低用户的使用成本。与此同时，将用户的个人交易信息放在链下，还可以在一定程度上保护用户隐私。在保持去中心化架构的同时，基于这些优势，Web 3 有望在性能上与 Web 2 媲美。人们甚至称零知识证明是 Web 3 世界的护身符。

伴随零知识证明相关技术的快速发展，针对行业和领域发展面临的问题，业内也涌现了诸多应用解决方案。这些解决方案从类别上包括新颖的 ZK-Rollup、ZK-Bridges、zkEVM，以及 zkDEXs 等。它们利用不同的零知识证明技术实现了区块链系统扩容、区块链系统跨链交互、基于零知识证明的以太坊虚拟机，以及基于零知识证明构造的去中心化交易所。

基于实现方式的不同，零知识证明可划分为更精细的流派，包括 SNARK、STARK、PLONK 和 Bulletproofs 等。每个流派都有其各自的优势和劣势，涉及的指标包括证明时间、验证时间、串通风险、证明规模等。不同的零知识证明技术流派很难说有特别本质的差异，其区别主要在于对以上几个指标的取舍，以及基于不同指标取舍产生不同用户体验。目前应用最广泛的是 ZK-STARK 和 Bulletproofs。图 4-1 给出了当前使用零知识证明的主要的 Web 3 项目。

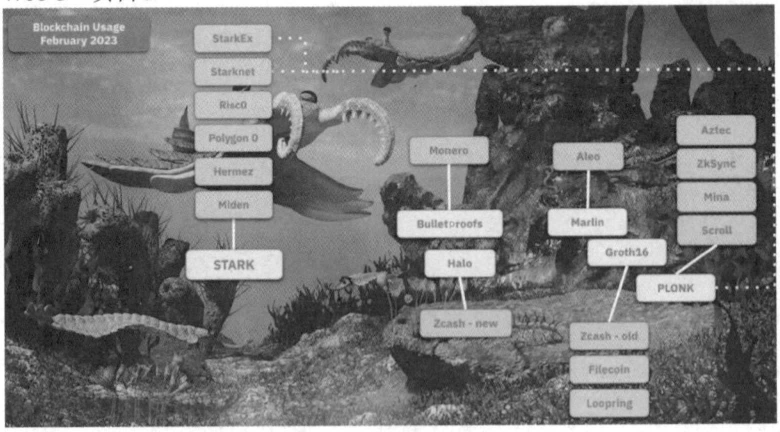

图 4-1　当前使用零知识证明的主要的 Web 3 项目

4.1 零知识证明技术和应用发展

目前正处于零知识证明发展的早期阶段，还很难预测零知识证明什么时候能够完全落地。回顾过去我们会发现，在过去 10 年间，这项新技术在速度、费用消耗、用户友好度和去中心化等方面都有了长足的发展。

4.1.1 零知识证明的技术发展

零知识证明领域最重要的突破是 Groth 在 2010 年发表的论文“基于短配对的非交互式零知识论证”（*Short Pairing-based Non-interactive Zero-Knowledge Arguments*），这篇论文提出了当前零知识证明使用的关键理论，同时，这篇论文也是零知识证明里最重要的一个分支 ZK-SNARK 的理论先驱。该理论中，证明者可以向验证者以数学的方式证明信息的准确性，从而避开向验证者提供除了信息真实性和完整性的其他内容。虽然这个协议本身只是一个理论论证，但文中所提出的双线性映射和椭圆曲线的同态计算为各种证明提供了实践基础。

2013 年，Pinocchio 协议“Pinocchio：近乎实用的可验证计算”（*Pinocchio: Nearly Practical Verifiable Computation*）实现了分钟级别的证明和毫秒级别的验证，证明规模不到 300 字节。该协议将零知识证明从理论带到了应用阶段。Zcash 使用的 ZK-SNARK 就是 Pinocchio 协议的改进版。

Zcash 使用的零知识证明系统，实现了对交易和金额隐私的保护。Zcash 在 2015 年实现的原始协议，即 Sprout 协议，使用了 SHA-256 哈希函数创建椭圆曲线。虽然这在密码学上是安全的，但证明和验证时间过长，内存消耗也非常大，生成证明可能需要几分钟时间，并且需要大约 3GB 的内存。之后 Zcash 核心团队开发了一种新的哈希算法 Bowe-Hopwood-Pedersen 取代 SHA-256，并在 2018 年将 Zcash 从 Sprout 协议过渡到 Sapling 协议。除了更新的哈希算法，该团队还用了 Groth16 证明系统中用到的电路，重新设计了网络账户的处理方式，让系统的证明时间仅约 2.6 秒，内存空间占用 40MB。这使得在手机上生成证明成为可能。

Jens Groth 在 2016 年发表了被称为 Groth16 算法的论文“基于配对的非交互证明规模”（*On the Size of Pairing-based Non-interactive Arguments*），精简了证明的规模，提升了验证效率，是目前应用最多的零知识证明基础算法。

2017 年，在“Bulletproofs：机密交易等内容的简短证明”（*Bulletproofs: Short Proofs for Confidential Transactions and More*）一文中，Bulletproofs 算法被提出。该算法设计了一种非常短的非交互零知识证明，无须可信设置，并允许证明者和验证者不同时在线。该算法之后被应用到区块链项目 Monero 中。

2018 年，论文“可扩展、透明和后量子安全计算完整性”（*Scalable Transparent and*

Post-Quantum Secure Computational Integrity）中提出了不需要可信设置的 ZK-STARK 算法协议。这也是目前零知识证明发展的另一个重要方向，以此为基础诞生了 StarkWare 这个重量级的 ZKP 项目。

2019 年，Ariel Gabizon、Zac Williamson 和 Oana Ciobotaru 提出了 PLONK。PLONK 为零知识证明带来了多项进展，一个重大突破是它只需要单次通用的可信设置初始过程，其中证明者和验证者在给定的零知识证明系统中约定使用共同的参考字符串；另一个突破是它只需要相对较短的证明时间，测试发现即使在消费级计算机（测试用例为具有 16GB RAM 的 SurfacePro6）上也可以在 23 秒内生成证明。

此外，Sonic、Halo、Marlin 等算法在不同层面上对 ZK-SNARK 也做出了一些改进，具体如下。

2019 年，作为早期通用 ZK-SNARK 协议的 Sonic，已经可以支持通用、可升级的参考字符串。Sonic 的证明规模固定、验证成本高。在理论上为了获得更好的性能可以将多个证明分批验证。

2019 年，Fractal 作为一种允许递归的 ZK-SNARK，通过对电路的预处理实现了透明设置。

2019 年，Halo 支持递归证明组合，无须可信设置，同时其验证时间是线性的。

2019 年，Sonic 的改进版 SuperSonic，是第一个在验证时间和证明数据量方面实用化的透明 ZK-SNARK。

2019 年，Sonic 的改进版 Marlin，使证明时间缩短了 10 倍，验证时间缩短了 4 倍。

4.1.2 重新定义区块链运作方式

1. 精简区块链

源于最初的设计，区块链中区块的设置规模可能会很大，而且区块数量还在不断增长。在众多项目被迫接受这种系统设定的时候，有学者发现通过零知识证明技术，区块链的区块规模可以被极大地压缩。

Coda 就采用了零知识证明压缩计算。Coda 区块链是固定大小，只有 22KB 且不会增长的。与传统区块链相比，Coda 具有相差不多甚至更高的安全性。当前与 Coda 类似但功能更多丰富的“精简区块链”项目也越来越多，如 Mir 和 Starling。

精简区块链无论对个人还是对项目，都有非常重要的价值。当前大多数家用计算设备的磁盘空间和带宽已经很难达到区块链节点部署的基本要求了。以太坊的节点也就 10000 个左右，而其他大多数区块链项目的运行节点都被托管在亚马逊 AWS 上，被少数几个实体所拥有。因此，当前区块链并不像许多人以为的那么去中心化。

此外，在部署区块链节点时，同步一个节点也需要好几个小时甚至数天，因为作为运行节点，在运行前首先需要下载几百 GB 甚至更多的区块数据，这需要相当长的时间。在下载之后，区块链系统还要完成验证，因为恶意节点可能会发送不正确的数据。如果要验证一条区块链，就必须从创世区块开始重放整条链，执行第一个交易，并确保计算出的状态等于下载得到的状态，然后再转到下一笔交易，直到把区块链上的所有交易都验证一遍。这不仅耗时，而且浪费资源。

在零知识证明技术被使用之前，成千上万的节点做着完全相同的计算工作，因为在传统的计算机科学中，要知道一个计算是否被正确执行，唯一的办法就是重做一次该计算。如果计算规模比较小，重做一次计算对节点来说还不存在太大的问题，但像区块链这种“慢运算”，这样的验证方式带来的弊端就让人无法接受了。

运用零知识证明技术可以低成本地验证一个计算结果，而无须重做该计算。

为了给区块链“减肥”，我们可以使用 ZK-SNARK 验证任何计算。例如，验证一个区块中的交易，然后创建一个该交易的 SNARK。该 SNARK 可以证明一个区块交易历史记录的准确性，又无须显示所有交易。这还可以有效地将一个区块压缩到单个 SNARK 的规模（约 1KB）。SNARK 也可以验证所有规则以达成共识。

SNARK 是如何工作的呢？我们需要将区块链的重放函数改写为一个 ZK-SNARK。这个 ZK-SNARK 会输出初始的输出和一个很小的数学“证明”。这个“证明”可以小到只有 200 字节。这样一来，我们就不需要让所有计算机都运行一遍重放函数了。由一台计算机创建这个“证明”，其他计算机可以在它们认为合适的时间再进行验证。无论初始的计算要花费多长时间，验证只需几毫秒。这个“证明”可以通过线上分发，也可以存储在 U 盘里。

如果有恶意节点更改了某笔交易的余额，那么这个“证明”就会和验证结果不同，所有验证者都会拒绝这个状态。如果有恶意节点更改了 ZK-SNARK 代码，其证明也会被拒绝。这是因为一个“第三参数”、一个公开共享的字符串，会把这个“证明”绑定到 ZK-SNARK 代码上。如果代码被修改，那么这个“证明”和共享的字符串将无法匹配，验证者就会拒绝该结果。

不需要重做成本极高的计算，也不需要下载区块链，因为我们已经有了关于该区块链存在且有效的数学证明。我们仅需要当前状态（如最后一个区块），以及能够证明当前状态是一个有效区块链的一部分的少量“证明”，再花费几毫秒验证结果。

验证一个“证明”的速度很快，但创建这个“证明”的效率又是怎样的呢？其实时间不固定。与传统计算相比，在计算时间和内存占用方面，它的效率要低很多，而且随着生成的 SNARK 证明越来越多，生成证明的时间也会线性增长。

采用 SNARK 递归组合，可以解决这个问题。SNARK 递归组合是指为多个 SNARK 证明创建一个 SNARK 证明，再将这些 SNARK 证明以递归结构链接在一起。这样，我们就不必从头开始证明整条区块链，只需要在前一个状态的基础上构建证明，速度就会快很多。

一个递归 ZK-SNARK 程序，会将属于“前一个状态”的“证明”和新的交易作为输入，用已提供的证明验证前一个状态，并检查新状态中的交易是否有效。如果没问题，就会输出新的状态和一个“证明”。

一旦新的状态和“证明”被分发到网络中，所有节点可以直接丢弃先前的状态，这么做不会有任何负面影响。新的节点只需要下载最新状态和“证明”。这也是 Coda、Mir 和 Starling 这些项目可以实现规模非常小且规模固定的区块的秘诀。

在上面的例子里，只需要一个节点来创建新的区块和“证明”。显然，我们没必要让同一个节点来生成所有的区块。举个例子，我们可以用可验证随机函数从众多节点中随机选择一个节点，节点甚至可以随机自我选择而不会有欺骗行为甚至可以将区块的生成从逻辑上分为多个 ZK-SNARK。

最终结果就是，区块生产者不需要完整的区块链，它只需要前一个状态。这会让区块规模下降到多大呢？一个常规的 Coda 节点仅需 22 KB 即可存储“证明”、当前状态和某个账户余额的 Merkle 路径。但是，如果要生成区块，这个节点需要先前状态的全部余额的 Merkle 树，而 Merkle 树的大小取决于钱包的数量。如果 Coda 拥有和以太坊一样多的钱包，那么 Coda 区块生产者也只需要约 1 GB 空间。即使在 2019 年 12 月，以太坊上最小的完整节点也需要 230 GB 空间，两者相差巨大。

利用零知识证明技术降低节点运行对空间的要求，将使区块链网络有更多活跃节点。这提升了系统的去中心化程度，并让各种应用有更多可能与区块链交互。这种变化将为区块链带来巨大且深远的影响。

2. 加密

比特币被设计为一个完全公开的分布式账本，这在实现数据公开可验证的同时，显然也会对用户的交易隐私带来风险。中本聪在短短 9 页的白皮书中用了一整节讨论比特币的隐私问题，可见该问题对区块链发展的重要性。假如比特币成了人们广为使用的电子现金，那将意味着我们会将每天衣食住行相关的所有消费记录公之于众。因此，在区块链中，将零知识证明与支付紧密结合几乎是顺理成章的事情。

区块链中隐私支付主要涉及两个方面的问题。

一是交易发起者和接收者的身份隐私。攻击者试图通过分析区块链或分布式账本上的信息推断交易发起者和接收者的身份。

二是交易的金额隐私。攻击者试图通过分析区块链上的信息获得具体交易金额。

传统区块链网络通常采用假名机制和广播机制保护用户隐私。

假名机制是指用户可以独立生成任意数量的区块链地址，不需要注册或认证。同一用户生成的不同地址可以被单独使用，彼此不存在任何关联关系，因此，仅通过区块链地址无法关联用户的真实身份。该机制能够隔离用户在区块链上的不同操作记录。

广播机制是指区块链系统通过 P2P 网络传输数据，网络采用泛洪广播协议传播消息，接收节点无法判断接收到的消息是来自消息的直接发起者还是转发者，从而保护消息真实发起者的身份。

零知识证明则将数字签名和加密两种概念结合起来，以保证交易的安全、可靠和隐私。零知识证明的加密属性能够保证加密密文不泄露明文的任何有用信息，以保护隐私。零知识证明的可靠性与数字签名方案的不可伪造性是相对应的，因为在数字签名方案中，一个没有签名密钥的用户是无法伪造签名的，这种不可伪造性可以保障交易的可靠性。在隐私币中，只有用户掌握隐私币对应“秘密”的情况下，才能成功使用相应代币。

当我们看到某个项目声称使用了零知识证明时，弄清它们的具体含义非常重要。因为大多数基于加密证明的区块链项目都声称其技术“基于零知识证明”，但实际上，它们的方案并没有涉及隐私保护，更多的只是实现了可扩展性。图 4-2 给出了隐私保护和可扩展性视角下的零知识证明协议及应用。

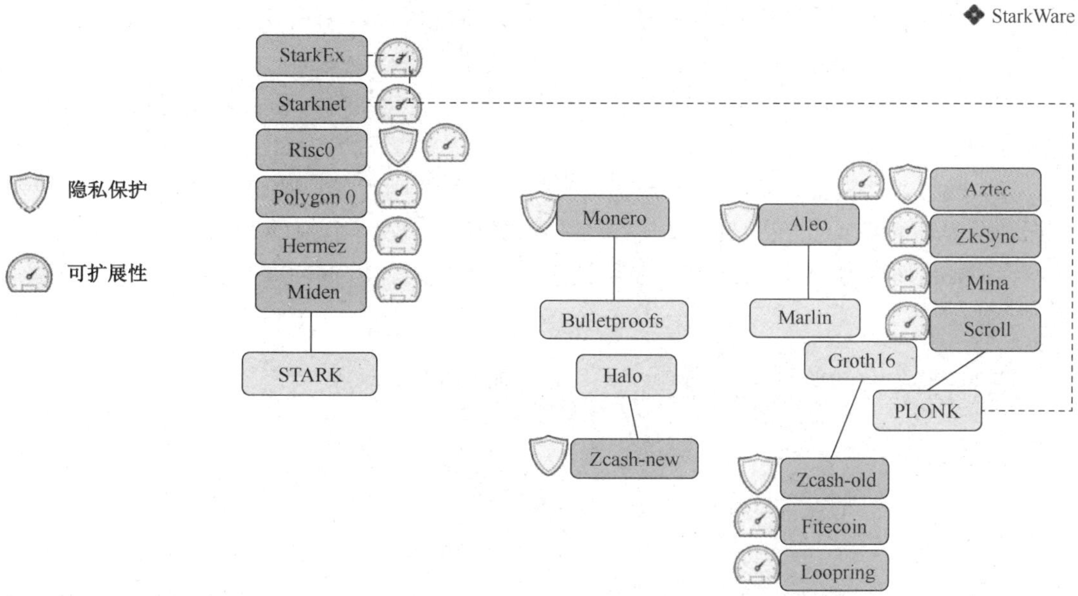

图 4-2　隐私保护和可扩展性视角下的零知识证明协议及应用

4.2　ZK-SNARK

前文中频繁提到 ZK-SNARK，Zero-Knowledge Succinct Non-Interactive Argument of Knowledge，其中：

Zero-Knowledge 代表“零知识”。

Succinct 代表“简洁”，指的是证明规模最多只有几百字节，故证明可以在几毫秒内得到验证。

Non-Interactive 代表“非交互”，指的是从证明者到验证者只存在单一信息。

Arguments 是指计算具备可靠性，即有限计算能力的证明者不能伪造证明，无限计算能力的证明者可以伪造证明。

Knowledge 指的是证明者在不知道有效信息的情况下无法构造出参数和证明。

ZK-SNARK 是特殊的 ZKP 方案，也是第一个被纳入加密货币区块链的 ZKP 方案。

ZK-SNARK 证明依赖证明者和验证者之间的初始可信设置，需要一组公共参数来构造零知识证明，从而开展私有交易。

4.2.1 工作原理

ZK-SNARK 的构造包括密钥生成器、证明者和验证者 3 个部分。

（1）密钥生成器用于生成密钥对。例如，一组受信任的人生成各自的私钥/公钥对，销毁各自的私钥后，密钥生成器基于所有人的公钥生成另一组密钥对。后一个密钥对是为该范围内某个给定的程序创建的证明密钥和验证密钥。

（2）证明者。证明者采用提供的证明密钥、给定的公共输入和私人见证（私人信息）生成证明。

（3）验证者。验证是基于验证密钥、公共输入和证明者提供的证明进行计算的过程，根据证明是否正确或正在验证的内容满足什么条件的情况下评估为真或假。

以 Groth16（ZK-SNARK 的主要协议之一）为例，ZK-SNARK 的证明原理如图 4-3 所示。

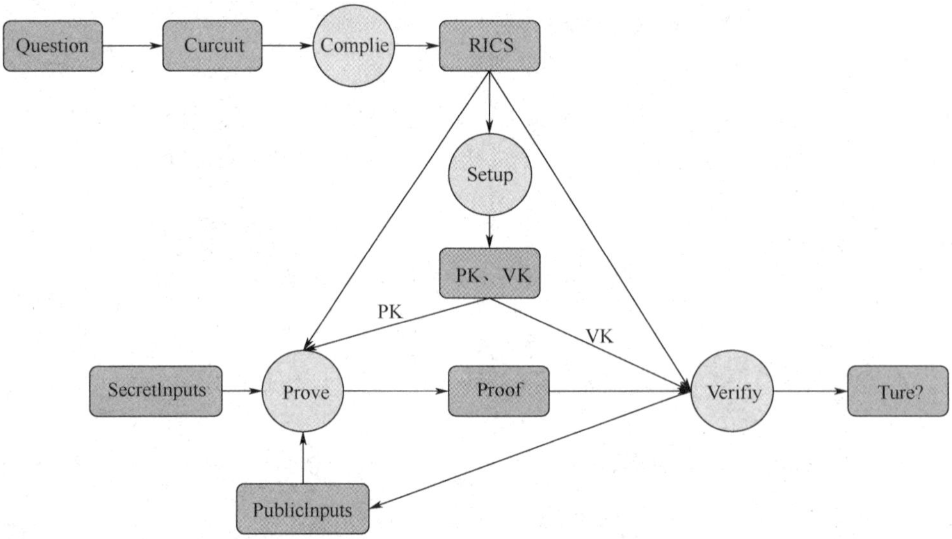

图 4-3　ZK-SNARK 的证明原理

4.2.2 主要协议

ZK-SNARK 作为 Web 3 系统应用最广泛的一种零知识证明，已经发展出诸多各具特点的协议算法，这些算法在研究路线上分两个方向，一类是以 Groth 16、GKM+18、Sonic 19、PLONK 19 等为代表的算法，专注于保持有效证明系统的同时摆脱可信设置；另一类以 Ligero 17、Aurora 18、FractaLayer 19 等为代表的算法，专注于后量子安全。其中，Groth 16 和 PLONK 19 因提供常量级验证时间，是目前区块链领域使用最广泛的零知识证明协议。

1. Pinocchio 协议

ZK-SNARK 算法的基础是 Pinocchio 协议[1]，该协议首次用 C 语言实现了一个接近可用的零知识证明库，协议全流程如下。

（1）可信设置。

选择生成元 G 和加密配对 e。

将变量总数为 n，输入/输出变量数为 m 的函数 $f(u)=y$ 拍平为数字电路，并将每个门电路改写为 R1CS 的形式，再转换为阶数为 d（和门的数量有关）、规模为 $n+1$ 的多项式形式 QAP：$\left(\left\{l_i(x),r_i(x),o_i(x)\right\}_{i\in\{0,\cdots,n\}},t(x)\right)$。

选择随机数 $s,\rho_l,\rho_r,\alpha_l,\alpha_r,\alpha_o,\beta,\gamma$。

设置 $\rho_o=\rho_l\cdot\rho_r$ 和操作数生成元 $E_l=\rho_1\cdot G$，$E_r=\rho_r\cdot G$，$E_o=\rho_o\cdot G$。

设置 PK（Proving Key）如下：

$$\left(\left\{g^{s^k}\right\}_{k\in[d]},\left\{g_l^{l_i(s)},g_r^{r_i(s)},g_o^{o_i(s)}\right\}_{i\in\{0,\cdots,n\}}\right),\left\{g_l^{a_l l_i(s)},g_r^{a_r r_i(s)},g_o^{a_o o_i(s)},g_l^{\beta l_i(s)},g_r^{\beta r_i(s)},g_o^{\beta o_i(s)}\right\}_{i\in\{m+1,\cdots,n\}},$$

$$g_l^{t(s)},g_r^{t(s)},g_o^{t(s)},g_l^{a_l t(s)},g_r^{a_r t(s)},g_o^{a_o t(s)},g_l^{\beta t(s)},g_r^{\beta t(s)},g_o^{\beta t(s)}$$

设置 VK（Verification Key）如下：

$$\left(g^l,g_o^{t(s)},\left\{g_l^{l_i(s)},g_r^{r_i(s)},g_o^{o_i(s)}\right\}_{i\in\{0,\ldots,m\}},g^{a_l},g^{a_r},g^{a_o},g^{\gamma},g^{\beta\gamma}\right)$$

丢弃随机数 $s,\rho_l,\rho_r,\alpha_l,\alpha_r,\alpha_o,\beta,\gamma$。

（2）生成证明。

代入输入值 u，执行 $f(u)$ 计算获取所有的中间变量值 $\{v_i\}_{i\in\{m+1,\ldots,n\}}$。

把所有未加密的变量多项式赋值给 $L(x)=l_o(x)+\sum_{i=1}^{n}v_i\cdot l_i(x)$。

对 $R(x)$ 和 $O(x)$ 做同样的计算。

选择随机数 δ_l,δ_r 和 δ_o。

计算 $h(x)=\dfrac{L(x)R(x)-O(x)}{t(x)}+\delta_r L(x)+\delta_l R(x)+\delta_l\delta_r t(x)-\delta_o$。

将证明者的变量赋值给加密的可变多项式并进行零知识的 δ 转换：

$g_l^{L_p(s)}=\left[g_l^{t(s)}\right]^{\delta_l}\cdot\prod_{i=m+1}^{n}\left[g_l^{l_i(s)}\right]^{v_i}$，再用同样的方式计算 $g_r^{R_p(s)}$ 和 $g_o^{O_p(s)}$。

---

[1] 具体的证明过程可参考“零知识证明引论”。

为 α 变换赋值 $g_l^{L_p'(s)}=\left[g_l^{\alpha_l t(s)}\right]^{\delta_l}\cdot\prod_{i=m+1}^{n}\left[g_l^{\alpha_l l_i(s)}\right]^{v_i}$，再用同样的方式计算 $g_r^{R_p'(s)}$ 和 $g_o^{O_p'(s)}$ 。

为变量值一致性多项式赋值

$$g^{Z(s)}=\left[g_l^{\beta t(s)}\right]^{\delta_l}\left[g_r^{\beta t(s)}\right]^{\delta_r}\left[g_o^{\beta t(s)}\right]^{\delta_o}\cdot\prod_{i=m+1}^{n}\left[g_l^{\beta l_i(s)}g_r^{\beta r_i(s)}g_o^{\beta o_i(s)}\right]^{v_i}。$$

计算证明 $\left(g_l^{L_p(s)},g_r^{R_p(s)},g_o^{O_p(s)},g^{h(s)},g_l^{L_p'(s)},g_r^{R_p'(s)},g_o^{O_p'(s)},g^Z\right)$。

（3）验证证明。

解析提供的证明为 $\left(g_l^{L_p},g_r^{R_p},g_o^{O_p},g^h,g_l^{L_p'},g_r^{R_p'},g_o^{O_p'},g^Z\right)$

将输入/输出值赋给验证者的加密多项式 $g_l^{L_v(s)}=g_l^{l_o(s)}\cdot\prod_{i=1}^{m}v_i\left[g_l^{l_i(s)}\right]^{v_i}$，并对 $g_r^{R_v(s)}$ 和 $g_o^{O_v(s)}$ 做同样的计算。

进行可变多项式约束检查 $e\left(g_l^{L_p},g^{\alpha_l}\right)=e\left(g_l^{L_p'},g\right)$，并对 $g_r^{R_p}$ 和 $g_o^{O_p}$ 做同样的检查。

进行变量值一致性检查 $e\left(g_l^{L_p},g_r^{R_p},g_o^{O_p},g^{\beta\gamma}\right)=e\left(g^Z,g^\gamma\right)$。

进行有效性计算检查 $e\left(g_l^{L_p}g_l^{L_v(s)},g_r^{R_p}g_r^{R_v(s)}\right)=e\left(g_o^{t(s)},g^h\right)\cdot e\left(g_o^{O_p}g_o^{O_v(s)},g\right)$。

Pinocchio 协议全流程如图 4-4 所示。

2. Groth16 协议

Groth16 协议[1]是对 Pinocchio 协议的一种改进。与早期的证明方案相比，Groth16 协议具有更小的证明规模、更快的证明生成速度和验证速度。Groth16 协议已经在很多项目中广泛应用，如 Zcash、Filecoin 等。

Groth16 协议使用了 KoE（Knowledge of Existence，存在知识）假设以及双线性配对，需要可信第三方进行初始化。Groth16 协议的可信设置生成的 CRS 不是通用的，即由该初始设置生成的 CRS 只能针对特定电路，不能直接用于任意电路的零知识证明之中。

Groth16 协议整体如下。

Setup 阶段：$(\text{CRS},\text{ST})\leftarrow\text{SETUP}(\text{R})$。SETUP 算法以 R1CS R 为输入，算出 CRS 和模拟后门（Simulation Trapdoor，ST）。

Prove 阶段：$\pi\leftarrow\text{PROVE}(R,\text{CRS},I,W)$。给定 R 的构造证明 $(I;W)$，算法 PROVE 将 R、CRS 和 $(I;W)$ 作为输入，计算出 ZK-SNARK 的证明 π。

1 进一步的信息可参考 Jens Groth 的文章 *On the Size of Pairing-based Non-interactive Arguments*。

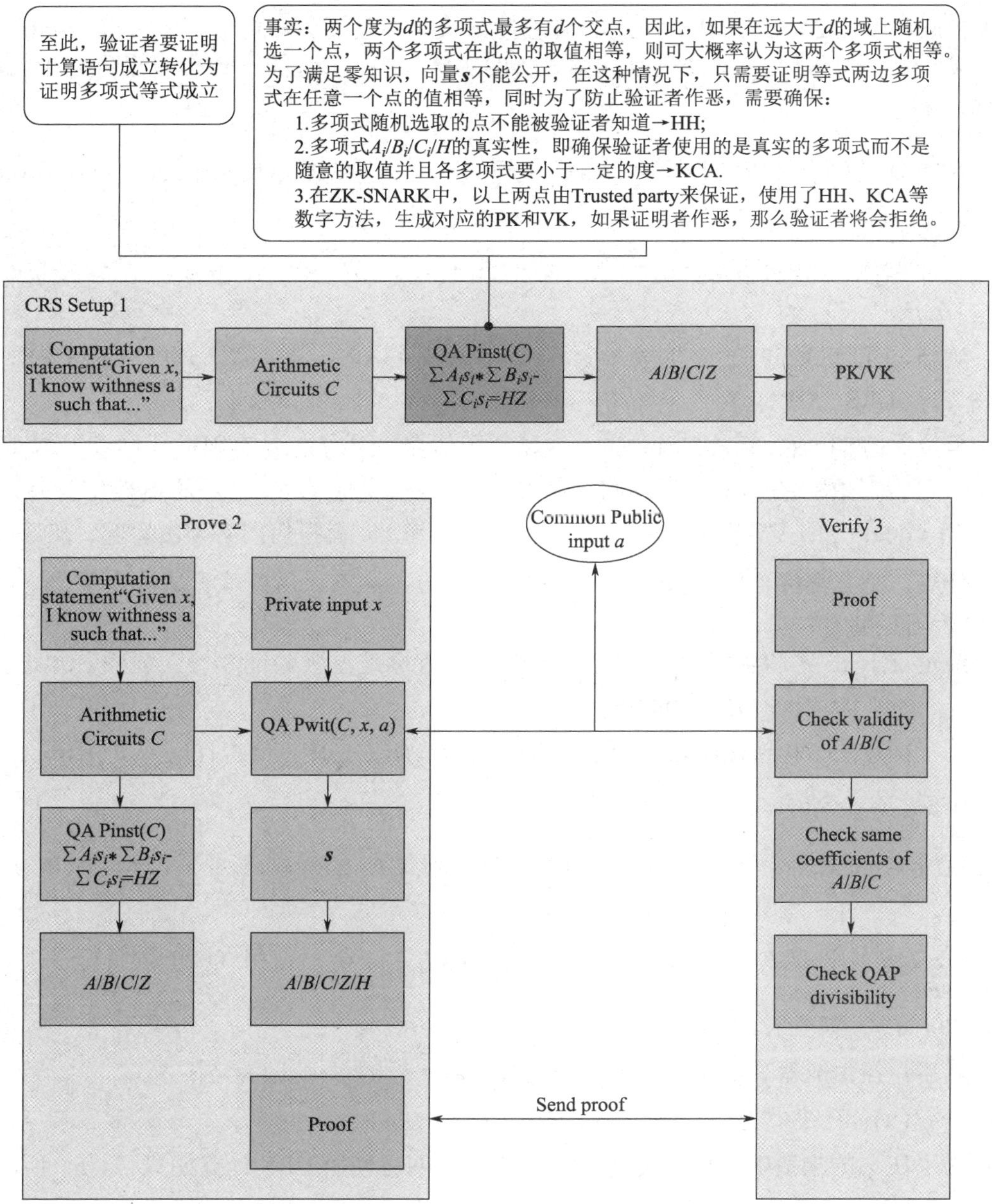

图 4-4 Pinocchio 协议全流程

Verify 阶段：$\{\text{accept}, \text{reject}\} \leftarrow \text{VFY}(R, \text{CRS}, I, \pi)$。算法 VFY 将 R、CRS、实例 I 和 ZK-SNARK 的证明 π 作为输入，输出 reject 或 accept 。

$\pi \leftarrow \text{SIM}(R, \tau, \text{CRS}, I)$。算法 SIM 将 R、模拟后门的参数 τ、CRS、实例 I 作为输入，输出 ZK-SNARK 的证明 π 。

（1）可信初始化阶段。

该阶段对每个 R1CS 和关联的 QAP 只执行一次，输出的 CRS 会被证明者和验证者用于生成和验证 ZK-SNARK。此外，还会生成一个模拟后门，可被用来模拟 proof。

设 L 是 R1CS R 定义的语言，该语言的实例 $\langle I_1,\cdots,I_n\rangle$ 的一个构造证明是 Witness $\langle W_1,\cdots,W_m\rangle$，

R 的 $\mathrm{QAP}(R)=\left\{T\in F[x],\left\{A_j,B_j,C_j\in F[x]\right\}_{h=0}^{n+m}\right\}$，$\left\{G_1,G_2,e(\cdot,\cdot),g_1,g_2,F\right\}$ 是 Groth16 协议的参数。

从标量域 F_r 中随机选取 5 个可逆的元素 α、β、r、δ 和 τ，得到模拟后门 $\mathrm{ST}=(\alpha,\beta,r,\delta,\tau)$。

这 5 个随机数和 2 个生成器 g_1、g_2，以及 QAP 一起生成语言 L 的 CRS，即 $\mathrm{CRS}_{\mathrm{QAP}}=(\mathrm{CRS}_{G_1},\mathrm{CRS}_{G_2})$。

模拟后门 $\mathrm{ST}=(\alpha,\beta,r,\delta,\tau)$ 中的 τ 为秘密评估点。因为 F_r 是有限循环群 G_1、G_2 的标量域，所以 CRS 的一个关键特征是提供了一种在生成器 g_1、g_2 的指数中计算度为 $\deg(P)<\deg(T)$ 的多项式 $P\in F_r[x]$，而不需要知道 τ。模拟后门必须被丢弃，然后引入多方计算，每方都持有后门的一部分，只要有一方不同意，后门就无法被恢复。

（2）证明阶段。

给定 R1CS R 和实例 $\langle I_1,\cdots,I_n\rangle$，该阶段的目标是说服验证者接受证明者知道 I 的 Witness W，而不透露 W 的任何知识。

为了构建一个构造证明，证明者需要计算 $W=\langle W_1,\ldots,W_m\rangle$ 使得 $(\langle I_1,\cdots,I_n\rangle;\langle W_1,\cdots,W_m\rangle)$ 是 R1CS R 的一个解。

生成 Witness 后，证明者通过 QAP 计算多项式 $P(I;w)=\left(A_0+\sum_j^n I_jA_j+\sum_j^m W_jA_{n+j}\right)\left(B_0+\sum_j^n I_jB_j+\sum_j^m W_jB_{n+j}\right)-\left(C_0+\sum_j^n I_jC_j+\sum_j^m W_jC_{n+j}\right)$，然后使用 QAP 的目标多项式 T 整除 $P(I;W)$，得到 $H:P(I;W)/T$。

然后，在生成器 g_1 的指数中计算秘密评估点 τ 处的多项式 $(H\cdot T)/\delta$。

设 $H(x)=P/T$；$H(x)=H_0\cdot x^0+H_1\cdot x^1+\cdots+H_k\cdot x^k$

为了在 g_1 的指数中计算 τ 处的 $(H\cdot T)/\delta$，证明者使用 CRS 计算如式（4-1）所示。

$$g_1^{\frac{H(\tau)\cdot T(\tau)}{\delta}}=\left(g_1^{\frac{\tau^0\cdot T(\tau)}{\delta}}\right)^{H_0}\cdot\left(g_1^{\frac{\tau^1\cdot T(\tau)}{\delta}}\right)^{H_1}\cdots\left(g_1^{\frac{\tau^k\cdot T(\tau)}{\delta}}\right)^{H_k} \tag{4-1}$$

随机选择两个域元素 r，$t\in F_r$，使用 $I_1,\cdots,I_n$ 和 $W_1,\cdots,W_n$ 计算如式（4-2）至式（4-6）所示的曲线点。

$$g_1^W=\left(g_1^{\frac{\beta\cdot A_{1+n}(\tau)+\alpha\cdot B_{1+n}(\tau)+C_{1+n}(\tau)}{\delta}}\right)^{W_1}\cdots\left(g_1^{\frac{\beta\cdot A_{m+n}(\tau)+\alpha\cdot B_{m+n}(\tau)+C_{m+n}(\tau)}{\delta}}\right)^{W_m} \tag{4-2}$$

$$g_1^A = g_1^{\alpha} \cdot g_1^{A_0(\tau)} \cdot \left(g_1^{A_1(\tau)}\right)^{I_1} \cdots \left(g_1^{A_n(\tau)}\right)^{I_n} \cdot \left(g_1^{A_{n+1}(\tau)}\right)^{W_1} \cdots \left(g_1^{A_{n+m}(\tau)}\right)^{W_m} \cdot \left(g_1^{\delta}\right)^{r} \tag{4-3}$$

$$g_1^B = g_1^{\beta} \cdot g_1^{B_0(\tau)} \cdot \left(g_1^{B_1(\tau)}\right)^{I_1} \cdots \left(g_1^{B_n(\tau)}\right)^{I_n} \cdot \left(g_1^{B_{n+1}(\tau)}\right)^{W_1} \cdots \left(g_1^{B_{n+m}(\tau)}\right)^{W_m} \cdot \left(g_1^{\delta}\right)^{t} \tag{4-4}$$

$$g_2^B = g_2^{\beta} \cdot g_2^{B_0(\tau)} \cdot \left(g_2^{B_1(\tau)}\right)^{I_1} \cdots \left(g_2^{B_n(\tau)}\right)^{I_n} \cdot \left(g_2^{B_{n+1}(\tau)}\right)^{W_1} \cdots \left(g_2^{B_{n+m}(\tau)}\right)^{W_m} \cdot \left(g_2^{\delta}\right)^{t} \tag{4-5}$$

$$g_1^C = g_1^W \cdot g_1^{\frac{H(\tau)\cdot T(\tau)}{\delta}} \cdot \left(g_1^A\right)^t \cdot \left(g_1^B\right)^r \cdot \left(g_1^{\delta}\right)^{-r\cdot t} \tag{4-6}$$

其中，群元素 $g_1^{A_j(\tau)}$， $g_1^{B_j(\tau)}$， $g_2^{B_j(\tau)}$ 可从 CRS 和 QAP 获得，这些点只需要计算一次且可被公开和重用，因为对所有的实例和 Witness 来说都是一致的。

由此可得一个合法的 Groth16 协议的 ZK-SNARK 的证明 π ，如式（4-7）所示。

$$\pi = \left(g_1^A, g_1^C, g_2^B\right) \tag{4-7}$$

（3）验证阶段。

给定 R1CS R 、实例 $I = \langle I_1,\ldots,I_n \rangle$ 和 ZK-SNARK 的证明 π ， π 为有效证明。如果模拟后门已经不存在了，且证明通过验证，那么验证者就可以确信存在一个 Witness $W = \langle W_1,\cdots,W_m \rangle$ 使得 $(I;W)$ 属于 R 。

为了实现 Groth16 协议，假设验证者可以计算配对映射 $e(\cdot,\cdot)$，并可访问用于生成 π 的 CRS。验证者计算如式（4-8）所示的曲线点。

$$g_1^I = \left(g_1^{\frac{\beta\cdot A_0(\tau)+\alpha\cdot B_0(\tau)+C_0(\tau)}{\gamma}}\right) \cdot \left(g_1^{\frac{\beta\cdot A_1(\tau)+\alpha\cdot B_1(\tau)+C_1(\tau)}{\gamma}}\right)^{I_1} \cdots \left(g_1^{\frac{\beta\cdot A_n(\tau)+\alpha\cdot B_n(\tau)+C_n(\tau)}{\gamma}}\right)^{I_n} \tag{4-8}$$

有了这些群元素，验证者就可以使用配对映射通过式（4-9）验证 ZK-SNARK 的证明 $\pi = \left(g_1^A, g_1^C, g_2^B\right)$ 。

$$e\left(g_1^A, g_2^B\right) = e\left(g_1^{\alpha}, g_2^{\beta}\right) \cdot e\left(g_1^I, g_2^{\gamma}\right) \cdot e\left(g_1^C, g_2^{\delta}\right) \tag{4-9}$$

如果式（4-9）成立，则验证者输出 accept ； 否则，输出 reject 。

3. PLONK 协议

PLONK 协议的提出晚于 Groth16 协议，在证明和验证的性能上与 Groth16 协议也存在一定差距，但是基于通用可更新的可信设置这一特点，PLONK 算法在零知识证明领域也占据了一席之地，其在学术上也被称为 SNORK[1]，是 SNARK 的一种。

PLONK 的英文全称为 Permutations over Lagrange-bases for Oecumenical Noninteractive arguments of Knowledge，即普遍用途的非交互知识论证的拉格朗日基排列，使用了基于椭圆曲线对的 Kate 承诺。该承诺是可被替换的，如果替换为 FRI 承诺，会将 PLONK 变成某种 STARK，或者也可以将该承诺替换为基于隐阶组（Hidden-Order Groups）的 DARK 承诺。这意味着，基于不同的承诺选择，PLONK 可以在证明规模与

[1] SNORK，简洁非交互通用知识论证，目前有 3 种变体，分别为 Sonic、PLONK 和 Marlin。

安全性上进行调整。

可信设置是 PLONK 和 Groth16 最显著的差异。为了避免一次性的可信设置，PLONK 设计了后续的约束系统和问题压缩方式。如果将零知识证明看作一扇挡在证明者和验证者之间上锁的门，那么合法构造的证明就是可以打开门的口令，证明者提供口令即可进入房间。但是如果证明者得知了门的秘密，也就是房间窗户的位置，那么证明者可以直接无视锁的存在翻窗进入房间。

显然，最安全的做法是找一个“没有窗户的房间”，这也是一部分零知识证明方案的思路——无须可信设置，例如，可扩展透明零知识论证（ZK-STARK）和防弹证明（Bulletproofs）。虽然它们的安全性得到了提高，但是目前这类方法的证明验证性能是远低于 ZK-SNARK 的，接近线性的验证和规模较大的证明使其无法匹配更多应用场景。

PLONK 和 Groth16 的做法都是保留窗户，但是尽力保护窗户的位置不被人知道。Groth16 的做法是根据不同的问题，每次都指定窗户的位置，即它需要一次性的可信设置。而 PLONK 在面对不同的问题时，窗户的位置是固定不变的，即窗户的位置只需要被指定一次，也就是说，PLONK 的可信设置是通用的。

那么这些窗户的位置由谁来确定呢？可信第三方是一个备选项。但这意味着房间有可能被恶意证明者攻破，因为其安全性寄希望于第三方。除此之外，还有一项热门技术可为其提供思路，即 SMPC。沿用之前的例子，我们可以不太严谨地将 SMPC 概括为多人共同指定窗户的位置，除非所有参与者联合起来“对答案”，否则这个位置将无法由任何人得知。

显然，当使用 SMPC 时，参与者的数量越多，秘密的安全性就越高，这类可信设置也比可信第三方更为用户所接受。遗憾的是，虽然目前提出了基于 Groth16 的可信设置，但是由于 Groth16 的秘密计算与特定的问题相关联，所以每当遇到新的问题时，必须重新开启一轮 SMPC 可信设置。这样一来，需要多方参与的计算协议会极为烦琐，这将极大地影响 Groth16 的性能。相比之下，具备通用性的 PLONK 与 SMPC 的适配度更高。

PLONK 可信设置的可更新性是指通用的 PLONK 秘密可以通过再开启一轮 SMPC 来更新。新生成的秘密的安全性建立在两次 SMPC 的安全性上，只要两次中有一个参与者是诚实的，这个秘密就是可信的。

PLONK 的另一个显著特征是其标准化多项式承诺的模块化。标准化多项式承诺的模块化会让方案在设计和实施时更加灵活。例如，开发人员可能需要优先考虑保证安全而不是证明规模，这样一来，证明便需要更长的时间和更大的数据包，还会增加网络费用，并大规模影响网络可扩展性。无论如何，由于其标准化的 Kate 承诺，所以无论选择哪种多项式承诺来验证，大多数基本工具都通用，相关智能合约也都能相应地被执行。

就像 QAP 被运用在 SNARK 一样，PLONK 的一个关键组成部分就是需要一个过程，将“有一个特定的程序 P，给一个输入值 X，会输出一个特定的输出值 Y”，转化为“给一组值，满足一组数学等式”的问题。

P 可以用电路来实现。以 $P(x)=x^3+x+5=35$（答案为 3）的电路为例，如图 4-5 所示。

可以为电路标上门与线，如图 4-6 所示。

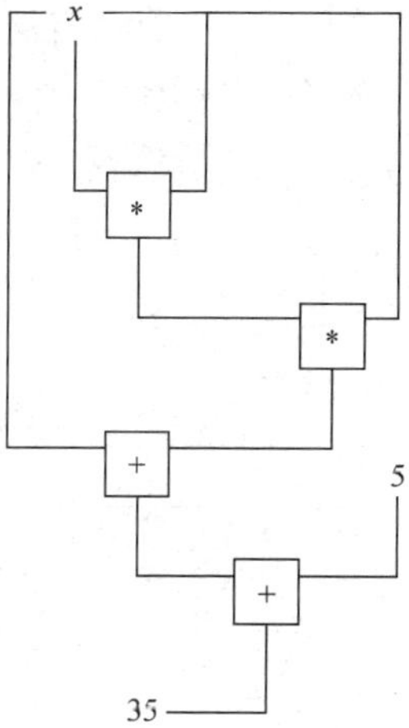

图 4-5 $P(x)=x^3+x+5=35$ 的电路

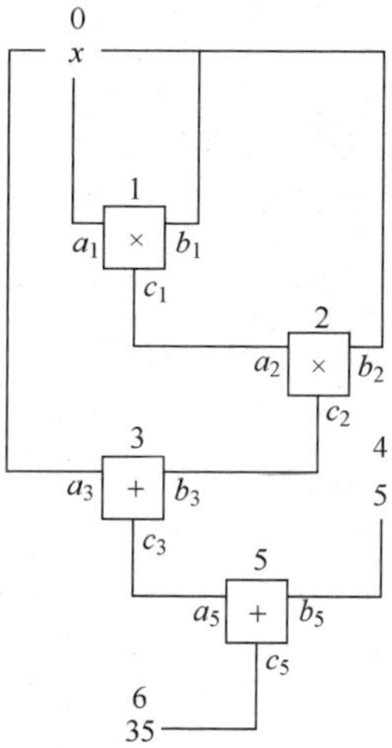

图 4-6 标上门与线的 $P(x)=x^3+x+5=35$ 电路

在门与线上，有门约束和复制约束。门约束是指连接到相同门的线所对应的等式，如 $a_1b_1=c_1$；复制约束是指电路中连接到同一位置的线都相等，如 $a_1=b_1=b_2=a_3$。通过构建一个基于少量多项式等式的结构化系统，可以表示上述两种约束。

在 PLONK 中，这些等式会以式（4-10）所示的形式构建（L 代表左，R 代表右，O 代表输出，M 代表乘，C 代表常量）。

$$\left(Q_{L_i}\right)a_i+\left(Q_{R_i}\right)b_i+\left(Q_{o_i}\right)c_i+\left(Q_{M_i}\right)a_ib_i+Q_{C_i}=0 \tag{4-10}$$

每个 Q 值都是一个常量。所有的小写字母，都是由用户提供的变量：a_i 是第 i 个门的左输入，b_i 是右输入，c_i 是输出。如果是一个加法门，则设置为：

$Q_{L_i}=1$，$Q_{R_i}=1$，$Q_{M_i}=0$，$Q_{O_i}=-1$，$Q_{C_i}=0$

将输入常量代入等式，可得 $a_i+b_i-c_i=0$。如果是一个乘法门，则设置为：

$Q_{L_i}=0$，$Q_{R_i}=1$，$Q_{M_i}=1$，$Q_{O_i}=-1$，$Q_{C_i}=0$

如果将 a_i 设置为某个常量 x，则设置为：

$Q_L=1$，$Q_R=0$，$Q_M=0$，$Q_O=0$，$Q_C=-x$

现在，问题转化为证明者拥有一系列 x_{a_i}、x_{b_i}、x_{c_i}，它们可以满足一系列相同形式的等式。因此，相比“为程序找到合适的输入”，已经有了一个更具象的问题，并且可以将这个线性系统压缩为式（4-11）的样式。

$$Q_L(x)a(x)+Q_R(x)b(x)+Q_O(x)c(x)+Q_M(x)a(x)b(x)+Q_C(x)=0 \tag{4-11}$$

现在，让我们回到电路中线的“连接”问题。我们有一组不同的值来满足一组不同的等式。常量门可以通过将值设置为常量来满足，加法门和乘法门可以通过设置所有的非必要线为 0 来满足。为了更具挑战性，并且能更贴切地表达最初的电路，我们需要验证“复制约束”，例如，$a_1=b_1=b_2=a_3$。这需要一些巧妙的设计。

我们的策略是实现一个"坐标对聚合器（Coordinate Pair Accumulator）"。假设 $X(x)$ 与 $Y(x)$ 是两个代表了 x 与 y 坐标上一系列点的多项式，例如，对于 $\{(0,-2),(1,1),(2,0),(3,1)\}$，可以设 $X(x)=x$，$Y(x)=x^3-5x^2+7x-2$。我们的目标是让 $p(x)$ 代表上述坐标中的所有点。所以，从 $p(0)=1$ 开始，$p(1)$ 代表第一个点，$p(2)$ 代表第一、第二个点，以此类推。随机选择两个常量 v_1 和 v_2，至少在(0, 1, 2, 3)域内使用 $p(0)=1$ 和 $p(x+1)=p(x)[v_1+X(x)+v_2Y(x)]$ 来构造 $p(x)$。

例如，若 $v_1=3$、$v_2=2$ 时，我们可以得到表 4-1 所示的结果。

表 4-1　当 $v_1=3$、$v_2=2$ 时 $p(x)$ 的值及中间结果

x	0	1	2	3	4
$X(x)$	0	1	2	3	4
$Y(x)$	−2	1	0	1	10
$v_1+X(x)+v_2Y(x)$	−1	6	5	8	27
$p(x)$	1	−1	−6	−30	−240

我们关心的结果是 $p(4)=-240$。现在，我们把 $X(x)=x$ 替换成 $X(x)=\frac{2}{3}x^3-4x^2+\frac{19}{3}x$，这个多项式在 x 值为 (0, 1, 2, 3) 处的 $X(x)$ 的值为 (0, 3, 2, 1)。如果用 $X(x)$ 再次运行上述公式，那么还是会得到 $p(4)=-240$，这不是巧合。事实上，我们可以尝试在一个很大的域里随机选取 v_1 和 v_2，会得到同样的结果。这是因为 $Y(1)=Y(3)$，所以将 (1, 1) 和 (3, 1) 的 x 坐标交换后，得到的还是这两个点，并没有改变预设点的集合。由于乘法交换律的存在，聚合器最终得到的结果是一致的。

接下来，考虑一条线的两个值的复制约束，例如，$a(1)=a(3)$。我们将创造两个坐标对聚合器，在第一个坐标对聚合器中，$X(x)=x$，并且 $Y(x)=a(x)$，在第二个坐标对聚合器中，$Y(x)=a(x)$，但 $X'(x)$ 的值为第一个聚合器中 $X(x)$ 值的重新排列。第一个聚合器将压缩点集合 $\{(0,a(0)),(1,a(1)),(2,a(2)),(3,a(3)),(4,a(4))\ldots\}$，第二个聚合器将压缩点集合 $\{(0,A(0)),(1,A(1)),(2,A(2)),(3,A(3)),(4,A(4))\ldots\}$。只有当 $a(1)=a(3)$ 时，聚合器才会输出相同的结果。

为了证明 a、b 和 c 之间的约束，采用同样的流程，只不过将 3 个多项式的所有点都进行"聚合"。我们为 a、b 和 c 都提供 x 坐标中的一段值，例如，$Xa(x)=x$、$Xb(x)=n+x$、$Xc(x)=2n+x$。为了证明电路中线两端的复制约束，"新的 X 坐标"可以理解成上述 3 个点集切片的组合。我们不像之前检查 $p(4)=p'(4)$ 那样仅检查一个方程的聚合器，而是检查 3 个聚合器的乘积，如式（4-12）所示。

$$p_a(n)\cdot p_b(n)\cdot p_c(n)=p_a'(n)\cdot p_b'(n)\cdot p_c'(n) \tag{4-12}$$

等号两边 3 个 $p(n)$ 的乘积，将聚合 a、b 和 c 中的所有坐标点，这使得我们不仅可以检查 3 条线 a、b 和 c 内部的一对复制约束，也可以检查任意一条线与另一条线的复制约束，例如，$a(2)=b(4)$。

此外，我们还会使用 ω 的幂 $1,\omega,\omega^2,\cdots,\omega^{n-1}$ 来表示线的索引，其中，ω 是域中的一个高阶单元根（High-Order Root-of-Unity），而不是整数 $x=0,\cdots,n-1$。这不会在数学层面有什么变化，仅仅是将坐标对聚合器的等式从 $p(x+1)=p(x)\left[v_1+X(x)+v_2Y(x)\right]$ 变为了 $p(\omega x)=p(x)\left[v_1+X(x)+v_2Y(x)\right]$，并且将 x 坐标索引从 $0,\cdots,n-1;n,\cdots,2n-1;2n,\cdots,3n-1$ 变为了 ω^i、$g\omega^i$ 和 $g^2\omega^i$（g 为域中一些随机高阶值）。

现在整理所有需要检验的等式。主体的门约束检查如式（4-13）所示：

$$Q_L(x)a(x)+Q_R(x)b(x)+Q_O(x)c(x)+Q_M(x)a(x)b(x)+Q_C(x)=0 \tag{4-13}$$

多现实聚合器状态转化约束，如式（4-14）至式（4-19）所示。

$$P_a(\omega x)-P_a(x)\left[v_1+x+v_2a(x)\right]=Z(x)H_1(x) \tag{4-14}$$

$$P_{a'}(\omega x)-P_{a'}(x)\left[v_1+\sigma_a x+v_2a(x)\right]=Z(x)H_2(x) \tag{4-15}$$

$$P_b(\omega x)-P_b(x)\left[v_1+gx+v_2b(x)\right]=Z(x)H_3(x) \tag{4-16}$$

$$P_{b'}(\omega x)-P_{b'}(x)\left[v_1+\sigma_b x+v_2b(x)\right]=Z(x)H_4(x) \tag{4-17}$$

$$P_c(\omega x)-P_c(x)\left[v_1+g^2x+v_2c(x)\right]=Z(x)H_5(x) \tag{4-18}$$

$$P_{c'}(\omega x)-P_{c'}(x)\left[v_1+\sigma_c x+v_2c(x)\right]=Z(x)H_6(x) \tag{4-19}$$

可以将 $Z(x)H(x)$ 理解为“仅在我们关心的坐标上等于零，在其他坐标上等于零是非必要的”。随后，多项式聚合器开始、结束约束，如式（4-20）和式（4-21）所示：

$$P_a(1)=P_b(1)=P_c(1)=P_{a'}(1)=P_{b'}(1)=P_{c'}(1)=1 \tag{4-20}$$

$$P_a(\omega^n)P_b(\omega^n)P_c(\omega^n)=P_{a'}(\omega^n)P_{b'}(\omega^n)P_{c'}(\omega^n) \tag{4-21}$$

用户提供的多项式如下：

- 电路线赋值（Wire Assignments）$a(x),b(x),c(x)$。
- 坐标对聚合器 $P_a(x),P_b(x),P_c(x),P_{a'}(x),P_{b'}(x),P_{c'}(x)$。
- 商 $H(x),H_1(x),\cdots,H_6(x)$。

证明者和验证者需要提前计算的多项式如下：

- $Q_L(x),Q_R(x),Q_O(x),Q_M(x),Q_C(x)$，它们共同代表了电路的各种门。
- 排列多项式 $\sigma a(x)$，$\sigma b(x)$，$\sigma c(x)$，对 a、b 和 c 线之间的复制约束进行编码。

至此，我们已经把一个程序问题转化为一个多项式等式满足问题，接下来让证明变得简短，这里使用 Kate 承诺。

Kate 承诺的算法比 FRI 简单得多。通过初始可信设置，生成一组椭圆曲线点 G、G_s、$G_{s^2}\cdots G_{s^n}$ 以及 G_{2s}。其中，G 和 G_s 是两个椭圆曲线生成器（Generators），s 是一个计算后就会被遗忘的密码（如果是多方生成的，只要有一方遗忘了密码，那么这个过程就是安全的）。这些椭圆曲线点会被公开，并被认为是“证明密钥”。任何想要创建多项式承诺的人，都需要用到这些点。将椭圆曲线点中的前 $d+1$ 个点乘以多项式中的响应系数，并将结果累加，就可以得到一个 d 阶多项式的承诺。

4.3 ZK-STARK

ZK-SNARK 是零知识简洁非交互论证，而 ZK-STARK 则是 Zero-Knowledge Scalable Transparent Argument of Knowledge，即零知识可扩展透明论证。

ZK 代表“零知识”。

S 代表“可扩展”，强调的是零知识证明如何增强区块链的可扩展性。ZK-STARK 让开发人员能够在链下执行计算并存储数据，从而提高可扩展性。零知识证明系统验证这些链下活动，然后在线提交给各方验证。

T 代表“透明”，这个特点是 ZK-SNARK 和 ZK-STARK 之间最显著的区别之一。ZK-STARK 使用公开可用的随机性（Publicly-available Randomness）来生成参数，从而省去了可信设置这一步骤。

ARK 指的是“Argument of Knowledge”，含义与 ZK-SNARK 中的“ARK”相同，但 ZK-STARK 使用的是抗碰撞哈希函数，计算方法与 ZK-STARK 有所不同。

ZK-STARK 技术较新，由 StarkWare 率先推出。ZK-STARK 可以在链下批量计算数千笔交易，并提交唯一的 STARK 证明，以确认交易在链上的有效性。

4.3.1 工作原理

STARK 的目标是给定程序 A，输入 x，输出 y 和时间界限 T，生成一个证明 π 来证明“$A(x)$ 在 T 个计算步骤内输出 y”，如图 4-7 所示为 STARK 架构示意。

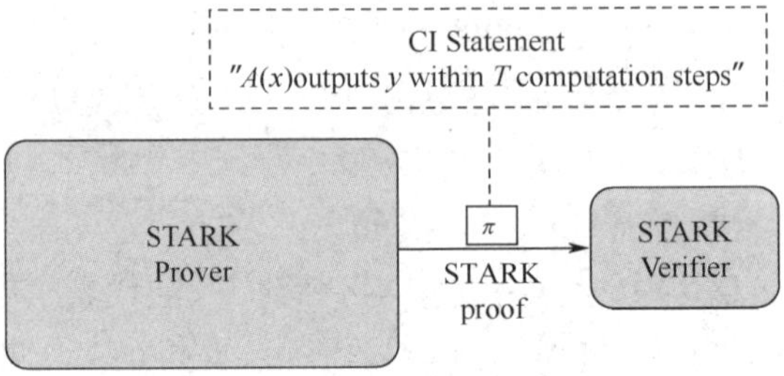

图 4-7　STARK 架构示意

图片来源：Starkware midium。

STARK 协议的第一阶段是算术化，证明者和验证者将程序转化为多项式约束的集合，证明者对该轨迹编码以获得编码轨迹 Φ，并将其发送给验证者。之后，验证者发送随机性 σ_0，这使得证明者和验证者能够将所有多项式约束“捆绑”到单个多项式约束中。证明者将后者与编码轨迹 Φ 结合，以获得组合多项式 Ξ，并将其发送给验证者。验证者通过本地一致性检查确保 Φ 和 Ξ 适当相关。此时，如果局部一致性检查以高概率通过，那么当且仅当Φ和Ξ在进行低度（Low Degree）测试时，CI 语句为真。

证明者使用 FRI 协议来说服验证者Φ和Ξ是低次多项式。验证者在每轮交互中发送一些随机性σ_i，证明者用辅助证明ψ_i回复，并且在协议结束时验证者对Φ、Ξ和ψ_i执行随机本地检查。如果 FRI 协议的验证者以高概率接受，则Φ和Ξ具有所需的低度测试可接受程度。这样一来，验证者可得出结论 CI 语句(A,x,y,T)是一个真实的陈述，具体如图 4-8 所示。

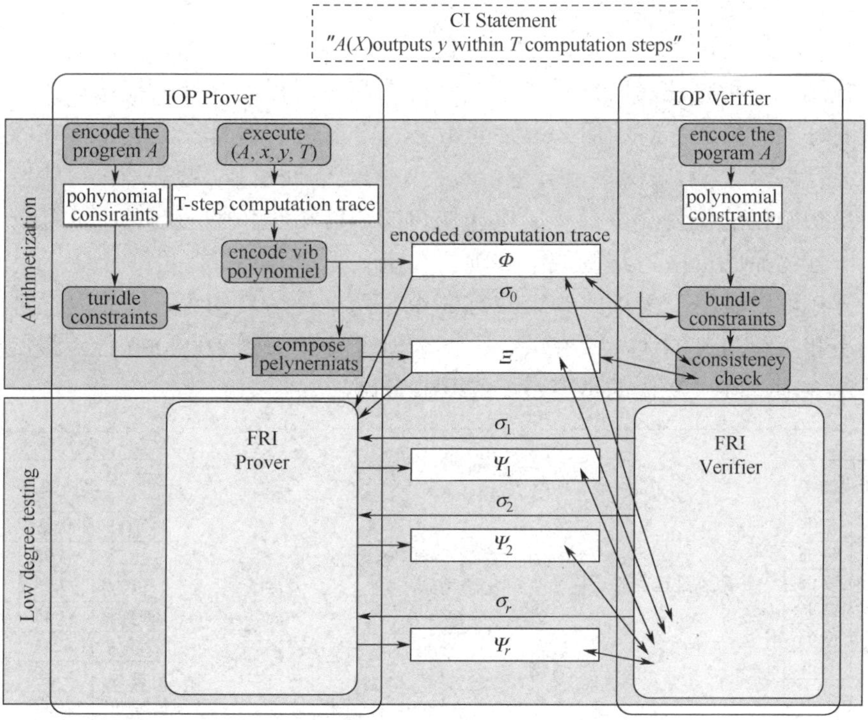

图 4-8　证明者使用 FRI 协议来说服验证者

1. 算术化Ⅰ：执行轨迹及一组多项式约束

为了便于理解，我们用一个简单的例子来贯穿整个算术化的过程。以超市购物为例，超市的收据内容如表 4-2 所示。

在结完账后，顾客 Alice 想再次核对账单。收银员 Bob 声称“账单是正确的”。那该如何验证呢？Alice 只要对照收据将每一项累加就可以完成验证。在这个例子中，Alice 只需要 5 步，就可以完成验证过程。试想这样一个场景，如果某个账单中有 1000000 样东西，同样 Bob 又声称“账单是正确的”。这时，Alice 按照原来的方法验证，需要计算 1000000 步。怎么才能简化步骤呢？

表 4-2　超市的收据内容

项目	价格
土豆	¥4.98
马铃薯	¥7.98
西红柿	¥3.45
番茄	¥2.65
豆芽	¥1.4
总价	¥20.46

Bob 找到了一种方法。既然是验证最终的总和是否正确，那就把总和的计算过程列出来，保证每次的累加都对，那么最终的结果一定也是正确的。于是 Bob 在收据上新增了一列“运行总价”，用来保存计算总价过程中的“中间值”，这就是执行轨迹。新增的列需要满足初始化的值为 0、最终的值和要付的总价相等、中间的每个值都要等于上一个值加上一行物品的价格，这构成了多项式约束（见图 4-9 左下角部分）。

从图 4-9 可以看出，多项式约束共有 3 个，两个是边界约束，一个是循环约束。多项式的大小和执行轨迹的大小没有关系，即表格即使扩大到 1000000 行，最终的多项式约束仍是这 3 项，唯一变化的是变量 x 的取值范围。

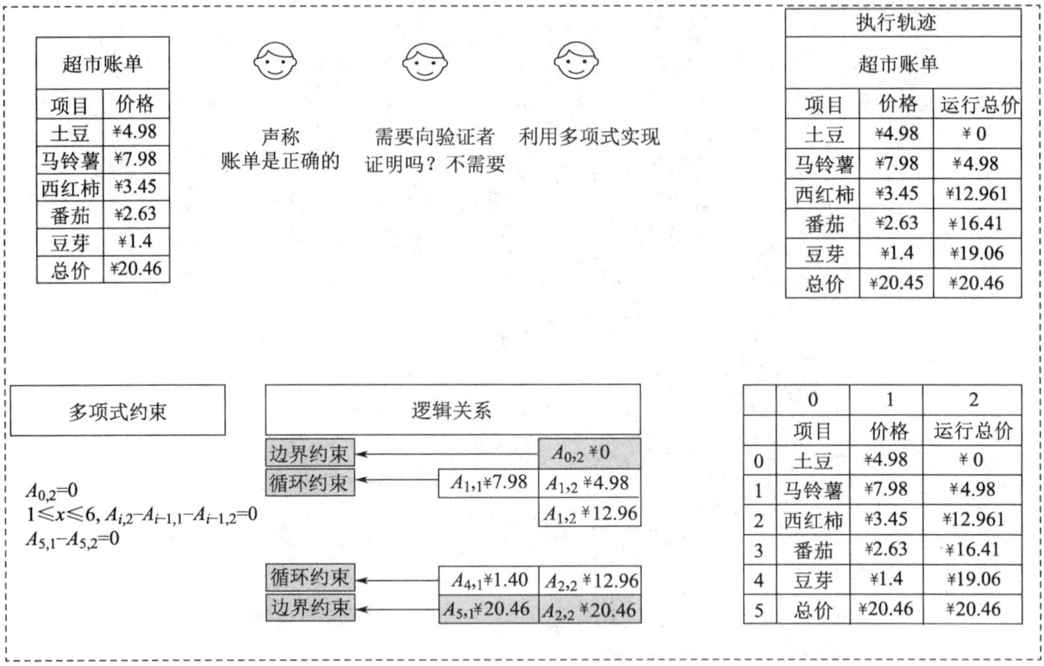

图 4-9　通过多项式约束和执行轨迹进行价格验证

总之，这个步骤的主要目的是验证者通过询问证明者少量问题，来决定接受或拒绝证明（高准确性）。验证者让证明者证明几个随机的执行轨迹，检查执行轨迹是否正确。

正确的执行轨迹会通过这个测试。但是构建一个完全错误的执行轨迹也不难，只要在一个地方违反多项式约束，就会得到一个完全不同的结果。少量的随机询问并不能识别某些故障。

低度测试（Low Degree Testing）是一个很好的解决方案。

2. 算术化Ⅱ：低度测试

当少量随机询问不能识别故障时，通常使用纠错码。纠错码可以将短字符串变成长字符串并且替代之前的字符串，而且一组相似的字符串可以转化出一组完全不同的结果。这里利用的是代数理论，任何长度为k的码，都可以唯一表示为一个阶数最多为$k-1$的多项式。一个在有限域中的$k-1$阶多项式，表示k个点。这个多项式在k个点的赋值被编码，实际被传输的是这些值。在传输过程中，一些值被破坏，所以实际发送的不止k个值。只要正确地接收了足够的值，接收方就可以推算出原始多项式，并得到原始数据。

Bob 在得到了多项式约束和执行轨迹后，需要将多项式扩展到一个更大的域，将其转化为另一个低次多项式，当且仅当执行轨迹是有效的。这样做的目的是简洁。插值是低度测试中经常用到的寻求近似值的一种方法，在很多科研实验中的函数是离散的，虽然函数关系是存在的，但是具体的函数可能非常难找到或非常复杂，不便于分析和计算，这时利用插值函数代替原有函数表达原函数的特征。这样做不仅简单而且容易计算，同时也可以防止攻击者作恶。

在图 4-9 中，Bob 先把关注点切到执行轨迹，可以看到执行轨迹有 2 列，一列是单项价格，一列是运行总价。我们分别对两类元素进行拉格朗日插值，得到两个函数$f(x)$、$w(x)$，$0\leqslant x\leqslant 5$。然后，对这两个函数进行域扩展，得到了在更多点上的评估，即$f(x)$、$w(x)$，$0\leqslant x\leqslant 10000$。

从多项式插值到域扩展，其实就是 Reed-Solomen 的编码过程。即便原始数据仅有一处差异，得到的值也会大不相同，这样做的主要目的是防止证明者作恶。

Bob 把$f(x)$、$w(x)$和多项式约束等式结合，得到一组确切的多项式约束，以循环约束多项式为例，如式（4-22）所示。

方程 1：$1\leqslant x\leqslant 5$，$w(x)-f(x-1)-w(x-1)=0$　（4-22）

令$Q(x)=w(x)-f(x-1)-w(x-1)$，则有$Q(1)=0$、$Q(2)=0$、$Q(3)=0$、$Q(4)=0$、$Q(5)=0$。

对于$Q(x)$，度为 5，存在一个多项式$\psi(x)$度为 0，即常量，满足$Q(x)=\Psi(x)(x-1)(x-2)(x-3)(x-4)(x-5)$，令目标多项式$T(x)=(x-1)(x-2)(x-3)(x-4)(x-5)$的度为 5，则有式（4-23）。

方程 2：$Q(x)=\psi(x)T(x)$　（4-23）

验证者 Alice 从$0\leqslant x\leqslant 10000$中随机选择一个点$a$，发送给证明者 Bob，要求 Bob 返回相应的值。以式（4-23）为例，Bob 需要返回$w(a)$、$w(a-1)$、$f(a-1)$、$\psi(a)$，然后

Alice 判断式（4-24）是否成立。

方程 3：$w(a)-f(a-1)-w(a-1)=\psi(a)T(a)$ （4-24）

如果式（4-24）成立，则 Alice 大概率相信执行轨迹是正确的，那么原始计算成立。假如验证者 Bob 作恶，将表格中的 4.98 改成 5.98，那么 $Q(1)=w(1)-w(0)-f(0)=5.98-4.98=1$，不等于 0。

在这种情况下，观察式（4-23），等号左边为 $Q(x)$，度为 5，$x=1$ 是零点；等号右边为 $\psi(x)T(x)$，度为 5，因为 $T(x)$ 在 $x=1$ 处为 0，所以 $\psi(x)T(x)$ 在 $x=1$ 处也为 0。但等式两边实际上是度相等的不同多项式，其交点最多为 5 个，在 $0\leqslant x\leqslant 10000$ 范围内，只有 5 个值相等，9995 个值是不等的，因此随机地从 $0\leqslant x\leqslant 10000$ 中选择一个值，验证不通过的概率是 99.95%，如果域扩展的范围更大，那么验证不通过的概率将更接近 1。

3. FRI 协议降低复杂度

假设 Bob 声明自己有 10^9 个数，并且每个数都在 0～9 的范围内，那么 Alice 能不能在询问两次之后 99%地确认 Bob 的声明是正确的呢？

这时候需要增加一个条件，Bob 需要提供一个多项式 $G(x)$，阶次在 10^6～10^9，Alice 通过分别在原函数和条件函数 G 中各询问一个随机点，就可以 99%地验证 Bob 的声明是否正确。如图 4-10 所示。

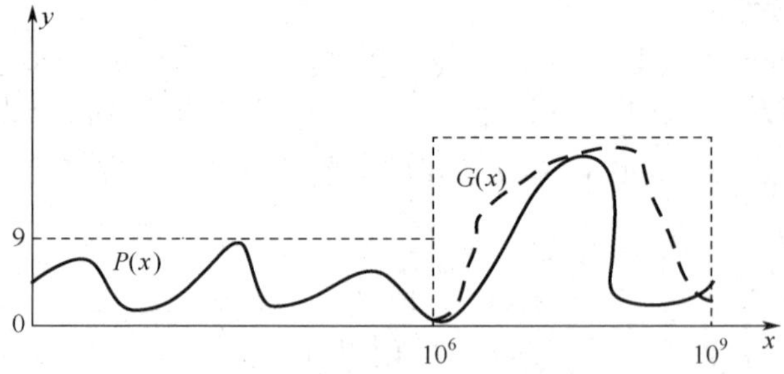

图 4-10　用于测试 Bob 声明的函数 G

FRI 协议是一种更有效的测试方法，通过一种被称为“折叠”的方法，测试一个“点的集合”大部分是否在一个度小于某个值的多项式上，能达到线性级的证明复杂度和对数级的验证复杂度，降低了通信开销，提升了验证效率。具体做法如下：

（1）将 n 个点值对 $[x_i, f(x_i)]$ 按 N 列进行划分，得到一个 $\frac{n}{N}$ 行、N 列的矩阵。

（2）证明者需要对矩阵的每一行的所有点的值在一个度小于某个值的多项式上进行承诺。承诺的方式是将一行中所有的 $f(x_i)$ 进行哈希运算，得到 $\frac{n}{N}$ 个哈希值，组成 Merkle 树并输出树根。

（3）对应每一行，证明者将该行的所有点值对用随机数 α 做线性组合 $f'(x_i')=f(x_i)+\alpha f(x_{i+1})+\cdots+\alpha^j f(x_{i+j})+\cdots+\alpha^{N-1} f(x_{N-1})$。

（4）如果我们精心挑选 x_i ，则得到的新多项式可以看成原多项式的每一项按模 N 划分出的多项式的组合，其系数正是原多项式对应项系数的线性组合。

（5）这样，我们得到了一个项数为 $\frac{n}{N}$ 的多项式 $f'(x)$ 。再次重复步骤（1）～（4），直到将新多项式的次数降到可以接受的范围。

（6）假设重复了 k 次，则只需要检查最后的多项式次数是否小于 $\frac{D}{N^k}$ 。

简单来说，FRI 协议的执行分为两个阶段，commit 和 query，即验证者发送随机数给证明者，证明者生成新的函数，验证者根据证明者发来的值检查一致性（不矛盾性）。如果一致则验证通过。FRI 协议还可以保证零知识证明的属性，验证者不能访问轨迹多项式里的点，因为多项式里包含了隐私。

STARK 在复杂度和验证时间上有很好的表现，主要原因就是通过插值函数对验证方式进行了优化。

4. 实现可扩展性和透明性

STARK 是一种可扩展且透明的论证系统。接下来我们要提到的模块都是为了让 STARK 满足这两个条件。

（1）可扩展性。产生 π 所需的时间为 $T \cdot \mathrm{polylog}(T)$ ，而验证 π 所需的时间仅为 $\mathrm{polylog}(T)$ ；特别地，π 的长度为 $\mathrm{polylog}(T)$ 。换句话说，生成证明并不比仅运行原始计算昂贵多少，但是验证证明比运行原始计算要快得多。证明规模相比原始计算的规模以指数形式缩短。

（2）透明性。用于生成证明和验证证明的密码证明系统的全局参数没有陷门。

STARK 的可扩展性来自 PCP 协议，对长证明进行随机局部检查。给定 CI（Computational Integrity，计算完整性）语句 (A,x,y,T) ，PCP 证明者会生成一个证明字符串 ψ ，该字符串对 CI 语句的计算轨迹“编码”。虽然证明字符串 ψ 比时间界限 T 内的计算轨迹长（ψ 的长度在 T 中呈拟线性），但 ψ 具有显著的特征，即可以通过仅读取 ψ 的一小部分进行概率测试来进行验证。也就是说，给定相同的 CI 语句 (A,x,y,T) ，PCP 验证者可以通过随机读取 ψ 的少量位置（读取位置的数量可以是一个小的常数），然后对读取的值运行“本地检查”来验证 ψ 。如果 CI 语句为真，则验证通过。如果 CI 语句为假，则无论如何选择证明字符串 ψ ，验证者都会以很高的概率拒绝通过验证，详见图 4-11。

那么如何从 ψ 到 π ？可以通过加密哈希函数来实现，如图 4-12 所示。

证明者需要使用哈希函数 H 通过 Merkle 根提交长证明 ψ ，然后通过 H 对 Merkle 根进行哈希运算，得到随机性 ρ，也就是用哈希函数 H 来实现安全预采样，从而在短证明 π 中包含对长证明 ψ 的单个随机本地检查。但是在实际应用中，PCP 的成本很高，高效的 STARK 是基于 IOP 构造的，这一做法扩展了 PCP 的概念。

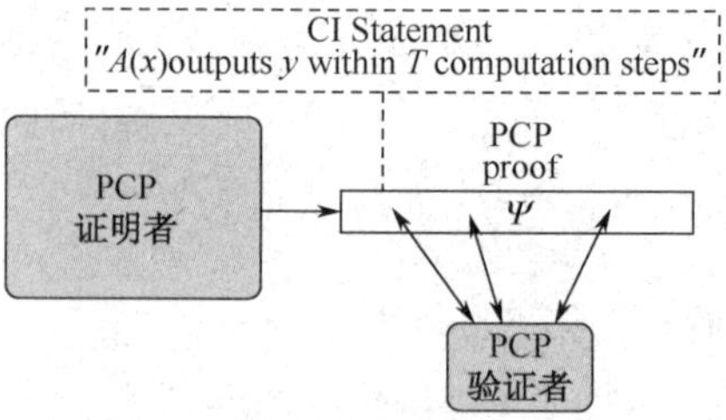

图 4-11　概率可检查证明（PCP）

图片来源：StarkWare Medium。

STARK 使用 BCS 构造[1]来消除交互性。BSC 构造的一个重要特征是，生成或验证短证明所需的唯一密码是加密哈希函数 H（如 SHA-256 或 Keccak）。因此，H 的选择是证明系统的所有用户都需要知道的唯一“全局参数”，并且可以通过公共信息做出此项选择。这意味着通过 Micali 构造[2]获得的证明是透明的，如图 4-13 所示。

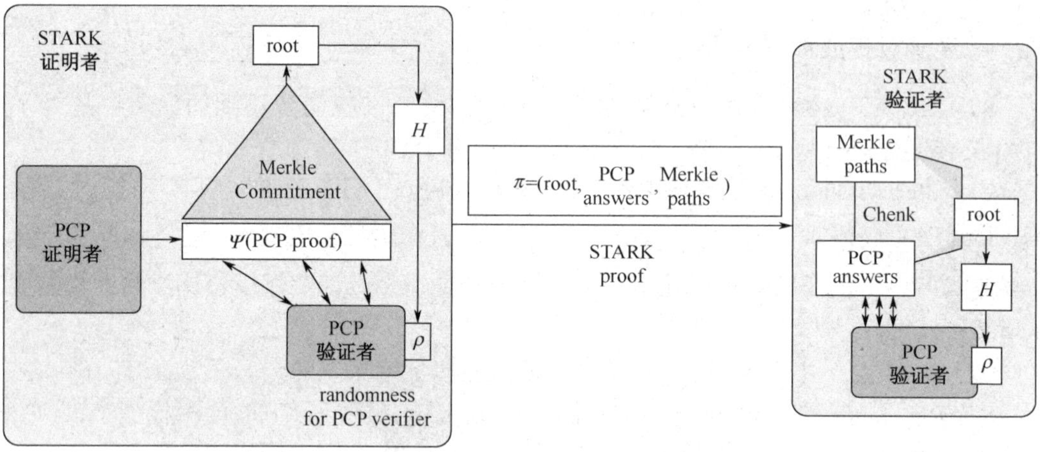

图 4-12　通过加密哈希函数安全地对 PCP 进行预采样

图片来源：StarkWare Medium。

[1] BCS（Black-Box Classifier）构造是 Micali 构造的扩展，它使用了更通用的 IOP 而不是 PCP。高效的 STARK 都是通过 BCS 构造的。

[2] Micali 构造，也称 Feldman 基于身份的签名方案，是一种概率签名方案，允许在不需要公钥基础设施的情况下验证签名。该构造使用椭圆曲线密码，为解决某些数学问题而创建。该构造方案已被广泛研究，如果有关基础数学问题的某些假设成立，则该构造被认为是安全的。对于无法建立公钥基础设施的应用程序（如投票系统或区块链网络），是一种比较流行的选择。

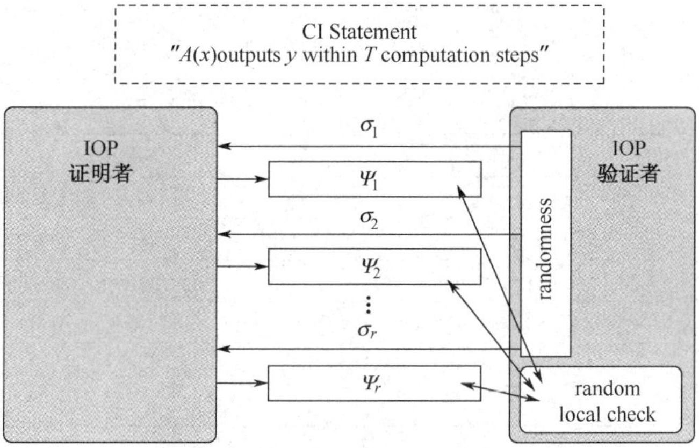

图 4-13　交互式预言证明（IOP）

4.3.2　ZK-SNARK 与 ZK-STARK

ZK-SNARK 与 ZK-STARK 都是前沿的零知识非交互证明协议，证明者和验证者几乎不需要交互。证明生成、提交和验证通常在一笔交易内完成。此外，它们还增强了区块链的可扩展性。零知识证明比平均比特币交易规模小得多，并且验证速度更快。可以快速验证和需要更小的区块空间意味着以太坊等网络具有更高的可扩展性。

总体来说，ZK-SNARK 建立在椭圆曲线上，在无法找到随机椭圆曲线元素相对公共基点的离散对数的假设下，可以确保安全性和隐私性。ZK-STARK 使用抗碰撞哈希函数来提供可扩展性和安全性。图 4-14 是 ZK-SNARK 和 ZK-STARK 的密码学差异展示。

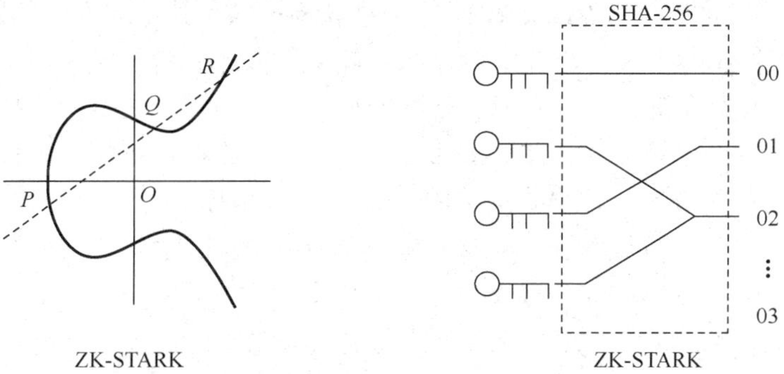

图 4-14　ZK-SNARK 和 ZK-STARK 的密码学差异展示

ZK-SNARK 主要围绕“隐私保护”落地身份、支付、DeFi、资产证明等应用。ZK-STARK 虽然也在发展之中，但技术尚不成熟，至少在通用性上受限。我们看到，ZK-STARK 大多围绕着“可扩展性”去落地各类应用。从长远来看，ZK-STARK 可承载的运算量更大，研究者认为其更有发展前景。

打个不严谨的比方，ZK-SNARK 和 ZK-STARK 的关系，有些像 OP-Rollup 和 ZK-Rollup 的关系，前者短期利好，后者长期利好。表 4-3 给出了 ZK-STARK 与 ZK-SNARK

的主要区别。

表 4-3 ZK-STARK 与 ZK-SNARK 的主要区别

分类	SNARK	STARK
证明算法复杂度	$O[N\log(N)]$	$O[N\text{poly}\ \log(N)]$
验证算法复杂度	$O(1)$	$O[\text{poly}\ \log(N)]$
通信复杂度（证明大小）	$O(1)$	$O[\text{poly}\ \log(N)]$
1 TX 大小	TX：200 bytes　Key：50Mb	45KB
10000 TX 大小	TX：200 bytes　Key：500GB	135KB
信任设置	√	×
后量子安全	×	√
密码学假设	无法找到随机椭圆曲线元素相对公共基点的离散对数	抗冲突哈希函数

1. 可扩展性

可扩展性是区块链和 Web 3 系统始终面临的挑战。扩展区块链的方法有很多，所有方法都需要权衡取舍。通过零知识证明系统实现可扩展性，是一种有效的方法和可行的选择。

虽然 ZK-SNARK 的证明规模比 ZK-STARK 小，ZK-SNARK 比 ZK-STARK 消耗更少的 Gas，并且由于证明规模的差异，所以 ZK-SNARK 验证证明的速度更快，但是 ZK-SNARK 的计算需求使其生成证明的速度更慢。虽然 ZK-SNARK 看起来由于证明验证速度更快而更具可扩展性，但 ZK-STARK 的证明规模更大，其生成证明的速度更快，扩展速度也更快。此外，由于采用了链下计算和存储，所以 ZK-STARK 在上链时消耗的 Gas 更少。然而，在低吞吐量状况下，由于创建的证明很少，因此 ZK-STARK 验证将需要更长的时间。从理论上来说，ZK-STARK 相比 ZK-SNARK 在可扩展性方面更具优势。

（1）算术电路复杂度。在 ZK-SNARK 和 ZK-STARK 系统实现中，创建 ZK 程序的代码先被转化为电路，再进行计算。算术电路复杂度与其计算效率有关，基本上等于用于生成证明的基础计算的规模和复杂度。

（2）通信复杂度。随着计算规模的增长，ZK-SNARK 的通信复杂度以线性方式增长，而 ZK-STARK 只随着计算规模的增长而略有增长。这是 ZK-STARK 相比 ZK-SNARK 在一次性设置方面的一大优势。在设置好后，ZK-SNARK 在验证证明时的通信复杂度低于 ZK-STARK。

（3）证明生成复杂性。随着计算量的增加，ZK-STARK 比 ZK-SNARK 快 10 倍，这是 ZK-STARK 相比 ZK-SNARK 的另一个优势。

（4）验证复杂性。随着计算规模的增长，ZK-STARK 与 ZK-SNARK 在验证复杂性方面相比只会略有增长，ZK-SNARK 往往以线性方式增长。在设置好后，ZK-SNARK 比

ZK-STARK 需要更少的时间验证证明，如 ZK-STARK 可能需要 50～100ms 来验证，而 ZK-SNARK 需要约 10ms 来验证。

图 4-15、图 4-16、图 4-17 是《ZK-STARK 白皮书》中 ZK-STARK 与 ZK-SNARK 的几幅基准分析视图。

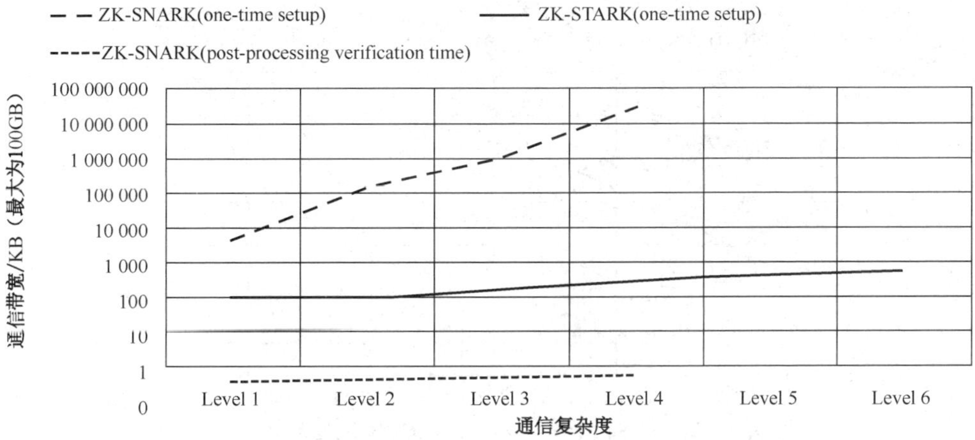

图 4-15　ZK-STARK 与 ZK-SNARK 通信复杂度对比

图片来源：《ZK-STARK 白皮书》。

简化的基准测试表明，随着底层证明复杂性的增加，ZK-STARK 完成计算所需的通信带宽比 ZK-SNARK 增长得慢得多。图 4-15 中 Level 1 至 Level 6 指的是算术电路的复杂性（乘法门的级别，每个级别的增加是前级别的 55 倍）。ZK-SNARK 的 Level 5 和 Level 6 未显示，因为通信带宽超过了 100GB。ZK-SNARK 后处理验证时间是指一个 SNARK 被验证的时间。

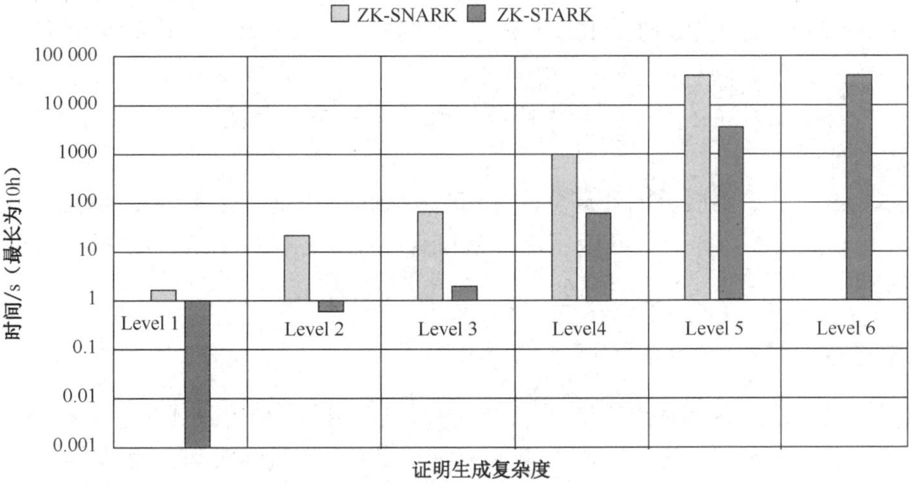

图 4-16　ZK-STARK 与 ZK-SNARK 证明生成复杂度

图片来源：《ZK-STARK 白皮书》。

简化的基准测试还表明，随着底层证明复杂性的增加，ZK-STARK 生成证明的时间增加得比 ZK-SNARK 慢得多。图 4-16 中 Level 1 至 Level 6 指的是算术电路的复杂性（乘法门的级别，每个级别的增加是前一级别的 55 倍），ZK-SNARK 的 Level 6 未显示，因为完成时间超过 10 小时。

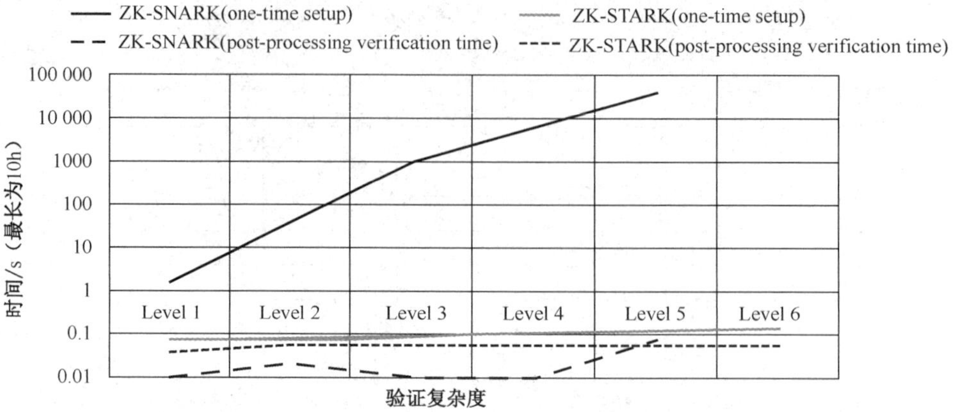

图 4-17　ZK-STARK 与 ZK-SNARK 验证复杂度对比

图片来源：《ZK-STARK 白皮书》。

2. 透明性

ZK-SNARK 通过可信初始化生成 CRS，所有的证明者都可以直接访问它。这些参数通常由一小群人保管。如果参数被泄露，不诚实的参与者可能会利用它们来创建错误的证明。

ZK-STARK 虽然是交互证明，但是通过抗碰撞哈希函数（一种概率证明的方式）来保证安全性，因此也实现了高效证明。这个思路借鉴了 2015 年推出的交互式预言机证明（Interactive Oracle Proofs，IOP）技术的思路，简单来说，先把问题用密码学的方式打碎，然后验证者随机向证明者提出几个问题，如果几轮下来证明者都给出了准确的回答，那么验证就通过了。由于生成随机性的参数是公开的，所以维持了去中心化，增强了透明性。

ZK-STARK 只需要极少的计算资源就可以完成证明，但是它比 ZK-SNARK 更安全，不存在答案被泄露的风险。并且为了进一步确保安全，ZK-STARK 还设置了争议时间延迟作为缓冲。

3. 安全性

ZK-SNARK 与 ZK-STARK 的另一个区别是它们的安全方法不同。ZK-SNARK 使用初始设置来生成参数，其设置在计算上也是合理的。但是，其可靠性也是建立在证明者的计算能力有限这个假设之上的。当证明者有无限的计算能力时，证明者将能使用某种算法，执行极快的并行整数分解计算，并用于从公钥中提取私钥。换句话说，证明者将能破坏证明系统。因此，理论上 ZK-SNARK 很容易受到量子计算攻击，不具备抗量子性。

ZK-STARK 不需要初始可信设置，而是选择抗碰撞方法。因此，与 ZK-SNARK 不同，ZK-STARK 不需要很高的计算成本，也消除了因量子计算的无限计算能力而可能受到的威胁。ZK-STARK 的抗量子性等级更高。

4.4 Bulletproofs

一般来说，我们将支付隐私分两种属性，一种是匿名性，隐藏交易中发送方和接收方的身份；另一种是保密性，隐藏转账金额。虽然比特币通过钱包地址与现实世界身份不可连接提供了一些弱匿名性，但它缺乏保密性。这对比特币来说是一个严重的问题，会使比特币在很多场景难以被推广使用。

为了解决交易金额的保密性问题，机密交易[1]（Confidential Transcations，CT）的概念被提出。在机密交易中，每笔交易都对金额的承诺实施隐藏操作，不让公众看到。这种方法似乎也阻止了区块链的公开验证。为解决这个问题，可以在每笔交易中加入交易有效性的零知识证明。关于 CT 的零知识证明要么规模过于庞大，要么需要可信设置。由于这两种方法都有局限性，所以 Bulletproofs，一种新型零知识证明由斯坦福大学应用密码学小组于 2017 年提出，旨在实现比特币和其他加密货币的高效保密交易。CT 隐藏了交易中转移的金额，每笔 CT 都包含一个加密证明，证明该交易是有效的。Bulletproofs 将密码证明的规模从 10kB 以上缩小到 1kB 以下。

Bulletproofs 汲取了 ZK-SNARK 和 ZK-STARK 的优势，一方面，它们不需要可信设置，与 ZK-STARK 类似；另一方面，与 ZK-SNARK 一样，它不依赖大规模的证明。Bulletproofs 尤其适用于对承诺值进行高效的范围证明。Bulletproofs 有以下几个特点：

- Bulletproofs 是通用零知识证明。
- Bulletproofs 可以用来扩展多方协议，如多重签名。
- Bulletproofs 提供了一个更加高效的 CT range proofs。当批量验证时，速度提高超 20 余倍。这些 range proofs 可以在交易中被整合，但规模只以对数级增长。

4.4.1 工作原理

Bulletproofs 是一种新型非交互零知识证明协议，具有非常简短的证明，且无须可信设置；证明规模为 Witness 的对数级。Bulletproofs 尤其适用于对承诺值进行高效的范围证明，只需使用（$2\log n+9$）个群组和字段元素，就能证明承诺值在某个范围内。证明

[1] 机密交易是一种通过遮蔽因子，对代币支付的输入和输出进行同态加密以增加交易隐私的方法。遮蔽因子以一串数字的形式用于加密比特币交易的输入和输出。

生成和验证时间与 n 成线性关系。

Bulletproofs 极大地改进了现有比特币和其他加密货币保密交易方案中线性 (n) 规模的范围证明。此外，它还支持范围证明的聚合，因此，一方只需提供单个证明长度的 $O(\log m)$ 组元素，就能证明 m 个承诺位于给定范围。为了聚合来自多方的证明，我们可以通过一个简单的 SMPC 协议来构建 Bulletproof 协议，各方在不互相透露输入的情况下生成单个证明。该 SMPC 协议使用恒定轮数和线性通信，或者对数轮数和对数通信。研究表明，该协议验证时间虽然是渐进线性的，但在实际应用中却非常高效。此外，多个 Bulletproofs 可以分批进行，以进一步加快验证速度。

除了范围证明，Bulletproofs 还为一般算术电路提供了简短的零知识证明。尽管 Bulletproofs 的重点是 CT，在实际应用中节省了大量成本，它的应用并不局限于 CT，也可以用作简短可验证洗牌[1]、机密智能合约，以及 Sigma 协议的通用替代品。

Bulletproofs 的主要思路如图 4-18 所示。先将 $n=|C_M|$ 个乘法门约束和 Q 个线性约束归约为一个多项式约束，即 $p(Y,Z)$ 是否为零多项式；然后将该多项式约束转化为内积形式，做向量内积承诺，最后进行范围证明和聚合。

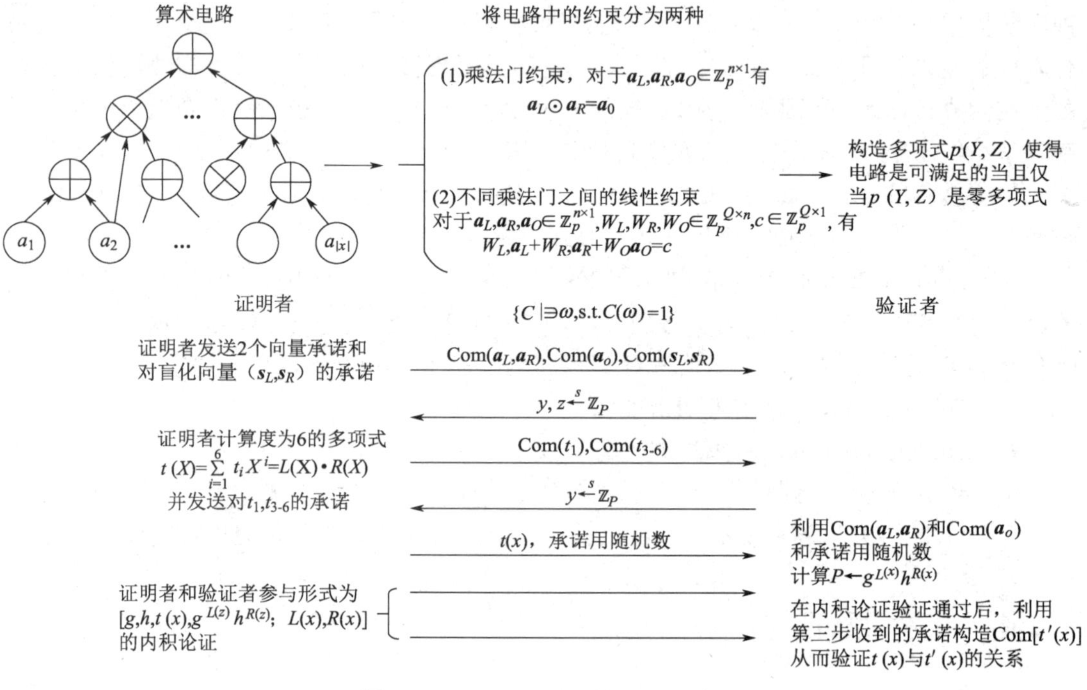

图 4-18　Bulletproofs 的主要思路

[1] 电子投票中为保护投票者的隐私，要由一系列混合服务器对选票进行洗牌操作，为保证洗牌操作的真实性，需要可验证洗牌方案。

1. 保密交易

由于 Bulletproofs 是对保密交易和范围证明的优化，所以这里我们先对这两个模块做简要的介绍。

比特币和其他类似的加密货币使用的是基于交易输出的系统，即当前这笔交易中的一个输入使用的是之前某笔交易未使用的一个输出，并且需要附加当前交易输入地址对应的数字签名。这种交易模式称为 UTXO（Unspent Transaction Outputs）模式。这种模式的交易需要验证当前交易的每一个输入都是之前未使用的一个输出，同时还要保证一笔交易输入的和大于输出的和。保密交易的思想就是用承诺算法将交易金额，也就是 UTXO 模式交易中的各个输入和输出隐藏起来，同时为了支持公开可验证性，保密交易通过零知识证明来证明交易的输入总和大于输出总和，并且所有的输出都是正的。

保密交易使用 Pedersen 承诺方案来隐藏交易金额，此方案将明文表示的 UTXO 数值替换为加密承诺，同时，如果某个用户（私钥）与加密承诺绑定，表示该用户持有加密承诺内包含的余额，但是该承诺中不会显示余额的具体数值。

Pederson 承诺是密码学承诺的一种，1992 年被 Torben Pryds Pedersen 在 *Non-Interactive and Information-Theoretic Secure Verifiable Secret Sharing* 一文中提出。目前，Pedersen 承诺主要搭配椭圆曲线密码使用，当然也可以结合指数运算，具有基于离散对数困难问题的强绑定性和同态加法特性的密文形式。

定义：$\text{Com}_{\text{ck}}(a;r) := g^r h^a$ 为对 a 的 Pedersen 承诺，这里 r 是随机数且不公开。多元 Pedersen 承诺类似于 Pedersen 承诺，即给定公开的参数 ck =（$\mathbb{G}, q, g, h_1, \cdots, h_n$），这里 g 是 $\mathbb{G}$ 的生成元 $(h_1, \cdots, h_n) \in \mathbb{G}^n$，这些点的离散对数均未知。

给定消息 $(m_1, \cdots, m_n) \in \mathbb{Z}_q^n$，则对应的 Pedersen 承诺如式（4-25）所示。

$$c = \text{Com}_{\text{ck}}(m_1, \cdots m_m; r) = g^r \prod_{i=1}^{n} h_i^{m_i} \tag{4-25}$$

Pedersen 承诺具有非常好的同态加密属性，这个性质保证了 UTXO 交易中多个输入和输出的总和均为 Pedersen 承诺，即交易金额可隐藏。

在利用上文提到的 Pedersen 承诺解决了比特币隐私保护问题之后，还面临一个问题，就是如果用户构造了一个对负值的承诺，如创建对-20 BTC 输出的承诺，那么其他剩下输出的比特币的总额就会超出输入的总额。事实上，这个漏洞之前在比特币的发展过程中也被黑客利用过，构造负值的输出无异于开动印钞机增发货币。

为了解决上述问题，保密交易中引入了范围证明技术来解决正负验证的问题。范围证明可以证明经过承诺或加密等隐藏处理后的某个秘密数值是位于某个特定的区间内的。

尽管范围证明方案作为保密交易的一个组成部分是非常有必要的，但是当前的范围证明方案面临着另外两个更重要的问题：

（1）需要可信第三方。

（2）时间和空间上的巨大开销。

研究者利用 Borromean 环签名给出了具体的范围证明实现方案，尽管该方案不需要可信第三方的参与，但是开销过大，其中，证据的生成和验证阶段的时间复杂度均与金额的比特数线性相关，并且证据的规模比较大。

2. 向量内积承诺方案

向量内积承诺[1]是指证明者拥有两个秘密向量 $\boldsymbol{a},\boldsymbol{b}\in \boldsymbol{Z}_q^n$，公开 $\boldsymbol{c}=\boldsymbol{a}\cdot\boldsymbol{b}$ 以及 $\boldsymbol{A}=\boldsymbol{g}^{\boldsymbol{a}}$ 和 $\boldsymbol{B}=\boldsymbol{h}^{\boldsymbol{b}}$，证明者向验证者证明 $\boldsymbol{A}$ 和 $\boldsymbol{B}$ 所蕴含的向量 $\boldsymbol{a}$、$\boldsymbol{b}$ 之内积确实为 $\boldsymbol{c}$。

Bulletproofs 方案在向量内积承诺方案的基础上构造并进行了相应的改进。该方案记作（$\mathbb{G},\boldsymbol{g},\boldsymbol{h},\boldsymbol{A},\boldsymbol{B},\boldsymbol{c},n;\boldsymbol{a},\boldsymbol{b}$），这里 $\boldsymbol{g},\boldsymbol{h}$ 的离散对数都是未知的，并且 n 为 2 的幂次方。只有 $\boldsymbol{a}$ 和 $\boldsymbol{b}$ 是秘密。P 是证明者，V 是验证者。

首先将 n 维向量切分为 2 个块，每个块是 $\frac{n}{2}$ 维向量，记

$\boldsymbol{g}=(\boldsymbol{g}_1,\boldsymbol{g}_2)$，$\boldsymbol{h}=(\boldsymbol{h}_1,\boldsymbol{h}_2)$，$\boldsymbol{a}=(\boldsymbol{a}_1,\boldsymbol{a}_2)$，$\boldsymbol{b}=(\boldsymbol{b}_1,\boldsymbol{b}_2)$。这里 $\boldsymbol{g}_1,\boldsymbol{g}_2,\boldsymbol{h}_1,\boldsymbol{h}_2\in\mathbb{G}^{n/2}$，$\boldsymbol{a}_1,\boldsymbol{a}_2,\boldsymbol{b}_1,\boldsymbol{b}_2\in\mathbb{Z}^{n/2}$，

则 $\boldsymbol{A}=\boldsymbol{g}_1^{\boldsymbol{a}_1}\boldsymbol{g}_2^{\boldsymbol{a}_2},\boldsymbol{B}=\boldsymbol{h}_1^{\boldsymbol{b}_1}\boldsymbol{h}_2^{\boldsymbol{b}_2},\boldsymbol{c}=\boldsymbol{a}\cdot\boldsymbol{b}=\boldsymbol{a}_1\cdot\boldsymbol{b}_1+\boldsymbol{a}_2\cdot\boldsymbol{b}_2$

然后，令 $\boldsymbol{a}'(x)=\boldsymbol{a}_1x+\boldsymbol{a}_2x^2,\boldsymbol{b}'(x)=\boldsymbol{b}_1x^{-1}+\boldsymbol{b}_2x^{-2}$，于是 $\boldsymbol{a}'(x)\boldsymbol{b}'(x)$ 的常数项等于 $\boldsymbol{c}$。设随机数 $x\in\mathbb{Z}_q^*$，令 $\boldsymbol{a}'=\boldsymbol{a}'(x),\boldsymbol{b}'=\boldsymbol{b}'(x)$，以及 $\boldsymbol{g}'=\boldsymbol{g}_1^{x^{-1}}\cdot\boldsymbol{g}_2^{x^{-2}},\boldsymbol{h}'=\boldsymbol{h}_1^{x}\cdot\boldsymbol{h}_2^{x^2}$，则

$(\boldsymbol{g}')^{\boldsymbol{a}'}=\boldsymbol{A}_{-1}^{x^{-1}}\boldsymbol{A}_0\boldsymbol{A}_1^{x}$，这里 $\boldsymbol{A}_{-1}=\boldsymbol{g}_2^{\boldsymbol{a}_1},\boldsymbol{A}_0=\boldsymbol{g}_1^{\boldsymbol{a}_1}\boldsymbol{g}_2^{\boldsymbol{a}_2},\boldsymbol{A}_1=\boldsymbol{g}_1^{\boldsymbol{a}_2}$

$(\boldsymbol{h}')^{\boldsymbol{b}'}=\boldsymbol{B}_{-1}^{x^{-1}}\boldsymbol{B}_0\boldsymbol{B}_1^{x}$，这里 $\boldsymbol{B}_{-1}=\boldsymbol{h}_2^{\boldsymbol{b}_2},\boldsymbol{B}_0=\boldsymbol{h}_1^{\boldsymbol{b}_1}\boldsymbol{h}_2^{\boldsymbol{b}_2},\boldsymbol{B}_1=\boldsymbol{h}_1^{\boldsymbol{b}_1}$

$\boldsymbol{c}'=\boldsymbol{a}'\cdot\boldsymbol{b}'=\boldsymbol{c}_{-1}x^{-1}+\boldsymbol{c}_0+\boldsymbol{c}_1x$，这里 $\boldsymbol{c}_{-1}=\boldsymbol{a}_1\cdot\boldsymbol{b}_2,\boldsymbol{c}_0=\boldsymbol{a}_1\cdot\boldsymbol{b}_2+\boldsymbol{a}_2\cdot\boldsymbol{b}_1,\boldsymbol{c}_1=\boldsymbol{a}_2\cdot\boldsymbol{b}_1$

如果令 $\boldsymbol{A}'=(\boldsymbol{g}')^{\boldsymbol{a}'},\boldsymbol{B}'=(\boldsymbol{h}')^{\boldsymbol{b}'}$，则原向量内积承诺转化为对新向量 $\boldsymbol{a}',\boldsymbol{b}'$ 的内积承诺。注意到验证者需要计算 $\boldsymbol{g}',\boldsymbol{h}',\boldsymbol{A}',\boldsymbol{B}'$ 以及 $\boldsymbol{c}'$，证明者需要传输 $\boldsymbol{A}_k,\boldsymbol{B}_k,\boldsymbol{c}_k$，这里 $k\in\{-1,1\}$。

公开输入：$\boldsymbol{g},\boldsymbol{h}\in\mathbb{G}^n$，$\boldsymbol{A},\boldsymbol{B}\in\mathbb{G}^n$，$\boldsymbol{c}\in\mathbb{Z}_q^*$。

秘密输入：证明者拥有 $(\boldsymbol{a},\boldsymbol{b})$，且满足 $\boldsymbol{A}=\boldsymbol{g}^{\boldsymbol{a}}$，$\boldsymbol{B}=\boldsymbol{h}^{\boldsymbol{b}}$，以及 $\boldsymbol{c}=\boldsymbol{a}\cdot\boldsymbol{b}$。

协议过程：①当 n>1 时，执行递归约减步骤如下：

- $P\to V$：发送 $\boldsymbol{A}_{-1}$，$\boldsymbol{B}_{-1}$，$\boldsymbol{c}_{-1}$，$\boldsymbol{A}_1$，$\boldsymbol{B}_1$，$\boldsymbol{c}_1$ 共 6 个元素。
- $P\leftarrow V$ 发送随机数 $x\in\mathbb{Z}_q^*$。
- $P\to V$：P 和 V 分别将原始知识证明问题转化为如下知识证明问题：（$\mathbb{G},\boldsymbol{g}',\boldsymbol{h}',\boldsymbol{A}',\boldsymbol{B}',\boldsymbol{c}',n/2;\boldsymbol{a}',\boldsymbol{b}'$）

这里

---

[1] 本节的证明过程参考了《Bulletproofs 技术调研报告》。

$g' = g_1^{x^{-1}} \cdot g_2^{x^{-2}}, A' = A_{-1}^{x^{-1}} A_0 A_1^x$

$h' = h_1^x \cdot h_2^{x^2}, B' = B_{-1}^{x^{-1}} B_0 B_1^x$

$c' = c_{-1}x^{-1} + c_0 + c_1 x$

此外，P 还需要更新自己的秘密输入，即 $a' = a_1 x + a_2 x^2$ 和 $b' = b_1 x^{-1} + b_2 x^{-2}$，然后，$P$ 和 V 循环执行该递归约减步骤。

② 当 $n = 1$ 时，执行终止步骤如下：

- $P \to V$：P 直接发送 (a,b)。
- $P \leftarrow V$：如果 $A = g^a$，$B = h^b$，以及 $c = ab$ 成立，则返回接受，否则拒绝。

上述方案中证明者需要向验证者发送 A_i、B_i 以及 c_i，所需的通信带宽比较大，为了降低通信复杂度，Bulletproofs 方案提出了一种优化后的向量内积承诺。

该方案考虑 $P = g^a h^b g_t^c$，$c = ab$，g_t 的离散对数未知。此时在递归约减的步骤中 A_i、B_i 以及 c_i 可以合并发送，不妨将该承诺方案记做（$\mathbb{G}, g_t, g, h, P, n; a, b$），下面是具体过程：

公开输入：$g, h \in \mathbb{G}^n$，g_t，$P \in \mathbb{G}$，这里 n 是 2 的幂次方。

秘密输入：证明者拥有 $a = (a_1, a_2)$，$b = (b_1, b_2)$ 并满足 $P = g_1^{a_1} g_2^{a_2} h_1^{b_1} h_2^{b_2} g_t^c$，这里 $g = (g_1, g_2), h = (h_1, h_2), c = a_1 \cdot b_1 + a_2 \cdot b_2$

协议过程：如果 $n = 1$，则

- $P \to V$：直接发送 (a,b)。
- $P \leftarrow V$：如果 $P = g^a h^b g_t^c$，这里 $c = a \cdot b$，则返回接受，否则拒绝。

③ 递归约减：如果 $n > 1$，则证明者令 $n' = n/2$，然后计算：

- $P \to V$：发送 (L, R)，这里 $L = g_2^{a_1} h_1^{b_2} g_t^{c_L}$，$c_L = a_1 \cdot b_2 \in \mathbb{Z}_q$，$R = g_1^{a_2} h_2^{b_1} g_t^{c_R}$，$c_R = a_2 \cdot b_1 \in \mathbb{Z}_q$。
- $P \leftarrow V$：发送随机数 $x \in \mathbb{Z}_q^*$。

证明者和验证者将原问题转化为新问题（$\mathbb{G}, g_t, g', h', P', n'; a', b'$）。

这里 $g' = g_1^{x^{-1}} \cdot g_2^{x^{-2}}$，$h' = h_1^x \cdot h_2^{x^2}$，$P' = L^{x^{-1}} P R^x$，而且证明者还需计算

$a' = a_1 x + a_2 x^2 \in \mathbb{Z}_q^n$

$b' = b_1 x^{-1} + b_2 x^{-2} \in \mathbb{Z}_q^n$

综上，第一个向量内积承诺方案的通信复杂度为 $6\log n + 2$；第二个向量内积承诺方案的通信复杂度为 $2\log n + 2$，而且第二个向量内积承诺方案的计算复杂度比第一个方案小。

3. 范围证明

范围证明[1]的基本信息如下。

首先，令 $v \in \mathbb{Z}_q$，$V = h^\gamma g^v$，即 V 是 v 的 Pedersen 承诺，其中 γ 是随机数。整个证明

[1] 本节的证明过程参考了《Bulletproofs 技术调研报告》。

系统想要说服验证者 $v \in \left[0, 2^{n-1}\right]$，也就是说整个证明系统想要证明如下关系：

$$\{(\boldsymbol{g},\boldsymbol{h} \in \mathbb{G}, \boldsymbol{V}, n; v, \gamma \in \mathbb{Z}_p) : \boldsymbol{V} = \boldsymbol{h}^{\gamma}\boldsymbol{g}^{v} \wedge v \in [0, 2^{n-1}]\}$$

其中 $\boldsymbol{g},\boldsymbol{h},\boldsymbol{V},n$ 是公开的信息；v,γ 是不公开的信息。

假设 $\boldsymbol{\alpha}_L = (\boldsymbol{a}_1, \boldsymbol{a}_2, \cdots, \boldsymbol{a}_n) \in \{0,1\}^n$ 是 v 的各个比特位组成的向量，我们可知 $\left\langle \boldsymbol{\alpha}_L, 2^n \right\rangle = v$，其中 $2^n = \left(1, 2, 4, \cdots, 2^{n-1}\right)$。同时，我们必须保证 $\boldsymbol{\alpha}_L$ 中每个元素的值只能为 0 或 1，也就是要满足如下关系：

$$\left\langle \boldsymbol{\alpha}_L, 2^n \right\rangle = v$$

$$\boldsymbol{\alpha}_R = \boldsymbol{\alpha}_L - 1^n$$

$$\boldsymbol{\alpha}_R \cdot \boldsymbol{\alpha}_L = 0^n$$

此时，范围证明的基本信息可以表示为：

公开信息：$\boldsymbol{g},\boldsymbol{h} \in \mathbb{G}$，$\boldsymbol{g},\boldsymbol{h} \in \mathbb{G}^n$，$\boldsymbol{A},\boldsymbol{V} \in \mathbb{G}$，$n$

私密信息：$v, \gamma, \boldsymbol{\alpha} \in \mathbb{Z}_p$，$\boldsymbol{\alpha}_R$，$\boldsymbol{\alpha}_L$

$$\boldsymbol{V} = \boldsymbol{h}^{\gamma}\boldsymbol{g}^{v}$$

$$\boldsymbol{A} = \boldsymbol{h}^{\boldsymbol{\alpha}}\boldsymbol{g}^{\boldsymbol{\alpha}_L}\boldsymbol{h}^{\boldsymbol{\alpha}_R}$$

关系：$\left\langle \boldsymbol{\alpha}_L, 2^n \right\rangle = v$

$$\boldsymbol{\alpha}_R = \boldsymbol{\alpha}_L - 1^n$$

$$\boldsymbol{\alpha}_R \cdot \boldsymbol{\alpha}_L = 0^n$$

接下来，我们将关系中的 3 个等式中所包含的 $2n+1$ 个约束压缩为向量内积约束的形式。压缩为一个向量内积约束、合并内积、内积盲化、证明正确性的过程不再赘述。至此，范围证明的基本信息如下：

公开信息：$\boldsymbol{g},\boldsymbol{h} \in \mathbb{G}$，$\boldsymbol{g},\boldsymbol{h} \in \mathbb{G}^n$，$\boldsymbol{A},\boldsymbol{V},s \in \mathbb{G}$，$l$，$r \in \mathbb{Z}_p^n$，$\hat{t} \in \mathbb{Z}_p$，$\boldsymbol{T}_1,\boldsymbol{T}_2 \in \mathbb{G}$，$n$

证者发送的随机挑战：$\boldsymbol{y},\boldsymbol{z},\boldsymbol{x} \in \mathbb{Z}_p^*$

私密信息：$v, \gamma, \boldsymbol{\alpha} \in \mathbb{Z}_p$，$\boldsymbol{\alpha}_R, \boldsymbol{\alpha}_L \in \mathbb{Z}_p^n$，$\rho \in \mathbb{Z}_{s_p}$，$\boldsymbol{s}_L, \boldsymbol{s}_R \in \mathbb{Z}_p^n$，$\boldsymbol{t}_1, \boldsymbol{t}_2 \in \mathbb{Z}_p$，$\tau_1, \tau_2 \in \mathbb{Z}_p$

关系如下：

$$\boldsymbol{V} = \boldsymbol{h}^{\gamma}\boldsymbol{g}^{v}$$

$$\boldsymbol{A} = \boldsymbol{h}^{\boldsymbol{\alpha}}\boldsymbol{g}^{\boldsymbol{\alpha}_L}\boldsymbol{h}^{\boldsymbol{\alpha}_R}$$

$$\boldsymbol{S} = \boldsymbol{h}^{\rho}\boldsymbol{g}^{s_L}\boldsymbol{h}^{s_R}$$

$$\boldsymbol{T}_1 = \boldsymbol{h}^{\tau_1}\boldsymbol{g}^{t_1}$$

$$\boldsymbol{T}_2 = \boldsymbol{h}^{\tau_2}\boldsymbol{g}^{t_2}$$

$$\hat{t} = \langle l, r \rangle$$

$$l = l(\boldsymbol{x}) = (\boldsymbol{\alpha}_L + \boldsymbol{s}_L \cdot x) - \boldsymbol{z} \cdot 1^n$$

$$r = r(\boldsymbol{x}) = \boldsymbol{y}^n \cdot \left[(\boldsymbol{\alpha}_R + \boldsymbol{s}_R \cdot x) + \boldsymbol{z} \cdot 1^n\right] + \boldsymbol{z}^2 \cdot 2^n$$

接下来，证明者和验证者做如下交互。

P_{IP} Computes:

$\tau_1, \tau_2 \overset{S}{\leftarrow} \mathbb{Z}_p$

$\boldsymbol{T}_i = \boldsymbol{g}^{t_i} \boldsymbol{h}^{\tau_i} \in \mathbb{G}$, $i = \{1,2\}$　　//commit to t_1, t_2

$P \to V$: $\boldsymbol{T}_1, \boldsymbol{T}_2$

V: $x \overset{S}{\leftarrow} \mathbb{Z}_p^*$

$V \to P$: x

P_{IP} Computes:　　//一个随机挑战

$\mathrm{l} = l(\boldsymbol{x}) = \boldsymbol{a}_L - \boldsymbol{z} \cdot 1^n + \boldsymbol{s}_L \cdot \boldsymbol{x} \in \mathbb{Z}_p^n$

$\mathrm{r} = r(\boldsymbol{x}) = \boldsymbol{y}^n \cdot \left(\boldsymbol{a}_R + \boldsymbol{z} \cdot 1^n + \boldsymbol{s}_R \cdot \boldsymbol{x}\right) + \boldsymbol{z}^2 \cdot 2^2 \in \mathbb{Z}_p^n$

$\hat{t} = \langle 1, r \rangle \in \mathbb{Z}_p^n$　　//$\hat{t} = t(x)$

$\tau_x = \tau_2 \cdot \boldsymbol{x}^2 + \tau_1 \cdot \boldsymbol{x} + z^2 \cdot \gamma \in \mathbb{Z}_p$　　//将值绑定到 $\tilde{t}$ 上

$\mu = \boldsymbol{a} + \rho \cdot \boldsymbol{x} \in \mathbb{Z}_p$　　//把 $\boldsymbol{a}, \rho$ 绑定到 $\boldsymbol{A}, \boldsymbol{S}$

$P \to V$: $\tau_x, \mu, \hat{t}, 1, r$

接下来，验证者可以利用承诺的同态性做如下校验。

$\boldsymbol{h}_i' = \boldsymbol{h}_i^{\left(\boldsymbol{y}^{-i+1}\right)} \in \mathbb{G}$，$\forall i \in [1, n]$　　//$h' = \left(h_1, h_2^{\left(y^{-1}\right)}, h_3^{\left(y^{-2}\right)}, \ldots, h_n^{\left(y^{-n+1}\right)}\right)$

$\boldsymbol{g}^{\hat{t}} \boldsymbol{h}^{\tau_x} \overset{?}{=} \boldsymbol{V}^{z^2} \cdot \boldsymbol{g}^{\delta(y,z)} \cdot \boldsymbol{T}_1^{\boldsymbol{x}} \cdot \boldsymbol{T}_2^{\boldsymbol{x}^2}$　　//检查 $\hat{t} = t(x) = t_0 + t_1 x + t_2 x^2$

$\boldsymbol{P} = \boldsymbol{A} \cdot \boldsymbol{S}^{\boldsymbol{x}} \cdot \boldsymbol{g}^{-z} \cdot (\boldsymbol{h}')^{z \cdot y^n + z^2 \cdot 2^n} \in \mathbb{G}$　　//计算 $\boldsymbol{a}$，承诺给 $l(x), r(x)$

$\boldsymbol{P} \overset{?}{=} \boldsymbol{h}^{\mu} \cdot \boldsymbol{g}^{1} \cdot (\boldsymbol{h}')^{r}$　　//检查 l, r 是否正确

$\hat{t} \overset{?}{=} \langle l, r \rangle \in \mathbb{Z}_p$　　//检查 $\hat{t}$ 是否正确

至此，通过上面提到的交互过程就完成了范围证明。在交互过程的最后，我们可以看到证明者给验证者发送的是 (l, r)，可以利用之前提到的向量内积承诺来优化这个过程，最终，整个向量内积协议只需要传输 $2\lceil \log_2(n) \rceil + 9$ 个元素。

以上我们提到了如何使用 Bulletproofs 对一个值 v 进行范围证明，当然也可以对多个值逐个进行范围证明，但是这样比较低效。我们可以将 m 个值（每个值有 n 比特）拼接到一起，然后为这 $n \times m$ 个比特提供范围证明。总体上，范围证明的过程与之前类似，但是需要做一些修改，最终高效地证明多个值位于一个范围内。

最后，通过 Fiat-Shamir 变换将多个交互证明过程转化为非交互证明过程。

4.4.2　应用场景

Bulletproofs 适合更通用的应用场景，它可以在零知识的情况下证明任意陈述。Bulletproofs 的性能与 ZK-SNARK 或 ZK-STARK 相当。与 ZK-SNARK 不同的是，

Bulletproofs 在标准假设下具有完整的 128 位安全性，无须可信设置。与 ZK-STARK 不同的是，Bulletproofs 的速度足以在典型计算硬件上证明和验证合理规模的问题。表 4-4 给出了 ZK-SNARK、ZK-STARK 和 Bulletproofs 的关键指标比较。

表 4-4　ZK-SNARK、ZK-STARK 和 Bulletproofs 的关键指标比较

分类	ZK-SNARK	ZK-STARK	Bulletproofs
证明算法复杂度	$O[N\log(N)]$	$O[N\text{poly}\ \log(N)]$	$O[N\log(N)]$
验证算法复杂度	$\sim O(1)$	$O[\text{poly}\ \log(N)]$	$O(N)$
通信复杂度（证明大小）	$\sim O(1)$	$O[\text{poly}\ \log(N)]$	$O[\log(N)]$
1 TX 大小	TX：200 bytes Key：50Mb	45KB	1.5KB
10000 TX 大小	TX：200 bytes Key：500GB	135KB	2.5KB
信任设置	√	×	×
后量子安全	×	√	×
密码学假设	强	防碰撞哈希函数	离散对数

1. 保密交易

以前，比特币的保密交易是将交易的输入和输出隐藏在 Pedersen 承诺中的，它允许验证者在不暴露或无法更改某个值的情况下提交该值。保密交易用提交值的范围证明来实现，只有 2 个输出和 32 位精度的保密交易需要占用 5.4KB，其中 5KB 分配给范围证明。即使近期进行了优化，范围证明仍将占用 3.8 KB。Bulletproofs 大大改进了这一点，以边际额外成本（64 Bytes）将范围证明精度加倍。对数证明规模还使证明者能够将多个范围证明（如具有多个输出的交易）聚合为单个简短证明。

Bulletproofs 对保密交易的优化，使其在侧链、私有区块链和注重隐私的加密货币门罗币中得以应用。截至 2018 年 5 月，比特币拥有来自 2200 万笔交易的大约 5000 万个 UTXO。应用可以覆盖从 1 聪到 2100 万个比特币的所有值的比特币 52 位表示，将使当前系统产生大约 160GB 的范围证明数据。而使用聚合的 Bulletproofs，所有 UTXO 的范围证明将占用不到 17GB 空间，大约减至原来的 1/10。

2. 用于智能合约的 NIZK 证明

以太坊使用智能合约来实现复杂的交易行为，智能合约与其他区块链交易一样，都是公开的，不提供任何原生隐私保护功能。为了给智能合约增加隐私功能，有人提出将非交互零知识（NIZK）证明作为实现复杂智能合约的工具。然而，这些协议都有局限性，NIZK 证明并不适合由智能合约来验证，区块链与智能合约进行通信的成本很高，而且智能合约自身的计算能力也非常有限。ZK-SNARK 具有简洁的证明和高效的验证器，似乎是一个理所当然的选择，但目前实用的 ZK-SNARK 需要复杂的可信设置，由此产生的 CRS 比较冗长。要么需要一个可信方来生成，要么需要 SMPC 协议来建立几方之间的信

任生成 CRS。对于复杂的应用，证明规模和昂贵的验证成本令人望而却步。

Bulletproofs 在此基础上进行了改进，实现了无须可信设置的小型证明。Bulletproofs 的校验成本并不低，但有多种方法可以解决这个问题。一是智能合约使用了交互式裁判委托模型 CRR11，只在被质疑有效性时才验证证明。二是可以使用激励机制来确保各方既不会创建错误的证明，也不会质疑正确的证明。即使证明受到了质疑，智能合约也只需要验证单个计算步骤，即验证回路的单个门。结合小型的 Bulletproofs，可以实现更复杂但具有隐私保护功能的智能合约。与其他应用一样，这些 NIZK 证明受益于 SMPC 协议，用于生成分布式的 Bulletproofs。想象一个拍卖智能合约，其中第一轮投标人提交投标承诺，并在第二轮公开它们，而 NIZK 证明可用于证明有关出价的属性，如它们在某个范围内，但不会透露它们。使用 Bulletproofs SMPC 的多个投标人，可以把他们的 Bulletproofs 组合成单个证明。此外，该证明将隐藏投标人所提交的投标信息。

3. 降低范围证明所占内存

对于拥有数百万名客户的大型交易所而言，证明的规模与客户数量成线性关系。比特币使用的 Provisions 协议，允许比特币交易所在不透露任何额外信息的情况下证明自己是有偿付能力的。该协议主要依靠范围证明来防止交易所插入余额为负的假账户。

Bulletproofs 协议可以自然地替代 Provisions 协议中使用的 NIZK 证明，范围证明将占用不到 2 KB 的空间。此外，也可以对证明的其他部分进行类似的压缩。这样，证明将由每个客户的一个承诺所支配，大小为 62 MB，这比当前 Provisions 协议为具有 200 万名客户的大型交易所提供的近 18GB 证明规模大约小了 300 倍。

4.5　ZKP 系统的比较维度

近两三年来，每年都会出现 1～3 个新的零知识证明系统，而现在已发展到每个月都能看到新的零知识证明系统的出现。目前了解到的零知识证明系统有 Libra、Sonic、SuperSonic、PLONK、SLONK、Halo、Marlin、Fractal、Spartan、简洁 Aurora、OpenZKP、Hodor 和 GenSTARK 等，我们又该如何理解这诸多的创新呢？

4.5.1　效率和安全维度

1. 效率层面的比较

效率是衡量一个简洁非交互零知识证明协议优劣的主要指标。在效率层面，主要分为证明复杂度、通信复杂度、验证复杂度和是否需要公钥密码操作等指标。特别需要注意的是，本书中的证明、通信和验证复杂度均为协议一轮的开销，协议实际运行轮数，实际上的证明、验证计算开销和通信量与可靠性误差及安全级别有关。

（1）证明复杂度。证明复杂度是指在一轮协议中证明者生成证明所需计算步数的渐进复杂度。在其他条件不变的情况下，一个协议的证明复杂度越低，则性能越好。然而，几乎所有的简洁非交互零知识证明协议都具有线性或准线性级别的证明复杂度，仅从证明复杂度来看，这些协议的差距并不大。

（2）通信复杂度。通信复杂度是指一轮协议证明规模的渐进复杂度。在其他条件不变的情况下，一个协议的通信复杂度越低，则性能越好。常见的亚线性通信复杂度为常数级别（ZK-SNARK）、开方级别（包括 Ligero、BooLigero）、对数级别（包括 Aurora 等基于 IOP 的零知识证明、Bulletproofs 等基于 IPA 的零知识证明和 Ligero++等基于 SMPC-in-the-Head 的零知识证明）。特别地，基于 DEIP 的零知识证明只有电路深度与电路规模成对数关系时，通信复杂度才是对数级别的。

（3）验证复杂度。验证复杂度是指一轮协议验证者验证证明有效性所需计算步数的渐进复杂度。在其他条件不变的情况下，一个协议的验证复杂度越低，则性能越好。需要指出的是，一般情况下由于验证者起码要读取整个陈述，所以验证复杂度至少为线性级别。但是，可通过 CRS 和预处理降低验证者参与协议后的计算开销。例如，DRZ20 就是利用 CRS 中的结构化承诺密钥实现了对数级别的验证复杂度，Pinocchio 也利用预处理实现了常数级别配对操作的验证复杂度。

（4）是否需要公钥密码操作。对称密码操作是指移位、异或、域上多项式运算等对称密码中常出现的运算操作，而公钥密码操作包括椭圆曲线群上的运算等公钥密码中常出现的运算操作。一般而言，公钥密码操作尤其是群幂运算的实际开销较高，因此公钥密码操作会影响零知识证明协议的实际效率。基于 QAP 的零知识证明、基于 DEIP 的零知识证明和基于 IPA 的零知识证明均需要公钥密码操作。特别要指出的是，上述复杂度均与协议的安全参数成多项式关系。因此，即使是通信复杂度仅为常数个群元素的协议，如 Pinocchio，其实际通信量也会随协议安全参数的改变而改变。

2. 安全维度的比较

在安全性层面，主要考量底层难题假设、系统参数生成方式和是否抗量子等指标。

（1）底层难题假设。不同简洁非交互零知识证明协议的底层难题假设通用性有一定的差距。例如，基于 SMPC-in-the-Head 的零知识证明基于的难题假设是单向函数存在，这是一种密码学中较为常见的假设。有的零知识证明基于的难题假设是离散对数假设，其相比单向函数存在的假设通用程度较低，但也属于标准假设。

（2）系统参数生成方式。基于 CRS 的简洁非交互零知识证明（如 Pinocchio、Libra 和 DRZ20）的系统参数必须由可信第三方生成，这在去中心化的区块链应用中会带来一些安全问题。一些基于 ROM 实现的简洁非交互零知识证明可利用某些哈希函数由证明者自行生成随机数，这在某种程度上具有更高的安全性。

（3）是否抗量子。基于 SMPC-in-the-Head 的零知识证明和部分基于 IOP 的零知识证明（如 Aurora）只需假设单向函数存在，且仅有对称密码操作，被认为是抗量子的。

表 4-5 所示为简洁非交互零知识证明协议在效率和安全维度上的比较。

表 4-5　简洁非交互零知识证明协议在效率和安全维度上的比较

	性能标准评价		协议
效率	证明复杂度	线性级别	Groth、Virgo 等
		准线性级别	Ligero、Aurora 等
	通信复杂度	平方根级别	Ligero、BooLigero
		对数级别	Ligero++、Aurora、Bulletproofs 等
		常数级别	Pinocchio、Groth16 等
	验证复杂度	线性级别	Ligero、Bulletproofs 等
		亚线性级别	DRZ20、Pinocchio 等
	是否需要公钥密码操作	需要	Pinocchio、Virgo、Bulletproofs 等
		仅需要对称密码操作	Aurora、Ligero 等
安全	底层难题假设	标准假设	Aurora、Ligero、Bulletproofs 等
		非标准假设	Pinocchio、Groth16 等
	系统参数生成方式	参数私密生成	Pinocchio、Virgo、DRZ20 等
		参数公开生成	Ligero、Aurora、Virgo 等
	是否抗量子	仅包含对称密码操作基于单向函数	Aurora、Ligero 等
		非抗量子	Bulletproofs、Pinocchio、Virgo 等

4.5.2　底层技术维度

想知道哪些零知识证明系统可能引领 Web 3 和 Layer 2 的下一代发展，还可以从 3 个更技术性的概念入手：密码学假设、低次数约束和算术化。

1. 密码学假设

不同简洁非交互零知识证明协议最大的区别在于它们的安全性是由对称密码学原理还是非对称密码学原语来保障的。典型的对称密码学原语有 SHA2、Keccak 或 Blake，它们是防碰撞哈希（Collision Resistant Hash，CRH）函数。非对称密码学原语包括椭圆曲线、离散对数、KEA 指数知识假设、RSA 等。这些区别会带来以下几种不同的结果。

在计算效率方面，非对称密码学原语要求在大型代数域上对 LDC（Low Degree Compliance，低次方/低复杂度多项式）问题运算与求解，相比之下，依赖对称加密构造的算术运算速度更快。

在后量子加密安全方面，当具有足够多状态的量子计算机出现后，在 CI 证明中使用的所有非对称密码学原语将被破坏。对于对称密码算法，据估计，量子计算可以将其有效密钥长度减半，这意味着像 AES-256 这样的算法还将保持足够的安全性，短期内无须替换。

在证明规模方面，非对称密码算法表现更为优越。ZK-SNARK 的证明规模约为 200 字节，ZK-STARK 的证明规模达到了几百 KB，而现存的所有对称加密算法都只需要几十 KB 就能有相同的安全级别。在所有的系统中，Groth16 的证明数据量最少。

图 4-19 给出了按加密假设分类的零知识证明家族树。

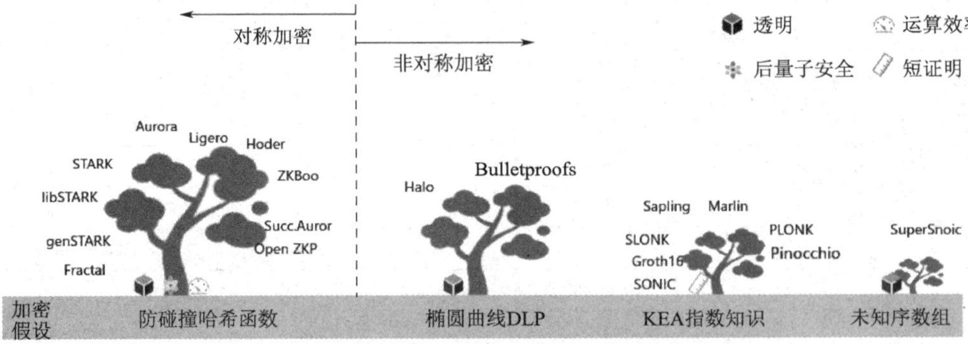

图 4-19　按加密假设分类的零知识证明家族树

2. 低次数约束

低次数约束是指确保作为算术化过程的一部分生成的代数方程多项式的次数低于某个阈值。低次数约束对完整性和安全性来说很有必要，接受一个错误证明的概率与选择的多项式的次数有关。另外，零知识证明系统采用低次数多项式，是因为它们具有一些良好的数学特性，可以让系统更加高效。实现低次数约束的主要方法有两种，隐藏查询和多项式承诺方案（Polynomial Commitment Scheme，PCS）。从图 4-20 可以看到，只有 Groth16、Pinocchio、Sapling 等极少数项目使用了隐藏查询，大多数系统采用的是多项式承诺方案。

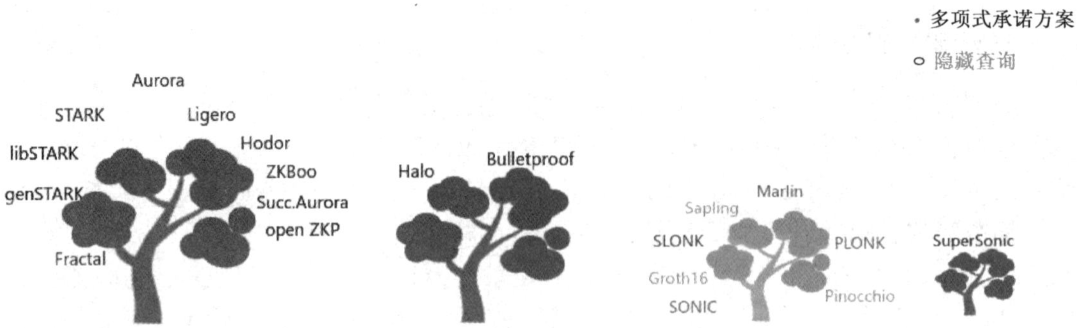

图 4-20　按隐藏查询、承诺方案分类

（1）隐藏查询。

Pinocchio、Groth16、ZCash 的 Sapling，以及以太坊的 Zokrates 等项目使用隐藏查询来实现低次数约束。

（2）多项式承诺方案。

PCS 是如 libSTARK 和简洁 Aurora 等大多数 STARK，以及如 ZKBoo、Ligero、Aurora 和 Fractal 等简洁证明系统使用的方法。PCS 是一种加密协议，允许在多项式上进行高效且可验证的计算。

不同的证明系统使用不同的 PCS 来创建和验证证明。STARK 使用的是 FRI 承诺方案，而 Groth16 和 PLONK 使用的是 KZG 承诺方案。通常，这些承诺方案的区别包括创建证明的成本、验证证明的成本及证明规模。

表 4-6 展示了不同多项式承诺方案系统的优缺点对比。STARK 证明系统使用 FRI 协议确保多项式的低次数。在这个系统中，证明者与验证者迭代交互，并承诺新的多项式，使得每个新多项式的次数是前一个多项式次数的 1/2。PLONK 系统使用基于椭圆曲线的多项式承诺（如 KZG）。基于椭圆曲线的多项式承诺证明较短，但存在计算时间较长，易受量子计算影响，以及在某些情况下会有透明度的损失等问题。

表 4-6　不同多项式承诺方案系统的优缺点对比

	FRI	Inner Product Arguments	KZG
优势	简洁验证 简洁初始化 透明 后量子安全 通用	透明 短证明 加法同态	极短证明 加法同态
劣势	长证明	线性时间确认 量子可破坏	信任设置 线性规模设置 量子可破坏
假设	防碰撞哈希函数	离散对数	KEA 指数知识

3. 算术化

不同证明系统的另一个区别是它们执行算术化的方式。一些系统可能使用整数环上的模算术（RSA 环），另一些系统可能使用椭圆曲线或更复杂的方法，如格密码学、编码密码学和多元多项式。图 4-21 给出了不同零知识证明系统的算术化效果。

不同的零知识证明系统的最大区别是采用的加密算法不同。采用非对称加密算法的零知识证明系统的证明时间更短，但证明规模更大。依赖对称加密原语的零知识证明系统在计算上高效透明，并且是后量子安全的。

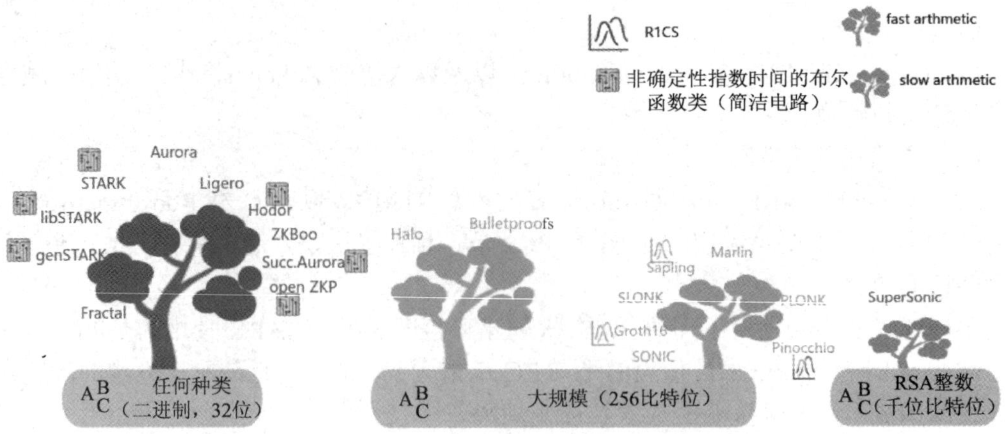

图 4-21　不同零知识证明系统的算术化效果

究竟哪种零知识证明系统更优，一直是业内争论的热点话题。目前能够给出的结论是，对于简短的论证，Groth16、PLONK 更具优势；而对其他场景，ZK-STARK 可能表现得更加优越。

第5章

零知识证明“众神殿”

零知识证明最广泛的两类应用是隐私保护和系统扩容。早期，随着 ZCash、 Monero 等几个知名项目面市，隐私交易一度成为非常重要的门类，但由于隐私交易的必要性并没有业界认为的那样突出，所以这类代表性项目开始慢慢进入二、三线阵营。在应用层面，系统扩容的必要性被提到前所未有的高度，尤其是以太坊 2.0 转变为以 Rollup 为中心的路线后，ZKP 开始成为业界焦点。

技术的落地需要应用来承载，应用的发展继而再次推动技术的迭代。ZKP 技术起步于 Layer 2，继而扩展到整个区块链和 Web 3 世界。只有见微知著地了解零知识证明的应用，才能切身感知 ZKP 技术的发展。据统计，在 ZKP 领域开展业务的公司至少已有 100 余家，这些公司推动着 ZKP 的技术进步和应用发展。图 5-1 给出了当前最主要的 ZKP 赛道的市场版图。

图 5-1　当前最主要的 ZKP 赛道的市场版图

图片来源：WAGMI Ventures。

5.1 市场机会

5.1.1 基础设施

图 5-2 中的项目和公司正在构建整个 Web 3 技术堆栈的基础设施，包括从 Layer 1 区块链到 Layer 2 的 Rollup，从跨链桥到互操作，从新的智能合约语言到针对零知识应用程序的环境优化。

图 5-2 ZKP 基础设施赛道版图

1. Layer 1 新公链

现在全世界成规模的公链至少有几百条。无论是以太坊还是以太坊的竞争者们，很多都已经构建了自己庞大的生态系统。加密市场每一轮“牛熊周期”，都会诞生一批 Layer 1 巨头，其中一些项目希望借助零知识证明走出一条“破局之路”。

然而，目前公链项目面临以下问题。

第一，参与门槛越来越高。现在区块链公链生态体系都很庞大，对硬件设备的要求也越来越高，参与的门槛也越来越高。已经很少有人能直接运行自己的以太坊节点了，绝大多数人通过区块浏览器和以太坊网络交互。以太坊等公链对系统资源已经有了很高的要求，尤其对带宽资源要求很高。

第二，中心化程度提高。当系统吞吐量上升、运行节点的门槛提高时，系统相应的去中心化程度就会降低，或者反过来说网络集中化的程度就会提升。

第三，隐私性差。由于公链所有的事务、交易和数据都是公开上链的，所以用户的隐私并没有得到很好的保护。实际上，我们只是要验证这些数据的真实性，并不需要数据本身。

此前介绍过的项目 Mina，就是通过零知识证明递归实现区块链减负的。此外，大多数区块链实际上没有办法和互联网应用直接交互，这既限制了区块链上 DApp 的适用范围，又影响了互联网应用的效用发挥。Mina 可以在保护隐私的前提下和任何网站交互，并且可以把真实世界中已经验证过的数据传到链上，让链上应用直接使用。它的愿景是打造一个通往真实世界的“隐秘网关”，这个网关就是通过 Mina 上的应用 Snapps 来实现的。Mina 有以下两个特性。

第一，可以从互联网无缝接入区块链。只要网站支持 HTTPS 协议，Snapps 就可以把这个网站的数据导入 Mina 的区块链上，同时确保这些数据是可验证的。

第二，数据本身没有被暴露。用户仍然保留着对数据的控制权，仅分享了关于数据的证明。其他用户拿到的并不是数据本身，而是一个他们自己也不知道是什么的东西，但其他用户可以去验证其背后的数据是否具有某些属性。

隐私币或匿名币的概念已经在加密货币市场中经历了多次迭代和更新，从早期的 ZCash、Monero，到后来的 Grin、Beam，以及最近的 Iron Fish，这些项目都试图将隐私和匿名的属性直接赋予区块链网络。Iron Fish 使用 ZK-SNARK 和 Sapling 协议，允许用户在不影响可访问性的情况下进行隐私交易。Iron Fish 上的每笔交易都是私密的，除非所有者通过密钥授予只读权限，否则任何人都无法看到账户的详细信息。不要说和传统银行相比，这种隐私保护水平即使在 Web 3 领域也是比较超前的。

Iron Fish 项目的愿景是用 ZKP 为所有 Web 3 项目提供通用隐私层，创建 Web 3 隐私平台，类似于 Web 2 网络上的 SSL，进而构建新的 Layer 1 区块链。据 Iron Fish 官方称，在未来的迭代中，Iron Fish 将能直接在浏览器中运行，无须安装，无须改变路由器设置。在合规性方面，Iron Fish 拥有内置合规性的一键查看配置功能，可提供金融机构审计功能，同时保证用户交易的隐私性。

截至本书出版时，ZKP 赛道获得最大融资的项目是 Aleo，其核心特点是将复杂的 ZKP 简易化，任何开发者都可以利用 Aleo 自有的编程语言完成基于 ZKP 的 DApp 部署。

2. 基于 ZK-Rollup 的 Layer 2

ZKP 的扩容有两种不同的方案，既可以在 Layer 1 扩容，如 Mina 项目；也可以在 Layer 2 扩容，也就是 ZK-Rollup。ZK-Rollup 有两类角色，一类是 Sequencer，另一类是 Aggregator。Sequencer 负责打包交易，Aggregator 负责将大量交易合并创造一个 Rollup，并形成一个 SNARK 证明，当然也可以是基于其他算法的零知识证明。这个证明会与 Layer 1 以前的状态进行比较，进而更新以太坊的 Merkle 树，计算新的状态树。

目前市场上最有竞争力的 ZK-Rollup 项目有 StarkWare 的 starkNet、Matterlabs 的 zkSync、Aztec 的 Aztec connect、Polygon 的 Hermez，以及 Miden、Loopring、Scroll 等。图 5-3 展示了常见的 Layer 2 项目及其市场占比。

在以上这些项目中，ZKP 技术路线的区别大体在于 SNARK 及其改进版本和 STARK 的选择，以及对 EVM 的支持程度。

- Aztec 开发了通用的 PLONK 协议，运行中的 Aztec 3 可能会支持 EVM，但是隐私性优先于兼容 EVM。

No.	Name	TVL	Breakdown	7d Change	Market share	Purpose	Technology
1.	Arbitrum	$3.58B		+11.68%	53.26%	Universal	Optimistic Rollup
2.	dYdX ◆	$972M		-0.05%	14.45%	Exchange	ZK Rollup
3.	Metis Andromeda OP	$653M	ⓘ	-11.96%	9.72%	Universal	Optimistic Rollup
4.	Optimism OP	$564M		+6.52%	8.39%	Universal	Optimistic Rollup
5.	Loopring	$388M	ⓘ	+10.75%	5.78%	Payments, Exchange	ZK Rollup
6.	zkSync	$155M		+10.11%	2.32%	Tokens, NFTs	ZK Rollup
7.	Boba Network OP	$151M	ⓘ	-0.61%	2.25%	Universal	Optimistic Rollup
8.	ZKSpace	$80.57M	ⓘ	+8.10%	1.20%	Payments, Exchange	ZK Rollup
9.	Immutable X ◆	$72.96M	ⓘ	+3.63%	1.08%	NFT, Exchange	Validium
10.	DeversiFi ◆	$50.61M	ⓘ	-11.96%	0.75%	Exchange	Validium
11.	Sorare ◆	$32.28M		-13.10%	0.48%	NFT, Exchange	Validium
12.	Aztec	$12.76M		-0.51%	0.19%	Private payments	ZK Rollup
13.	ZKSwap	$3.55M	ⓘ	+5.51%	0.05%	Payments, Exchange	ZK Rollup
14.	OMG Network	$3.07M		+0.08%	0.05%	Payments	Plasma
15.	Gluon	$517K	ⓘ	-3.90%	0.01%	Exchange	Plasma
16.	Polygon Hermez	$516K		+2.29%	0.01%	Payments	ZK Rollup
17.	Layer2.Finance	$395K	ⓘ	-0.15%	0.01%	DeFi aggregation	Optimistic Rollup
18.	Fuel v1	$8.00		-0.12%	0.00%	Payments	Optimistic Rollup
19.	StarkNet	$0.00	ⓘ	+0.00%	0.00%	Universal	ZK Rollup

ⓘ – A token associated with the project accounts for more than 10% of the TVL.

ⓘ – A token associated with the project accounts for more than 90% of the TVL. This may make the metric vulnerable to manipulation if the majority of the supply is concentrated and markets are very illiquid.

◆ – This project is built using StarkEx. StableCoin

OP – This project is based on Optimism's code base. Ethers

图 5-3　常见的 Layer 2 项目及其市场占比

图片来源：Glaze《万字零知识证明解读》，2022 年 5 月 2。（随着时间进展，图中项目及相应数据略有调整）。

- StarkNet 使用的是 ZK-STARK。ZK-STARK 目前不支持 EVM，有自己的编译器和开发语言。
- zkSync 使用的也是 PLONK 协议，支持 EVM。zkSync 2.0 是与 EVM 兼容的，有自己的 zkEVM。
- Scroll 是一种与 EVM 兼容的 ZK-Rollup。

在前文关于 ZK-SNARK 和 ZK-STARK 的对比中，我们没有提到的是，除 StarkWare 外，其他的 Layer 2 项目，包括 zkSync、Aztec、Loopring、Scroll 都采用的是 SNARK 技术路线。究其原因是 STARK 的开发难度过大。但 STARK 的优势也很明显，包括可承载的运算量更大，在运行大数据量时安全性也更高，同时具备抗量子攻击的特性。这些特性使得 STARK 在未来十年具备颠覆行业格局的可能。

在这里简要讨论一下兼容 EVM 的问题。ZK 系统和 EVM 的兼容问题一直令人头疼，甚至在一般情况下，项目方不得不对两者进行取舍。业界通常有两种选择，一种是和 Solidity 的操作码完全兼容，另一种是设计一种新的虚拟机，同时实现 ZK 友好并兼容 Solidity。但是，2022 年之后技术的快速发展和迭代，将 ZK 对 EVM 的兼容程度提到了一个新的高度，开发者可以做到从以太坊主链到 ZK-Rollup 一定程度的无缝迁移。这将影响 ZK 的开发生态和竞争格局。

3. 跨链桥

区块链的链上流动性和资产始终被共识机制限制在同一条区块链上。随着区块链数量越来越多，流动性就被不同的区块链分割，由此带来流动性碎片化。跨链桥是这个问题的解决方案，它能够将各个区块链上分隔的流动性整合起来。但跨链桥容易受到黑客攻击，其安全性始终是一个重要问题。据 Chainalysis 的报告，2022 年因跨链桥被攻击而造成的损失占区块链世界总被盗资金的 69%。虽然使用 ZKP 也难以完全避免黑客攻击，但 ZKP 的可靠性可以将区块链共识协议的安全性扩展到跨链桥，因此，将 ZKP 用于跨链桥是有重大意义的。该领域有如下 3 个发展方向。

一是使用 ZK-SNARK 对共识进行简洁验证，实现以太坊 PoS（权益证明）轻客户端，如 Succinct Labs 项目。

二是通过 ZK-SNARK 将 IBC（区块链间通信）引入以太坊。如 Electron Labs 项目使用单个 ZK-SNARK 将 Cosmos[1]SDK 转换为以太坊轻客户端。

三是 ZKBridge。ZKBridge 让无须信任的跨链桥变得实用。如使用两步递归 ZK-SNARK 实现 Cosmos SDK 到以太坊轻客户端的跨链，以及以太坊轻客户端到兼容 EVM 的区块链的跨链。典型项目如 Berkley RDI。

1）对共识进行简洁验证

Succinct Labs 为以太坊 2.0 权益共识证明构建了一个轻客户端，在 Gnosis[2] 和以太坊之间构建了信任最小化的桥，它使用 ZK-SNARK 的简洁性来高效地验证链上共识有效性证明。

该设置由以太坊中每 27 个小时随机选择的 512 名验证者组成的同步委员会进行验证。这些验证者被要求在其运行周期内对每个区块头签名，如果超过 2/3 的验证者对每个区块头签名，则以太坊的状态被认为是有效的。该验证系统包括 Merkle 证明的区块头、Merkle 证明的同步委员会中的验证者，以及用于正确轮换同步委员会的 BLS[3]签名。

上述验证需要每 27 个小时在链上存储 512 个 BLS 公钥，并且要对每个区块头验证签名都进行验证，这将导致 512 个 BLS12-381[4]椭圆曲线的添加和链上的配对检查。该操作的成本是高昂的。这里的核心思想是使用 ZK-SNARK（Groth16）来生成有效性证明（规模恒定），并且可以在 Gnosis 上进行有效的链上验证。

该跨链桥的安全性来自 ZK-SNARK 的稳定性。此外，通过优化，它不仅实现了较低的存储开销，降低了电路复杂度，完成了简洁验证，而且也具有通用性。

2）将 IBC（区块链间通信）引入以太坊

Electron Labs 旨在从 Cosmos SDK 生态系统中构建一座桥，用 IBC 实现框架中定义

---

1 Cosmos 是由 Tendermint 公司开发构建的一个开源区块链底层框架项目。

2 Gnosis 是一条基于 POSDAO 共识机制开发的以太坊侧链。

3 BLS，Boneh Lynn Shacham，最初是由斯坦福大学的教授 Dan Boneh 等人于 2001 年提出的一种签名方案。2018 年，Boneh 教授与 IBM 研究机构的 Manu Drijvers 等人更新了这种签名方案。与以往签名方案不同的是，BLS 签名采用了基于双线性映射的椭圆曲线配对技术，来实现签名验证与聚合。

4 BLS12-381 是 Sean Bowe 于 2017 年设计的椭圆曲线，用于对 ZCash 协议进行更新。该曲线配对友好并且可用于高效构建 ZK-SNARK。BLS12-381 属于 BLS 曲线家族。

的所有主权区块链间的通信，如图 5-4 所示。

来自 Cosmos SDK 的轻客户端需要在以太坊上的智能合约中接受验证。在 Cosmos SDK 中，Tendermint 轻客户端运行在 Edwards 曲线 Ed25519 上，但以太坊链本身不支持该曲线。因此，在以太坊采用的 BN254 曲线上进行 Ed25519 签名的链上验证就变得低效且成本高昂。解决方法是构建一个 ZK-SNARK，由它在链下生成签名有效性的证明，并且只在以太坊链上验证证明。

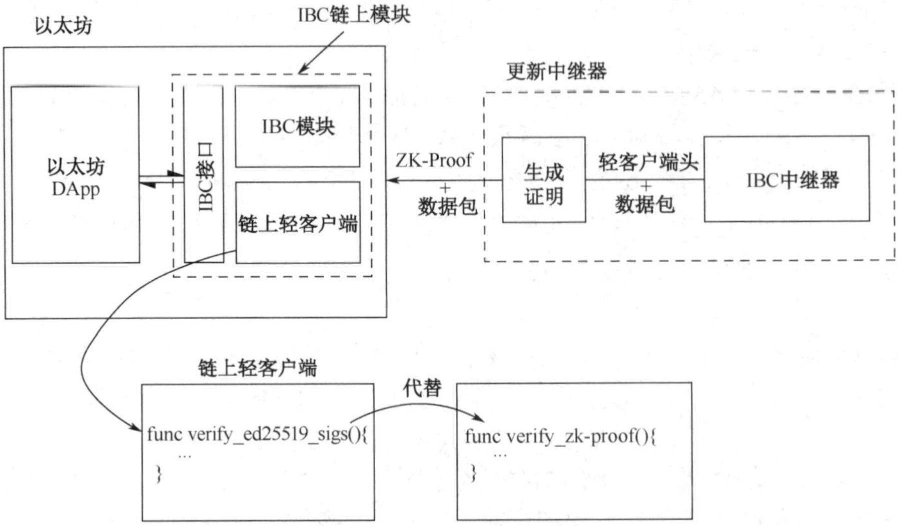

图 5-4　从 Cosmos 到以太坊桥接中使用 ZK-SNARK

3）ZKBridge

与其他两个项目主导的 ZKP 桥结构不同，ZKBridge 是一个框架，如图 5-5 所示，图中灰色阴影区域是桥组件，开发者可以在桥组件上构建多个应用程序。桥的核心组件是区块头中继网络、更新合约和应用程序特定合约。

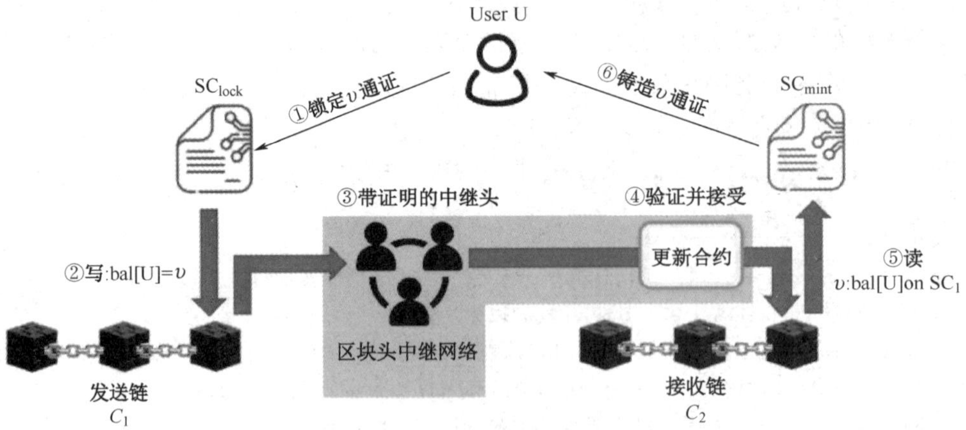

图 5-5　ZKBridge 框架

区块头中继网络由中继节点组成，这些中继节点侦听桥上的状态变化，并从区块中的完整节点检索区块头。桥上中继节点的主要功能是生成一个 ZKP，该 ZKP 证明了来自一个链的区块头的正确性，并将其转发给另一个链上的更新合约。更新合约验证并接受或拒绝来自中继网络中的节点证明。ZKBridge 框架由两个关键组件组成。图 5-6 所示为 Polyhedra 网络下的 ZKBridge。

- 区块头中继网络。区块头中继网络从发送链获取区块头，生成用于验证区块头的证明，然后将区块头和证明都传输到接收链上的更新合约。
- 更新合约。更新合约维护一个轻客户端状态，并在关联证明被验证后自动纳入发送链的区块头。此外，它也保持发送链当前的主链状态更新。

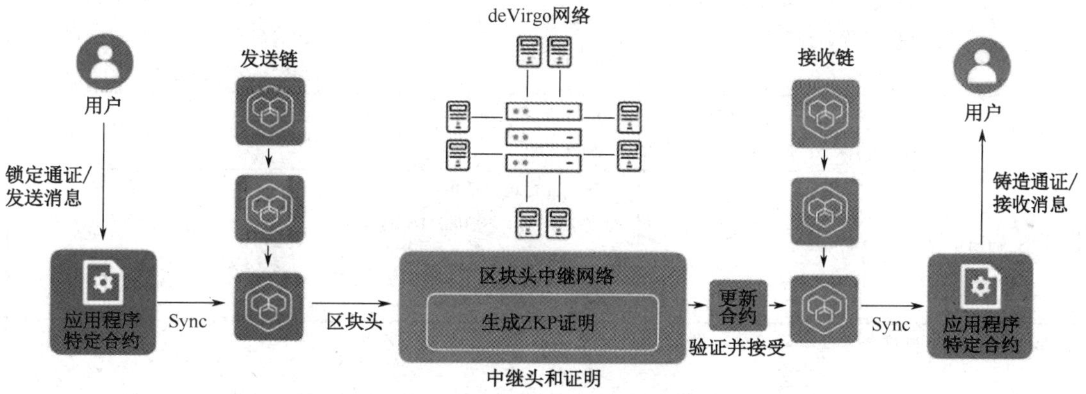

图 5-6 Polyhedra 网络下的 ZKBridge

图片来源：Polyhedra Network。

这种构建的一个关键进展在于 ZK-SNARK 的并行使用。Virgo 证明器（deVirgo）引入了一种新颖的分布式证明系统加速证明生成过程，并使用递归证明降低链上证明验证成本。deVirgo 依赖 GKR 协议和多项式承诺方案为验证多个签名的电路生成证明。随后，deVirgo 证明通过 Groth16 证明器进行压缩，并由目标区块链上的更新合约进行验证。这些证明系统的结合使 ZKBridge 能够实现高效的跨链通信，无须依赖外部信任假设。

其他项目主导的方法和 ZKBridge 的主要区别是，其他项目的信任假设基本上简化为中继网络中存在一个诚实节点，并且 ZK-SNARK 是可靠的，ZKBridge 只需要中继网络中存在一个诚实的节点。

表 5-1 给出了上述 3 种跨链桥的特征比较。

表 5-1　3 种跨链桥的特征比较

	Succinct Labs	Electron Labs	ZKBridge
框架	专用	专用	通用
ZKP	Groth16,RapidSNARK prover	Groth16,RapidSNARK prover	deVirgo 网络，Groth16,Gnark prover 两步递归
证明系统通信复杂度	$\mathcal{O}(1)$	每批 $\mathcal{O}(1)$	$\mathcal{O}(N\log_2 R)$ [1]
应用	从以太坊跨链到 Gnosis	从 Cosmos SDK 跨链到以太坊	从 Cosmos SDK 跨链到以太坊
应用对比			
主要运算	在 Gnosis 上确认以太坊 BLS 签名。由同步委员会确认，需要 512 个质押签名，每 27 个小时更新	在以太坊使用曲线 Ed25519 的 EdDSA 数字签名确认。确认一个区块需要 32 个质押签名	在以太坊使用曲线 Ed25519 的 EdDSA 数字签名确认。确认一个区块需要 32 个质押签名，通过中继网络分布式运算
问题规模	同步委员会：68MB；验证已签名的标头：21MB	每个曲线 Ed25519 签名：2.5MB	每个曲线 Ed25519 签名：2.5MB
证明生成时间	约 180 秒	在无并行运算的情况下，通过 32 个质押签名的每批证明约 300 秒；在并行运算的情况下，证明时间有望小于 7 秒	通过 32 个质押签名的每个证明需要 18.21 秒

数据来源：98coin 网站关于 Cosmos Stack 的描述。

综上，使用 ZKP 设计跨链桥解决了去信任和安全性问题，但由于电路规模太大，所以产生了计算瓶颈。

5.1.2　身份与安全

在 Web 2 生态中，X[2]、Instagram、Reddit、Quora、微博、抖音等社交媒体平台将用户身份、发布内容和社交网络耦合在一个便于使用的预打包平台中，进而收集包括用户爱好、活动、位置、兴趣等数据。这些社交媒体平台将匿名用户数据出售给广告商，广告商就能利用这些数据开展更有针对性的营销活动。这为社交平台带来了巨额利润，2021 年 Google 和 Meta 总收入的 81%和 97.9%都来源于此。

2017 年，麻省理工学院媒体实验室的研究人员在《连线》杂志上声称去中心化社交网络“永远不会成功”。在文章中，他们列举了 3 个不可能的挑战，包括从零开始吸引和保留用户的问题、处理用户个人信息的问题和有利可图的面向用户的广告投放问题。他们认为，像 Facebook、X 和 Google 这样的科技巨头，不会放弃对用户个人数据的控制权。

[1] N 为中继网络中的节点数，R 是 GKR 协议中每层的门数。

[2] Twitter 的前身。

身份所有权、数据所有权对终端用户来说是至关重要的，它关系到个人隐私和利益。在 Web 3 中，人们希望在社交平台上获得以下几种权利：

- 用户拥有自己的身份，而且只有用户自己可以编辑自己的身份数据。用户身份具有最基本的访问控制功能，而且用户应该知道谁访问了他们的个人数据。
- 除非用户想公开某些信息，否则用户可以将这些数据以加密方式存储。
- 第三方可以验证他们的营销支出用在了真正的用户身上，而不是机器人身上。第三方可以验证营销支出的用户就是他们的目标客户。用户能可信地验证营销方的身份和行为。
- 第三方可以按照与用户事先约定的规则访问用户数据。同时，社交网络和用户关注的数据对 DApp 开发者来说是易于得到且可以被使用的。
- 社交网络对用户来说是有趣的，同时具有基本的娱乐功能。

区块链和 Web 3 行业的从业者认为，曾经被称为“永远不会成功”的事情并不是遥不可及的。他们认为，可以利用开放式社交网络解决冷启动问题，利用人格证明和加密技术解决用户身份问题，利用 Token 经济模型和激励机制解决收益问题。这里，我们仅从技术角度讨论零知识证明在人格证明和安全方面的进展。

1. 人格证明的两种实现形式

人格证明是一种基于人的独特性与人类属性的身份机制。有人格证明才可以有身份验证与授权的可能，因此人格证明被视为建立数字身份最基本的组件。如果人格证明的问题都没有得到解决，去中心化治理（包括社交媒体帖子上的投票等微观治理）就是空中楼阁。当今世界上的许多应用通过使用政府支持的身份系统（如身份证和护照）来处理这个问题。这确实解决了问题，但在隐私方面做出了巨大的让步。

人格证明主要有社会图谱证明和生物识别证明两种形式。基于社会图谱的人格证明依赖某种形式的担保。如果爱丽丝、鲍勃、查理和大卫都是经过验证的人类，并且他们都说艾米丽是人类，那么艾米丽可能就是人类。担保通常会通过激励和惩罚机制来实现。如果爱丽丝说艾米丽是人类，但事实证明艾米丽不是，那么爱丽丝和艾米丽都可能受到惩罚。生物识别证明会验证艾米丽的一些身体和行为特征，这些特征将人类与机器人（以及其他人类个体）区分开来。大多数项目使用这两种技术的组合，the Proof of Humanity、BrightID、Idena 和 Circles 就是典型的例子。

在 the Proof of Humanity 系统中，申请者需要上传自己的视频，并提供押金。如果要获得批准，需要现有用户担保。其他挑战者在一段时间内可以提出质疑。如果有挑战者发起挑战，去中心化法院会查证视频是否是真实的，如果有假，押金将被没收，挑战者将获得奖励。

BrightID 要求申请者与其他用户一起加入视频通话“验证派对”，每个人都需要互相验证。

Idena 为防止人们多次参与，会在特定时间点进行验证码游戏。验证码游戏的一部分涉及创建和验证验证码，然后用于验证其他人。

Circles 系统的申请者需要现有 Circles 用户做担保。Circles 的独特之处在于它不会尝试创建“全球可验证的 ID”，相反，它创建了一个信任关系图，其中某人的可信度只能从其在该图中的位置得到验证。

随着 DID[1] 系统引入 ZK 验证，用户就能以 ZK 认证或凭据的方式进行身份认证了，进而向 Web 3 引入更多粒度、更细的社交数据，这些数据可以在没有太多数据被泄露或没有中央数据库的情况下进行去信任验证。

2. 典型项目

1）Worldcoin

Worldcoin 是 2020 年以来最热门的项目之一，它使用视网膜扫描来创建生物特征证明，证实用户是人类（因为机器人尚不具备视网膜），并可以获得 Worldcoin 认证令牌。每个 Worldcoin 用户在其手机上安装一个应用，该应用会生成相应的私钥和公钥，就像以太坊钱包一样。然后他们亲自去“参观”ORB。用户看着 ORB 的摄像头，同时向 ORB 展示一个由他们的 Worldcoin 应用生成的二维码，其中包含他们的公钥。ORB 扫描用户的眼睛，并使用复杂的硬件扫描和机器学习分类器来验证用户是否是人类，以及该用户的虹膜与之前使用过该系统的任何其他用户的虹膜是否都不匹配。

如果以上两个验证都通过，ORB 将签署一条消息，批准该用户虹膜扫描的专用哈希值。哈希值被上传到数据库。系统不存储完整的虹膜扫描数据；它只存储哈希值，这些哈希值用于检查唯一性。从那时起，用户将拥有一个“World ID”。

World ID 持有者能够通过生成 ZK-SNARK 来证明他们持有与数据库中公钥对应的私钥，而无须透露他们持有哪个私钥，从而证明他们是一个独特的人。因此，即使有人重新扫描了他的虹膜，系统也无法看到是哪个用户在操作。

尽管在隐私方面，Worldcoin 依然遭到质疑，如我们无法验证硬件设备 ORB 的构造是否正确并且没有后门。但是，任何人格证明系统都会存在问题，例如，加入 BrightID，验证方可以向很多人暴露验证者的身份；加入 Circles，系统有可能公开暴露申请人的社交图谱。Worldcoin 在隐私保护方面应该比这两者要好得多。

2）Sismo

区块链在方便追踪链上行为的同时，也暴露了钱包余额、链上交互等隐私信息，用户的真实身份很容易通过链上行为被解析出来。以太坊创始人 Vitalik 在其博客文章“以太坊应用生态系统中的什么让我兴奋”（*What in the Ethereum Application Ecosystem Excites Me*）中表示看好身份生态类项目，文章特别提到了 Sismo 项目。Sismo 主攻链上隐私声誉证明，可以证明用户曾经做过某些事情，或拥有某些身份/资产/权益，并且可以不被标记出来。

---

[1] DID，全称为 Decentralized Identity，去中心化身份，是一种没有中心化机构担保的数字身份。

图 5-7 是以太坊超级用户的 ZK 徽章示例，每个徽章都是不可转让的 SBT (ERC1155)。

图 5-7　以太坊超级用户的 ZK 徽章示例

3）Notebook Labs

Notebook Labs 让用户能够设置一个“笔记本”（Notebook），其中包含能表明他们是人类的数据和一些其他个人数据，如姓名、地址、社会安全号码、居住国家等。如果用户想证明他们的人格，Notebook Labs 会验证他们的钱包地址并连接到他们的笔记本。客户端生成一个证明，证明他们在 Merkle 树中有一个叶子节点，该证明会被发送到智能合约进行验证。

该应用程序是预先批准 KYC AML（Anti-Money Laundering）集成到 DApp 中的绝佳解决方案。基于 ZK 的 DID 非常适用于保护用户隐私，并允许用户控制和编辑他们的数据，而无须将全部数据存储在链上。

5.1.3　DeFi 与支付

根据 Mina 基金会《2022 年零知识状况报告》，近 41% 的受访者表示，金融是最适合 ZKP 的行业，超过医疗保健、社交媒体、电子商务、游戏和娱乐。

1. 主要用途

1）提高可扩展性

打破区块链“三难”困境，创造一个不同于传统系统的去中心化金融系统，最先需要解决的是系统的交易处理能力。Layer 2 的 ZK-Rollup 方案能够提供指数级的可扩展性。

2）身份验证的匿名性

使用 ZKP 可以为传输过程中的敏感身份信息证明增强的安全性。在最坏的情况下，

ZKP 可以为用户在不泄露身份信息的情况下为使用其身份信息提供安全通道，以防数据泄露。这种方法允许用户在不损害其隐私的情况下由其他人验证自己的身份。

3）确保用户数据安全

ZKP 允许用户与机构共享其财务信息，而不会泄露不必要的数据。其结果是隐私保护能力的增强和用户对其数据的更强控制。提高交易处理速度并不是公链走向大众化的充分条件，我们还需要隐私性。

ZCash 就是使用 ZKP 方案提供隐蔽交易的系统。隐私保护对一个高效市场来说也是很关键的。交易员们在市场中交易时，既希望自由自在，又希望不会暴露自己的信息。公链在设计上是完全透明的，因此，挑战在于如何能够获得隐私性，又不至于牺牲 DeFi 的去信任属性，答案就是借助 ZKP。

4）确保交易安全

ZKP 协议可在区块链上实现安全、匿名的私人交易，没有被黑客攻击或被系统拦截的风险。通过 ZKP，交易的参与方可以证明自己的身份，而无须银行或支付处理商等第三方的参与。

5）确保交易公平

损害市场公平性的办法有很多，如交易所一类的系统运营者滥用提前知情权。ZKP 可以保证运营者不能滥用自身特权。

以抢跑（Front-Running）交易为例，做市商利用提前获取的信息，抢在其他人知道该信息之前实施交易。抢跑交易被公认为是对市场影响巨大并且有损市场效率的行为。ZKP 可以解决抢跑交易的问题，因为交易员受隐私保护的交易不仅能防范其他交易员，连运营者也不能窥取，这就保证了运营者不能拿知情特权牟利，让运营者回归其本来的位置。

6）全球层面的合规性

隐私保护不代表反监管。市场参与者对隐私保护的需求可以和监管者监控市场健康的需求并存。例如，一个企业可以创建一个交了税的零知识证明，而不是把自己所有的账本共享给收税者。于是，企业的隐私得到了保护，监管者也能相信税金已经征收完毕。

对去中心化平台而言，遵守某些国家收集和共享金融信息的严格规定是有难度的。然而，通过 ZKP 技术，用户可以与监管机构共享所需信息，同时对第三方保密。这样，DeFi 就可以遵守各个司法管辖区的法规，弥合传统金融机构和去中心化平台之间的差异。

2. 典型用例

ZKP 在 DeFi 领域的用例主要集中在自动做市商、去中心交易所、借贷协议，以及托管和钱包服务等细分领域。

1）自动做市商

JediSwap 是 StarkNet 上第一个无须许可的自动做市协议，以零 Gas 实现资产的即时交易。[1]

2）去中心交易所

ZigZag 是基于订单簿模式，建立在 zkSync 之上的去中心交易所，也是较早支持 zkSync 的 DeFi 应用。大多数 DEX 采用的都是自动做市商（Automated Market Maker，AMM）模式，ZigZag 的订单簿模式得益于 ZK-Rollup 强大的可扩展性。

由于 ZigZag 采用的 zkSync 是基于 ZK-Rollup 架构的扩容方案，即将计算和状态存储转移至链下，因此 ZigZag 在简单支付、交易和其他特定应用程序的用例中占据优势，能够为用户提供费用接近于零的交易服务。同时，ZigZag 还提供桥及 NFT 市场（暂未上线）等服务。

3）借贷协议

StarkNet 上的借贷协议 zkLend 已经宣布主网 Alpha 版本正式上线，支持用户存款、借贷，以及无须许可使用 ETH、USDC、USDT、DAI 和 WBTC。该协议将 ZK-Rollup 的可扩展性、交易速度、低成本与以太坊的安全性做了结合。

4）托管和钱包服务

ConsenSys 宣布他们的自托管钱包 MetaMask 在与默认远程过程调用 RPC 应用程序 Infura 一起使用时，会收集用户的 IP 地址。因为 IP 地址可用于识别用户的位置，所以如果来自受审查的国家或地区且合规性要求不明晰，则交易会被阻止。在 Web 3 中，利用 ZKP 技术的托管和钱包服务可以允许用户参与 DeFi，同时其他人无法查看用户的账户余额或交易历史。

基于 ZKP 的托管和钱包服务主要通过 KYC（Know Your Customer）数据隐私保护和支持账户抽象两种方式实现。

- KYC 数据隐私保护

在完成了 KYC 认证的交易所交易，用户必须提供姓名、地址和身份证等个人信息。这些信息存储在交易所的服务器上，会让用户面临个人数据被泄露的风险。非 KYC 交易所不需要这些信息，从而为用户提供了一层额外的匿名性。虽然非 KYC 交易所有其优势，但也存在风险。由于不需要验证身份，所以非 KYC 交易所通常会成为诈骗者和黑客攻击的目标，这有可能造成用户资金受损甚至成为欺诈计划的受害者。

zCloak Network 使用 ZKP 为 Web 3 用户提供链上 KYC 服务。zCloak Network 开发的 zkID Wallet 是全球首个可以进行通用 ZKP 计算的浏览器插件钱包，它既是用户自主权数据的载体，又是用户端 ZKP 的计算环境，还可以与其他公链插件钱包搭配使用。

用户的 KYC 数据将以可验证数字凭证的形式存储在用户本地钱包 zkID Wallet 里。基于钱包内置的 ZK-STARK VM，用户可以在本地运行任意算法的 ZK Program 证明自己 KYC 数据的相关属性，从而实现保护隐私的 KYC 身份证明。零知识证明的结果可以作为 ZK-SBT 发布于任意 EVM 兼容网络，供链上合约查询。产品实测显示，用户

---

[1] 本书初稿完成后，JediSwap V2 版本某流动池发生了数量溢出事件。目前该项目官网已不可访问。

本地的 ZKP 计算在几秒内即可完成，真正实现了用户端“秒级零知识证明”。

- 支持账户抽象

以太坊和大多数其他基于 EVM 的链都有两种类型的账户，分别是外部账户（Externally Owned Account，EOA）和合约账户（Contract Account，CA）。

EOA 一般是指用户的钱包账户，CA 是智能合约地址。EOA 使用公钥和私钥来验证交易，公钥用来证明交易确实是由交易发起人签署的，从而防止伪造，私钥是由用户在打开钱包时获得的“助记词”产生的，用于签署交易，以确保交易是由账户所有者签署的，防止恶意交易。私钥的所有权定义了 EOA“自我托管”的功能和职责，但这种架构在钱包接入、私钥管理等方面存在以下几个问题。

在钱包接入环节，创建 EOA 虽然简单并且是免费的，但每一次交易 EOA 都必须消耗 Gas 费用，这就需要用户与中心化交易所互动，或请人向他们的外部账户 EOA 发送代币以支付 Gas 费用。

在私钥管理方面，大多数用户不知道私钥的重要性，只知道不能向任何人透漏自己的助记词。

此外，用户在链上的任何行为都会被认为是一个交易，因此当用户必须执行多个行为来完成交易时，这种设置对用户来说是非常低效的。

目前大多数区块链钱包都采用了 EOA，包括最流行的以太坊钱包 MetaMask、Solana 钱包 Phantom，以及硬件钱包 Ledger 等。为了解决 EOA 账户存在的种种问题，账户抽象的讨论自以太坊上线就没有停止过，最新的账户抽象方案是由 Vitalik 提出的。加入账户抽象方案后，用户需求被封装成智能合约再和公链交互，这样就实现了多人验签、社交恢复、双因子安全验证，可以简化交易步骤并实现 Gas 费用代付等功能，这就使得钱包使用体验大幅提升。

账户抽象简单来说就是一种将 EOA 和智能合约相结合的技术。它允许用户使用由智能合约控制的账户进行交易。换句话说，也就是使用智能合约钱包来处理交易。智能合约钱包可以理解为由智能合约控制的 EOA，它同时拥有合约账户和 EOA 的功能，可以帮助用户实现更加安全且灵活的交易。

和 EOA 相比，智能合约钱包可以支持任意验证逻辑（如 Schnorr、BLS、多重签名方案）；利用捆绑（Bundler）实现批量交易；实现第三方赞助交易（DApp 可以代替用户支付交易费用）；支持多个 EVM 兼容网络（如 Polygon、Avalanche、Arbitrum 等）；实现多种定制交易功能（如自动支付、预批准交易等）；支持后续功能升级、改进和错误修复；可以利用多重签名实现社交恢复（用户指定的监护人或账户可以通过多重签名来协助账户恢复），以及使用除 ETH 外的 ERC-20 代币支付 Gas 费用等功能。

基于 StarkNet 的完整加密资产管理解决方案 Braavos 和 Argent X 均使用了账户抽象。它们提供了基于智能合约的钱包，具有改进的安全性和用户体验功能。钱包由应用程序和链上账户智能合约两部分组成，账户抽象可以实现多调用、多因子身份验证、账户细分、Paymaster 等功能，内置的 Hardware Signer 通过使用账户抽象和生物识别身份验证来保护钱包。

5.1.4 硬件加速

一个完整的可证明计算的基础设施需要很多组件，而位于最底层的，就是提供计算资源的硬件。

基于零知识来证明一个计算，需要先将其从经典描述“翻译”成 ZK 友好的格式。这可以通过手动重写代码来完成，以使用像 Arkworks 这样的底层库，或者使用像 Cairo 或 Circom 这样的专用语言将其编译成原语来生成证明。更昂贵和复杂的操作需要花费更长的证明生成时间。此外，一些像 SHA 256 等对 ZK 不友好的操作也会导致在普通计算机上的证明生成时间非常长，而在开发过程中，这种情况时常发生。

1. 实现形式

不同证明系统生成证明的过程虽然有所不同，但也存在一定的共性。影响零知识证明生成速度的因素主要有 3 个，分别是证明系统、待证明电路规模和算法软硬件优化程度。

对证明系统来说，包括市面上主流的 Groth16（被项目 ZCash 采用）、Halo2（被项目 Scroll 采用）和 PLONK（被项目 Aztec、zkSync 等采用），凡是使用椭圆曲线的 ZKP 算法，目前都面临对算力要求高、计算时间长等瓶颈，因为产生多项式承诺的过程需要大数点乘（Multi-Scalar Multiplication，MSM）。

待证明电路的规模也是硬件优化的对象之一。不同的 zkEVM 对以太坊的兼容程度不同，这导致不同证明系统的电路复杂度也不同。例如，zkSync、StarkWare 构建了与原生以太坊不同的虚拟机，从而绕开了一些以太坊原生的不适合利用 ZK 处理的底层代码，降低了电路复杂度，而 Scroll、Hermez 的目标就是从最底端兼容 zkEVM，其电路自然也会更复杂。

算法方面，不管是基于 PLONK 还是基于 Ultra-PLONK，最终的多项式承诺都是基于 KZG 的，因此证明的大部分工作都会涉及生成多项式的 FFT 计算和生成多项式承诺的 ECC 点乘 MSM 运算。在 PLONK 模式下，由于需要承诺的点数量不大，MSM 运算所占的证明时间比例不高，所以优化 FFT 性能，短期就能带来很大的性能提升。但是在 Ultra-PLONK 框架引入了网关合约，证明阶段设计承诺的点数量变多，让 MSM 运算的性能优化也变得非常重要。

专用硬件可以更快地处理这些计算，同时也能处理更大规模的运算。硬件加速基本可以分为 GPU、FPGA、ASIC 几类。

表 5-2 是 Trapdoor-Tech 的 GPU（以 Nvidia 3090 为例）和 FPGA（以 Xilinx VU9P 为例）的对比总结。从表中可以看出，GPU 在生成证明速度等方面的性能要高于 FPGA, 而 FPGA 在能耗方面更具优势。

表 5-2　GPU（以 Nvidia 3090 为例）和 FPGA（以 Xilinx VU9P 为例）的对比总结

	GPU (Nvidia 3090)	FPGA (Xilinx VU9P)	评价
吞吐量	√	×	Nvidia 3090 的吞吐量是 Xilinx VU9P 的 5 倍
能耗效率	√	×	Nvidia 3090 的能耗效率是 Xilinx VU9P 的 26 倍
供应量	√	×	GPU 比 FPGA 的供应量大得多
市场投放所需时间	√	×	Xilinx VU9P 的市场投放所需时间更久（超过 20 周）
可编程性（灵活性）	√	×	GPU 更优越，可以支持其他运算，如 NTT
电力消耗（用户成本）	×	√	在 Xilinx VU9P 运行 MSM 需要 20W，Nvidia 3090 需要 250W

数据来源：Ingoyama 的具体运行结果。

从理论层面，GPU 适合并行运算，FPGA 追求可编程性，而在生成 ZKP 的环境下，这些优势并不能完美适用。例如，GPU 适用于大规模图形处理的并行计算，虽然逻辑上和 MSM 的处理方式类似，但是适用的范围（浮点数）与 ZKP 针对的特定的有限域并不一致。

ASIC 是对吞吐量、延迟等指标的性能与成本权衡表现较优的方案，但是否是最好的方案，目前仍然没有定论。ASIC 存在开发时间长、生成高端芯片的技术被垄断等问题。目前的 ASIC 解决方案主要处理的是 FFT，以及 MSM 两个常见的 ZK 电路中算力需求比较高的算子，并不是针对一个具体的项目设计的，所以运行的效率并不是理论上最高的。例如，目前 Scroll 的 Prover 的逻辑电路还没百分之百实现，自然也不存在与之完全匹配的硬件电路了。

表 5-3 给出了 GPU、FPGA 和 ASIC 不同硬件解决方案的评估对比。

表 5-3　GPU、FPGA 和 ASIC 不同硬件解决方案的评估对比

	GPU	FPGA	ASIC
开发成本	低	中等	高
供应商	英伟达	英特尔、AMD	自主设计
市场投放所需时间	立即	6～12 个月	12～24 个月
灵活性	可灵活适用于新项目	有一定的灵活性但需重新编程	对使用 MSM 和 FFT 的算法可能有一定的灵活性
性能	多卡并行实现高性能	多卡并行情况下性能更好	相比而言性能最好
能耗效率	成本高	如果设计得当，效率高	非常优秀
供应量	很大	相对受限	根据设计师的情况
用户成本	中等	高	低

2. 典型用例

Web 3 领域有一些公司专门研发、处理和优化基于 ZKP 计算的硬件。NTT 和 MSM

计算问题已经被广泛研究多年，各大厂商难以在短时间内从计算理论层面实现突破。因此，各大厂商技术上的差异更多在于工程实现能力、对算法细节的把控能力、技术栈（硬件）的选择、硬件生产的成本控制能力和产品设计能力。

例如，Ingonyama 公司主攻芯片的原型设计，和不同团队合作实现密码学算法，并尝试在几个重点方向上取得突破，如 MSM 和 NTT 的加速；Supranational 公司从 2019 年就进入了 GPU 加速 ZK 赛道，目前已经有非常成熟的基于 GPU 加速的开源方案，性能处于行业前列，最近也开始涉足 FPGA/ASIC 领域。

除了专门的硬件加速团队，不少 ZK 项目方也在内部探索硬件加速解决方案。zkSync 选择了 GPU/FPGA 的加速方案。根据 ZPrice 上公开的数据，zkSync 的 GPU 方案在计算输入规模是 2^{26} 的 MSM 上耗时达 2.528 秒。Scroll 在内部进行了基于 GPU 的加速研究。对 EVM 电路，Scroll 优化后的 GPU 证明仅需 30 秒，相比 CPU 证明效率提升了 9 倍；而对聚合电路，优化后的 GPU 证明仅需 149 秒，相比 CPU 证明效率提升了 15 倍。

5.1.5　NFT 交易

基于 ZKP 的 NFT 交易方案在为用户提供 NFT 交易功能的同时，会更专注于隐私保护。当前，此类应用还不够完善，没有特别大的市场影响力。

1. NFT 交易隐私保护

知名节目主持人 Jimmy Fallon 曾在节目上展示他的 Bored Ape。就是这个展示动作，让网友很轻松地找到了 Jimmy Fallon 的钱包地址并查看了他还参与了哪些交易，甚至某网友还向他空投了 1776 枚 Let’s Go Brandon 代币。事实上，通过公开的以太坊地址，公众可以一直观察这个账户的交易信息及交易流转关系。虽然购买一个小图片看起来不是什么大交易，但随着一些加密倡导者推动将 NFT 用于现实中的物品，如房屋所有权和社交媒体的时候，隐私保护就成了一个问题。ZKP 可以保护 NFT 交易的隐私。

2. 催生企业级 NFT

NFT 可用于具有独特创意内容的证明。许多公司在现实世界的用例中采用 NFT。例如，在分布式账本上认证专利，为发票或仓储机械等项目创建唯一的数字标识符，或者在物品通过供应链时对其进行跟踪。任何需要证明物理或数字项目的来源或唯一性的场景都可以成为 NFT 的用例，但隐私问题会阻碍企业大规模地使用该技术。

在高度重视保密的行业中，因伪匿名而失去竞争优势的高额代价，让企业不敢冒险使用区块链技术。ZKP 可以为企业使用区块链技术扫清障碍。

例如，使用地理上分散的患者样本进行临床试验、招聘和跟踪高知名度或敏感角色的工作申请、将军事项目外包给私营部门的供应商并跟踪进度、在产品发布前进行消费调查……在以上场景中，企业都可以在公共区块链上铸造 NFT 来标识独特的人员、项目、结果等类别的数据集，这样有利于采集到更广泛的样本。与此同时，用 ZKP 来保护敏感数据，可以确保在证明有关公共参与者的基本信息的同时隐藏交易细节。

5.2 Web 3 系统扩容

Layer 2 BEAT[1]上的数据显示，截至 2023 年 10 月，以太坊 Layer 2 总锁仓量约 140 亿美元，基于 ZK-Rollup 的协议总锁仓量约 15.5 亿美元，占 Layer 2 总锁仓量的 11%。Layer 2 锁仓量排名在前 10 位的项目及数额如图 5-8 所示。

#	NAME	TOTAL 总
1	Arbitrum One	$7.58B ▲ 5.06%
2	OP Mainnet OP主网	$3.88B ▲ 10.10%
3	Base	$593M ▲ 4.44%
4	zkSync Era	$511M ▲ 17.53%
5	dYdX v3	$342M ▼ 7.49%
6	Immutable X	$214M ▲ 43.69%
7	Linea	$201M ▲ 1.62%
8	Mantle	$164M ▲ 4.66%
9	StarkNet	$158M ▲ 15.94%
10	Polygon zkEVM	$109M ▲ 2.32%

图 5-8 Layer 2 锁仓量排名在前 10 位的项目及数额

图片来源：Layer 2 BETA 网站 2023 年 10 月 26 日的数据。

在 OP、Arbitrum 等项目 Token 激励的刺激下，zkSync、StarkNet，以及面世不久的 Linea 都获得了高度关注，在主网或测试网上线后，其用户量都爆发式增长。其中，StarkNet、zkSync、Scroll 和 Polygon zkEVM 被称为 ZK-Rollup 的“四大金刚”项目。这些项目预计在 2024 年上线。

5.2.1 zkSync

2023 年，区块链领域最火热的黑马项目当属 zkSync Era 网络。2023 年 3 月 24 日，

[1] Layer 2 BEAT 是一个关于 Layer 2 的分析和研究网站。

zkSync 官方宣布 zkSync Era 网络正式向所有用户开放。作为加密领域最受支持的项目之一，zkSync Era 融资额度超过了 4.5 亿美元，上线后短短 3 个月的 TVL 便达到 6.27 亿美元，占整个 Layer 2 板块的 6.48%，一跃成为第三大 Layer 2 网络，且每周增速将近 20%。截至 2023 年 6 月，zkSync Era 独立地址数已经超过 100 万个。

1. 生态发展

zkSync Era 生态已吸引了包括 DeFi、钱包、跨链、NFT、基础设施等多个领域不同类型的应用，截至 2024 年 3 月，其官网统计的 DApp 数量已达 184 个。

2. zkSync Era 工作流程及技术亮点

zkSync 是一条以太坊 Layer 2 公链，使用 ZK-Rollup 技术来解决以太坊的可扩展性问题。在 zkSync 中，计算是在链下执行的，大多数数据也存储在链下。由于所有交易都在以太坊主链上进行证明，因此用户享有与以太坊相同的安全级别。

zkSync 1.0 版本，也就是 zkSync Lite 于 2020 年 6 月 15 日在以太坊主网启动，不兼容 EVM。zkSync 2.0 版本 zkSync Era 于 2023 年 3 月 24 日启动，是第一个在主网启动且兼容 ZK-Rollup 的 EVM。zkSync Era 通过支持 Solidity 和 Zinc[1]实现任意智能合约功能；通过 ZKPorter[2]协议，其吞吐量呈指数级增长，TPS 超过 20000。

zkSync 在工作流程中主要包含了 Relay（中继）、Sequencer（排序器）、ZKPorter 节点、Validator（验证者）4 个角色，如图 5-9 所示。其运行步骤如下：

- User 通过 Relay 向 Sequencer 发送批量交易。
- Sequencer 负责对交易排序、聚合打包批处理成 Merkle 树。
- ZKPorter 将 Merkle 树生成 ZK-SNARK 证明。
- ZK-SNARK 证明分别中继给 Layer 2 的 Validators 和 Layer 1 主链生成承诺哈希（Commit Hash）。
- Validator 负责验证 ZK-SNARK 证明的正确性，无误后提交给 Layer 1 智能合约生成确认哈希（Verify Hash）。
- Layer 1 上的 zkSync 智能合约校验 Commit Hash 和 Verify Hash 是否匹配。
- 在匹配成功后，生成“已确认交易”并最终上链。若匹配失败，原来的 Commit Hash 作废，由 Sequencer 重新提交批处理，再按照流程进行验证。

---

[1] Rollup 的内部编程语言。

[2] 一种结合了 ZK-Rollup 和分片的协议。

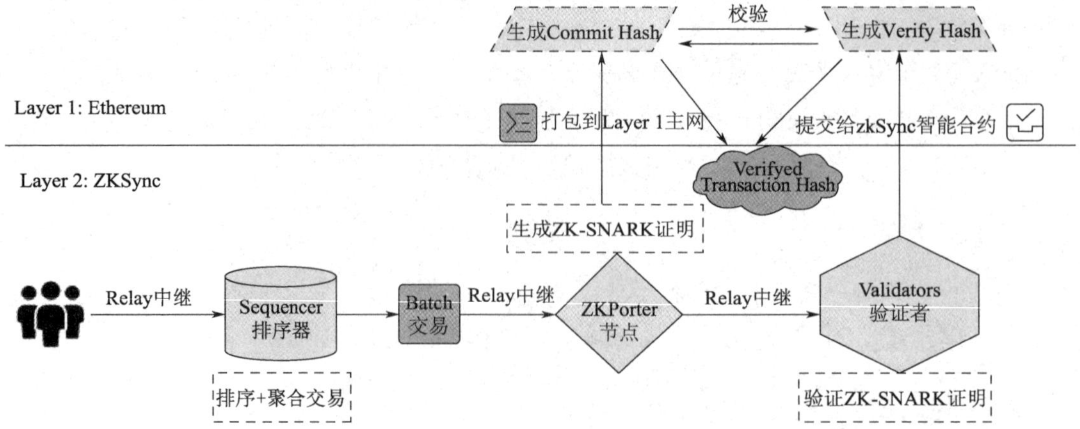

图 5-9　zkSync 的工作流程及其中的 4 个主要角色

按官方解读，zkSync Era 有以下亮点：

（1）强大的 LLVM 编译器。

zkSync Era 通过优化内部虚拟机获得了最高的 ZK 证明者性能，而不是 EVM 等效性。在 zkSync Era 中，开发人员不需要用新的编程语言重写代码或使用不同的工具。为实现这个目标，zkSync 为 EVM 语言（Solidity、Vyper、Yul）构建了一个基于 LLVM 的编译器。LLVM 是世界上最成熟的编译器堆栈之一，将为生态系统带来巨大的性能提升和开发人员体验的改进。

（2）独特的数据可用性解决方案。

zkSync Era 通过发布状态差异而不是交易输入来解决数据可用性问题。该解决方案至少在当下是独一无二的，也能为 Layer 2 带来包括数据压缩、更频繁的预言机更新、更低成本的隐私保护、无缝的链下存储扩展等优势。

（3）超可扩展性。

zkSync Era 去中心化发展路线图和上述介绍的所有功能，都是最终实现“超可扩展性”的关键组成部分。zkSync 的长期愿景是通过以太坊上 ZK 支持的超链构建一个无限互联网，最终加速加密技术的大规模应用。

（4）原生账户抽象。

好的用户体验是加密货币被大规模应用的必要条件，但如果没有本地账户抽象，要实现这个目标有很大的难度。虽然 EIP-4337 标准[1]让以太坊朝着账户抽象的方向迈出了一大步，但这还远远不够，因为 EIP-4337 标准引入了对第三方中介的依赖，同时 EIP-4337 标准对大多数以太坊不起作用，因为大多数以太坊账户都是外部账户[2]。

从创建的第一天起，zkSync Era 就使用了本地账户抽象。与 EVM 兼容的其他 ZK-Rollup 不同，zkSync Era 账户抽象将每个账户变成了一个具有自己逻辑的智能合约，这

1 ERC-4337 标准是一项拟议的以太坊改进提案，旨在避免修改共识层协议，向以太坊网络引入账户抽象。

2 普通用户最频繁使用的账户主要是外部账户（Externally Owned Account, EOA）。这个账户可以用来发送/接收以太币，也可以发起部署智能合约的行为。

意味着每个人都可以拥有一个满足他们需要的账户，这种无缝兼容性提升了每个人的加密货币的安全性和易用性。

zkSync Era 使用的本地账户抽象还有以下特性：

- 无助记词。助记词容易丢失或被黑客窃取。zkSync Era 账户抽象可通过家人、朋友或选定的第三方实现生物识别验证和社交恢复，用户可以用他们的 Web 2 登录信息访问以太坊，并设置单个应用程序级别的自定义权限。
- 可以用任何代币支付费用。在 zkSync Era 上，为其他账户补贴 Gas 费用的账户被称为 Paymasters，Paymasters 能在后端将所选代币换成 ETH，从而 zkSync Era 上的账户就可以通过 Paymasters 用任何代币支付 Gas 费用，甚至在愿意补贴 Gas 费用的协议上可以以零费用进行交易。
- 可以批处理。以前用户必须手动批准每个合约并手动执行交易，执行操作不仅复杂而且会增加 Gas 费用。由于 Layer 1 只有一个状态变化，zkSync Era 账户抽象可以对操作进行批处理并一次批准所有操作，使得用户与 DApp 的交互更便宜、更快。
- 可以预设单次签名时间，设定交易价值阈值，同时可在参数范围内进行任意次数的交互。
- 自动付款。zkSync Era 让加密货币自动支付不再依赖交易所或第三方非托管账户，用户可以在自我托管的条件下创建自动转账并预定转账、定期支付订阅等任务。

3. zkSync Era 中的 zkEVM

EVM 是以太坊虚拟机，是智能合约的执行环境。每个完整的以太坊节点都运行一个 EVM，没有它，节点就无法执行智能合约。直到目前，ZK-Rollup 仍不支持 Solidity 中的智能合约，也不兼容 EVM。因此，各种区块链一直在尝试与 EVM 兼容，以访问以太坊开发生态系统，从而衍生出 EVM 兼容性、等效性等。zkEVM 则是一个兼容 EVM 且零知识证明友好的虚拟机，可保证程序、操作、输入和输出的正确性。

zkEVM 将 Solidity 或 Vyper 中人类可读的代码编译成字节码，执行智能合约，并更新区块链状态。在这个过程中，zkEVM 不断生成零知识证明，以验证智能合约代码是否已被加载并以正确方式执行，确保交易是有效的，状态转换也是正确的。这样做的好处是，在 zkEVM 链上运行任何为以太坊构建的 DApp，不需要重新编写代码。它速度快、成本低，并且保持着与主网相同的安全水平。

设计开发通用的 zkEVM 有两个难点。一是电路复杂。不同的合约需要设计开发不同的电路，而这些电路是“复杂的”，需要进行各种优化。例如，Aleo 通过分布式集群并发计算证明，或者通过各种硬件优化以实现加速。二是设计难度大。zkEVM 不仅是对 EVM 的重构，也是使用 ZKP 技术对以太坊状态转换的重构。在 EVM 设计之初，没想到后面会做 zkEVM，因此该设计实现起来非常困难。图 5-10 是几个主流 zkEVM 项目的设计方法对照。

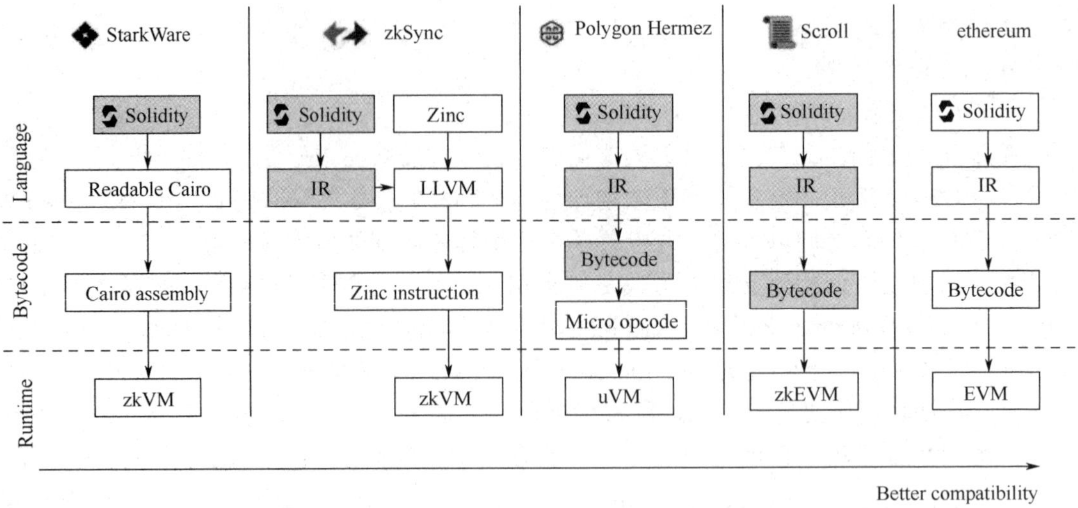

图 5-10　几个主流 zkEVM 项目设计方法对照

Vitalik Buterin 将 zkEVM 分为 5 种类型框架，并表述了每种类型的优缺点，如图 5-11 所示。

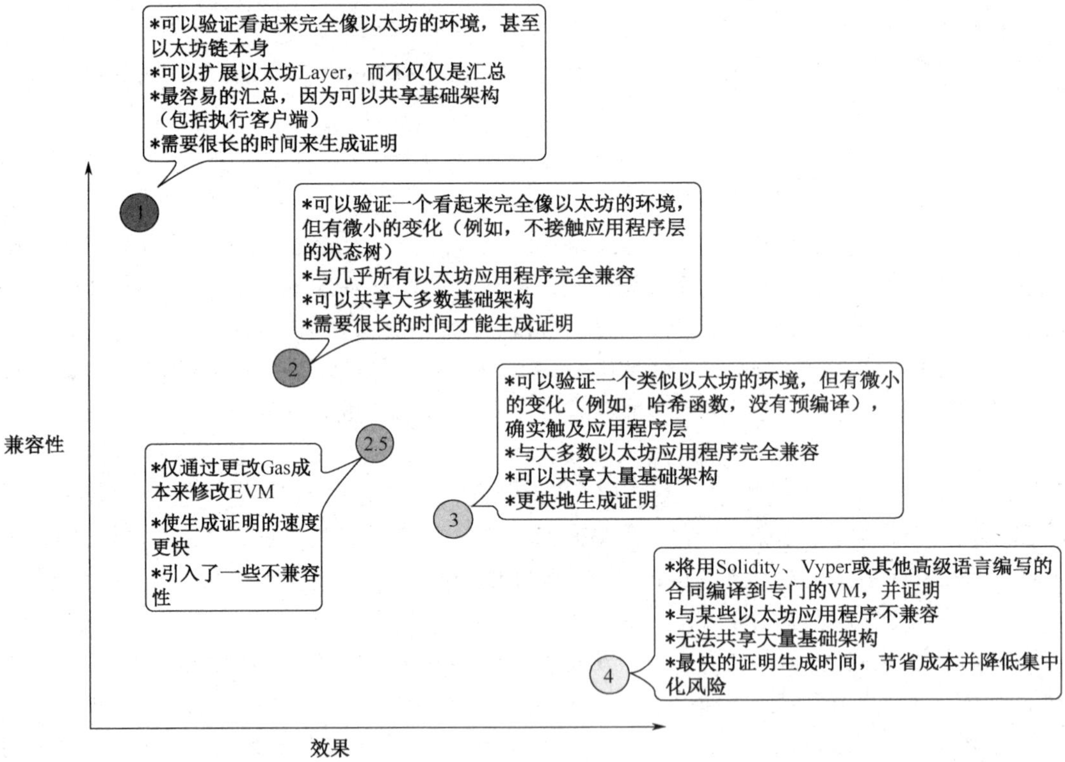

图 5-11　zkEVM 的 5 种类型框架及其优缺点

类型 1 完全与 EVM 等效，可以与以太坊完美兼容，但可扩展性较低。

类型 2 完全与 EVM 等效，在 VM 级别完美等效，但可扩展性较低。

类型 2.5 除 Gas 成本外与 EVM 等效，达到 VM 级别的等效且具有更好的扩展性，但只兼容部分 DApp 和工具。

类型 3 几乎与 EVM 等效，更容易构建且具有更好的扩展性，但只兼容部分 DApp 和工具。

类型 4 相当于高级语言，最容易构建且拥有最好的扩展性，但与 DApp 和工具的兼容性较差。

zkSync Era 属于类型 4 的 zkEVM。zkSync Era 将 Solidity 中的合约代码翻译为一种叫作 Yul 的中间语言，通过 LLVM 编译器，可以将来自前端的人类可读代码“翻译”成 zkEVM 操作码，并在其自定义的环境中执行。

尽管在兼容性上，zkSync Era 的表现不如 Scroll，但它支持使用 Rust、Go、C++等语言编写智能合约，在通用性上表现优异。类型 4 的 zkEVM 几乎适用于所有的开发者，相当于任何语言的开发者都可以获得零知识运行环境。

4. PLONK 协议的优化

zkSync 使用的是 PLONK 协议，该协议通用，其可信设置可更新，有更小规模的证明。PLONK 协议依赖由 Aztec 组织的 Ignition 进行可信设置。基于该可信设置过程，只要一个参与方删除了用于生成设置时提供的输入，就足以确保安全性。通过 Ignition，来自 30 多个国家的 176 名参与者参加了该可信设置过程，显著降低了信任要求。

除了 PLONK，zkSync 还开发了 RedShift，旨在利用仍处于研究和开发阶段的“transparent SNARKs”来消除对可信设置过程的需求。transparent SNARKs 将有助于通过默认方式完全消除 PLONK 的信任问题。

5. 从 SNARK 证明系统过渡到 STARK 证明系统

zkSync Era 原本是基于 ZK-SNARK 技术构建的。2023 年 7 月，它过渡到一种名为“Boojum”的新的 STARK 证明系统。与 STARK 相比，SNARK 证明方法依赖递归验证，适用于同一系统中基于相同公钥的推演 ZKP，而 STARK 证明可以基于非交互验证方法，进行跨链状态下的非递归验证。此次证明系统的转向是 zkSync 实现 ZK Stack[1]多链策略的重要一步。另外，证明系统的性能直接影响用户为其交易支付的价格。虽然未升级前的 zkSync Era 证明系统的性能足以构建 zkEVM，但有了 Boojum，它可以表现得更为优异，能进一步降低交易费用。在硬件要求方面，Boojum 允许使用只有 16GB 内存的 GPU 进行证明。降低硬件门槛对日益中心化的生态系统来说至关重要。

图 5-12 来自 Celer，从中可以看出 Boojum 的性能明显优于同类系统。

---

1 ZK Stack 是模块化的开源框架，旨在构建 ZK 支持的 Layer 2 和 Layer 3。

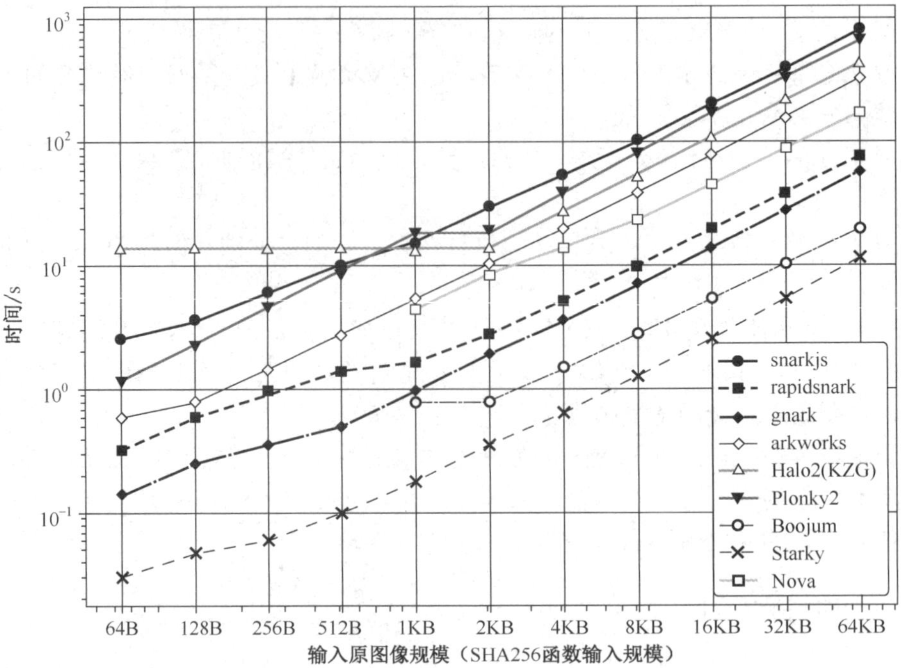

图 5-12　Boojum 在同类技术方案中的性能对比

从 SNARK 证明系统过渡到 STARK 证明系统包含了以下几个方面的升级：

（1）PLONK 算法。与当前的证明系统一样，升级后的系统继续采用 PLONK 算法。通过这种方法，ZK 电路相比某些替代形式更易于编写，从而让系统更易于开发、审计、维护和升级。

（2）承诺方案。Boojum 的核心在于 FRI 承诺方案。

（3）优化见证生成时间。尽管有时谈论证明系统性能时会忽略见证（Witness）生成时间，在当前版本的证明系统中，见证生成时间与证明生成时间相当，但借助 Boojum，系统提供自动并行见证生成，同时可以轻松定义见证生成函数。

（4）易于扩展。基本约束系统抽象允许用户以各种方式添加自定义门类型，例如，为用户添加一些专用多项式，或重用所谓的“通用列”。在用户为其电路定义了简单的几何结构后，扩展接口使用户能够自动生成证明器、验证器和递归验证器。这让开发过程变得非常高效。如果用户更改电路结构并选择使用不同类型的门，开发者再次调用该接口即可重新生成密钥并确保使用正确的证明器和验证器。

（5）用不透明的基于配对的 SNARK 包装 STARK 证明。这是最重要的一点，用 SNARK 包装后的 STARK 证明的规模要小得多，验证起来也更容易，这个步骤可以降低证明系统的成本，从而降低交易本身的成本。在实现方式上，zkSync 证明系统将具备 STARK 接口，最常见的需求仍然会使用成熟的 SNARK 证明，尤其是在多线程 ZK Stack[1]

[1] ZK Stack 旨在通过与 zkSync Era 相同的底层技术 ZK-Rollup 构建一套开源、可组合、模块化的代码，允许开发者定制属于自己的由 ZK 驱动的 Layer 2 和 Layer 3 超链。

环境下的个人应用程序可以通过访问 Boojum 来实现。

5.2.2 StarkNet

同为 ZK-Rollup 解决方案，StarkNet 是由 StarkWare 开发的通用 ZK-Rollup，采用 STARK 证明系统，此证明系统也是由 StarkWare 的创始人发明的，被视为 zkSync 的最大竞争对手。截至 2023 年 7 月，StarkNet 的总锁仓量达 1.95 亿美元。

1. 生态发展

StarkWare 在 7 轮融资中累计已获得 2.73 亿美元投资，是 Layer 2“四大金刚”项目中估值最高的，对应的产品有 StarkEX 和 StarkNet。据 StarkNet 官网，截至 2024 年 3 月，StarkNet 的生态项目超 400 个。图 5-13 展示了 StarkNet 的生态项目。

2. StarkNet 工作流程及技术亮点

与大部分 ZKP 项目一样，StarkNet 存在一类被称为证明者的角色来生成证明。验证者作为 Layer 1（以太坊）上的合约来验证证明，验证者合约代码都是相同的。

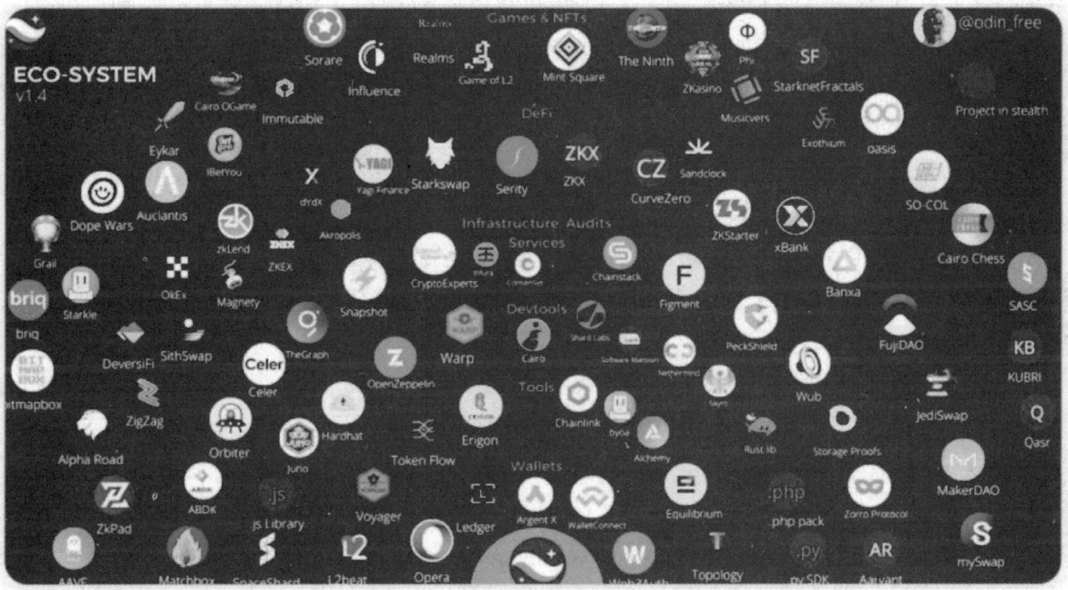

图 5-13 StarkNet 的生态项目

图片来源：Twitter@odin free。

具体而言，StarkNet 由 5 个组成部分，如图 5-14 所示，分别是在 StarkNet 上的证明者、排序器和全节点，以及部署在以太坊上的验证者和核心状态合约。

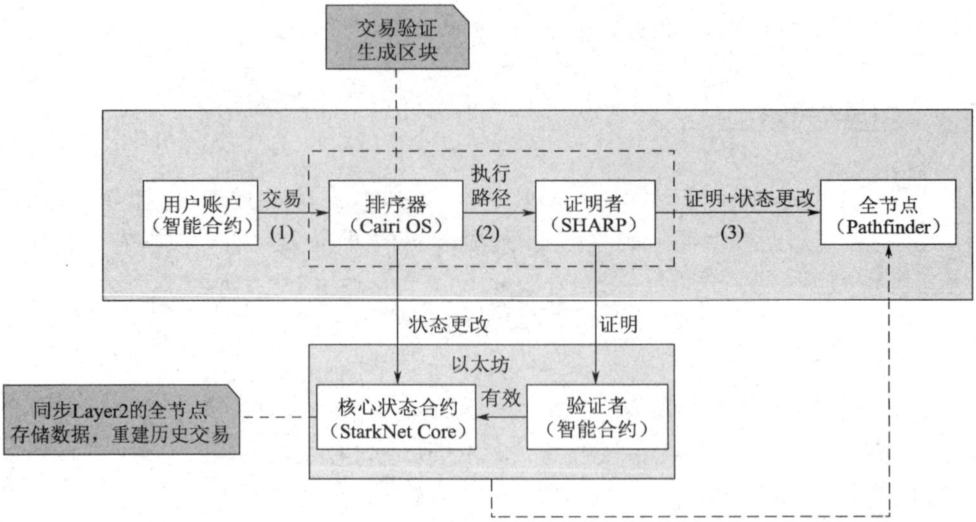

图 5-14　StarkNet 的系统架构

StarkNet 的工作流程如下：

（1）用户发起交易，将交易发送给排序器验证、排序和执行，并按批次打包。目前，StarkNet 系统中只有一个 StarkWare 官方掌握的排序器，但 StarkWare 团队计划后续将排序器去中心化。排序器通过 Cairo OS 来执行交易，扮演 EVM 的角色。

（2）排序器将执行交易的踪迹递交给证明者，由证明者对计算完整性生成一个有效性证明。执行轨迹是生成 ZKP 的核心，记录执行轨迹是 Cairo 语言的 ZK 友好特性。这里的证明者也为 StarkEx 生成有效性证明，并且可以聚合来自不同 StarkEx 应用和 StarkNet 的交易，实现共享。

（3）排序器和证明者将有效性证明和全局状态变化发送给全节点记录。全节点基于 P2P 网络构建，负责记录整个 Layer 2 网络的交易历史和以太坊主网与 Layer 2 相关的交易。

（4）证明者将有效性证明递交给主网上的验证者。验证者是部署在以太坊主网上的智能合约，负责收集并验证证明者提供的有效性证明。

（5）验证者将验证过的结果发送至主网上的 StarkNet Core 合约记录并保存。StarkNet Core 合约部署在以太坊主网上，用于接收 Layer 2 全局状态变化信息，包括状态哈希及数据可用性。经过验证者验证过的结果是一个状态哈希，由验证者写入一笔新的 Layer 1 交易，并传递给 StarkNet Core 合约保存。

（6）StarkNet Core 合约在接收到验证结果（状态哈希）后，从 Layer 2 接收“Call Data”形式的数据可用性并保存。该数据会同步给 Layer 2 的全节点解码，以保证全节点能够记录和重建 Layer2 的历史交易。在 Validium 方案中，StarkNet Core 合约不保存数据可用性，仅保存状态哈希。

StarkNet 可以为去中心化应用程序提供更好的可扩展性和更高的性能，它利用了以太坊现有的基础设施和安全性，同时提供了更强的计算能力。由于是基于 STARK 证明系统开发的，故 StarkNet 的技术开发难度较高。

StarkNet 的技术优越性体现在以下几个方面。

（1）STARK 证明系统。STARK 证明系统纯粹依赖哈希函数和信息论，不依赖可信设置，可以抗量子攻击，比 SNARK 证明系统更安全。证明生成速度具备线性可扩展性，验证时间和证明规模具备对数扩展性。StarkNet 的缺点在于生成的证明规模更大。递归证明可将多个证明验证后合并，理论合并量上限达 6000 万个，这为 Layer 3 奠定了技术基础。STARK 友好的哈希函数如 Rescue Hash Function[1]等相比以太坊 Keccak256[2]有更高的执行效率。

（2）Cairo 虚拟机与语言。Cairo VM 是一个 STARK 友好的、图灵完备的 CPU 架构。CPU 架构灵活性高，可通过软件编程无限接近 ASIC 性能，理论上可以复刻任意虚拟机。Cairo 语言基于 Cairo 汇编和 AIR，执行效率非常高，但开发体验类似 Rust 和 C 语言，学习难度中上。开发者可使用证明者一侧的"提示"（Hints）来创建快捷方式并启用某些计算，这样一来就降低了开发难度。Cairo 支持通过字节码哈希加载程序，大大提高了链上可扩展性和隐私保护强度，成为隐私保护的强力替代方案。

（3）EVM 兼容。转译器 Warp 可以将 Solidity 代码转换为 Cairo 代码，继而用 Cairo 编写的 zkEVM-Kakarot 让 StarkNet 字节码兼容 EVM。

3. 递归 STARK 的使用

2014 年，Eli Ben-Sasson 发表了"ZeroCash：比特币的去中心化匿名支付"（*ZeroCash: Decentralized Anonymous Payments from Bitcoin*），讨论了如何用零知识证明来保护比特币的支付，在此基础上产生了后来的 ZCash 项目。此后，Eli Ben-Sasson 和团队一直在钻研并推广这项技术。2018 年前后，他提出了更好的技术改进方案，并将其称为 STARK，借此扩大以太坊或通用区块链的规模。

尽管 ZK-SNARK 在市场上已被广泛认可，但 Groth16 在效率和安全性方面还有进一步优化的空间。ZK-STARK 不需要可信设置，计算和验证速度更快，可扩展性高，而且是后量子安全的。

自 2020 年 3 月 StarkWare 主网完成首个 STARK 证明以来，STARK 证明经历了几个不同的发展阶段。

- 第一阶段：STARK 扩展。

2020 年 6 月，第一个 STARK 扩展解决方案 StarkEx 在以太坊主网部署。StarkEx 的证明器可以在链下执行大型计算，生成一个 STARK 证明以表示交易的正确性。

- 第二阶段：Cairo 编程语言。

---

[1] 一种面向算术化的哈希函数。

[2] 为了隐藏某些信息且保证这些信息不被篡改，需要用到哈希算法。Keccak256 算法可以将任意长度的输入压缩成 64 位 16 进制的数，且哈希碰撞的概率几乎为 0。

2020 年夏天，Cairo 首次亮相以太坊主网。Cairo 即 CPU 代数中间代码（Algebraic Intermediate Representation，AIR），内含一个用于证明相应“CPU”指令集的单一 AIR。Cairo 为更复杂的业务逻辑、任意可计算命题打开了编码证明的大门，而且它的证明速度更快、更安全。Cairo 程序可以证明相应应用程序的执行逻辑。

- 第三阶段：SHARP。

SHARP 即共享证明器（SHARed ProSver），可以聚合几个独立应用程序的交易，并在单一的 STARK 证明中验证。SHARP 在链下处理一批交易，并在链上验证它们的计算，将所有交易的成本分摊到单个证明中。生成的统一 STARK 证明通过链上 Solidity 验证器合约进行验证，让 SHARP 能够提高吞吐量，降低 Gas 费用，并最小化延迟。SHARP 经过了几次升级，已从线性模型转变为递归模型，也被称为递归证明。在递归证明出现之前，这是限制 STARK 证明可扩展性的一大障碍。

图 5-15 是一个典型的非递归证明流程。在这个流程中，当命题数量达到一定阈值时，会生成一个大型组合命题。只有在收到所有单独命题后，才能证明此组合命题。此证明需要很长的时间来完成，大约是单独证明每个命题所需时间的总和，同时会受到内存等可用计算资源的限制。

在递归证明中，SHARP 在每个声明到达时就对其进行验证，而不是先收集一批声明直至填满一个证明，再验证这批声明。这是验证计算所声明的高效的处理方式，比计算本身要快得多。

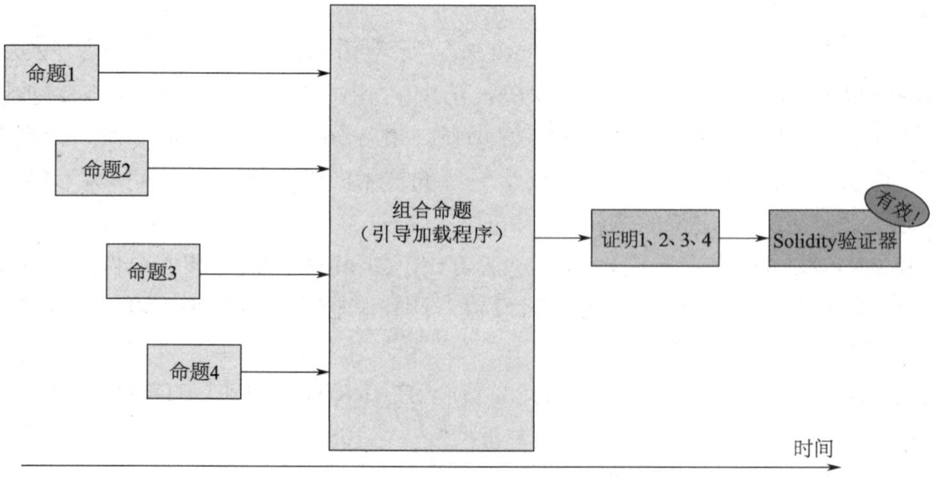

图 5-15　一个典型的非递归证明流程

并行处理传入的声明，可以绕过之前的可扩展性障碍，这些障碍要求在接收到所有单个声明后，才能验证组合后的声明。现在，SHARP 不仅可以验证数千个交易的正确性，而且可以使用相应的 STARK 验证器验证多个 STARK 证明。这样可以生成一个单一证明，来验证多个上游证明的有效性。

在实施递归后，SHARP 会立即验证传入的声明。这些证明本身可以被反复验证并合并成递归验证。这个递归验证过程实施到最后，最终的证明会被提交给一个链上 Solidity 验证器。这就像一种嵌套模式，一个 Cairo 程序验证上游的证明，反过来又产生了一个新的证明，STARK 验证器确认它们的有效性，如图 5-16 所示。

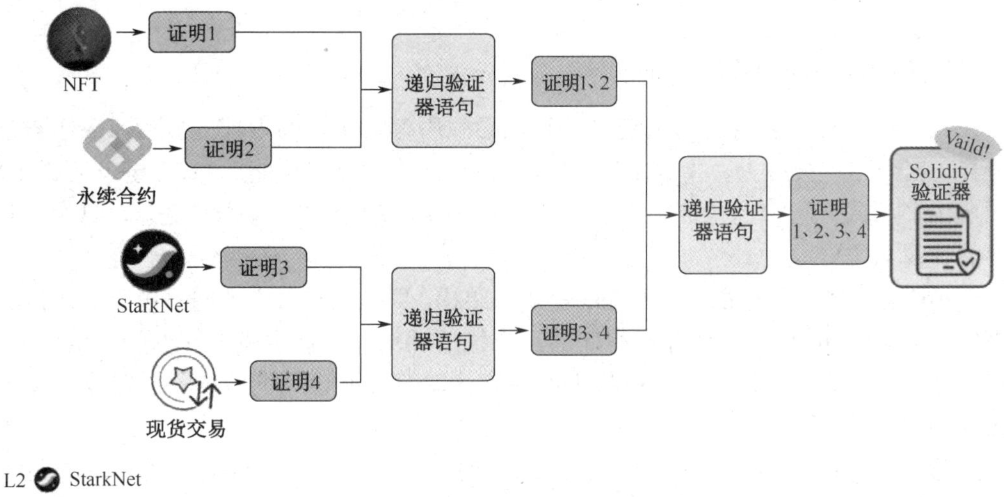

图 5-16 SHARP 嵌套处理 Cario 证明

递归证明将多个证明“压缩”成一个，其中每个命题又可能包含许多交易，这意味着每笔交易的链上验证成本会大幅降低。使用递归证明可以消除限制证明规模的如内存一类的计算资源障碍，因为每个命题容量有限，并且都可以单独证明。因此，当使用递归证明时，递归的有效组合命题的容量几乎是无限的，每笔交易的成本可以降低好几个数量级。

递归证明模式还可以缩短大型组合命题的证明延迟。由于接收的命题可以并行验证，而不是一次性验证巨大的组合命题，因此无须等到组合命题中的最后一个命题到达就可以验证。相反，当新命题加入时可以随时与原来的证明结合。

此外，在递归之前，想要将多个命题聚合为一个证明，在可用计算实例上会受到可以证明的命题规模及生成此类证明所需的时间的限制。有了递归，就无须再证明庞大的命题，因为有了更多规模小且成本低廉的计算实例可供使用。如此一来，STARK 证明就有可能部署在更多的物理和虚拟环境中。

4. Cairo 虚拟机与语言

Cairo 是一种受 Rust 启发、为 StarkNet 设计的原生智能合约语言。尽管 Solidity 已经是被采用得最多的智能合约语言之一，并且实现了多个“首创”，但 Cairo 拥有一个无可比拟的特性，即使用 Cairo 语言编写的程序在执行的同时可以高效地生成 STARK 证明来验证其执行过程。

Cairo 可以通过字节码哈希加载程序，这样，验证者只需要知道正在执行的程序的哈希值，而不是其完整的字节码。这在隐私保护方面更胜一筹。另外，假设程序的哈希值被验证者知道，那么验证时间就不会线性地依赖程序的规模，但如果是程序而不是它的哈希值作为输入给到验证者，就会出现验证时间线性地依赖程序规模的情况。验证时间和程序规模成对数关系，这正是 STARK 可扩展性的体现。

StarkNet 不支持 EVM 和 Solidity，但可以通过 Cairo 虚拟机实现类型 3 的等效 EVM。

5. STARK 友好的 CPU 架构

在大多数现有的实用证明系统中，我们必须用有限域上的多项式方程来表示被证明的计算，这个过程被称为“算术化”，算术化被首次用于算术电路、R1CS 等交互式证明。然而，用多项式方程表示计算，会让证明系统在实际应用中变得非常复杂，甚至导致不必要的计算。

Cairo 是一种高效实用的冯•诺依曼体系结构，可与 STARK 证明系统一起生成计算完整性证明。Cairo 允许以计算机程序的形式描述计算，然后生成该计算的完整性证明。Cairo 的设计主要基于两点，一是易于编写和读取可证明语句的程序，二是实现了基于 STARK 的高效证明。

尽管 STARK 协议本身在不使用 Cairo 的情况下也能证明任意计算的完整性，但 Cairo 为 STARK 提供了一个抽象层，简化了计算的描述方式。为了直接使用 STARK 证明系统，计算必须被框定为 Cairo AIR。

Cairo 要处理的是从被描述为计算机程序的计算到被描述为 AIR 的计算的转换。处理这种转换的方法主要有 ASIC 方法和 CPU 方法。

ASIC 方法需要编写一个计算机程序，将用某种语言编写的程序作为输入，然后输出表示等效计算的 AIR。这与编译器类似，编译器接收程序，并根据输入代码输出 ASIC 或 FPGA。

CPU 方法需要设计一个与 CPU 行为类似的单个 AIR，这个 AIR 独立于正在验证的计算，该 AIR 代表单次计算——从内存中获取指令并执行指令，再继续执行下一条指令。这类似于使用单个通用 CPU 芯片而非特定应用芯片。

ASIC 方法的效率较高，CPU 方法则简化了证明系统的审核过程及建立递归 STARK 证明的过程。Cairo 框架最终采用了 CPU 方法。

5.2.3 Scroll

以太坊资源有限，而 DeFi 和 NFT 的飞速发展挤压了非金融应用程序的发展空间，这也导致资源更少的普通用户无法进入以太坊系统。Scroll 的目标是利用 ZKP 技术的潜力增加交易吞吐量并显著降低费用，以释放应用程序的潜力，为更多新用户的进入腾出空间。Scroll 最大的特色和优势就是实现了字节码（ByteCode）级别的 zkEVM 兼容。我们在 5.2.1 节和 5.2.2 节提到的 zkSync 和 StarkWare 只实现了语言兼容，StarkWare 采用 Cario 语言，zkSync 虽然实现了 solidity 兼容，但底层采用的是不同的虚拟机，Scroll 正在实现的是“原生”兼容。

1. Scroll 生态发展

2023 年 2 月 27 日，Scroll 团队宣布 Alpha 测试网络已经在 Goerli 上线，这意味着开发人员在 Scroll 网络部署的应用程序无须许可，任何人都可以使用 Scroll 技术。Scroll 在 2023 年 10 月已出现“创世块”，目前生态项目已有 140 余个，涵盖了 DeFi、Gaming、Scroll、NFT、Social、Wallet 等领域。

根据 Scrollscan 浏览器数据，截至 2023 年 11 月 15 日，Scroll 主网已完成了约 470 万笔交易，日均交易量在 10 万笔上下，已生成区块数突破 80 万个，链上钱包地址数突破 200 万个，如图 5-17 所示。

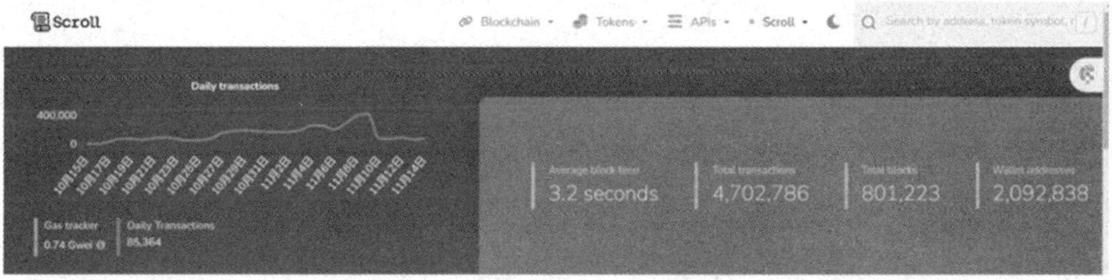

图 5-17　Scrollscan 浏览器展示的数据

2. Scroll 工作流程及技术亮点

Scroll 架构由 Scroll 节点、Roller 网络、Rollup 合约和桥合约等基础设施组件构成。图 5-18 给出了 Scroll 架构图。

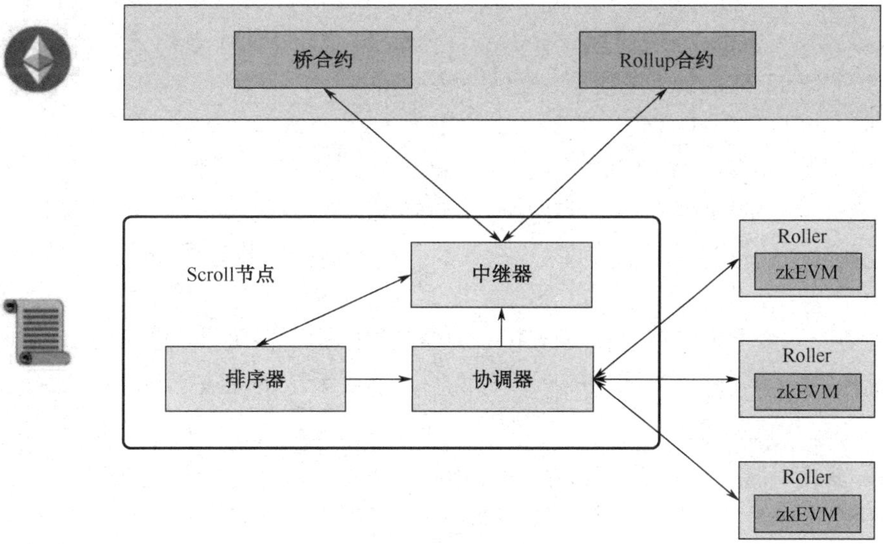

图 5-18　Scroll 架构图

- Scroll 节点负责将用户交易构造为 Layer 2 区块，将它们提交到以太坊基础层，并在 Layer 1 和 Layer 2 之间传递消息。
- Roller 网络生成 zkEVM 有效性证明，以证明交易被正确执行。
- Rollup 合约和桥合约为 Scroll 交易提供数据可用性支持，验证 zkEVM 有效性证明，并允许用户在 Ethereum 和 Scroll 之间转移资产。

1）Scroll 节点

Scroll 节点是应用程序和用户与 Scroll 交互的主要环节，Scroll 节点包括排序器（Sequencer）、协调器（Coordinator）和中继器（Relayer）3 个模块。

排序器提供 JSON-RPC 接口并接收 Layer 2 交易，每隔几秒就会从内存池检索一批交易，生成新的 Layer 2 区块和新的状态根。新的区块会通知协调器，同时也会发送新区块的执行轨迹。协调器从 Roller 池中随机挑选 Roller 给区块生成证明。排序器基于 Go-Ethereum (Geth)[1]实现。

一旦生成一个新的区块，协调器就会收到通知，并从排序器接收这个区块的执行轨迹，然后将执行轨迹分派给从 Roller 池中随机选择的 Roller 以生成证明。

中继器监视部署在以太坊和 Scroll 上的 Rollup 合约和桥合约。中继器有两个主要职责，一是通过监控 Rollup 合约来追踪 Layer 2 区块的状态，包括数据可用性和有效性证明；二是监视部署在以太坊和 Scroll 上的桥合约的存取款事件，并且将这些消息从一端中继到另一端。

2）Roller 网络

Roller 网络中的 Roller 充当了证明者的角色，负责为 ZK-Rollup 生成有效性证明。Roller 将利用 GPU、FPGA 和 ASIC 等硬件加速来缩短证明时间和降低证明成本。图 5-19 显示了 Roller 为每个区块生成有效性证明的过程。Roller 首先对从协调器收到区块的执行轨迹，其次将它们转换成电路 Witness，两次为每个 zkEVM 电路生成证明，最后用证明聚合将多个 zkEVM 电路证明聚合为单个区块证明。

3）Rollup 合约和桥合约

Scroll 通过 Rollup 合约和桥合约连接到以太坊基础层。Rollup 合约和桥合约共同确保了 Layer 2 交易的数据可用性，并允许用户在 Layer 1 和 Layer 2 之间传递资产和消息。

Rollup 合约从排序器那里接收 Layer 2 状态根和区块。状态根储存在以太坊状态中，Layer 2 区块数据会作为以太坊的 Calldata[2]保存，这为 Scroll 的区块提供了数据可用性，并利用以太坊的安全性来确保包括 Scroll 中继器在内的索引器可以重建 Layer 2 区块。一旦 Rollup 合约验证了 Layer 2 区块的有效性证明，就表示这个区块在 Scroll 上建造完成。

---

[1] Go-Ethereum 简称 Geth，是使用 Go 语言构建去中心化应用程序的官方以太坊客户端。由于其易用性，故 Geth 是运行、设置节点，以及与以太坊区块链交互的首选替代方案之一。

[2] EVM 中的一个特殊数据位置，是交易里数据部分的值，包括要调用的合约函数和要传递的参数两部分。具体指的是在两个地址之间的任何消息调用交易中发送的原始 16 进制字节。对 EVM 来说，Calldata 中包含的任何数据都是由一个地址作为输入来执行外部调用的。

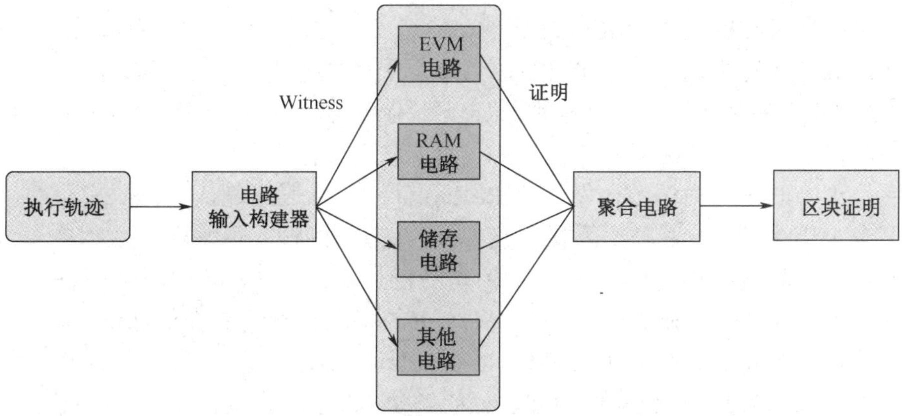

图 5-19　Roller 为每个区块生成有效性证明的过程

桥合约在以太坊和 Scroll 上部署，允许用户在 Layer 1 和 Layer 2 之间传递消息。在消息传递之外，还要建立无须信任的桥接协议，让用户在 Layer 1 和 Layer 2 两端都可以转移 ERC-20 资产。例如，用户从以太坊发送消息或资产到 Scroll 上，用户在桥合约上可以调用 SendMessage，中继器会索引到这个交易，把它发送到排序器，这笔交易就被包含在 Layer 2 区块中了。反过来，从 Scroll 发送资产到以太坊上，其过程也是类似的。

4）ZK-Rollup 工作流程

图 5-20 展示了 Layer 2 区块在以太坊上生成和最终完成的方式。

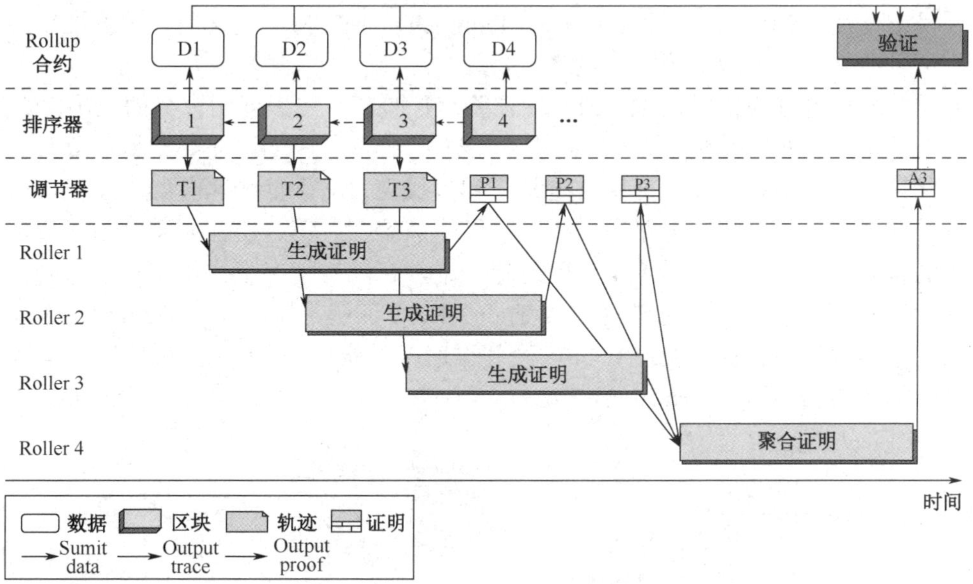

图 5-20　Layer 2 区块在以太坊上生成和最终完成的方式

图片来源：Scroll。

首先，排序器创建一个区块序列，为每个区块生成一个执行轨迹，并将其发送给调节器，同时将交易数据提交给 Rollup 合约。

其次，调节器随机选择一个 Roller，为每个区块轨迹生成一个有效性证明。

再次，Roller 将区块证明发回给调节器，每隔 k 个区块，就向另一个 Roller 派发一个聚合任务，以合并 k 个区块证明。

最后，聚合的证明由调节器发送到 Rollup 合约，以最终确认 Layer 2 区块。

在整个工作流程中，用户不需要依赖 Layer 2 节点的诚实性来保证数据安全，而是利用 Layer 1 的完整安全性，在 Layer 2 上的交易也是如此。zkEVM 使用简洁的 ZKP 来证明本地 EVM 字节码的正确执行，为 EVM 本身的状态转换功能提供保证，并允许 Scroll 支持以太坊本地开发者工具。项目激励社区自己运行证明，而不是仅依靠 Scroll 团队的中心化管理。该项目内部正在建立 GPU 证明解决方案，并计划将其开源以供公众使用。

3. ZKP 底层协议 Plonkish 和 Halo 2

Plonkish 和 Halo 2 是 Scroll 的 zkEVM 项目构建的类型 2 的 zkEVM。

ZKP 的前端需要将一个复杂的方程统一成约束向量的形式，最常用的是 R1CS、Plonkish 和 AIR。zkEVM 主要面临 4 个挑战，第一个挑战是 EVM 的字段是 256 位，这意味着需要对变量进行高效的范围约束；第二个挑战是 EVM 有很多 ZK 不友好的操作码，需要非常大规模的约束来证明这些操作码，如 Keccak-256；第三个挑战是内存读写问题，需要一些有效的映射来证明读取的数据和之前写入的数据是一致的；第四个挑战是 EVM 的执行轨迹是动态变化的，需要自定义门来适配不同的执行轨迹。面对以上挑战，项目方选择了 Plonkish。相比 R1CS，Plonkish 同时支持自定义门、等价性校验和查找表，可以非常灵活地满足不同的电路需要。

通过算术化得到约束后，ZKP 的后端需要运行验证算法来证明计算的正确性。Scroll 的证明系统采用了两层架构。第一层负责直接证明 EVM，因为这需要大量计算来生成证明，因此第一层证明系统要求支持自定义门和查找表、对硬件加速友好、在低峰值内存下并行生成计算，并且验证电路规模小、可以快速验证。第二层证明系统用于验证第一层证明的正确性，需要在 EVM 中高效进行验证，在理想情况下，最好也是对硬件加速友好的。Scroll 两层证明系统中都采用了 Halo2-KZG 证明系统，因为 Halo2-KZG 证明系统可以支持自定义门和查找表，在 GPU 硬件加速下性能良好且验证电路规模小，可以快速验证。如图 5-21 所示为 Scroll 工作流。

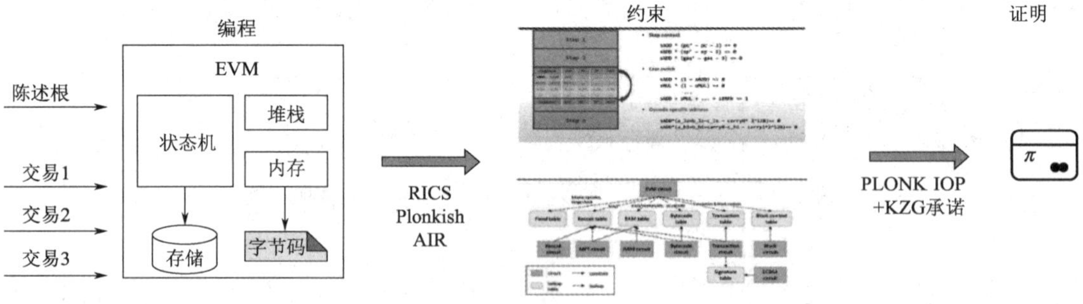

图 5-21　Scroll 工作流

4. GPU 硬件加速

ZKP 生成是 ZK 项目最核心的步骤之一。在现有的 ZKP 系统下，生成 ZKP 通常需要大量计算。随着项目复杂度的增加，ZKP 电路规模的增大，ZKP 生成需要的计算量会呈指数级上升。例如，对于 Scroll、zkSync 等大型 zkEVM/zkVM 项目，如果完全通过 CPU 来生成 ZKP，可能需要数小时甚至数天时间。在实际业务中，大多数项目需要将 ZKP 的生成限制在秒级或分钟级水平。通过高性能硬件加速 ZKP 生成是目前的首选方案。

在 ZKP 生成的过程中，比较耗时的计算大体可以分为基于多项式的 NTT（Number Theoretic Transform）计算和在椭圆曲线上进行的 MSM（Multi-Scalar Multiplication）计算两种类型。通常来说，在一次 ZKP 生成的计算中，NTT 类型的计算任务约占全部计算任务的 25%，MSM 类型的计算任务约占 60%～70%。因此，使用高性能硬件加速这两类计算在理论上是可行的。

如图 5-22 所示，我们可以发现 NTT 计算（左上部分）和 MSM 计算（右侧）在 ZKP 生成的工作流中是轻耦合的。因此，ZK 项目方可以根据实际需求选择单独加速 NTT 计算、单独加速 MSM 计算，或者一起加速 NTT 和 MSM 计算[1]。

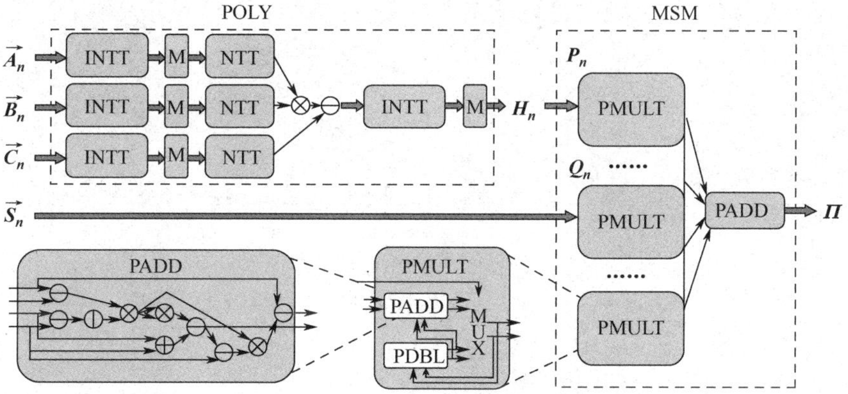

图 5-22　Scroll 中的三种加速方案

Scroll 在 GPU 加速上已经对 NTT 和 MSM 进行了大量优化，现在的瓶颈转移到了见证生成和复制数据环节。因为假设 NTT 和 MSM 占据了 80%的证明生成时间，如果硬件加速可以将这部分效率提升若干个数量级，那么原来见证生成和复制数据 20%的证明生成时间将变成新的瓶颈所在。

[1] 图 5-22 来自 Scroll 的联合创始人 Zhang Ye 的论文 *PipeZK: Accelerating Zero-Knowledge Proof with a Pipelined Architecture*，这是行业中最早研究 ZK 硬件加速的论文之一。某些文献/文章中声称 ZKP 生成最耗时的是 FFT（Fast Fourier Transform）和 MSM。虽然 FFT 和 NTT 原理相似，但是由于 ZK 中涉及的密码学计算多是在有限域（Finite Field）中进行的，因此在实际中的计算应为 NTT。我们以多数学术论文中采用的 NTT 为准。

此外，为了让证明者去中心化，Scroll 优化的目标变成了如何把证明者算法用到相对廉价的 GPU 上。这种做法如果可行，就会有更多的人参与进来。

5.2.4 Polygon zkEVM

Polygon zkEVM 是一种去中心化的以太坊 Layer 2 可扩展解决方案，它用 ZKP 为链下交易计算提供有效性。自 2023 年 3 月 27 日上线，仅 3 个月时间，Polygon zkEVM 独立地址数就已突破 7 万个，桥接 TVL 超过了 1.6 万枚 ETH。

1. 生态发展

Polygon zkEVM 和 Scroll 一样，属于第二类 zkEVM，其生态已接入 40 多个项目，涵盖了 DeFi、跨链桥、NFT 等领域，但原生部署到 Polygon zkEVM 上的项目只公布了 19 个，如图 5-23 所示。

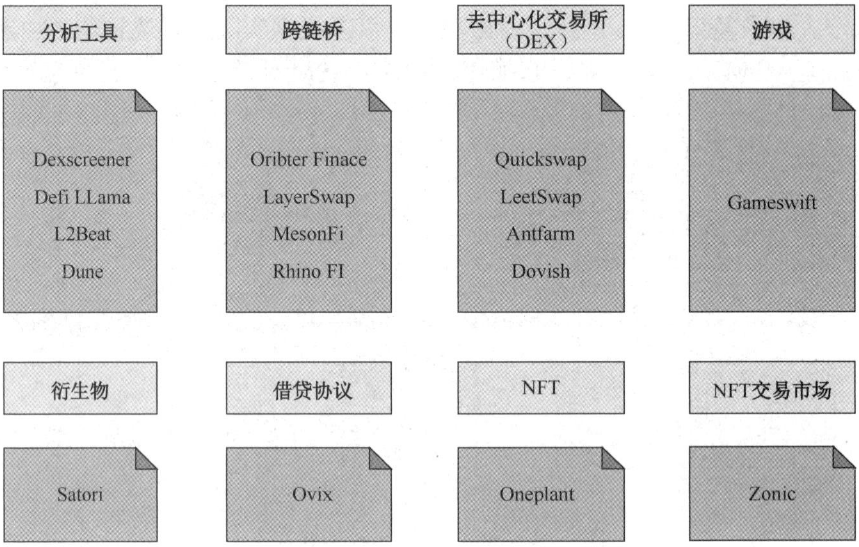

图 5-23　原生部署到 Polygon zkEVM 上的 19 个项目

1）去中心化交易所（DEX）

Quickswap 是 Polygon 上原生的 DEX 协议，目前已上线 Polygon zkEVM。Quickswap 提供基于 CPMM[1]的 AMM（Automated Market Maker，自动做市商）DEX 服务，并提供类似 Uniswap V3 的专注流动性系统。此外，Quickswap 在 Polygon zkEVM 上推出了永续期货交易服务，是 Polygon zkEVM 生态上排名第一的 DEX。

---

[1] CPMM，Constant Product Market Market，恒定乘积做市商，是 CMM 的一种。CPMM 基于函数 $xy=k$，该函数根据每种代币的可用数量（流动性）为两个代币建立价格范围。当代币 x 的供应量增加时，y 的代币供应量必须减少，反之亦然，以保持恒定乘积 k。也就是说，交易的总资产储备必须保持不变。

LeetSwap 是一个新兴的 DEX 和 DeFi 生态系统，建立在 Canto 区块链和 Polygon zkEVM 上。目前该 DEX 具有零交易费、流动性挖矿、质押和社区代币激励等功能。

2）DeFi

Satori 是一个永续期货订单簿交易协议，已获得了超过 1000 万美元的融资。Satori 允许用户使用类似中心化交易所的界面和用户体验，轻松在链上交易永续期货。

3）借贷协议

Ovix 是 Polygon 和 Polygon zkEVM 上的一个借贷协议，面向多种资产借贷业务，用户存入的资产可以作为抵押品，同时允许用户借入其他资产，通过存款赚取的利息抵消借款的累计利率。

4）跨链桥

Orbiter Finance 是一种跨 Rollup 协议，并支持以太坊之外的 Layer 2 网络。在 Orbiter Finance 中，有一个被称为做市商的实体在每个网络中都具有流动性，在桥接过程中，用户将资金发送到源链上的做市商处，并从目标链上的做市商处获得资金，其缺点是一次可以发送的 ETH 数量有限，优点是桥接过程非常快。

LayerSwap 旨在帮助用户将资产从 CEX 转移到 Layer 2，目前已支持交易所与 Polygon zkEVM 的出入金，以及 Polygon zkEVM 与其他多条主流公链的资产跨链转移。

2. Polygon zkEVM 工作流程及技术亮点

Polygon zkEVM 的工作流程可以分为 3 个主要步骤，如图 5-24 所示。

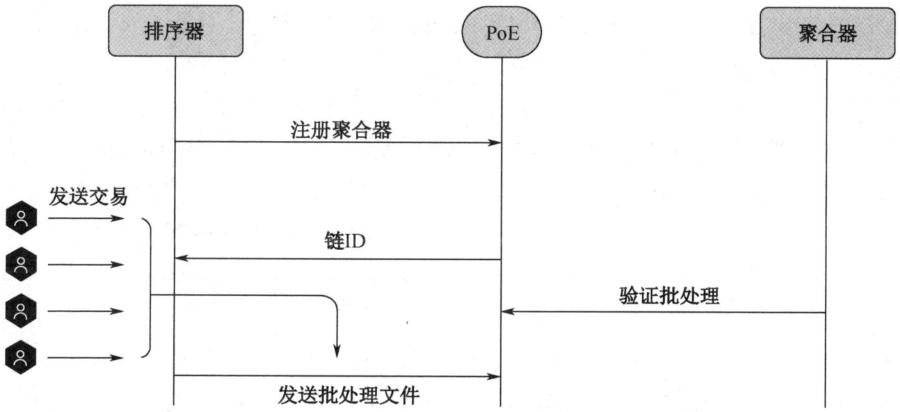

图 5-24　Polygon zkEVM 的工作流程

1）排序器将用户交易打包进一个批处理文件并提交到 Layer 1 合约上

用户将交易发送给排序器，排序器在本地按照收到的顺序处理交易。当排序器在本地将交易执行成功后，如果用户相信排序器是诚实的，那么用户可以认为这个时候交易已经达成了最终状态。目前，大多数排序器内部的交易池都是私有的，所以暂时可以获取的最大可提取价值（Maximal Extractable Value，MEV）是比较少的。

排序器会将多笔交易打包进一个批处理文件（目前一个 Batch 只包含一笔交易），在收集到多个 Batches 后，通过 Layer 1 上的 Polygon zkEVM.sol[1]合约的 SequenceBatch()函数将多个 Batches 一起送至 Layer 1 的交易 Calldata 上。

当 Polygon zkEVM.sol 合约收到排序器提供的 Batches 后，依次在合约内计算每个 Batch 的哈希值，然后在后一个 Batch 里记录前一个 Batch 的哈希值，可以得到图 5-25 中的 Batch 结构。

因为每个 Batch 里的交易顺序是确定的，所以在 Batch 的顺序被确定后，我们认为所有被包含在 Batch 里并提交到 Layer 1 的 Polygon zkEVM 合约的交易顺序也都被确定了。

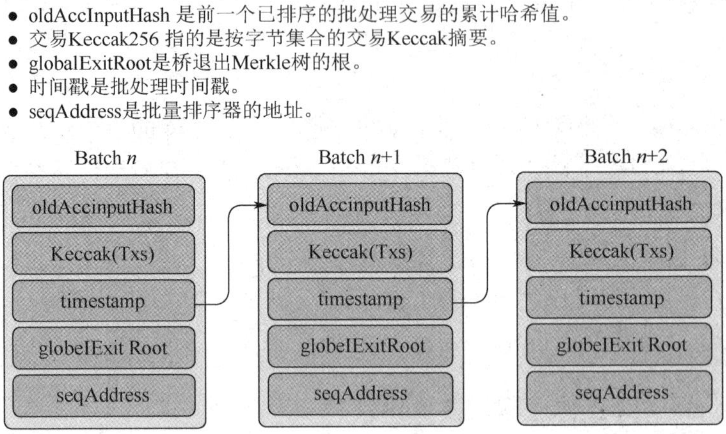

图 5-25　Batch 结构

以上过程实际上也是 Layer 1 在充当 Rollup 数据可用层时需要完成的工作，但这里并没有完成任何状态检验或推进的工作。

2）聚合器（Aggregator）为多个 Batch 的交易生成有效性证明

在聚合器监听到 Layer 1 的 Polygon zkEVM.sol 合约中已经有新的 Batch 被成功提交后，它会把这些 Batch 同步到自己的节点里，然后给 ZKProver 发送这些交易。

ZKProver 在收到这些交易后会并行为每笔交易生成有效性证明，再将多个 Batch 包含的交易有效性证明聚合成一个有效性证明。ZKProver 将聚合多个交易的有效性证明并发送给聚合器。

3）聚合器提交聚合证明到 Layer 1 的 Polygon zkEVM.sol 合约

聚合器将有效性证明及对应的 Batch 执行后的状态一起提交到 Layer 1 的 Polygon zkEVM.sol 合约，合约接下来会执行相应操作来验证状态转换是否正确。

当这一步在 Layer 1 执行成功时，这部分 Batch 包含的所有交易也就真正达成了最终状态，即对应 OP 的 7 天挑战期结束。

---

[1] Polygon zkEVM.sol 是 Polygon zkEVM 的一个智能合约，用于管理 Layer 2 的状态及其更新。

3. 底层协议 Plonky2

Plonky2 是“PLONK＋FRI”的一种递归 ZKP 系统，它将 STARK 证明与 SNARK 证明的优点结合起来。这可能是以太坊上最便宜和性能最高的证明系统之一。

STARK 中使用的多项式承诺方案 FRI 可以帮助递归 SNARK 实现性能改进。Fractal 是目前递归 FRI 唯一的实例，大约需要 10 分钟才能生成证明。但 FRI 有一些其他特性，当 FRI 与 PLONK 结合使用时，它允许编写具有更多线路的自定义逻辑门，因此可以编写针对高效递归优化的电路。

Plonky2 的递归证明在 Macbook Pro 上仅需 170 毫秒，比现有替代方案提高了 100 倍。预计在以太坊上验证 Plonky2 优化证明的 Gas 成本约为 100 万 Gas（0.1GWei），这个成本主要是在以太坊上发布证明的 Calldata 的成本。如果 Calldata 在 EIP-4488[1]中重新定价，Plonky2 的验证成本将下降到 170～200000 Gas，这可能使其不仅是当前最快的证明系统，而且是在以太坊上验证最便宜的证明系统。

5.3 挑战可交互性

多链世界已经成为不争的事实。随着各种新链的涌入，不同的异构共识机制、智能合约语言，以及社区价值将 Web 3 拆分成各种生态系统。想要推进行业发展，获取更多新用户，就必须减少链与链的摩擦。这是跨链桥应用的主要目标。

5.3.1 跨链桥概述

跨链桥在两个或多个区块链间传输数据。当前最主要的跨链桥功能是将一条区块链上的资产兑换为另一条区块链上的资产，此外，跨链桥还能帮助实现智能合约的跨链调用。目前有超过 100 个区块链跨链桥应用在 Layer 1 和 Layer 2 的生态系统间传输数据。

1. 连接对象

1）从 Layer 1 到 Layer 1

从 Layer 1 到 Layer 1 的跨链桥允许用户将资金在两个 Layer 1 生态系统间转移。例如，Wormhole 的 Portal 跨链桥支持从 Solana 到以太坊的资产转移。Layer 1 生态系统间互操作的实现，让 Web 3 的用户可以在他们喜欢的链上自由地花费时间和资源，同时又保持灵活性，可随时切换链。

2）从 Layer 1 到 Layer 2

从 Layer 1 到 Layer 2 的跨链桥允许如以太坊的 Layer 1 链与构建在 Layer 1 链上的 Layer 2 链间的通信。例如，用户可能希望将 ETH 从以太坊主网转移至 Arbitrum、Optimism

---

[1] EIP-4488，以太坊的一项升级，通过总调用数据限制降低交易调用数据的 Gas 成本。

或 zkSync。用户可以通过每个 Layer 2 的原生跨链桥转移其代币，或者利用如 Across 的第三方跨链桥。随着 Layer 2 生态系统的不断壮大，在将以太坊的主网活动转移至 Layer 2 方面，此类跨链桥将发挥更重要的作用。

3）从 Layer 2 到 Layer 2

Layer 2 生态系统拥有高吞吐、低 Gas 费用和安全性强的优点，但不同的 Layer 2 互相并不兼容。从 Layer 2 到 Layer 2 的跨链桥在减少 Layer 2 流动性潜在碎片化的同时，可以将 Layer 2 统一为整体。包括 Hop Protocol 和 Orbiter Finance 在内的一些项目，正积极致力于实现从 Layer 2 到 Layer 2 的跨链交互。Miden、Hermez、Nightfall 等 Polygon 链上的各种 Layer 2 扩展解决方案、StarkWare 的零知识汇总，以及 StarkNet 和 Matter Lab 的 zkSync 2.0，都将为开发人员构建应用程序实现这一目标提供必要的核心组模块。

研究者 Arjun Bhuptani 曾提出了互操作性的“三难困境”，如图 5-26 所示，即通用性、可扩展和去信任，三者最多只能同时实现其中之二，无法完全兼顾。其中，通用性是指在任意两条链间传递数据的能力；可扩展是指在异构链上快速部署的能力；去信任则是最小化的信任假设。因此，图 5-26 中展示的大部分跨链桥都是在三者中选择了两个指标进行设计的，在另外一个指标上的表现不那么令人满意。

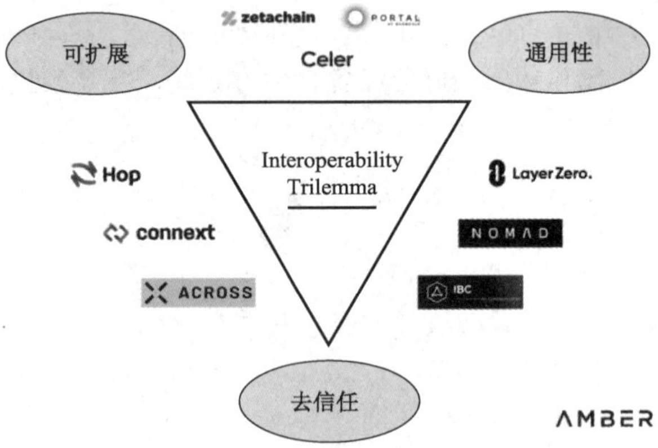

图 5-26　Arjun Bhuptani 提出的互操作性的“三难困境”

例如，connext 是一个去信任的跨链桥，可以在任意的两个 EVM 兼容链之间转移代币，但它目前不能实现任意数据的传递，这意味着它优先考虑可扩展和去信任而非通用性。zetachain 的跨链桥则优先考虑了可扩展和通用性，但需要通过跨链桥的验证器集合提供额外的信任，从而牺牲了去信任这项指标。

2. 跨链桥的分类及风险

根据跨链桥的服务目的可以把跨链桥分为 4 类，专注于资产跨链的跨链桥、专注于特定链之间的跨链桥、专注于应用的跨链桥和通用的跨链桥，具体的案例如图 5-27 所示。

图 5-27　根据服务目的区分的跨链桥分类及典型项目

根据资产跨链验证机制/技术的不同，可以将跨链桥分为外部验证（多点、单点）、“中继+轻客户端”/原生验证和本地验证（流动性网络）的跨链桥，具体的案例如图 5-28 所示。

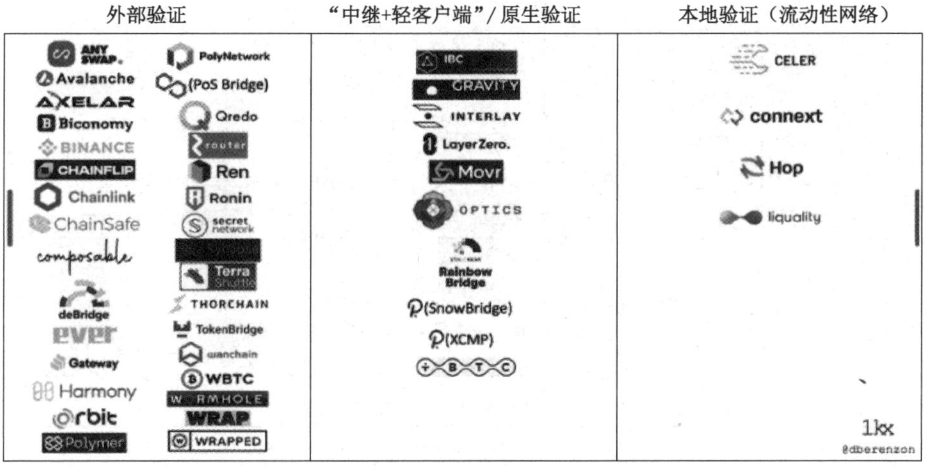

图 5-28　根据资产跨链验证机制/技术区分的跨链桥分类及典型项目

单点、多点验证属于外部验证。这类跨链桥引入了一组外部验证者，负责验证跨链传输的交易数据。任何使用这类桥的人都要承担额外的风险，因为除了源链和目标链，新的验证者还带来了自己独特的信任假设。

这些桥通常采用锁定和铸造模型，即将用户的原生资产锁定在源链的钱包中，并在目标链上以“封装”资产的形式铸造等量的资产。这些钱包由外部验证者控制和操作，桥本身也是如此。

原生验证桥仅依赖底层链的验证者来验证跨链交易，不会引入新的验证者，因此不会创建额外的信任和风险层。验证者负责生成来自源链的交易数据的“证明”，随后，这些证明被传输或转发给被称为轻客户端的智能合约，后者验证证明的内容，并提醒目标链上的验证者完成交易。

与原生验证桥类似，本地验证系统不会在跨链方案中引入任何新的验证者。本地验证系统只需要两个验证者，每条链一个，而不是像外部多点验证一样需要一个验证者集。这些验证者负责交换他们自己对应链的证明，如果两个证明都有效，那么验证者就可以交换资产并完成交易。

表 5-4 给出了跨链互操作协议的 3 种验证方式的综合比较。

表 5-4 跨链互操作协议的 3 种验证方式的综合比较

	外部验证	原生验证	本地验证
去信任化	低：需要信任第三方中继，去信任化程度低	高：无须信任第三方	高：不需要信任第三方，去信任化程度高
可扩展性	高：在链下完成验证，有各种链下可拓展性方案。客户端可验证源链交易，可扩展性高	低：原生验证是链上针对共识的验证，每条链的共识差异大，必须单独开发，可扩展性较低	高：本地验证对异构链无特别要求，可扩展性低
通用性	高：支持通用消息跨链	高：支持通用消息跨链	低：只适合代币跨链，不适合一般消息跨链
安全性	低：风险可能包括中继网络作恶，以及合约风险。目前外部验证方案很成熟，合约风险在降低，但是中继网络作恶风险难以排除	中：虽然没有中继网络作恶的风险，但是该技术没有经历大规模市场检验，合约风险存疑	高：设置了哈希时间锁，安全性高，且本地验证的技术方案成熟，合约风险相对较低
理论 TPS	高：以 SMPC 跨链桥为例，理论上其 TPS 可以和链的 TPS 一致	高：理论上其 TPS 也可以做到和链的 TPS 一致	高：理论上 TPS 可以做到和链的 TPS 一致
成本	低：链下验证，不涉及大量计算，成本低	高：主流的两种原生验证方式成本都较高，其中，ZKP 轻客户端跨链需要链下计算，成本较高。轻客户端模式在链上验证所有源链共识，Gas 费用高	中：需要交易对手盘，有一定的交易成本

有人认为“没有桥，就没有加密世界的多元发展格局”，也有人认为“桥的出现，就是中心化和漏洞的开始”。破坏跨链桥安全性的两个因素是智能合约漏洞和信任根漏洞。

黑客在应用层攻击跨链桥时会利用智能合约漏洞。由于大多数跨链桥必须在它们连接的所有链上都部署智能合约，因此较新的区块链是更容易成为攻击的目标。虽然 Rust、CosmWasm 和 Substrate 等语言都拥有不断壮大的开发者社区，但它们拥有的开发者工具和审计公司的数量却不如 Solidity 等成熟语言，因此采用这些语言的主网出现漏洞的可能性更高。考虑到开发跨链桥应用时团队会考量开发速度和市场竞争等因素，这就很容易理解为什么智能合约漏洞成为最常见的黑客攻击载体。

利用信任根漏洞的黑客需要成功攻击跨链桥使用的底层验证方式。在 Ronin 黑客事件[1]中，黑客通过获取 Sky Mavis 的 9 个验证器中的 5 个私钥，实现了对大多数诚实节点的攻击。

5.3.2 ZKP 跨链原理及难点

从跨链桥的设计机制和风险可以看到，最安全的跨链桥设计应该是最小化信任的，即跨链桥仅继承它连接的两个链的安全属性，无须信任其他第三方。

链上验证可以实现跨链桥的最小化信任，即由目标链来验证源链的共识，并确认指定的交易已包含在源链的区块链中。例如，目标链的验证者运行源链的轻客户端，检查提交的源链 Merkle 根，并确认指定的交易已获得源链的验证者的有效签名。然而，链上验证成本高且难以扩展，目标链的验证者很难为不同的源链部署和运行轻客户端，有的目标链也不一定支持源链的共识签名方案。

ZKP 系统的引入可以使跨链桥的设计更为简洁、高效。将 ZKP 用于原生验证，通过生成简洁的 ZKP，目标链的轻客户端只需要获取 ZKP 就可以验证源链交易，这让用 ZKP 构建轻客户端的原生验证方式成了一个更好的方案，有利于最小化信任的互操作。

使用 ZKP 构造的跨链方案也不需要信任第三方，其直接向目标链传递源链的零知识共识证明，目标链的轻客户端只需要验证源链的共识证明，即可实现共识跨链。

然而，不同链共识证明的生成原理和生成方式千差万别，验证共识证明需要的数据也不同。ZKP 跨链需要生成源链共识 ZKP，而源链共识 ZKP 又是基于源链共识数据产生的，因此源链 ZKP 的生成也需要基于源链共识。因此，不同源链共识生成的 ZKP 电路也需要定制化设置。

不同公链共识证明生成的过程千差万别，下面以以太坊为例说明这个过程。以太坊的共识协议 Gasper，是在 LMD-GHOST（分叉选择规则）上应用 Casper FFG（最终性确定工具）构建的。这是一套复杂的验证者选择机制。在以太坊 2.0 信标链的 Altair 升级[2]中，轻客户端引入了同步委员会，这个功能是专门为支持轻客户端同步区块状态而设计的。

以太坊使用 RANDAO 算法随机选择 512 个验证者组成同步委员会，同步委员会的信息保存在信标链[3]中，每隔 256 个 Epoch（一个 Epoch 约 6.4 分钟）更新一次。同步委员会的作用是不断签署区块头，在 2/3 的同步委员会成员签名后，以太坊状态转换会被确认。

---

[1] Ronin 是区块链中的一个 GameFi 项目。2022 年 3 月 23 日不明身份的黑客进入该系统，窃取了 173600 枚 ETH 和 2550 万枚 USDC。

[2] 以太坊基于 PoW 运行的信标链（Beacon Chain）于 2021 年 10 月 27 日进行了 Altair 升级，转为 PoS 机制运行。

[3] 信标链被誉为以太坊 2.0 的心跳，它为系统的和谐与共识提供节奏，每个时隙为 12 秒，一个纪元为 32 个时隙，即 6.4 分钟。

信标链将 BLS12-381 算法作为验证者参与 PoS 共识的方式。信标链区块中多个验证者的 BLS 签名可以进一步聚合为单个签名，从而有效减轻了原有签名的数据通信与链上存储压力，同时验证者只需验证单个签名即可更高效地进行区块验证。

因为有同步委员会作为共识机制的组成部分，所以轻客户端可以在不需要访问整个验证者集的情况下获取被验证过的共识状态。目标链轻客户端为了验证源链共识状态，会下载部分数据进行验证与计算，验证的内容包括以下几个方面：

（1）Merkle 路径证明。验证对当前区块签名的同步委员会（sync_cmts）是已验证区块头中指定的下一届同步委员会。

（2）聚合委员会公钥。根据当前区块同步委员会实际签名情况计算聚合委员会公钥。

（3）同步委员会的签名。使用聚合委员会公钥，验证新区块中的委员会签名。

上述验证方法是原生验证的通用方案，但是在链上直接验证源链共识涉及大量链上数据验证与计算，Gas 消耗高。使用 ZKP 技术，在链下完成源链数据的计算与验证，并生成简洁的源链共识证明传递到目标链，可以大大降低链上 Gas 消耗。

基于 ZKP 的跨链协议将聚合公钥验证 BLS 签名的过程放在链下，并生成 ZKP 证明，目标链客户端只需要验证一个 ZKP 就可以验证源链共识，其伪代码如图 5-29 所示。

```
def validate_new_block(...):
  verify_validators(...)
  verify_bls_signatures(...)
  ...
```

→

```
def validate_new_block(...):
  verify_zk_proof(...)
  ...
```

图 5-29　共识验证伪代码

图片来源：ZKPoS 的 *End-to-End Trustless*。

从上述 ZKP 轻客户端同步共识的过程可以发现，链下证明生成过程与源链共识机制，特别是因为不同的共识协议使用不同的签名方案，以及轻客户端的支持情况紧密相关。

5.3.3　实现以太坊 PoS 轻客户端

Succinct Labs 构建桥的方式是使用 ZK-SNARK 实现以太坊 PoS 轻客户端，在以太坊和 Gnosis Chain[1]等任意两条以太坊 PoS 链之间实现最小化信任的互操作。轻客户端以 Solidity 合约的形式部署在链上，通过简洁零知识证明生成源链状态的有效性证明，从而实现最小化信任的互操作。

1. 工作原理

Succinct Labs 的主要贡献在于共识验证。共识验证需要验证特定块是否存在来自超过 2/3 的已知验证者集的有效签名。如果我们能够验证 ZK-SNARK 中的签名，并验证

1 以太坊侧链。

这些签名来自与一组验证器[1]对应的公钥列表，那么我们就有了一个已被区块最终确定的有效性证明。

对于想要生成有效性证明的任何共识协议，我们必须实现以下核心原语：

（1）验证验证者使用的签名方案。

（2）验证者集承诺中包含验证者公钥的证明（存储在链上）。

以上两点看似简单，实际上却相当困难。要在 ZK-SNARK 内验证各种签名方案，就需要实现复杂的椭圆曲线运算。为此我们需要探讨设计的技术细节，包括以下内容：

（1）以太坊 PoS 轻客户端协议（同步委员会）。

（2）为以太坊共识证明实施 SNARK。

（3）用这些简洁的证明构建一个高效的链上轻客户端。

（4）用简洁的链上轻客户端创建信任最小化的跨链桥。

我们提到过 Altair 硬分叉向以太坊信标链引入了同步委员会协议，以支持计算效率非常高的轻客户端。对于同步委员会签署的每个区块，同步委员会子集的一名成员负责生成参与委员会成员的聚合 BLS 签名和位图，以生成包含此信息的容器。对于这些容器，实现轻客户端规范的信标节点会产生 3 种类型的更新：

（1）A Light Client Optimistic Update，包含尚未最终确定但位于规范链中的块头（根据 LMD Ghost 分叉选择算法），以及相应的 Sync Aggregate 聚合 BLS 签名和位图。

（2）A Light Client Finality Update，包含同步委员会已签署的经过验证的标头，以及根据 Casper FFG 小工具确定的最终标头。更新包含已证明标头中最终标头的 Merkle 证明。

（3）当下一个同步委员会已知时（至少提前 1 个纪元[2]），轻客户端会收到一个 Light Client Update，其中包含同步委员会签名的经过验证的标头，以及下一个同步委员会的 Merkle 证明，表明下一个同步委员会包含在经过验证的标头中。

轻客户端节点以高效的计算和存储方式跟踪规范链的块头，跟踪同步委员会中的验证者集，因为我们需要知道这些信息已被验证。同步委员会的验证者集会周期轮换，为了在下一个周期更新此映射，我们验证当前验证者集，签署下一个验证者集承诺的 Merkle 证明。

2. 轻客户端的 ZK-SNARK 实现

项目使用 Circom 编程语言和 Groth16 证明系统来生成 ZK-SNARK，需要先聚合 BLS 签名验证。

在区块链的背景下，ECDSA 签名通常用于验证提交的交易是否来自拥有发出交易

---

[1] 在以太坊 2.0 中，验证器就是权益证明的“虚拟矿工”，用户通过质押 ETH 以激活和控制验证器。

[2] 信标链和分片链是同步编排的，当系统处于最佳运行状态时，每 12 秒（一个时隙）添加 1 个信标（链）块和 64 个分片块。一个纪元为 32 个时隙（将区块添加到信标链和分片的时间间隔），即 6.4 分钟。

的账户的人。circom-ECDSA 在一个 ZK-SNARK 中实现了 ECDSA 签名验证，这个原语造成了一波应用的小规模增长。粗略的数据表明，用 SNARK 证明替换 ECDSA 签名可以将呼叫数据成本降低 18%，在此基础上提出了 circom-batch-ECDSA 解决方案，实现了一个可以对批量 ECDSA 签名进行优化验证的原语，允许在单个 SNARK 中更快地验证一批 ECDSA 签名。

朴素的 ECDSA 批处理验证方法就是简单地遍历一批包含 *B* 个交易的签名。单独验证一批交易中的每个签名，如果所有签名都得以验证，则返回 true 。使用 circom-ECDSA 库，我们可以朴素地在 SNARK 中实现批处理 ECDSA 验证，只需遍历所有 *B* 个签名并将 ECDSA 验证原语依次应用于每个签名。

通过对内部电路的优化，基准测试表明，与 circom-ECDSA 简单的 for 循环包裹交易验证方式相比，circom-batch-ECDSA 解决方案可以节省高达 68% 的电路约束规模。

表 5-5 是 circom-batch-ECDSA 解决方案与普通 SNARK ECDSA 签名验证的对比。

表 5-5　circom-batch-ECDSA 解决方案与普通 SNARK ECDSA 签名验证的对比

	Verify2	Verify4	Verify8	Verify16	Verify32
约束	1.9M	2.8M	4.6M	8.1M	15.3M
见证生成	44s	68s	130s	211s	436s
证明时间	4s	7s	14s	40s	86s
总证明时间	48s	75s	144s	251s	522s
证明验证时间	1s	1s	1s	1s	1s
朴素见证生成	83s	167s	328s	663s	1360s
朴素证明时间	35s	42s	110s	221a	332s
朴素总证明生成时间	118s	209s	438s	874s	1692s
加速	2.45 倍	2.78 倍	3.04 倍	3.48 倍	3.24 倍

之后进行同步委员会的承诺映射。

同步委员会大约每 27 小时轮换一次，当前的验证者会签署一个块头，其中包含下一个同步委员会公钥的 SSZ 哈希值。如前所述，SSZ 哈希值是 SNARK 不友好的，因为它使用 SHA-256，这使得计算该哈希值的约束规模相当大。我们创建一个电路，它接收签名的块头并将下一个验证者集的 SSZ 哈希值字段 nextSyncCommitteeRoot 映射到验证者集的 SNARK 友好的 Poseidon 哈希值。

程序将这个 SNARK 友好的承诺存储在链上，并作为 BLS 签名验证 SNARK 的输入，以确保正在验证的签名确实是来自同步委员会的验证者。图 5-30 展示了任意消息传递、轻客户端和桥接系统架构。

使用轻客户端，人们可以在任意两个以太坊 PoS 链之间传递消息。例如，一个存款合约的跨链，用户可以将“Succincts”存入其中，将消息传递到任意消息桥（AMB）。轻客户端负责获取同步委员会证明，生成用于有效 BLS 签名验证的 SNARK 证明，并向

Gnosis 智能合约提交轻客户端更新。

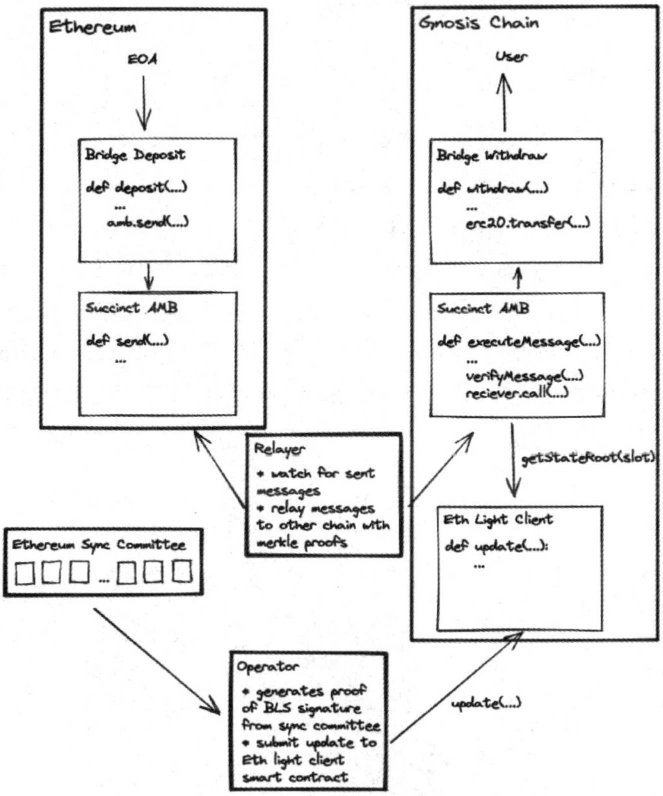

图 5-30　任意消息传递、轻客户端和桥接系统架构

3. 安全性分析

同步委员会协议具备轻客户端安全性，但不具备完全以太坊共识的安全性，特别是同步委员会只有随机选择的 512 个以太坊验证者集。然而，假设 2/3 的以太坊验证者集是诚实的，那么 2/3 的同步委员会不诚实的可能性就会消失。

尽管如此，区分完整以太坊共识和同步委员会协议的安全性仍然很重要。虽然轻客户端安全性低于完全的以太坊共识，但是基于同步委员会安全性的桥比基于多重签名的桥需要更少的信任假设。

5.3.4　将 IBC 引入以太坊

Electron Labs 旨在通过 ZK-SNARK 将 IBC 引入以太坊。它的工作原理与 5.3.3 节讨论的案例类似，但方向正好相反，其中，轻客户端需要在以太坊上的智能合约中进行验证。

从实际意义上讲，在以太坊上运行来自其他区块链的轻客户端更具有挑战性，因为在 Cosmos SDK 中，轻客户端运行在 Edwards 曲线（Ed25519）上，但以太坊链本身不支持该曲线。因此，以太坊上 Ed25519 签名的链上验证是低效且成本较高的。

1. IBC 的价值

在以太坊区块链上，所有应用都在一个共享状态机上运行，尽管安全级别高，但扩容和跨链通信（从 Layer 1 到 Layer 2）是不可回避的问题。Cosmos 网络对区块链提出了不一样的愿景，以互操作性为首要原则进行建设。

Cosmos 主要由 Hub、Zone 和 PEG 3 个部分构成，如图 5-31 所示，位于中心的是 Hub（“中心枢纽”）。Hub 管理着众多被称为 Zone 的独立区块链，追踪记录各个 Zone 的状态，每个 Zone 都有义务不停地把自身产出的新区块反向汇报给 Hub。类似地，每个 Zone 也需要同步 Hub 的状态。支持 Cosmos 生态系统的三大支柱是 Tendermint 共识机制、Cosmos SDK 和 IBC 协议。

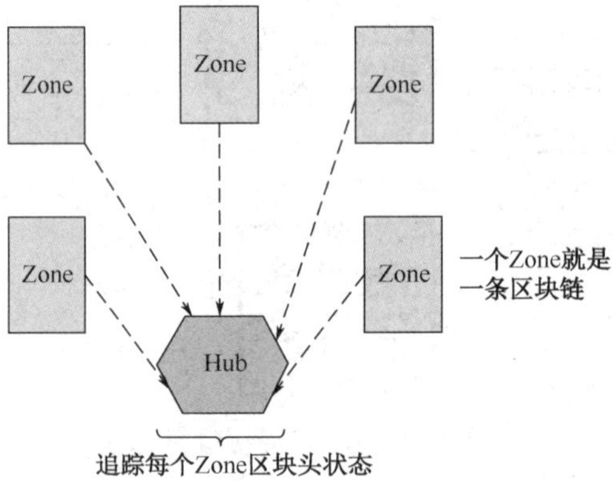

图 5-31　Cosmos 的 Hub 和 Zone 构成及关系

1）Cosmos SDK

Cosmos SDK 是定制 PoS 区块链和 PoA 区块链的开源工具集合，旨在帮助开发人员创建适合其独特需求的区块链。Cosmos SDK 由许多可以自由组合的模块组成，其中大多数模块都是开源的，所有开发人员都可以自由使用。在 Cosmos SDK 工具箱中，开发者可以找到 Tendermint 共识机制、原生集成的 Cosmos 生态、IBC 协议等，开发者只需将现有的模块集成到定制的区块链中，再根据自己的需求修改。这简化了开发人员创建新区块链的过程。

2）IBC 协议

不同的 Zone 并不直接同步各自的状态，而是向 Hub 发送消息实现间接同步，这是由跨链通信 IBC 协议实现的。IBC 是 Cosmos 的链间通信标准，能够在独立的分布式账本之间可靠、有序且以可验证的方式传递任意消息。

IBC 是一组标准，它定义了一个通用的消息传输层，包括数据结构、抽象和语义。

在传输层之上，IBC 还定义了一个应用层，包含了一组标准，例如，用于可互换代币的 ICS-20 协议，它定义了如何解释消息。支持 IBC 的区块链可以自由链接在一起，无须设置特殊权限。与 Cosmos SDK 类似，IBC 也是具有各种规格和属性的模块集合，只要满足基本要求，同种功能在不同场景下实现的方式可以不同，区块链只需要兼容基本的 IBC 即可安全交互。

假设当前有两条区块链，Zone 1 和 Zone 2。如果我们想从 Zone 1 上发送代币到 Zone 2，会发生什么呢？

要让数据包从 Zone 1 发送到 Zone 2，Zone 1 首先要向 Hub 发送一个指向 Zone 2 的数据包，如图 5-32 所示。

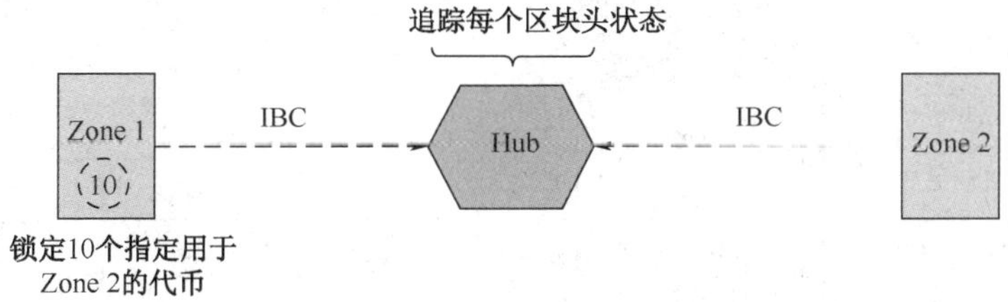

图 5-32 Zone 1 向 Hub 发送了一个指向 Zone 2 的数据包

紧接着，Hub 向 Zone 2 发送一则证明，表示 Zone 1 向其发布了一个数据包，如图 5-33 所示。

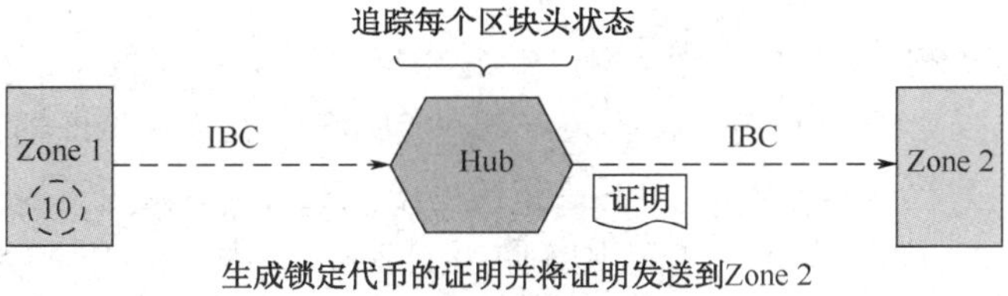

图 5-33 Hub 向 Zone 2 发送 Zone 1 向其发布了一个数据包的证明

在此之后，Zone 2 必须验证关于 Zone 1 的证明是否真实，如图 5-34 所示。为此，Zone 2 要利用 Zone 1 存储在 Hub 中的区块头。前面提到过，Hub 帮助 Zone 同步记录其他每个 Zone 的状态，而 Hub 是通过记录其他 Zone 的区块头实现这一功能的。

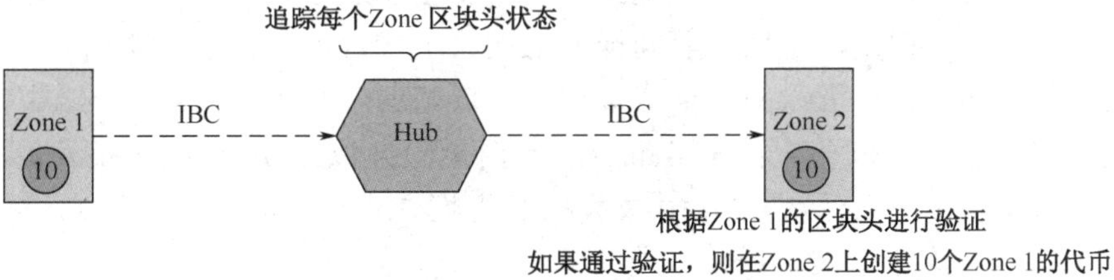

图 5-34 Zone 2 验证关于 Zone 1 的证明是否真实

IBC 协议不仅可用于遵守 Tendermint 共识的区块链上，它还可以支持任何可验证最终性共识算法的区块链的跨链。

2. 降低验证签名的成本

IBC 虽然强大，但是通过 IBC 的传输层去连接以太坊和其他基于 EVM 的区块链的成本很高，这限制了其自身的可扩展性。如果要将 IBC 连接到以太坊，一个解决思路就是在以太坊上以智能合约的方式运行 Tendermint 轻客户端，如图 5-35 所示。但这个过程的 Gas 消耗极高，Cosmos SDK 上的每个区块头由大约 128 个 Ed25519 签名组成，验证一个区块需要 32 个高风险签名，签名的验证会生成大型电路。

为了以更低成本验证签名，Electron Labs 引入了 ZKP。Electron Labs 没有直接在以太坊上验证 Ed25519 的签名，而是构建了一个签名有效性的 ZKP，并在链上验证该证明。

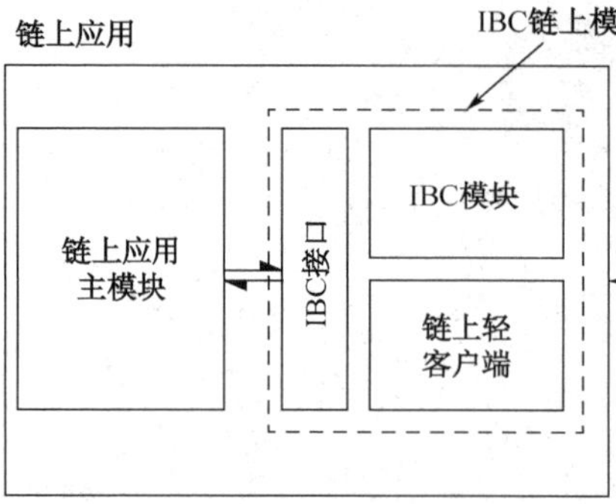

图 5-35　常规的 IBC 设计在以太坊上以智能合约方式运行 Tendermint 轻客户端

在 Electron Labs 提案的 IBC 设计中，中继器将只提交其有效性证明，而不是提交完整的轻客户端头；以太坊侧的链上轻客户端模块包括一个 ZKP 验证器，而不是 Ed25519 签名验证。这其中的核心难点在于为 Ed25519 创建 ZK-SNARK 证明。

在 Electron Labs 中，签名验证的电路使用 Circom 库构建，支持为一批 Ed25519 签名生成 ZK-SNARK 证明。

批处理生成 ZK-SNARK 证明的系统性能决定于以下 3 个参数：每个签名的证明生成时间（平均约 9.6 秒），每批证明的签名数（最大值为 100），批次生成 ZKP 的时间（100 个签名生成的时间是 16 分钟）。系统证明生成时间几乎与每批签名的数量呈线性关系。

证明生成时间将以延迟的形式体现。为了降低延迟时间，我们可以在一个 ZKP 中放入较少数量的签名。但是，这意味着同样的批次大小（或每个轻客户端头）将需要更多的证明，这将增加验证该批次的 Gas 成本，即降低延迟时间会增加 Gas 成本。

Cosmos 链上基于不同延迟时间和验证者数量验证以太坊上 Tendermint 轻客户端的预期成本如表 5-6 所示。表 5-6 中的数据是根据 2022 年 8 月 5 日的 Gas 价格计算得出的。

表 5-6　Cosmos 链上基于不同延迟时间和验证者数量验证以太坊上 Tendermint 轻客户端的预期成本

验证者数量（个）	延迟时间（分钟）	每个证明的签名数（个）	每个轻客户端头的交易成本($)	使用 ZKP 实现的成本降低（倍）
200	16	100	9.0	166.7
500	16	100	22.4	166.7
1000	16	100	44.8	166.7
10000	16	100	448.5	166.7
200	8	50	17.9	83.3
500	8	50	44.8	83.3
1000	8	50	89.7	83.3
10000	8	50	896.9	83.3
200	2	12	76.2	19.6
500	2	12	188.4	19.8
1000	2	12	376.7	19.8
10000	2	12	3740.3	20.0

项目方认为，通过使用递归和硬件加速，Electron Labs 甚至可以将多个轻客户端头组合在一个证明中，每个证明的成本仅 4.5 美元，并且每个跨链交易的成本可能低于 1 美元。

5.3.5　分布式零知识证明

zkBridge 是由 Polyhedra Network[1]提供的框架，可以在其上构建多个应用。其基本原理是在两条链上分别构建轻客户端和智能合约来跟踪摘要，以对应任何一方的最新状态。

zkBridge 的主要创新在于以下几个方面：

（1）deVirgo：采用分布式的方法生成 ZK-SNARK 证明，且无须信任假设。deVirgo 协议通过将计算工作拆分给更多的设备，大幅提升了在链下生成 ZK-SNARK 证明的速度。

（2）递归证明：为了降低链上成本，zkBridge 使用递归证明，通过两次递归，将 ZK-SNARK 证明规模压缩到 131 字节左右。第一步生成 deVirgo 证明，第二步使用 Groth16 证明生成器进行压缩。由 Groth16 验证器生成执行 deVirgo 电路的完整性证明。

（3）批处理：zkBridge 实现了一个区块头的更新合约，它以区块高度为输入，返回相应区块头。但 zkBridge 并不会在每个新区块产生时调用更新合约，证明者可以先收集 N 个区块头并生成一个单一证明。N 值可以设置，N 越大，用户等待时间越长但系统运行成本越低。

[1] Polyhedra Network 为各种 Web 2 和 Web 3 系统的资产转移、消息传递和数据共享提供无须信任且高效的互操作解决方案。

zkBridge 主网 Alpha 于 2023 年 4 月发布，目前用于 BNB、以太坊、Arbitrum 等 Layer 1 和 Layer 2 区块链网络之间的跨链互操作。

1. 工作原理

zkBridge 利用递归 ZK-SNARK 建立高效的通信，主要包含区块头中继网络、更新合约、应用程序特定合约 3 个关键组件。区块头中继网络由中继节点组成，中继节点监听 Bridge 链上的状态变化，并从区块中的完整节点检索区块头。中继节点的主要功能是生成一个 ZKP，证明来自一条链的区块头的正确性，并将其中继到另一条链上的更新合约。更新合约验证并接受或拒绝来自中继网络中节点的证明。

具体来说，在区块头中继网络中，中继器从发送者区块链 C_1 中检索区块头，生成区块头的有效性证明，并将区块头及证明发送到设置在接收者区块链 C_2 上的更新合约中。对更新合约来说，一旦相关证明通过验证，C_1 的相应区块头将被存储起来。

这种设计有 3 个好处。首先，ZK-SNARK 的健全性确保了跨链桥的安全性。因此，除了底层区块链的安全，我们不需要额外的安全保证。特别是 zkBridge，它并不依赖一个同步委员会来保证安全。其次，通过建立专门的 ZK-SNARK，C_2 可以验证 C_1 的状态转换。最后，通过将桥与特定应用逻辑分离，zkBridge 很容易在桥的基础上启用额外的应用程序。

要用 ZK-SNARK 证明一个给定的计算结果的正确性，首先需要将计算转换为一个算术电路。虽然 ZK-SNARK 验证是快速的（电路规模是对数级的，甚至是常数级的），证明生成时间至少是线性的，但在实践中可能非常昂贵。此外，现实世界中的区块链使用的组件不容易被表达为算术电路。例如，广泛使用的 EdDSA 数字签名方案在 CPU 上验证起来非常有效，但却很昂贵，甚至需要超过 200 万个门。

在一个跨链桥中，每个状态转换可能需要验证数百个签名，这就使得生成所需的 ZK-SNARK 证明的成本过高。为了确保 zkBridge 的实用性，我们必须缩短证明生成时间。

为此，zkBridge 做了两个方面的努力：

一是跨链桥所使用的电路是数据并行的，因为它们包含一个较小的子电路的多个相同副本。

二是为了利用数据并行性，zkBridge 提出了 deVirgo，一个基于 Virgo 的新型分布式零知识证明协议。该协议具有良好的线性可扩展性，本质上是在一组中继节点上运行一个 Virgo 证明，并通过将证明和多项式承诺聚合到一个主节点以避免证明规模的线性增长。

2. deVirgo 分布式零知识证明协议的实现

因为 zkBridge 所需电路规模太大，所以使用 Groth16 生成 zkBridge 证明不现实，deVirgo 需要依靠 GKR 协议和多项式承诺方案来生成多个签名的电路证明，并使用 Groth16 证明器进行压缩，通过目标区块链上的更新合约验证。这些证明系统的组合允许在 zkBridge 中进行高效的跨链通信，无须依赖外部信任假设。具体实现方式如下。

首先，对 Virgo 协议进行并行化处理。就证明者时间而言，Virgo 协议是最快的 ZKP 系统之一，且没有可信设置。对这个协议并行化处理的 deVirgo，能在不影响证明规模的情况下实现最佳可扩展性。

deVirgo 假设证明者共有 N 台机器，标号从 A_0 到 A_{N-1}。假设 A_0 是主节点，其他机器是普通节点，再假设 V 是验证器。给定一个由 N 个相同结构组成的数据并行算术电路，deVirgo 的算法是将每个子电路分配给一个单独的节点，每个节点分别运行 Virgo 生成证明，N 个证明合并即为最终证明。这种算法的证明规模与子电路的数量成线性关系。为了解决这个问题，通过分布式 Sum-Check 协议，主节点 A_0 汇总来自所有机器的信息，然后在每一轮将汇总后的信息发送给 V，而不是将来自所有机器的信息直接发送给 V。

其次，两步递归证明减少了证明规模和验证时间。虽然 deVirgo 优化了证明的生成时间，但还有进一步降低验证时间和证明规模的空间。在通常情况下，Virgo 的证明规模在 1 千万门电路中约为 210KB，这在实践中是很大的。通过两步递归证明可以进一步压缩证明规模。证明者在第一层调用 deVirgo，在初始电路上生成 π_1。在第二层，证明者调用 Groth16 在实现 deVirgo 验证算法的电路上生成 π_2，证明者只需在链上提交 π_2 进行验证。

最后，deVirgo 通过 zkBridge 系统生成以太坊 PoS 全节点证明，此证明可在 10 秒内生成，证明速度足以追赶以太坊的速度。

5.4 数字身份解决方案

在线数字身份在过去一直是被激烈讨论的主题。现代数字身份系统帮助实现在线互动，但是也存在着严重的问题。

数字身份系统是中心化的，很容易受平台或其他第三方的控制。如果平台被黑客攻击，用户身份数据就会泄露，从而带来声誉或财产方面的损失。另外，数字身份系统有可能被不合理地审查。

随着越来越多的社会和经济生活迁移到线上，思考和解决以下问题对身份系统的设计，乃至互联网的发展都有重要的意义：

（1）我们如何在网络和生态系统中识别和认证自己？

（2）我们如何在证明自己的声誉、独特性、合规性等要素的同时保护个人隐私？

（3）我们如何授予、管理和撤销其他人对我们数据的访问权限？

（4）在一个我们控制自己身份和数据的世界里，我们该如何与应用程序交互？

在谈零知识证明去中心化数字身份之前，我们先来了解去中心化身份是如何构建的。

5.4.1 去中心化身份堆栈

在区块链网络兴起之前，去中心化身份就已经成为一部分人关注的焦点。区块链网络加速了去中心化身份基础设施堆栈的发展，并逐渐在可验证的数据注册、去中心化数据存储、数据变更和可组合性、身份钱包、认证、授权和访问控制、证明和凭证、隐私保护等方面形成了较为成熟的解决方案。

1. 可验证的数据注册

区块链分布式和数据不可篡改的特性使其适合作为可验证的数据注册平台，并在此基础上发布去中心化身份（Decentralized Identity，DID）。事实上，各公共区块链都有 W3C 的 DID 方法，举例如下：

（1）以太坊，did:ethr:public key 代表以太坊账户的身份。

（2）Cosmos，did:cosmos:chainspace:namespace:unique-id 代表 Cosmos 链间兼容的资产。

（3）比特币，其中 did:btcr:btcr-identifier 代表一个 TxRef 编码的交易 ID，参考基于 UTXO 的比特币区块链中的交易位置。

did:pkh:address 是一种与账本无关的生成性 DID 方法，旨在实现区块链网络的互操作性。通过 CAIP-10 链接，区块链地址可以链接到 DID 的加密可验证证明。一个 DID 可以拥有无限数量的 CAIP-10 链接，这些链接将其绑定到不同区块链网络上的不同地址，这样就可以确保同一个 DID 下能聚合所有相关数据。

2. 去中心化数据存储

虽然通用区块链也可以作为不可改变的用户数据源，如资产所有权和交易历史（如投资组合跟踪器和“DeFi 评分”应用程序），但通用区块链可能不适合存储用户的大多数数据。

IPFS 允许用户在一个点对点的网络中存储和传输可验证的、有内容地址的数据。用户可以在自己的 IPFS 节点上保存他们想要的数据，利用专门的节点组，或使用第三方的“pinnin”服务，如 Pinata、Infura 或 Web 3.storage。只要有一个节点在存储数据，数据就会存在于网络中，并在其他节点请求数据时提供给它们。IPFS 的顶层是加密经济层，如 Filecoin 和 Crust Network，加密经济层旨在通过创建一个数据长期持久的分布式市场来激励用户在网络中存储数据。

3. 数据变更和可组合性

对静态 NFT 和永久记录等数据来说，通用区块链、Arweave[1]和 IPFS 可以发挥很好的作用。但是用户与大多数应用程序的交互，会不断地更新数据。

---

[1] Arweave 是一个去中心化存储平台，允许用户永久存储和检索数据。它使用了一种被称为访问证明（PoA）的独特共识机制，使其能够实现高吞吐量和低延迟。Arweve 的 PoA 机制依赖少量的“访问节点”，这些节点负责验证交易并确保正确存储和检索数据。这使得 Arweave 对重视数据不变性和低延迟很重要的用例来说是一个很有吸引力的选择。它仍然是一个相对较新的网络，但已经在去中心化存储领域获得了一些关注。

Ceramic 是一个去中心化的数据网络，可用于 Web3 的可组合性，其工作原理是将 IPFS 或 Arweave 等数据存储网络中不可改变的文件转化为动态数据结构。在 Ceramic 中，这些“数据流”类似于它自己的可变账本。私人数据可以在链外存储，同时在 Ceramic 上有索引，附在通往外部私人存储的 DID 数据存储上。

当用户在一个由 Ceramic 驱动的应用程序中更新其资料时，该协议将这些更新验证为一个流，并将其转化为一个新的状态，同时保持对以前状态变化的跟踪。Ceramic 的每一个更新都由一个可以映射到多个地址的 DID 来验证，为用户在没有服务器的情况下更新其数据铺平道路。

此外，还有像 ERC-20 和 ERC-721 这样的智能合约标准。基于这些数据模型标准不仅可以创建和转移代币，还可以在应用程序之间共享声誉、DAO 建议和社交图谱等数据。

4. 身份钱包

身份钱包存储身份并允许用户创建和提供声明，这样就可以跨应用程序和服务提供身份数据了。

身份钱包的用例包括 ONTO、Nuggets 和 Polygon ID Wallet。一些身份钱包，如 Fractal，将有效性检查和 KYC 作为其进入流程的一部分，因此用户可以创建一个声明，以提交给有此类要求的应用程序。这种要求在目前的加密钱包中比较少。此外，身份钱包也更有可能支持 W3C 认可的 DID、可验证凭证和 DIDComm 的实现，以及 Web 3 以外的用例。

5. 认证

认证是根据一个或多个因素来确认用户身份的过程。用于认证的因素可以是用户拥有的东西，如数字签名、身份证、安全代币，也可以是用户知道的东西，如密码、PIN、秘密答案等，或者生物识别内容，如指纹、声音、视网膜等。

在去中心化的身份中，用户可以使用他们的钱包认证自己。在后台，钱包使用其存储的密钥生成数字签名，用户作为持有人拥有与该账户相关的私钥的“证明”。对于更丰富内容的交互，如加载用户偏好、配置文件或私人聊天信息，应用程序需要首先确保它是在与账户背后的实际密钥持有人对话。虽然“连接钱包”不提供这种保证，但认证标准可以。认证标准与用户建立了一个会话，并允许应用程序安全地读取和写入他们的数据。Sign-In with Ethereum（SIWE）标准化了一种消息格式，为用户提供基于区块链的账户登录服务。

6. 授权和访问控制

认证过程确认了用户的身份，而授权则决定了一个实体能够访问哪些资源，以及该实体被允许对这些资源做什么。这是两个独立的过程，但在用户体验流程中，这两个过程往往是“携手并进”的。

随着代币化社区的兴起，Web 3 代币门控产品如 Collab.Land、Guild 和 Tokenproof 也随之出现。这些产品的一个主要用途是对会员专用的 Discord 频道做访问控制，并根据角色和声誉进行更细化的访问控制。社区可以根据代币持有量、链上活动或社会经验，以编程方式授予访问权，而不是手动分配访问权。

7. 证明和凭证

证明是指证实一项声明和签名是有效的，它产生于对记录的事件进行独立核查的需要。凭证是声誉的基石，一个或多个凭证可以被用作一个实体的资格、能力或权威的代表。

最直接的例子是不可转让的 NFT 徽章。只有完成了指定链上活动的钱包才可以铸造 NFT 徽章，因为所有的交易历史都在链上，所以 NFT 徽章的铸造从一开始就可以被验证和防篡改。再如贡献证明，允许 DAO 决定什么是有意义的工作，证明过程要求只有 DAO 在使其成员为其铸造 DAO 特定的 NFT 徽章之前“签署”一项主张，才会为其成员颁发 NFT 徽章。

8. 隐私保护

隐私保护其实包含在以上去中心化身份堆栈的所有层级中。ZKP 技术将是下一代身份基础设施的重要组成部分。

将 ZKP 技术应用于有关身份和声誉的声明，可以帮助重构数字身份系统，把控制权和数据保管权交到用户手中。另外，无论是现有的方案还是未来更为完善的方案，它都可以帮助我们连接 Web 2 和 Web 3 身份。

5.4.2 ZK 勋章证明声誉

当提到链上身份、声誉时，我们最常听到的词语就是徽章、成就。Sismo 正是这样一个支持 ZK 勋章的协议。

1. ENS 和以太坊账户

ENS 是一个简单且基础的工具，它允许将任何以太坊账户变成公开的个人资料。使用 ENS，用户可以将名称（如 nathansexer.eth）或化名（如 nethan.sismo.eth）分配给自己的 0x… 1234 以太坊地址，还可以添加与此名称关联的记录（如 X 账户、个人图片）。所有支持 ENS 标准的应用程序都可以读取这些记录。

大部分以太坊用户通常针对不同的场景会使用多个账户，一般用户也会使用 2～3 个以太坊账户，其中一些账户地址用于面向公众的应用程序，另一些账户地址则是私有的。超过 60%的受访者拥有一个或一个以上 ENS，其潜在原因是不想暴露隐私。

2. 工作原理

Sismo 的目标是使个人能够拥有和控制自己的数字身份，并能够选择与其他应用和服务共享特定的身份信息，而无须泄露其敏感数据。

举一个具体的例子。假设铸造一个勋章的条件是持有某个 NFT，而用户有 A、B 两个钱包，其中，A 钱包持有该 NFT，B 钱包是用户临时生成的新钱包。登录 Sismo 平台，连接 A 钱包，用户就可以领取这个勋章。那么这个勋章会领取到哪里呢？用户可以新建一个钱包（如 B 钱包），把这个勋章 Mint 到 B 钱包，那么这个勋章就和 A 完全没有关系了，在对外展示勋章时也不会暴露 A 钱包的地址。而勋章是通过 ZKP 生成的，我们可以验证勋章的真实性。

为什么尽量不要暴露 A 钱包的地址呢？因为一旦 A 钱包的地址被暴露，任何人都可以知道用户的 A 钱包的地址在链上做过的和未来要做的所有事情，用户便没有了隐私，所以用户需要通过这种方式隐藏钱包地址，但同时又能证明用户真的做过某事。

Sismo 的目标是为用户提供更大的数字权利和控制能力，同时保护其个人隐私。Sismo 可应用于各种场景，包括去中心化身份认证、数字资产管理、数据共享和社交网络等。

ZK 勋章协议是 Sismo 的重要组成部分，这里的勋章是一个不可转移的 ERC 1155[1]用例，可以将其理解为一个 SBT。此协议包含了 Group、Attester、Attestation Registry、Badge 4 部分内容，它们的关系如图 5-36 所示。

在 Sismo 中，数据源是用户个人数据的集合，包括 Web 2 和 Web 3 账户、凭证和证明。这些数据源中的数据被视为有价值的数字身份元素，可用于验证用户的特定属性或身份。

Sismo Group 将数据源分类和打包，形成一个特定的群组。群组使用 Merkle 树存储，Merkle 树的根节点将被发送到区块链上，供验证者验证。通过证明自己是群组的成员，用户可以获得 ZK Badge[2]或使用 Sismo Connect[3]应用程序等。

通过 Sismo Group，用户可以根据其拥有的数据源证明自己的成员资格，并将其身份元素安全地共享给应用程序。Sismo Group 的应用有助于建立可信的数字身份和信任生态系统，保护个人隐私，并提供更加灵活和安全的数据共享机制。

---

[1] ERC 1155，以太坊区块链上的多代币标准，允许创建可替代和不可替代的代币。

[2] ZK Badge 通过 ZKP 生成的可验证凭证，来证明用户的身份、属性或资格。

[3] Sismo Connect，一个身份验证和数据共享协议，允许用户与应用程序进行身份验证和数据交换，同时保护隐私。

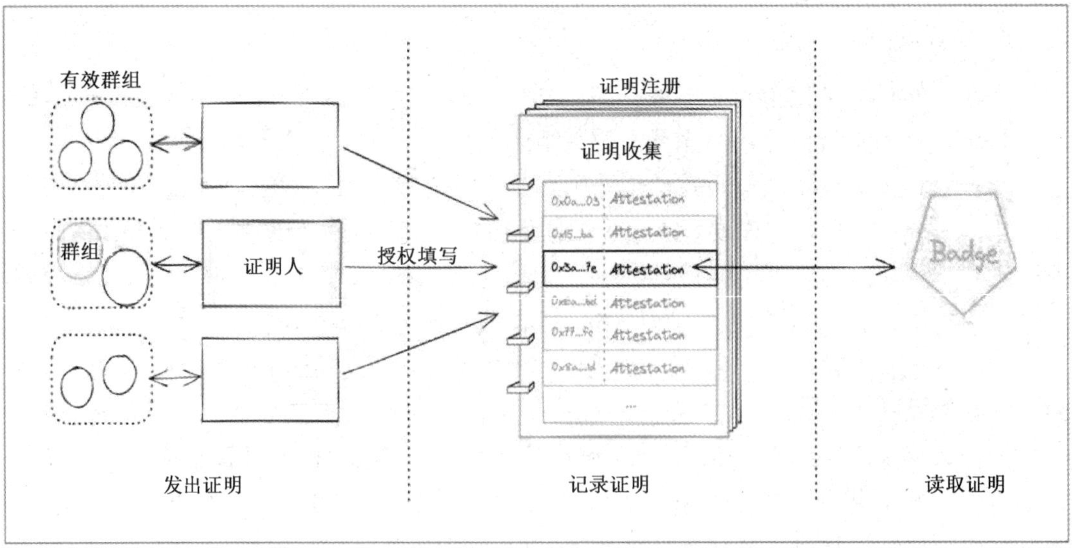

图 5-36 ZK 勋章协议的组成及相互关系

图片来源：Sismo 官方文档。

Sismoy 证明人负责验证用户的身份和数据，并为其生成证明。这些证明可以用于不同的场景，例如，身份验证、访问控制和数据共享。Sismo 证明人支持 ZKP 验证。

Badge 即上文提到的 ZK 勋章。任何人都可以创建 Badge，一个 Badge 可以关联多个群组，或者通过自定义规则来定义能领取的用户标识符集合。Sismo Badge 的目的是提供一个可信、可验证和可复用的方式，让用户能在不同的环境中证明自己的身份和属性。通过使用 Sismo Hub 和区块链技术，徽章的生成和验证过程变得透明、安全和不可篡改，这为用户提供了更可靠和可信的身份认证机制。

5.4.3 ZKDID 预言机

预言机是为区块链提供值得信任的链下数据服务的中间件，是链上链下数据的桥梁。DID 预言机就是集合用户链下数据为链上身份验证和社交图谱服务的协议。

ZKP 可以通过启用 Web 2 和 Web 3 身份的匿名链接来提供服务，其中一个用例是为特定领域的人启用 DAO 成员资格，另一个常见用例是基于借款人的 Web 2 社会地位做无抵押的 Web 3 贷款。

Chainlink 旗下的团队依靠高度优化的多方计算和 ZKP 技术打造了一个去中心化的链上身份基础设施——DECO。DECO 是一种隐私保护预言机协议，通过加密技术让用户向预言机证明有关其 Web（TLS）会话的事实，同时隐藏隐私数据。例如，使用 DECO，用户可以向预言机证实以下内容：

（1）根据身份证系统，用户已经年满 18 岁……这没有透露用户的账户密码或出生日期（甚至名字）。

（2）用户在智能合约中赢得了和另一位用户的赌注……这没有透露赌注是什么。

（3）根据用户的健身追踪网站上的数据，过去一个月该用户每天步行 10000 步……这没有透露用户的任何其他健康或个人数据。

DECO 可以为私有和公共网络数据提供多种应用程序访问，适用于区块链和传统非区块链系统。

1. 工作原理

首先我们需要了解安全传输层（Transport Layer Security，TLS）的背景知识。

TLS 是一个强大且被广泛部署的安全层协议，其前身是安全套接层协议（Secure Sockets Layer，SSL）。建立在 HTTP 协议上的通信都是以纯文本形式进行的，这些通信内容容易被窃听、篡改和冒充。在使用 TLS 后，用户发送到网站的 HTTP 数据和网站发送给用户的 HTTP 数据都被加密，接收者必须用密钥来解密被加密的数据。这也是 Web 2 网站的标准做法。

TLS 的基本思路是采用公钥加密。网站共享的 TLS/SSL 证书包含公钥，私钥安装在源服务器上，并为网站所有。TLS 协议会话可以分为两个环节。第一个环节是认证密钥协商的握手协议（Handshake Protocol），这个环节是明文通信的，通过非对称加密相互确认身份完成彼此的验证，同时确认将使用的加密算法，并生成一致的会话密钥用于记录协议的对称加密算法。第二个环节是对称加密传输的记录协议（Record Protocol），这是协议主体，在这个环节将对数据传输进行保密性和完整性保护。

TLS 不允许用户向第三方证明他所访问的数据确实来自某个特定的网站，因为数据传输使用的是对称加密算法，用户和服务器无法对数据签名。直观的例子是，很多网站服务器内都存有用户的身份信息，可以轻松验证用户是否已经超过 18 岁，但用户很难向第三方证明这一点。

DECO 在 HTTPS/TLS 协议的基础上进行了扩展，该扩展包含证明者、验证者和 TLS 服务器 3 个部分。在 TLS 协议中，客户端在每轮新的会话中会发起秘密挑战，以验证服务器的真实性。TLS 是交互式协议，因此验证者需要参与协议执行才能验证数据的真实性。验证者会作为证明者和服务器之间的代理，记录在 TLS 协议中传输的字节。在之后证明数据真实性的环节，这些字节就是证明者和验证者所知的"事实"。这里需要注意的是，TLS 协议可以确保数据无法被"偷听"，也就是说，验证者无法监测到具体的数据。服务器完全不知道自己参与了 DECO 协议。这就需要在执行时不对 TLS 协议做任何修改，而 DECO 则需要严格按照 TLS 协议的每一步来执行。证明者会生成 TLS 会话密钥，再用这个密钥来解密 TLS 密文。

当证明者从 Web Server 查询信息时，验证者见证了交互过程，并收到由证明者就 TLS 会话数据创建的一个承诺，由此验证者就能验证信息的真实来源。如果数据中不包含隐私，证明者可以直接向验证者提供可以解密数据的密钥；如果数据中包含隐私，证明者利用 ZKP 生成不泄露数据的证明。如图 5-37 所示为 DECO 的验证过程。

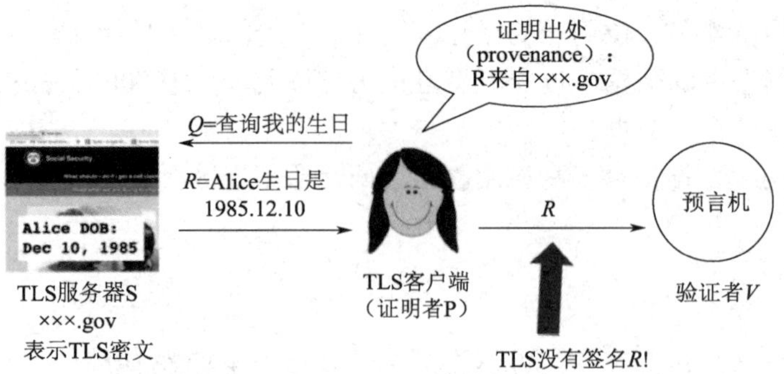

- P承诺数据D并向V证明D来自S。陈述π_D可以是"D=y/m/d is Alice′ s date of birth and thecurrent data D is at least 18 years."
- DECO实现了真实性：只有当关于D的断言陈述是真实的并且D确实是从网站S获得时，V才会被说服。
- DECO提供了隐私性：因为V只知道声明π_D对从S获得的D成立。

图 5-37 DECO 的验证过程

2. 隐私的实现

DECO 协议由 3 个环节组成。

（1）三方握手。证明者、验证者和服务器建立特殊格式的会话密钥，保证数据不可伪造。

（2）查询执行。证明者使用带有私有参数θ_s（如账号密码，API Key）的 Query，向服务器申请查询数据。

（3）证明生成。证明者证明其响应满足所需条件。DECO 协议的 3 个组成环节如图 5-38 所示。

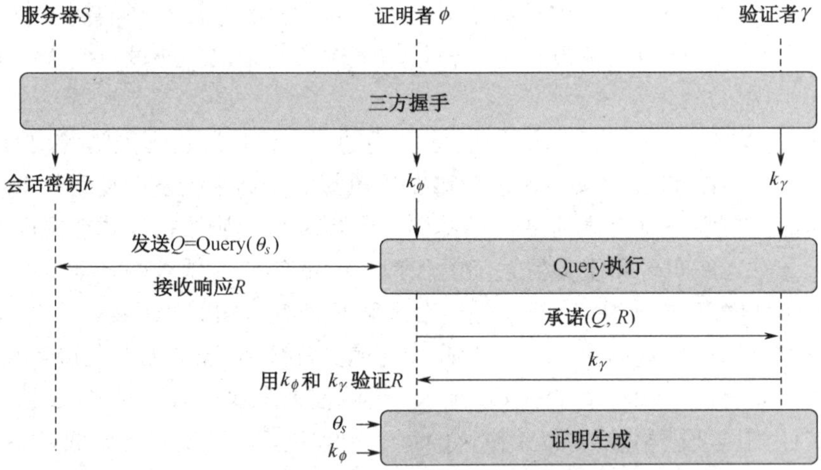

图 5-38 DECO 协议的 3 个组成环节

三方握手的思想是将证明者和验证者共同作为 TLS 客户端，与 TLS 服务器S建立一个共享 MAC 密钥k。MAC 密钥k在客户端侧被切分，证明者持有k_p，验证者持有k_v。同时，证明者还持有用于对称加密算法的加密密钥k^{Enc}。如果验证者不作恶，那么三方握手协议就能确保数据是不可伪造的。

在握手之后，由于 MAC 密钥是秘密共享的，证明者和验证者执行一个交互协议（两方安全计算），并使用私有参数 θ_s 来构建一个加密查询的 TLS 消息 Query Q。然后，证明者作为一个标准的 TLS 客户端将 Q 发送给服务器，这个过程只有证明者与服务器通信，其发送的任何查询都不会泄露给验证者。

在从服务器收到响应 R 后，证明者通过向验证者发送密文 Rk^{Enc} 承诺会话，并收到证明者的 k_v，验证响应 R 的真实性。

接下来，证明者需要证明密文 Rk^{Enc} 对应的明文 R 满足某些属性，如果不包含隐私，则可以直接揭示加密密钥 k^{Enc}，在需要保护隐私的情况下，应使用零知识证明。DECO 零知识证明底层的承诺机制采用加法同态加密算法，用 LibSNARK 框架生成证明。DECO 协议的证明验证过程如图 5-39 所示。

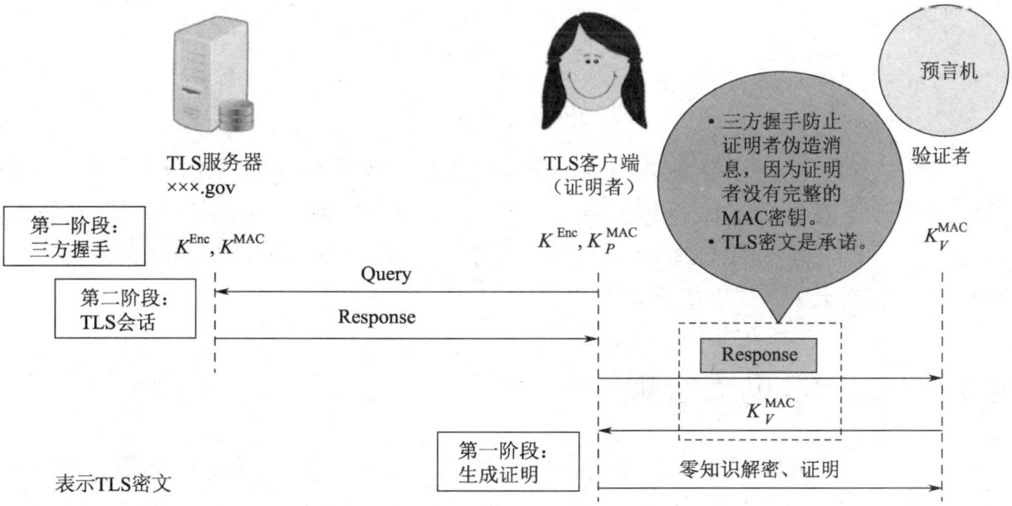

图 5-39　DECO 协议的证明验证过程

3. 实际用例

ZKDID 可以验证用户链下身份信息的有效性，同时还能保障数据的隐私性，从而“解锁”诸多 Web 3 的应用场景。

（1）信用借贷/资金证明。Teller 是一个 DeFi 信用借贷协议，使用 DECO 协议可以证明用户在链下银行账户中的资产余额超过了贷款所要求的动态最低门槛。Teller 的证明验证过程如图 5-40 所示。

（2）将传统凭证转换为匿名凭证。一些厂商通过 OAuth 令牌提供对第三方 API 的访问，但此类令牌会显示用户 ID。DECO 允许现有系统中持有凭证的用户匿名向第三方（验证者）证明有关他们的陈述，将任何基于 Web 的传统凭证转换为匿名凭证。例如，学生使用存储在网站上的凭证证明年龄超过 18 岁，学生可以将此年龄证明提供给任何第三方。

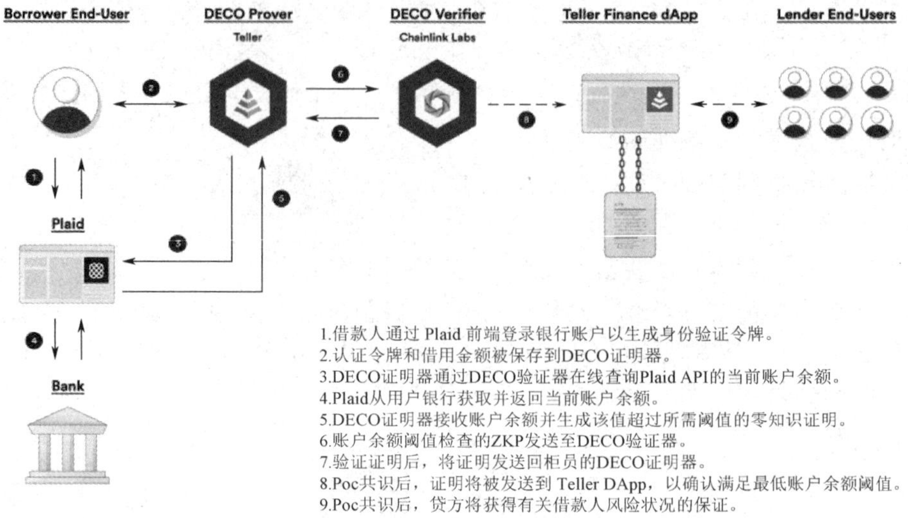

图 5-40　Teller 的证明验证过程

（3）数字身份/社交身份证明。PhotoChromic 是一个数字身份解决方案，使用 DECO 将 Web 3 用户与其 X 或 Discord 社交账户绑定，并在该过程中不暴露个人身份数据，让应用过滤出真实的用户。DECO 还可以将已经拥有成熟身份验证机制的机构网站（银行、社交媒体）充当社交恢复中的一个“守护人”。

5.4.4　ZK-KYC 助力合规

在 Web 2 传统机构向 Web 3 过渡的过程中，合规是一个重要问题。在传统机构的运作中，KYC[1]是其安全、顺利地进入加密领域的必经之路，通过 KYC 的机构和个人可以在这个新兴领域释放流动性。

长久以来，KYC 领域的项目一直在“用户隐私”和“用户认证”两难中寻找平衡。ZK-KYC 是指通过零知识证明实现 KYC。随着 ZKP 技术的成熟度提升、普适性增强，ZK-KYC 这一零知识细分领域正受到越来越多的关注。

基于监管透明的目的，DeFi 中的 ZK-KYC 不要求与 DeFi 协议共享任何个人身份信息。ZK-KYC 通过 DID 及 ZKP，引入 KYC 发行方和去中心化预言机网络，并将其作为关键组件。KYC 发行方在不接触用户数字资产钱包信息或 DeFi 活动的情况下验证个人身份；而 DeFi 协议在不知道用户身份的情况下与用户数字钱包交互。在某些情况下，仅指定的治理实体，如政府机构，才能触及受怀疑的用户身份。

[1] KYC，Know Your Custom，了解你的客户，目标是在洗钱和金融恐怖主义等可疑行为发生之前将其识别出来。

1. ZK-KYC 在 DeFi 环境中的概念架构

“ZK-KYC 和 ZK 认证过程”（*ZK-KYC and ZK Authentication Process*）一文中对 ZK-KYC 进行了更准确的定义：在不知道客户任何直接信息的情况下做出对该客户的认证判断过程，也就是零知识了解你的客户（Zero Knowledge-Know Your Customer）。

ZK-KYC 最终要实现在保护个人隐私的前提下满足监管需要，同时为 DeFi 协议运营营造合规环境。例如，用户利用自己的信息在链下用自己的设备以零知识的方式生成 ZKP，随后通过验证器即可验证是否为白名单用户。随后，某 DeFi 协议与 KYC 发行方或服务商合作，以用户出示的 ZKP 证明其符合监管，并允许用户使用该协议。这种方式也容易被 Web 2 机构接受。

图 5-41 展示了在 DeFi 应用中实施 ZK-KYC 方案的架构，图中将 ZK-KYC 生态系统模型与 DeFi 应用解决方案做了结合。

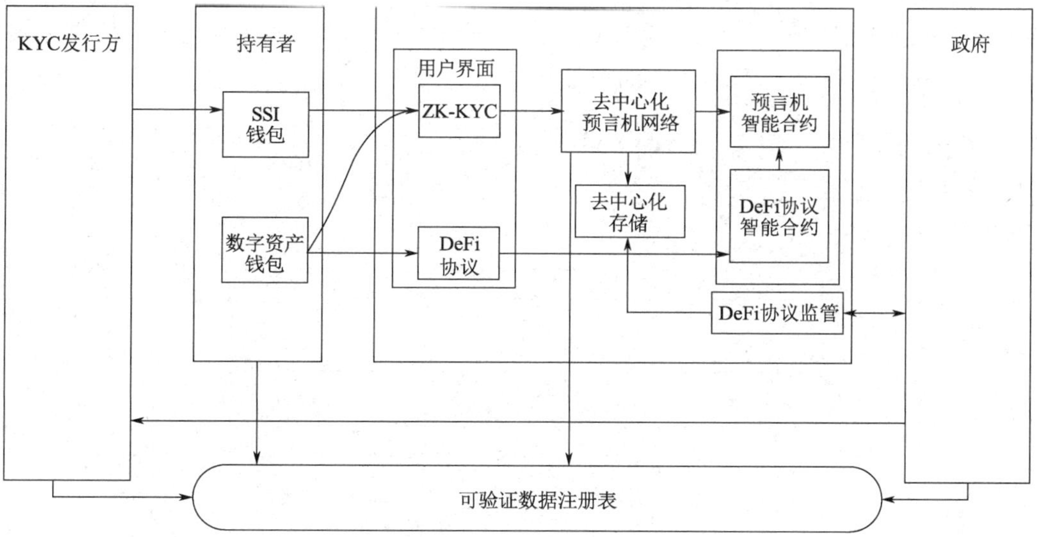

图 5-41　在 DeFi 应用中实施的 ZK-KYC 方案的架构

SSI 钱包持有者将 KYC 发行者签发的可证明凭证存储在 SSI 钱包中。根据该凭证，SSI 钱包可以生成验证者要求的资格证明，以及 ZK-KYC 令牌和相关的有效性证明。

与持有者数字资产相关的私钥存储在其数字资产钱包中。这些私钥让持有者能够控制和转移链上的数字资产，或证明他确实控制了与私钥相关的特定钱包地址。数字资产钱包还可以存储支持持有者链上声誉的凭证（如 NFT）。

用户界面是一个相当抽象的组件，它代表持有者及其钱包与验证器交互。在功能上，该组件代表了 ZK-KYC 交互的用户界面和 DeFi 协议交互的用户界面：

（1）ZK-KYC 交互的用户界面是持有者的 SSI 和数字资产钱包与 DON 进行 ZK-KYC 互动的网站或应用程序。或者说，ZK-KYC 交互的用户界面也可以作为开发者 SDK 的 API 或直接在钱包中实现。

（2）DeFi 协议交互的用户界面是持有者的数字资产钱包与区块链上的 DeFi 协议智能合约互动的网站或应用程序，它可以专门访问 DeFi 协议，也可以作为聚合服务。它还可以在如 Remix 的开发平台或如 Etherscan 等区块资源管理器中实现，以直接与链上智能合约交互。DeFi 协议交互的用户界面也可以通过持有者开发和部署的智能合约来实现。

DON 的主要职责是为持有者和 DeFi 协议提供可靠、可信的通信桥梁，以实现 ZK-KYC。它充当了 DeFi 协议的验证代理，允许进行无信任的 KYC 验证。根据 DeFi 协议特定的配置文件和当前的使用情况，DON 与持有者的 SSI 钱包交互，并发出验证请求或提交 ZK-KYC 特定的数据元素，包括资格证明、ZK-KYC 数据包等。

2. ZK-KYC 工作原理

ZK-KYC 扩展了自我主权身份模型，基于可验证凭证（VC）和 DID 实现，其主要改进在于个人，也就是持有者，无须向与之建立关系的每个企业（验证者）提供个人身份信息。图 5-42 展示了 ZK-KYC 的设计流程。

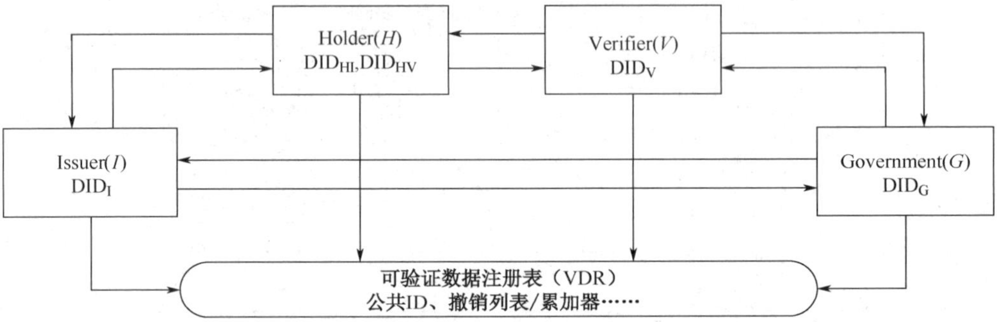

图 5-42　ZK-KYC 的设计流程

可信的颁发者向持有者颁发可验证凭证。可验证凭证提供了一种以数字方式表达传统凭证的机制，具有加密安全、尊重隐私和机器可验证的特点。颁发者用与 DID 相关的密钥对可验证凭证进行加密签名。使用与颁发者 DID 相关的公开密钥，任何人都可以轻松验证颁发者签发的可验证凭证的完整性和真实性。如果持有者是个人，他们通常会为自己每种不同的关系生成独一无二的 DID，这有助于加强他们的隐私保护，因为只有他们自己才知道所有 DID 之间的联系并控制它们。在图 5-42 中，我们可以看到持有者与颁发者的关系为 DID_{HI}，与验证者的关系为 DID_{HV}。在 ZK-KYC 中，持有者不会向验证者出示发给他们的可验证凭证，因为这会泄露个人身份信息。相反，持有者使用其数字身份钱包中的可验证凭证生成并向验证者出示以下 3 种对象：

（1）资格证明。资格证明是一种零知识证明，证明持有者符合验证者规定的（业务）标准，能够提供对所请求服务的访问。这些证明利用了可验证凭证中的信息及其签名，但不披露实际信息。例如，证明持有者超过最低年龄、是国内居民、不在制裁名单上、不是政治公众人物等。

（2）ZK-KYC 令牌。ZK-KYC 令牌是一种加密数据对象，包含去中心化标识符，让持有者的身份只能被透露给政府相关角色。具体来说，它是一种用政府公钥加密的数据对象，数据对象包含 DID_I、DID_{HI}、DID_V 和 DID_{HV}。DID_V 和 DID_{HV} 令牌对验证者而言是唯一和特定的，因此对其他人没有价值。

（3）有效性证明。有效性证明也是一种零知识证明，证明所提交的 ZK-KYC 令牌包含正确的信息，但不透露信息的内容，并用政府公钥加密。鉴于验证者无法读取 ZK-KYC 令牌的内容，他们需要证明其中包含正确的信息，以防有人插入虚假信息。

验证器拥有分散式标识符（DID_{HV}）、加密证明（资格证明和有效性证明）和加密数据对象（ZK-KYC 令牌），但没有关于用户/客户的任何个人身份信息。如有需要（如法律指控、监管报告），验证者可向政府出示 DID_{HV} 和 ZK-KYC 令牌。只有政府才能读取令牌，以确定用于生成令牌的证书的原始颁发者（DID_I）。对令牌的读取访问还将显示该颁发者的持有者标识符（DID_{HI}），从而让该颁发者能够向政府提供与该持有者标识符相关的个人信息，以便进行调查或采取法律行动。

将持有者身份的解析工作分配给政府角色而不是验证者，是为了确保这是一个受信任的机构，并有指定的管理权限。在这个过程中，颁发者将承担监督责任，并维护隐私性，监督责任的结构透明性要求颁发者不会了解持有者在哪些验证器上出示了其颁发的凭证。为了提高透明度，在必要时可以披露不良行为者的身份，但出于隐私保护的考虑，不可能对用户进行大规模监控。只有在相关验证者和颁发者合作的情况下，政府才能披露不良行为者的身份。

3. ZK 认证核心 ZKPU

使用 ZK 认证技术完成对客户、资产、事件等要素认证的过程，被称为 ZK 认证过程（Zero Knowledge Authentication Process，ZKAP）。在 ZK 认证过程中，最重要的是找到对应问题的零知识处理器单元（Zero Knowledge Processing Unit，ZKPU），以证明其认证问题的有效性，并且保证不会对外泄露或被攻破以获取实际数据。ZKPU 需要同时满足上述两个条件，并且以多点认证的方式进行确认。每个 ZKPU 需要掌握足够的基础信息和数据，再通过算法与加密处理掌握信息的整体结构，并在不披露任何信息数据端内容的情况下，向提问者或输入的问题给出相应的答案或输出计算结果。

实现 ZK 认证过程的 ZKPU 面对的情况是多样和复杂的，其中可能要用到的技术包括但不限于边缘计算、区块链协议、ZK 认证算法、加密算法、AI 算法、异步计算、数据清洗与标签化、图像识别与自然语言理解（Natural Language Understanding，NLU），以及各类硬件传感技术。根据需要认证的人、事、物的不同，ZKPU 将以不同的方式实现 ZK 认证过程。ZKPU 的形态也是多样的，例如，是服务器中的算法函数、封装完成的芯片或可编译的 FPGA、区块链上的节点、网络次终端或以基站服务器为单元的边缘侧计算力，甚至是与线下规则结合的预言机等。

ZK-KYC 其实只是 ZK 认证过程在对客户认证上的一种特殊实现。人的各类生物特征，例如，人脸、指纹、声纹、虹膜、笔迹，甚至血液和 DNA 等与人直接相关的信息，在不久的将来都有可能直接成为私钥，作为 ZKPU 的输入信息，而基础生物特征私钥通过 ZKPU 处理后就变成了对外公开的公钥，可以作为 DID 或 CID（Centralized ID，中心化身份）的基础身份认证信息，由此解决保护用户隐私和完成用户认证的两难选择问题。

此外，ZK-KYC 对用户的认证，还可以直接附带用户的历史行为信息、资产信息与信用信息，在一套标准协议的约定下，ZKPU 通过对各类信息的处理和与标准协议的核对，丰富了用户基于基础公钥的数据维度，以 ZK-KYC 认证的方式实现了在用户 DID 或 CID 的基础身份上定义和认证输出其关联资产增信与信用核实等工作。

5.5 博弈中的隐私支付

工商业具有强大的用户隐私保护需求，隐私保护也是保障用户安全的必要条件。加密货币协议从一开始就把隐私保护作为其发展的重点。同时，面对各个国家不断升级的监管措施和行业自律要求，隐私保护怎么做以及做到什么程度，就成了一个值得讨论的问题。

因为面对的需求和使用场景不同，如隐私支付、隐私交易和隐私通用计算，加密行业选用的隐私保护实现方案也有不少差异，最主要的有以下 6 类。

（1）混币（CoinJoin）/混币器（Mixer）。混币/混币器主要用于隐匿支付，其主要做法是创建多笔相同的输入和输出代币转账来达到隐匿支付的目的。该方案可以在一定程度上实现隐匿支付，但如果真想对地址进行分析并实现对支付的控制，那么控制全部输出的取款地址即可。为了解决上述方案存在的问题，达世币（DASH）提出了隐私支付层的概念，让隐私支付层参与存款地址的混合，并减少与存取地址的关联。龙卷风（Tornado）则结合了 ZKP 切断了存取地址的关联。

（2）环签名。多个地址组成环，环内某个地址的签名可以不依赖其他地址触发环签名，以实现环内地址签名的隐私性。门罗币最早实现了该方案。

（3）同态加密。同态加密直接对密文进行计算并输出结果。同态加密属于前沿技术，和 ZKP 类似，但是对密文操作的开销非常大。现在在这个方向探索的有 PolychainCapital 和 Sunscreen 等项目。

（4）安全多方计算（SMPC）。在没有可信第三方参与的前提下，SMPC 可让多个参与方在不泄露各自隐私信息的情况下安全地进行任务协同。该技术目前已经是业内比较成熟的技术了。

（5）可信执行环境（TEE）。TEE 类似于一个黑盒子，将输入传入 TEE，然后 TEE 计算出结果后加密输出。现在使用该项技术的项目主要是 Oasis 和 Secret Network。

（6）零知识证明（ZKP）。利用 ZKP 可以实现隐私支付和隐私通用计算。隐私支付领域的 IronFish 项目以 PoW 为底层共识机制，采用 Groth16 的 Sapling 协议，隐匿交易信息。除了私钥的所有者，其他任何人都无法查看支付细节。这个领域比较有名的项目有 Aleo、Aztec 和 Espresso。

在隐私技术不断发展的同时，隐私币正在经历“监管风暴”和“伪需求”的质疑。在此背景下，智能合约隐私、Web3 堆栈等其他重要的隐私性基础设施项目却获得了更多关注，如 Orchid 正在构建的 Tor[1]版本，BOLT 正在构建的私人支付渠道，NuCypher 正在构建的加密去中心化密钥管理系统。图 5-43 给出了当前 Web 3 隐私赛道生态全景图。

图 5-43　Web 3 隐私赛道生态全景图

5.5.1　隐私币

截至 2023 年 4 月，市值排名在前三位的隐私币是 Monero (XMR)、ZCash (ZEC) 和 Dash (DASH)。每种币的隐私保护方法各不相同，Monero 使用隐形地址、环签名和 ringCT，是“唯一默认每个用户都是匿名”的加密货币；Dash 作为比特币的分支，现在使用类似 CoinJoin 的编码隐私发送功能；ZCash 使用 ZKP 技术。其他主流的加密货币，如莱特币（LTC），已经实施以隐私为中心的升级。表 5-7 是截至 2023 年 4 月市值排名在前 10 位的隐私币项目。

[1] Tor 是洋葱路由器的缩写，是一种用于实现匿名通信的免费开源软件。

表 5-7　市值排名在前 10 位的隐私币项目

项目名称	代币	市值（美元）
Monero	XMR	2.9 亿
ZCash	ZEC	2.9 亿
Dash	DASH	2.9 亿
Oasis	ROSE	2.9 亿
Network	DCR	7000 万
Decred	MOB	6700 万
MobileCoin	BDX	4600 万
Beldex	ZEN	3200 万
Horizon	RLC	2700 万
Beldex	KEEP	2300 万

以 ZCash 为例，下面简要介绍隐私币的技术原理。

1. 工作原理

ZCash 在交易的整体模式上，参考了 BTC 的 UTXO 模型，拥有交易输入和交易输出的概念。在 ZCash 中，交易原始的输入和输出结构体被形象地表达为代码中的 note 结构体。

一个完整的 note 包含以下变量：

- 持有者的公钥 a_pk，又称收款人地址。
- 面额 value，简称 v，代表这笔 note 的代币数值。
- 随机数 rho，是每条 note 的唯一标识，当一条 note 被消费之后，这个值会被放置到 nullifier 表中，代表这条 note 已经被消费了，当再次消费同一条 note 的时候，会触发“双花”错误，即交易双花防护机制。
- 随机数 r 。

在 ZCash 中，存在两种表格，分别是 commitment 和 nullifier。表格的大致结构如表 5-8 所示。

表 5-8　ZCash 中的 commitment 和 nullifier

commitment（Hashed notes）	nullifier set
H_1=Hash($note_1$)	nf_1=Hash(r_2)
H_2=Hash($note_2$)	—
H_3=Hash($note_3$)	—

commitment 列存储的是所有的 note 经过不可逆哈希函数后生成的哈希值；nullifier 列存储的是已经被消费的 note 中的随机数 r 生成的哈希值。r 就是 note 结构中的 r 。

在表 5-8 右侧一列我们可以看到，r_2 对应的 $note_2$ 的 nf_1 已经被记录到了 nullifier set

列中，这个 nf_1 就是结构体中的 rho。被记录到了这里，代表着 $note_2$ 不再是 UTXO，它已经被消费了。

一条被消费的输出（output）会导致一条新产生的交易输入（input）。表 5-8 中，$note_2$ 作为被消费了的输出，$note_3$ 应该是它所产生的交易的输入。此时 $note_3$ 还没被消费，因为它的 nf_3 还没被记录到 nullifier 列。对 $note_3$ 来说，$note_2$ 是 $note_3$ 的输入。$note_3$ 作为一条新的交易输入，还没输出给其他的 note。

ZCash 交易的整体流程可以简要概括为 3 个步骤：①交易者发起交易；②交易者生成 ZK-Proof 和签名，验证者验证；③接收者接收交易。

在 ZCash 使用的 Sapling 协议中，交易由 Spend Transfer 和 Output Transfer 组成，分别对应隐匿的输入和隐匿的输出。Sapling 中的交易结构如表 5-9 所示。

表 5-9　Sapling 中的交易结构

Transation Data——Sapling		
Description	Transation formate	Bytes
the Num of Spend Dec	nShieldSpend	Compactsize uint
Spend Description	vShieldSpend	384×*n* ShiledSpend
the Num of Output Dec	nShieldOutput	Compactsize uint
Output Description	vShieldOutput	948×*n* ShieldOutput
Spend Minus Output	valueBalance	8
Signature for Tx	bindingSig	64

下面重点介绍 vShieldSpend、vShieldOutput、valueBlance、bindingSig 4 个字段表示的内容。

1）vShieldSpend

一个 vShiledSpend 对应着一个 Spend Description，一个可靠的 Spend Description 表示一个 note 的有效消费，它包含的内容如表 5-10 所示。

表 5-10　Sapling 中的 vShieldSpend 数据表示

vShieldSpend Data—Sapling		
Commit to Inputnote *V*	cv	Char[32]
Root of Merkle Tree	anchor	Char[32]
nf of Inputnote	nullifier	Char[32]
rpk Used to Verify spendAuthSig	rk	Char[32]
spendDes proof	ZK-Proof	Char[192]
Spend Authorizing Signature	spendAuthSig	Char[64]

cv：对 Inputnote 的值的承诺。所谓承诺，就是对值的一种隐藏，这种隐藏是单向、不可逆的，也不可伪造。

anchor：cm Merkle 树的根，用于验证 Inputnote 的存在及其有效性。

nullifier：note 的唯一性标识，用来防止同一 note 被重复消费。

rk：用于验证消费授权签名。

ZK-Proof：零知识证明，在不透露隐私的情况下，证明 note 的有效性、消费 note 的权力、隐私地址的有效性。

spendAuthSig：用私钥对 spendDescription 签名，对 note 的消费进行授权。

2）vShieldOutput

一个 vShiledOutput 对应一个 OutputDescription，一个可靠的 OutputDescription 表示产生的新 note 的有效性，它包含的内容如表 5-11 所示。

表 5-11　Sapling 中的 vShiledOutput 数据表示

vShieldOutput Data—Sapling		
Commit to Outputnote *V*	cv	Char[32]
U Cordinate of cm	cmu	Char[32]
Ephemeral Pub Key	ephemeralKey	Char[32]
Encrypted Ciphertext	encCiphertext	Char[580]
Out Ciphertext	outCiphertext	Char[80]
outDes Proof	ZK-Proof	Char[192]

cv：对 Outputnote 的值的承诺，亦满足单向性、不可伪造性。

cmu：对 Outputnote 的承诺，承诺的数学形式是曲线上的一个点(u,v)，cmu 为点的u坐标。

ephemeralKey：临时公钥，为了生成对称密钥。

encCiphertext：noteplaint 的密文，noteplaint 是 note 的具体内容。

outCiphertext：用来计算共享密钥的密文，可用来恢复 noteplaint 信息。

ZK-Proof：零知识证明，在不透露任何隐私的情况下，证明新生成 note 的有效性。

3）valueBlance

表示此 Transparent Value Pool 的变化量，由 Spend Transfer 的总和减去 Output Transferd 的总和得出。当 valueBalance 为正数时，表示从 Sapling Value Pool 转移 valueBalance 至 Transparent Value Pool；如果为负数，则执行相反的操作。valueBalance 在 bindingSig 中用于验证交易的 Balance 属性。

4）bindingSig

在 Sapling 中，bindingSig 发挥两个作用。第一，保证交易的 Balance 属性；第二，利用计算输入和输出 note cv 的随机数生成签名私钥，防止 OutputDescription 被攻击者利用，进行重放攻击。

2. spend ZK-Proof

spend ZK-Proof 可在不暴露任何隐私信息的情况下，证明交易发送者有权消费一些

note，并且这些 note 都是有效的。输入分为两个部分，一部分是 Primary Input，另一部分是 Auxiliary Input。Primary Input 是公开的输入信息，Auxiliary Input 是隐私的输入信息，只有交易发送者知道。图 5-44 是 spend ZK-Proof 的输入和证明表示。

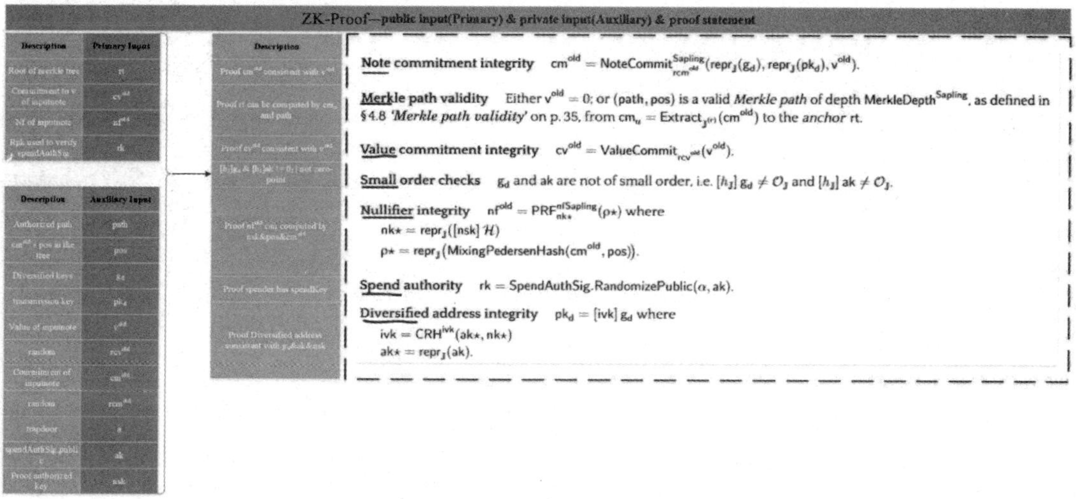

图 5-44　spend ZK-Proof 的输入和证明表示

由图 5-44，spend ZK-Proof 共证明了以下几点：

（1）Note Commitment Integrity。Inputnode 的承诺完整性，证明 cm 确实是根据 v、rcm、gd、pkd 计算出来的。

（2）Merkle Path Validity。Merkle 树验证路径有效性，证明 cm 是存在于 Merkle 树上的，是一个有效 cm。

（3）Value Commitment Integruty。Inputnote v 的承诺完整性，证明 cv 确实是根据 rcv、v 计算出来的。

（4）Small Order Checks。证明私有参数 gd 和 ak 是合法的。

（5）Nullifier Integrity。note 的唯一标识，证明 nf 确实是根据 nsk、cm、pos 计算出来的。

（6）Spend Authority。note 的消费权，证明拥有消费 note 所需的私有参数。

（7）Diversified Address Integrity。一次性地址的计算完整性。

若以上计算结果均能被证实，则说明交易发送者有权消费对应的 note，因为满足条件（4）（6）（7），其消费的 note 也是有效的，因为条件（1）（2）（3）（5）成立。

3. output ZK-Proof

output ZK-Proof 主要实现了在不暴露任何隐私信息的情况下，让验证者相信交易发送者产生的新 note 是有效的。输入仍分为两个部分，一个是 Primary Input，另一个是 Auxiliary Input。Primary Input 是公开的输入信息，Auxiliary Input 是隐私的输入信息，只有交易发送者知道。如图 5-45 所示为 output ZK-Proof 的输入和证明表示。

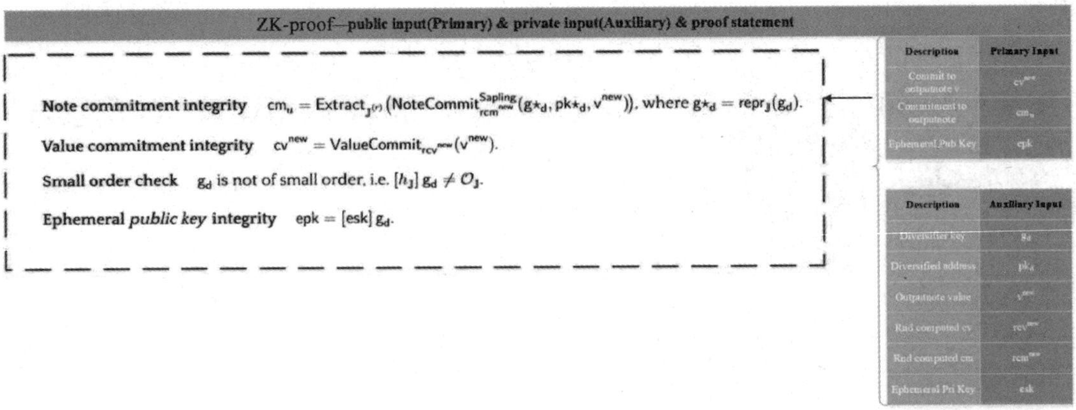

图 5-45　output ZK-Proof 的输入和证明表示

由图 5-45 可以看出，output ZK-Proof 证明了以下几点：

（1）note Commitment Integrity。Outputnode 的承诺完整性，证明 cm 确实是根据 v、rcm、gd、pkd 计算出来的。

（2）Value Commitment Integruty。Inputnote v 的承诺完整性，证明 cv 确实是根据 rcv、v 计算出来的。

（3）Small Order Checks。证明私有参数 gd 是合法的。

（4）Ephemeral Public Key Integrity。临时公钥的计算完整性。

若以上条件均满足，说明交易发送者产生的新 note 是有效的，因为条件（1）（2）（3）均成立；条件（4）成立则可以保证交易接收者根据自己的 ivk 密钥和 epk 去解析加密后的 np，并保存到本地的集合中。

4. Receive Transation

交易接收者可以使用自己的私钥对获取的数据解密，进而获取里面的随机数 rho，将接收到的 note 添加至本地的 Receive set。

在整个过程中，每笔交易的验证公钥都是一次性临时公钥，因此不知道谁是交易发起者，交易结构中不存在交易接收者的地址信息，用交易接收者的隐私地址生成对称密钥，交易接收者接收交易。为了防止交易发起者串通作恶，同一交易接收者暴露给不同交易发起者的地址也是不同的。

5.5.2　隐私交易网络

Iron Fish 是基于零知识证明的 Layer 1，它的目标是成为加密货币的通用隐私层，做区块链真正的 SSL 层。每笔 Iron Fish 交易都是加密的，隐藏了付款人、收款人或交易金额的用户敏感信息。每个 Iron Fish 钱包都有私钥、公钥及查看密钥的功能。钱包的创建者可以选择分享该查看密钥并显示交易历史。

与其他以隐私保护为重点的代币相比，Iron Fish 可以被审计。在审计时提供仅供查看的访问，隐私保护默认启用，但授权方仍然可以查看钱包的相关信息。

为了实现这个目标，Iron Fish 使用了 PoW 共识机制和 Sapling 协议，并且 Iron Fish 未来网络层将支持 Web RTC 与 Web Sockets，这意味着可以在浏览器中直接运行完整个 Iron Fish 节点。在账户的创建方面，所有 Iron Fish 交易也都是被加密保护的。

1. 交易结构与生成

Iron Fish 交易由以下几个部分构成：

- 交易费。任何成功将此交易包含在区块中的矿工将收到的费用（以明文形式）。
- 消费。支出描述列表，描述的是在交易中用完的金额。
- 输出。输出描述列表，描述的是交易产生的新的金额。
- 绑定签名。一个绑定签名，既对交易签名，又用于验证交易是否平衡。这意味着不会凭空销毁或创造代币，而且实际上支出描述中的所有资金减去输出描述中的资金等于交易费。这里签名的消息是交易哈希值。

在支出描述中使用的 note 将来不能再次使用，因为在使用它时必须显示唯一的 nullifier，如果该 nullifier 在过去被使用过，后续尝试使用的话将被验证者（如矿工）拒绝。

例如，如果 Alice 有一张 5 枚硬币的有价票据，并且想向 Bob 发送 4 枚硬币，那么交易将如图 5-46 所示，将有一个针对她正在消费的代币的消费描述，有两个输出描述，一个是描述给了 Bob 4 枚硬币，另一个是 Alice 的 1 枚硬币找零。

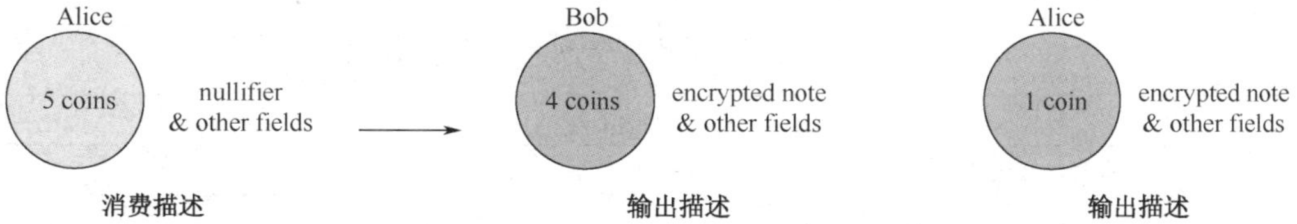

图 5-46　有 5 枚硬币的 Alice 向 Bob 发送 4 枚硬币的过程

为了保护隐私，消费描述使用 Sapling 协议花费了 1 张代币，但不会透露哪张代币被花费了。输出描述类似地创建一个加密笔记，并用 ZKP 来证明新创建的笔记是被正确创建的。

消费描述通过使用 ZKP 来证明以下内容：

- 它正在尝试消费消费者可以解密的 note。
- 该注释存在于 Merkle 树中。
- 该 note 的价值承诺（cv）是使用该 note 的真实价值构建的。
- 签名映射到消费者的授权密钥。

消费描述的结构如表 5-12 所示。

表 5-12 消费描述的结构

cv	所消费票据的价值承诺
rt	根锚点——用于生成证明的 Merkle notes 树的根
nf	无效的 note
rk	授权密钥（ak）的随机公钥
sig	交易哈希签名
proof	需要隐藏的私有数据的 ZK-SNARK 证明

输出描述是交易产生的新 note。它生成的 note 经过加密，只有持有查看密钥的接收者和发送者才能解密。它还包含一个 ZKP，用于验证新创建的 note 是否已被正确创建且具有正确的值。输出描述的结构包含的字段如表 5-13 所示。

表 5-13 输出描述的结构包含的字段

cv	承诺的价值
cm	承诺的 note
epk	临时公钥
C｛enc｝	对 note 的明文加密
C｛out｝	加密的 blob，允许查看密钥的持有者解密 *C*｛Enc｝的解密密钥
proof	零知识证明

输出描述证明比消费描述证明更简单，输出描述证明中用于创建证明的私有参数如表 5-14 所示。

表 5-14 输出描述证明中用于创建证明的私有参数

g_d	接收方的公共参数
pk_d	接收方的公开地址
v	价值
rcv	价值的随机性
rcm	承诺的 note 的随机性
esk	临时私钥——由发送方选择的随机数

在验证方面，验证器必须执行一系列检查来验证交易，包括根据支出描述中的公共参数验证所有 ZKP；检查交易余额；检查支出描述中的每个签名是否有交易哈希签名；检查根锚点所有支出交易在验证者的 Merkle 树上的 Merkle 树根之后都是有效的。

2. 证明生成与验证

证明生成与验证的全过程较为复杂，此处不再赘述。

5.5.3 隐私智能合约

智能合约是存储在链上并在链上运行的程序，当条件被触发时智能合约会自动运行，以便所有参与者可以立即确定结果。从理论上，智能合约是帮助各个行业实现效率、去信任、透明和安全的可行途径，但是在实践中，它并没有达到理想的状态。造成这一问题的主要原因是存在链上隐私泄露问题。公有链上的智能合约对所有节点公开，一般没有传统的加密、审计和访问权限限制，所有交易数据对所有接入节点公开透明，缺乏隐私保护，同时还会带来进一步的安全问题。

智能合约隐私主要包括合约代码隐私和合约数据隐私。在基于公有链平台的运行机制中，智能合约的代码和状态变量都被公开在整个网络中，如何在合约代码执行过程中将函数的调用、参数的传递及其状态变量的变化等信息不以明文形式公开，是保护智能合约代码隐私面临的一大挑战。

Railgun 是一个基于以太坊的隐私智能合约系统，它可以为以太坊上的任何交易或智能合约交互提供 ZK-SNARK 隐私支持，允许用户在不公开任何资产、金额或身份信息的情况下，发送或接收交易，或与智能合约交互。

该协议可以直接在以太坊网络上与目前大部分 DeFi 协议交互，如交易和借贷，而不需要借助侧链、Layer 2 或其他区块链网络。它可以让用户与其他用户私下交换代币，而不会在链上留下任何痕迹。如果要保证交易的透明性，如接受审计，Railgun 支持生成可验证的证明。所以，它的目标不是剥夺可验证性，而是让用户选择谁看到、看到什么、何时看到，以及为什么看到。同时，Railgun 在隐私和匿名的基础上提供了一套可以直接部署在以太坊上的应用适配器（Adapt Modules）。

1. 工作原理

Railgun 由以下三大关键功能组件组成，这三大功能的实现全部基于 ZKP。

（1）add（添加）。将资产转入 Railgun 并生成一个代表所有资产及其所有者的零知识票据（note），该操作本身并不保证隐私性，因为它起始于 Railgun 系统之外，但这是实现隐私的第一步。这个票据随后被添加进动态池。

（2）split（拆分）。将一个或多个零知识票据拆分成两个票据。输入票据（input note）从动态池移入静态池，输出票据（output note）被放入动态池。这一切行为均基于零知识，即用户在不透露票据内容和自己身份的前提下，证明自己是输入票据的所有者，且该输入票据之前从未被使用过。也可以通过为新生成的票据设置一个不同的所有者来拆分转移资金，这有助于隐藏拆分的真实目的。

（3）remove（移除）。通过销毁票据，将资产从 Railgun 转到任意地址，该操作同样基于零知识，即用户在不公开票据内容或自己身份的前提下，证明自己是被销毁票据的所有者。然而，由于资金接收者位于 Railgun 系统外部，所以该操作会公开资金的转入地址及金额，但不会公开转出资金用户的身份，区块链上的其他用户只知道资金是从

Railgun 系统转出的。

上述操作的隐私性和匿名性程度各不相同，必要时，用户可以根据需要选择某类操作以减少 Gas 费用，用户还可以将多个操作打包进同一个证明，以减少 Gas 费用。

2. ZKP 的效用

Railgun 在系统中使用了大量的 ZKP 程序，包含公共输入和隐私输入。Railgun 系统的公共输入内容见表 5-15，隐私输入内容见表 5-16。

表 5-15　Railgun 系统的公共输入内容

公共输入
令牌 ID
存入金额
提款金额
Markle 根
Nullifier
输出 UTXO 哈希
加密的输出 UTXO *只能由接收者解密
TokenID（可选） *如果存入或提取金额不为零，TokenID 必须公开，但如果存入或提取金额均为零，则必须保证隐私性
提取地址（可选） *如果提取金额不为零，则地址必须公开

表 5-16　Railgun 系统的隐私输入内容

隐私输入
输入金额
Spending Key（UTXO 私钥）
Merkle 隶属证明
接收者公钥
输出金额

通过这些输入，零知识程序将验证以下内容：

（1）验证“存入金额 + 输入金额 = 提取金额 + 输出金额”是否成立，确保没人可以凭空捏造代币数量。

（2）利用 Merkle 根和 Merkle 隶属证明，验证输入票据存在于 Merkle 树中。

（3）验证 Spending Key 对输入票据是有效的，因为只有凭票据的私钥才可以消费票据并验证 Nullifier 的值是正确的。

（4）智能合约对相关内容进行检查，以确保交易的 ZKP 是有效的、相关 Nullifier 之前从未出现过，从而避免双花问题，以及 Merkle 根是现在或过去的 Merkle 根，以防用户伪造 UTXO。

如果规定了具体的存入金额，代币会从用户的钱包转到智能合约；如果规定了具体的提取金额，代币会从智能合约转到公开输入中指定的用户钱包地址。然后，输出 UTXO 的哈希值会被添加进 Merkle 树，以便在将来消费 UTXO。

让我们来看看 Alice 和 Bob 是如何交换代币的。

（1）Alice 希望以 100 USDT 的价格出售 100 USDC，于是生成一个表示自己可消费 100 USDT 的票据（“票据 A”）。

（2）Bob 希望以 100 USDC 的价格出售 100 USDT，于是生成一个表示自己可消费 100 USDC 的票据（“票据 B”）。

（3）Alice 将票据 A 发送给 Bob，Bob 将票据 B 发送给 Alice。

（4）Alice 为票据 B 创建一个 Adapt ID 为承诺 A 哈希值的证明（“证明 A”）。

（5）Bob 为票据 A 创建一个 Adapt ID 为承诺 B 哈希值的证明（“证明 B”）。

（6）Bob 将证明 B 发送给 Alice，Alice 将证明 A 发送给 Bob，之后，Alice 或 Bob 将两个证明发送给双方共同的中继器（Relayer）。

（7）Alice（通过中继器）将两个证明提交至 Swap 模块。Swap 模块检查证明 A 的 Adapt ID 与证明 B 中的某个票据的哈希值是否一致，以及证明 B 的 Adapt ID 与证明 A 中的某个票据的哈希值是否一致。如果一致，则将两个证明提交至 Railgun 系统用于执行原子交易。如果不一致，则撤回交易。

第 6 章

Web 3 之外的零知识证明

2023 年 9 月，Zero Knowledge Community 对社区成员展开了一项调研，“在 ZK 中，你最关注的主题是什么？”调研结果如图 6-1 所示。

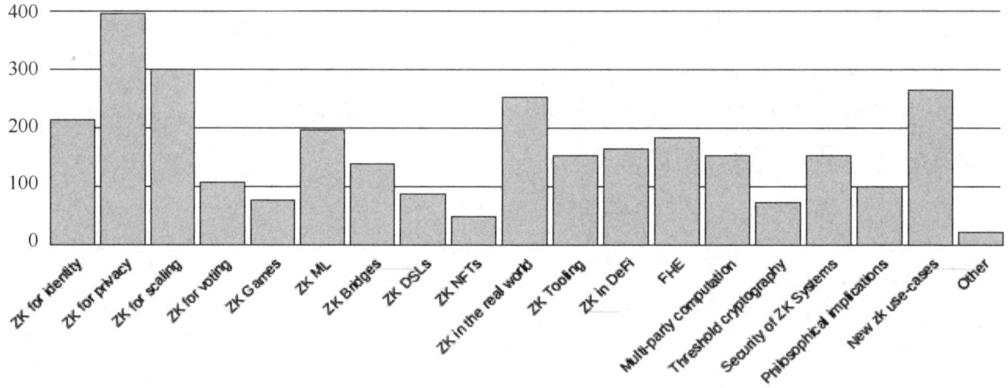

图 6-1　Zero Knowledge Community 社区成员调研结果

从调研结果中我们可以看到：

隐私保护是首要问题。ZK 技术在隐私保护方面的关注度排名第一，得到了 12.90%的关注度，这表明人们非常希望利用 ZK 技术来保护他们在各种应用程序中的隐私。

扩展性是热门话题。ZK 技术在扩展性方面的关注度排名第二，得到了 9.46%的关注度，这表明可扩展性是许多人关心的重要问题，并且人们渴望探索如何使用 ZK 技术应对这个挑战。

身份验证和新的 ZK 用例也引起了关注。身份验证和新的 ZK 用例分别以 8.86%和 8.76%的关注度排名第三位和第四位，这表明人们有兴趣探索如何将 ZK 技术用于身份验证和其他新兴的领域。

作为一项充满挑战的技术，ZK 可以捕获的价值不仅来自 Web 3 领域，也来自现实世界的其他领域。

6.1　零知识证明赋能生成式 AI

AI 和 Web 3 在底层逻辑上有些冲突。AI 大模型需要的大量资源使得 AI 从训练到运营都十分中心化，而基于区块链构建的 Web 3 则更重视去中心化与公开透明。在这个层面，AI 和 Web 3 的结合比较困难，但可以互相补充，成为彼此“痛点”的解决方案。

在基础设施层，Web 3 的去中心化机制可以从底层解决当下 AI 存在的风险与问题，例如，隐私保护、数据滥用等，为 AI 发展的必备要素如算力、数据等提供去中心化的市场，最大化地利用闲置资源，优化资源利用与配置，助推 AI 大模型及其应用的发展。

在应用层，AI 可以加快 Web 3 应用的发展与普及。一方面，AI 作为生产力工具可以帮助 Web 3 应用大幅提高开发速度，另一方面，AI 作为知识引擎又能降低用户与 DApp 的交互和学习成本，帮助更多用户进入 Web 3 领域。生成式 AI 还可以为 Web 3 的应用带来新的叙事，例如，在游戏、社交等生态中植入虚拟人、角色 AI 等新锐元素，开发全新的玩法。

机器学习（Machine Learning，ML），是 AI 的一个子领域，专注于开发能够让计算机从数据中学习并进行预测或决策的算法和统计模型。ML 包含训练数据、模型架构、模型参数 3 个主要部分。在模型的训练和推理阶段，有大量的信任问题需要解决，例如，缺乏透明度、数据隐私问题。ZK 技术与 AI 的融合，催生了零知识机器学习（Zero-Knowledge Machine Learning，ZKML），它将零知识证明的隐私保护和验证能力与机器学习的数据处理和决策能力结合起来，已经引起了广泛关注，同时也有了许多常见的应用场景。图 6-2 给出了 ZKML 的生态体系。

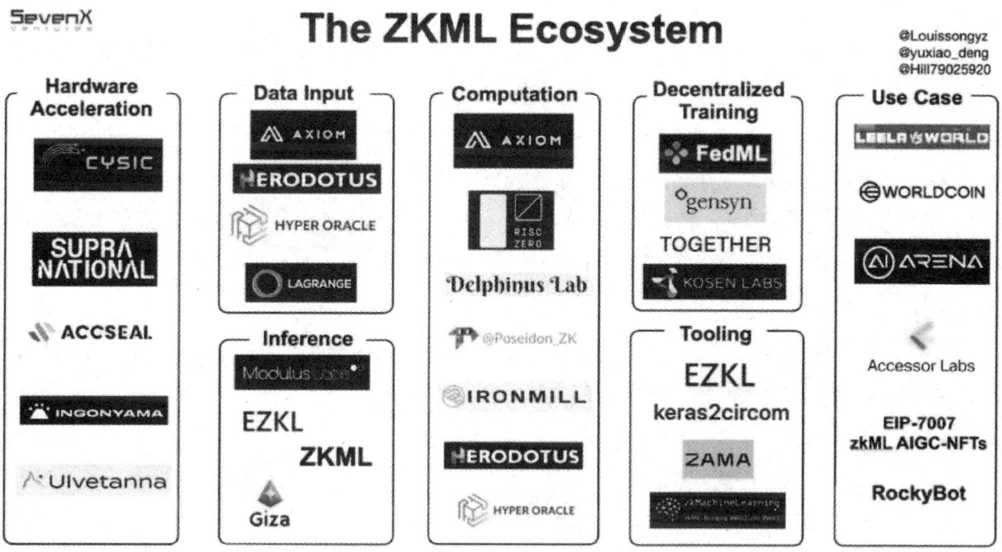

图 6-2　ZKML 的生态体系

ZKML 的生态项目大致可以分为以下 4 个类别。

（1）模型验证编译器，将模型从现有格式（如 Pytorch、ONNX 等）编译成可验证计算电路的基础设施。

（2）通用证明系统，为验证任意计算轨迹而构建的证明系统。

（3）ZKML 特定证明系统，专门为验证 ML 模型的计算轨迹而构建的证明系统。

（4）应用程序，处理 ZKML 用例的项目。

6.1.1 为 ML 上链提供基础设施

在链下已经较为成熟的 ML 之所以刚刚进军链上，是因为区块链的算力成本过高。很多 ML 项目因算力限制无法直接在以 EVM 为代表的区块链环境下运行。同时，虽然 ZK 的有效性验证比重复计算效率更高，但这种优势仅限于区块链原生的交易数据处理。当 ZK 本就复杂的密码学运算和 ML 的大量运算叠加在一起时，区块链的低效问题便暴露出来。

2023 年 1 月，Modulus Labs 发布了“智能成本”，这是第一篇关于“跨通用 AI 原语套件对 ZK 证明系统进行基准测试的工作”的论文。他们的假设是，如果 ZK-Rollup 准备好广泛解决以太坊的计算成本问题，它是否也可以将 AI 上链呢？

ZK-SNARK 的出现可以缓解 ML 的高算力需求问题，但即使是一个小型的人工智能模型，SNARK 也是极其昂贵和耗时的。Modulus Labs 的研究表明，利用 Plonky2 的递归结构可以进一步压缩成本。Modulus Labs 正在开发的 Leela VS the World 是第一款链上 AI 游戏，它是一种国际象棋游戏，所有人都可以与经验丰富的 Leela 国际象棋引擎实现对决。

ZK 对 ML 的赋能主要体现在 ML 全过程的 ZKP 实现上，需要解决的问题是将两者的数据形态对接，以及为 ZKP 过程提供算力。

（1）ZK 硬件加速。ML 的 ZK 证明较为复杂，这需要硬件辅助链上算力加速证明计算。这类项目包括 Cysic、Ulvetanna、Ingonyama、Supranational 和 Accseal。

（2）ML 链上数据处理。将链上数据处理为可进入 ML 训练的数据形式，并帮助 ML 的输出结果更方便从链上访问。这类项目包括 Axiom、Herodotus、Lagrange 和 Hyper Oracle。

（3）ML 计算电路化。ML 计算模式与 ZK 的链上电路化证明有些差异，ML 上链必须将其计算模式转化为能被区块链 ZK 处理的电路形式。这类项目包括 Modulus Labs、Jason Morton 和 Giza。

（4）ML 结果的 ZK 证明。ML 的信任证明问题需要由链上 ZK 解决。基于 ZK-SNARK 构建在 Risc Zero 或 Nil Foundation 上的应用就可以实现模型真实性证明。这类项目包括 RISC Zero、Axiom、Herodotus、Delphinus Lab、Hyper Oracle、Poseidon ZKP 和 IronMill。

6.1.2　实现信任证明

ZKML 可用于确保机器学习模型的一致性。这对用户确保模型提供者不会懒惰地使用较便宜的模型或被黑客攻击是非常重要的。如果没有证据，我们就无法知道模型的提供者是否为用户提供了较便宜的模型，例如，模型的提供者想要节省服务器成本并提高他们的利润率，而实际上用户已经支付了更昂贵的模型费用。

Daniel Kang 等研究者构建了一种基于 SNARK 的方案，允许模型使用者向模型提交数据，模型使用者将数据输入模型后会收到数据已提交模型并已运行的证明。这个方案允许 MLaaS[1]提供商事后证明模型已经被正确执行，因此模型使用者可以基于自己的意愿验证预测。但是，现有的 ZK-SNARK 可能需要长达两天时间的计算来验证单个 ML 模型预测。Daniel Kang 等人还在进一步优化此方案。

如何使用 ZK-SNARK 来验证 ML 模型的准确性？首先，模型提供者（MP）拥有他们希望向模型消费者（MC）提供的模型原始设置。MC 希望验证模型的准确性，以确保 MP 没有恶意、懒惰或其他错误（例如，服务代码中存在错误）。为了验证模型的准确性，MP 将通过哈希权重来提交模型。其次，MC 将向 MP 发送测试集，MP 将在该测试集上提供输出和正确执行的 ZK-SNARK 证明。通过在测试集上验证 ZK-SNARK，MC 可以确信 MP 已正确执行模型。最后，在验证了模型的准确性后，MC 可以购买模型或使用 MP 作为 MLaaS 提供商。图 6-3 给出了一个相应的应用场景。

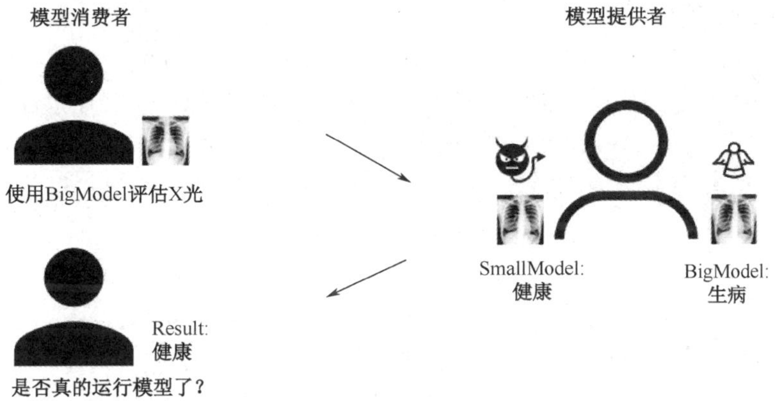

图 6-3　模型消费者验证推理结果的应用场景

6.1.3　开拓游戏新属性

在游戏架构方面，ZKP 通过最小化存储在中心化服务器上的敏感数据，对在线多人游戏产生了重大影响，降低了维护客户/服务器架构的费用。此外，ZKP 加强了点对点（P2P）游戏系统的隐私保护和安全性，消除了对昂贵服务器的需求，同时确保游戏内事

[1] MLaaS，Machine Learning as a Service，机器学习即服务。

件的真实性并防止作弊。

ZKP 还通过减少客户端—服务器架构中的服务器开销，并在 P2P 多人游戏中启用可验证的游戏操作证明来解决游戏可扩展性问题。这增加了并发玩家数量，带来了更愉快的游戏体验并吸引了更广大的玩家群体参与。

就游戏玩法而言，ZKP 为各类型游戏提供了解决方案。在第一人称射击游戏（First Person Shooter，FPS）中，ZKP 可以在不泄露敏感信息的情况下验证玩家的技能水平，从而提高匹配的准确性。在大型多人在线角色扮演游戏（Massively Multiplayer Online Role Playing Game，MMORPG）中，ZKP 可以确保虚拟资产的所有权安全和交换安全，从而为不同游戏创建统一的经济体系。

Dark Forest（黑暗森林）是一款基于以太坊和 Gnosis 构建的去中心化实时策略（Real Time Strategy，RTS）全链游戏，该游戏是一款“战争迷雾”大型多人在线（Massively Multiplayer Online，MMO）链游。

“战争迷雾”是游戏玩家司空见惯的一种机制，“星际争霸”“魔兽争霸 3”都采用了这种机制，其信息隐藏是通过战争迷雾来实现的——游戏地图上的区域会被遮蔽，直至被玩家发现。Web 2 游戏的战争迷雾依靠视野、地形、探索、天气等因素综合实现，Dark Forest 则巧妙地搭建了一个去中心化的加密黑暗森林，利用 ZKP 技术让玩家的动作细节可以被精确地验证，但该动作可以对其他玩家隐藏。因此，虽然 Dark Forest 是全链游戏，但是它具有机密性，所以也可以被称为不完全信息博弈游戏。

Dark Forest 的创新之处在于它把这种不完全信息博弈游戏上链，在将有效的行为作为公开信息发送的同时，每个玩家都保持着私密状态。

玩家无须将征服的行星坐标发送到智能合约，只需要“claim”行星位置（通过对行星坐标进行哈希处理），以及哈希有效的零知识证明，就能保证行星位置的非公开性。当玩家移动时，他们会发送他们离开的行星哈希值和目的地的哈希值，以及证明这是有效行为的零知识证明。实现过程可以参考图 6-4。

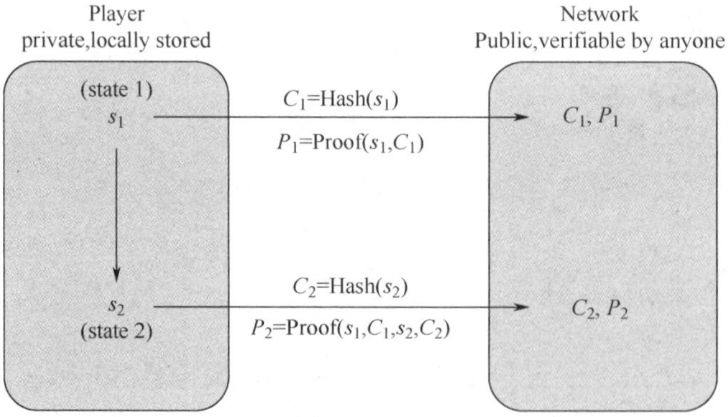

图 6-4　Dark Forest 的零知识隐私实现过程

从玩家视角看，宇宙的完整状态并没有被完全展现出来，只能通过星图的探索找到其他玩家。在探索星图的过程中由于无法提前预知目的地信息，所以玩家的决策仅在当下是最优解，每当探索出新的星球或“神器”时，玩家就需要根据当下所有信息重新进行分析和决策。

6.2　抵抗虚假信息

6.2.1　音频的 ZK 证明

生成式 AI 可以深度伪造特定人的声音。这将带来欺诈、身份盗用，以及其他滥用问题。如果要消除这种伪造，就需要有个可靠的设备，来实现从最初音频捕获到最终声音播放的全过程。这种可靠的设备可以通过使用 ZKP 技术实现，整个过程主要解决以下两个问题。

（1）音频采集。认证麦克风可解决可信音频采集问题。认证麦克风会对所采集的音频信号进行密码学签名。即使借助 AI 工具，该签名也不可被伪造。借助该签名，任何人都可验证该签名源自特定麦克风。为验证该音频源自特定的个人，这个人可公开其认证麦克风的公钥。当前还没有被认证过的麦克风。

（2）音频编辑。在通过认证麦克风采集到原始音频后，可能需要秘密地对其进行编辑。因为情报机构可根据背景声音来定位，所以为保证隐私性需要去掉背景噪音，或者剪掉某些敏感信息。ZK-SNARK 可提供计算完整性证明。ZK-SNARK 支持在不泄露原始音频的情况下对音频进行秘密编辑。与密码学签名类似，ZK-SNARK 也不可伪造，从而可将信任链扩展到音频编辑环节。

ZK Microphone 项目基于 ZK 技术构建了全套解决方案来实现上述功能。在一个安全的隔离环境中，ZK Microphone 存储了一个用于数字签名的密钥，这个密钥可以保证录制音频的硬件真实性，也就是确保音频确实是在那个硬件麦克风上录制的。此外，ZK Microphone 还包含一个基于 SNARK 的音频编辑软件，可以应用一系列音频转换，以数字签名和隐私保护的方式证明使用硬件数字签名的音频已经被转换为编辑后的音频，其总体架构如图 6-5 所示。

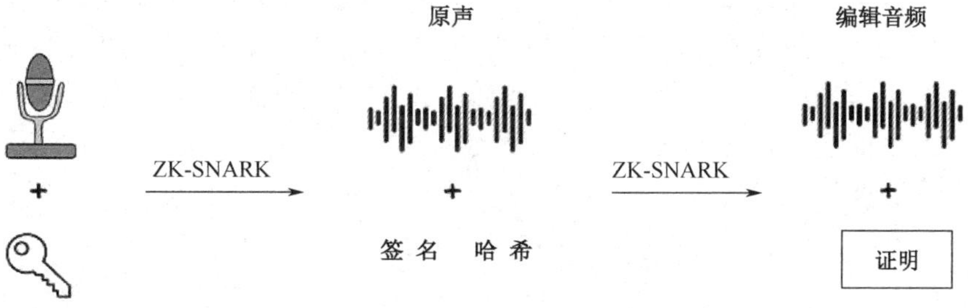

图 6-5　ZK Microphone 总体架构

如图 6-5 所示，捕获音频后的第一步是生成签名。由于目前没有经过认证的麦克风，因此实验者使用以太坊钱包地址私钥对原始音频的哈希值进行签名（任何人都可以验证实验者使用私钥生成的签名）。私钥必须保持隐藏状态。硬件制造商可以在将私钥放置于设备后再将其销毁。这样一来，私钥就无法被访问了。

在软件层，软件对音频及其硬件数字签名进行编辑。每次编辑对应以 Noir[1]编写的 ZK-SNARK proof。具体的编辑操作为 SNARK proof 的隐私输入，且不泄露原始的音频信息，同时在不牺牲安全性的情况下，基于音频 Hash 快速生成 proof。

最后将 proof、签名、编辑后的音频存储于 IPFS 中，这样可在 Layer 1 或 Layer 2 上验证签名及 proof。这使得在保留硬件签名的情况下，第三方用户可验证编辑后的音频。图 6-6 展示了基于 ZK-SNARK 实现音频 ZK 证明的步骤。

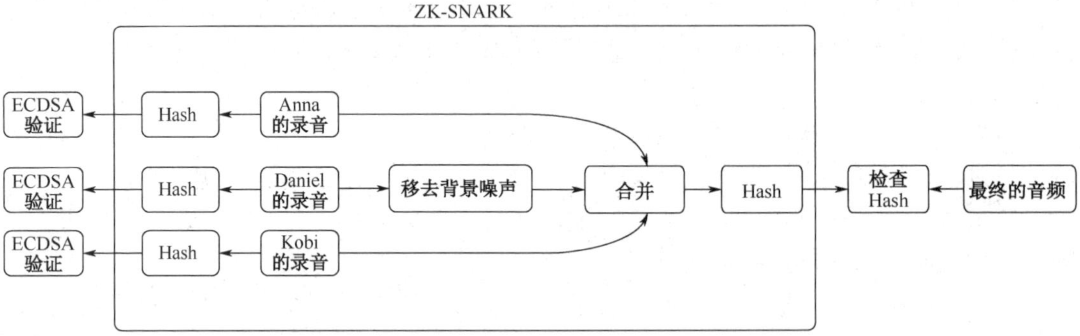

图 6-6　基于 ZK-SNARK 实现音频 ZK 证明的步骤

图片来源：medium.com 网站。

随着人工智能生成音频的兴起，建立这种信任的需求也越来越多。经过认证的麦克风和 ZK-SNARK 可以在保护隐私的同时提供音频信任。

6.2.2　新闻照片的 ZK 证明

在海量网络信息里，辨别虚假信息对普通用户来说是一件很难的事情。即便在专业的新闻领域，造假也并不少见。事件的瞬息万变使得社交媒体不可避免地出现误导性图像，而相信图像是真实的人则很容易主动分享这些内容。

在理想情况下，照片应该带有地理位置、时间戳，以及该信息真实性的证据。当用户在网络新闻中看到照片时，他们应该可以使用照片提供的证据来验证照片的拍摄时间和地点，而无须信任发布者。这种验证可以通过浏览器扩展之类的工具来执行，而 ZKP 可以帮助实现这样的设想。

[1] Noir 是由 Aztec 基于 Rust 开发的开源 DSL（Distributed System Library），旨在简化 ZK 电路和 ZK 程序的建立，被认为是最易入门的语言之一，适用于编写与任何证明系统兼容的 ZK 应用程序。Noir 提供了类似 Rust 的高阶语法，将加密安全性抽象化，使用者无须深入了解加密学知识。简化了加密基本原语的使用，同时保持高效能。

内容来源和真实性联盟 C2PA[1]提出了一个标准来验证图像来源，即相机对拍摄的每张照片，以及有关该照片的一系列声明（如位置、时间戳）进行“数字签名”。但是，当照片发布在新闻报道中时通常会被编辑，例如，裁剪或调整大小等，而一旦被编辑，公众就无法再验证原始图像上的签名了。C2PA 提出的标准中指出，应当支持对已发生的编辑行为签名，让公众可以验证这些签名，以验证所发布的照片及编辑工作的真实性。

这种方法存在的一个问题是，它依赖信任编辑软件来签署编辑是否真实。如果有人从编辑软件中提取了签名密钥，他就可以为他想要的任何图像生成有效签名，同时仍然遵循 C2PA 标准。因此，我们需要一种验证方法让观众可以确信原始未编辑的照片已被正确签名、是在声称的时间和地点拍摄的，并且仅对签名照片进行了允许的编辑，例如，裁剪、调整大小和灰度。该方案的安全性不应依赖编辑软件。

为了证明已被编辑的照片的出处，我们使用简洁的 ZKP 技术来解决 C2PA 标准带来的信任问题。具体方法如下。

新闻中显示的每张照片都将附有其元数据（如位置和时间戳）、对原始照片所做编辑的描述，以及简洁的 ZKP。并且证明者应能证明以下内容：

（1）知道一张由 C2PA 相机正确签名的未经编辑的照片。

（2）未经编辑的签名照片上的元数据与公开照片所附的元数据相同。

（3）新闻是将所声称的编辑应用于未经编辑的照片的结果。

仅当照片附带有效的 ZKP，并且对原始照片进行的编辑操作是“允许的”时，观众才会认为照片是真实的。

2016 年，Naveh 和 Tromer 对各种照片编辑操作实现了 ZKP，包括裁剪、转置、翻转、旋转和调整对比度/亮度。虽然这项工作证明了为图像编辑编写 ZKP 的可行性，但实现证明的时间太长，并不实用。经过优化后，研究者构建了在可接受的时间内生成用于图像编辑的 ZKP。

研究者构建了“裁剪校样证明生成程序”和“灰度校样生成程序”。新照片在裁剪范围内与原始照片具有相同的 RGB 值。表 6-1 显示了裁剪校样证明生成程序的时序结果。

表 6-1 裁剪校样证明生成程序的时序结果

原始尺寸（像素×像素）	调整后尺寸（像素×像素）	见证生成时间（秒）	证明生成时间（秒）
3000×3000	1500×1500	60.45	0.30
4000×4000	2000×2000	103.18	0.29
6632×4976	2048×1363	186.15	0.32

灰度校样生成程序可以通过将 Photoshop 使用的标准灰度计算应用于原始照片的 RGB 值来获得新照片的 RGB 值。新照片的 RGB 值是通过对原始照片 RGB 值进行加

[1] C2PA，Coalition for Content Provenance and Authenticity，内容来源和真实性联盟。创建于 2021 年，试图通过一套新的技术标准和开源代码，明确且安全地标注内容来源。

权线性组合获得的。表 6-2 显示了灰度校样生成程序的时序结果。

表 6-2　灰度校样生成程序的时序结果

宽度（像素）	高度（像素）	见证生成时间（秒）	证明生成时间（秒）
1500	1500	25.55	0.30
2048	1363	30.30	0.29
2000	2000	39.65	0.30

6.3　分布式智能电网的安全控制

过去，我国能源以煤为主，煤电大机组的高效决定了其设施越来越大型化，能源系统的管理越来越集中化。在“双碳”背景下，我国可再生能源技术加速发展，但风电和太阳能等可再生能源本身能量密度低，具有分散性和不确定性。

从物理形态上看，分布式电源[1]发展呈现分布广泛化、多元集成化和管理平台化趋势。分布式电源的广泛接入将打破传统电力系统集中式、大机组的供电方式。35 kV 及以下电压等级电网中电源装机容量占比如图 6-7 所示。为满足大量分布式电源的接入需求，传统电力系统将加快向新一代电力控制系统转换，这也将带来信息接入、运行检修等现实问题，而这些问题考验着电网的灵活性、安全性及可靠性。

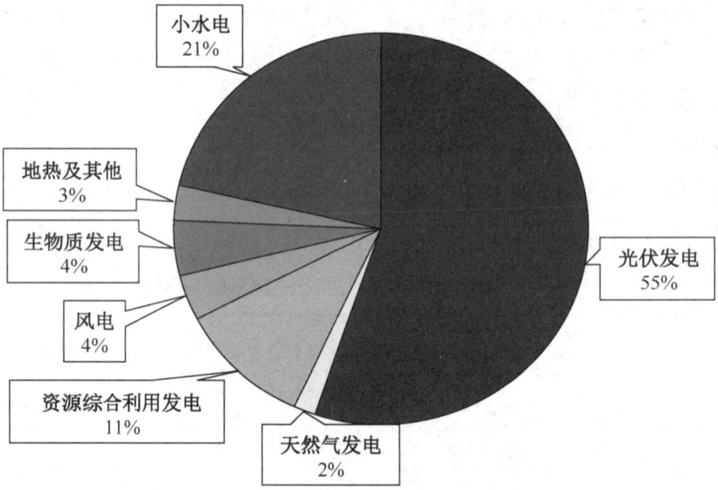

图 6-7　35 kV 及以下电压等级电网中电源装机容量占比

[1] 分布式电源是指功率为数 kW 至 50 MW 小型模块式的、与环境兼容的独立电源。这些电源由电力部门、电力用户或第三方所有，以满足电力系统和用户特定的要求。如调峰、为边远用户或商业区和居民区供电、降低输变电投资、提高供电可靠性等。

目前该领域的研究多集中于分布式控制器的设计，因为我们假设了本地控制器能够从通信通道正确地接收数据并且能够正确地执行命令。但是这个假设是有风险的，正确执行是建立在对安全通信和计算的信任之上的。因此，有研究者通过 ZKP 技术验证控制算法的计算完整性，从而确保电网正确、高效运行。这些控制算法在分布式能源、电动汽车和智能负载的快速集成中也将发挥巨大作用。

大多数控制器是通过网络或通信系统交换指令来控制物理能源系统的，因此控制算法构成了能源系统的网络层和物理层的关键交互层。对网络层的攻击，如恶意数据、数据延迟，可能会对控制层的正确执行产生影响，并导致大规模的物理系统中断。为了保护系统免受此类威胁，传统的能源系统网络安全机制主要侧重于监控和数据采集。

研究者通过构建使用 ZKP 技术的验证框架为电网的控制层提供更高的安全性。例如，在电网控制中，接收设备的电压设定值可以由发送设备上执行的控制算法生成，同时，接收设备还会收到关于设定值的正确计算的零知识证明。由于没有“知识”作为证明的一部分被传输，因此网络上的恶意设备不能重新创建计算证明。这保障了验证控制算法的计算完整性，有助于预防和检测控制层的攻击。

在这个研究中，研究者使用了 ZK-STARK 框架，验证基于梯度的控制算法。由于 ZK-STARK 框架不能直接应用于动态控制器，研究者提出了两阶段验证框架——在线阶段和离线阶段。在线阶段可以为验证者完成实时的逻辑检查，离线阶段则涉及更为复杂的验证。

如图 6-8 所示，第一步确定需要验证的控制算法。这可以理解为通过 ZK-STARK 实现计算完整性声明。与其他 ZKP 类似，ZK-STARK 框架旨在通过将计算完整性语句转化为有限域上的多项式来验证该语句。然后，将计算完整性语句，以及用于计算的执行跟

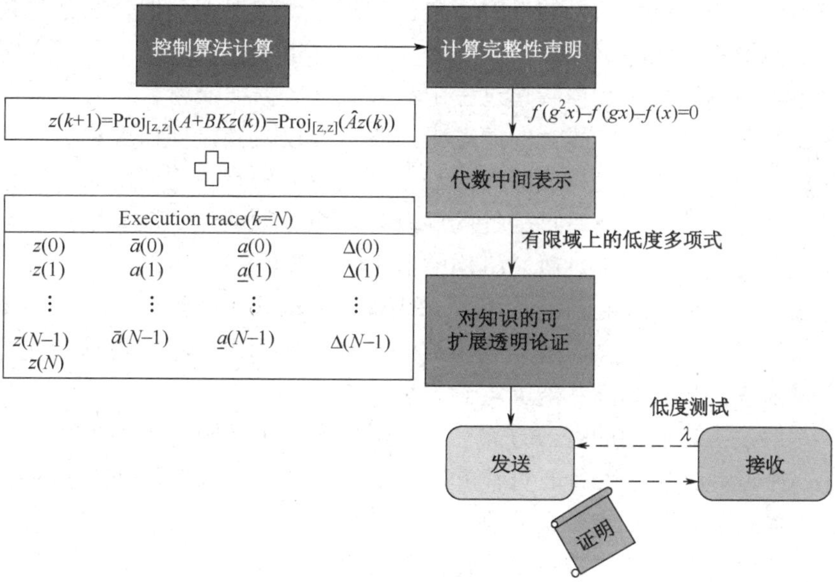

图 6-8　ZK-STARK 框架

踪转化为低次多项式。最后，在 ZK-STARK 框架的低复杂度验证部分，验证器通过对证明者的随机查询来验证表示计算或一组计算的多项式是否具有足够的低度。如果证明者可以通过一组有限的随机查询向验证者证明有限域上多项式是低次的，则认为该计算是经过验证的。

电网控制系统（如高级配电管理系统和分布式能源管理系统）可以以此实施固有安全的电网控制[1]。

6.4 医疗数据保护与安全共享

在医疗保健行业，许多费时费力的调查都源于缺乏信任。保险公司的医疗理赔，往往需要患者和医院提供大量的文件和信息；患者希望医生有合法的行医执照，没有发生过医疗事故或其他不当的历史行为；医生在接收患者时，需要详尽地了解患者的病史。我们也曾看到过这样的报道，病人因为个人隐私的考量，没有如实地告知医生自己患有某类传染性疾病，从而让医生在诊疗过程中面临巨大风险。在此背景下，在医疗保健领域引入 ZKP 将有助于患者数据的共享、隐私保护，以及诊疗流程优化。

6.4.1 医疗数据安全共享

我们以某医疗数据安全共享方案为例，介绍 ZKP 在其中的作用。

患者出于保护个人隐私的目的，希望自己的医疗数据保密，但是在某些条件下，例如，支付一定的报酬，他们仍愿意向疾病研究机构等组织授权披露部分私人医疗数据。即便如此，患者仍然担心在数据共享过程中私人医疗数据被泄露。

这里存在的第一个具有挑战性的问题是，除了授权机构，任何人都无法访问患者的私人医疗数据。同时，研究机构或医疗组织希望获得他们真正需要的医疗数据，而不是无关的信息。存在的第二个具有挑战性的问题是，患者如何在不泄露任何隐私的情况下向研究机构证明他们的数据满足研究机构的需求。

此外，出于权威或商业利益的考虑，一些研究机构或医疗组织希望按照事先达成的协议独占特定患者的医疗数据。他们期望这些患者向他们提供医疗数据的交易能够被记录和承认，但前提是患者的隐私能够得到保护。

区块链是解决上述问题的有效方案，并已经应用于电子政务等多种场景。ZKP 可以用来解决第二个问题，其作用是证明者可以让验证者相信断言是正确的（满足需求），而不需要向验证者提供任何私人数据信息。

如图 6-9 所示，基于区块链的隐私保护和安全数据共享方案共涉及 7 个实体，分别

---

[1] 更多内容可参考 *Zero-Knowledge Proof-Based Approach for Verifying the Computational Integrity of Power Grid Controls*。

为患者、医院、研究机构、私钥生成中心 PKG、半信任代理云服务器、区块链和智能合约。

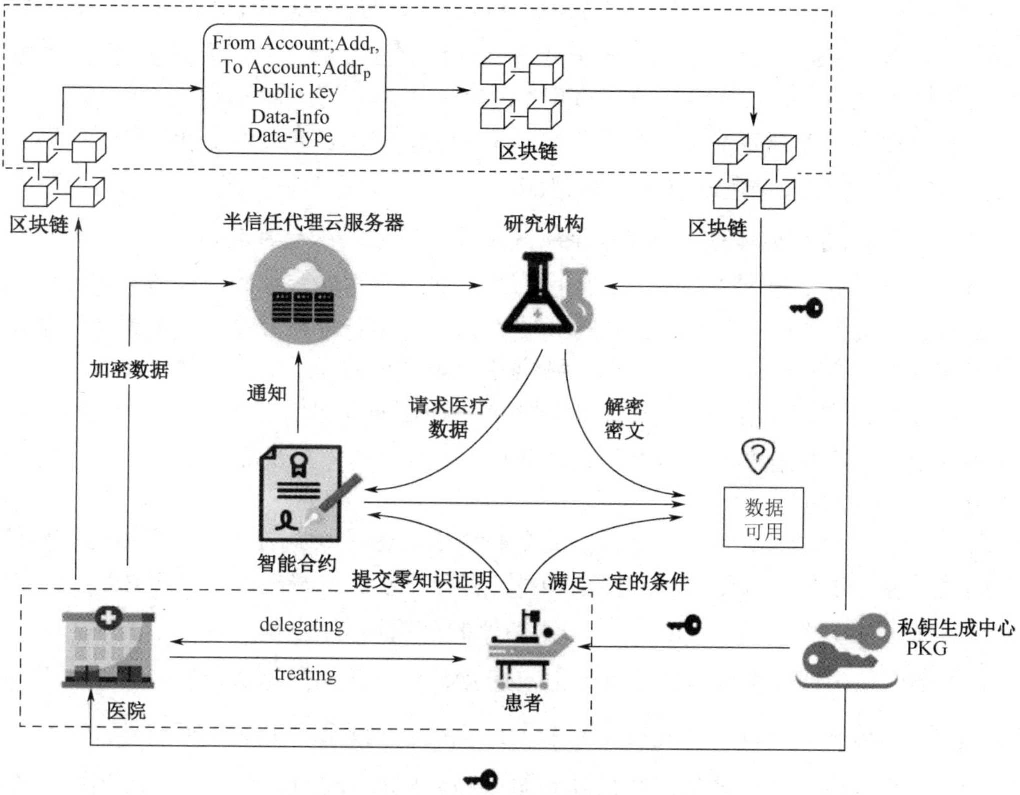

图 6-9　基于区块链的隐私保护和安全数据共享方案

作为医疗数据的实际所有者，患者应该安全地拥有、控制和有条件地共享其私人医疗数据，并在此过程中获得收益。

医院是不被完全信任的数据管理者，有时受患者委托对医疗数据进行加密并将其外包给半信任代理云服务器。

研究机构是典型的数据消费者，需要医疗数据进行健康科学研究。研究机构通常委托智能合约发布医疗数据的属性要求。他们不相信患者提供的医疗数据能够满足其要求，希望通过智能合约确信数据的有效性和可用性。

私钥生成中心 PKG 作为完全可信的实体，负责生成主密钥、系统参数，并将公钥和私钥分发给患者、医院（如果需要）和研究机构。

半信任代理云服务器是半可信实体，负责存储患者的原始密文并将其转化为可通过研究机构私钥解密的中间密文。

区块链是该方案的核心。鉴于不可篡改、可追溯的特点，存储在区块链中的数据将作为证据保存。此外，它还负责执行交易的分布式共识。

智能合约提前明确医疗数据的要求、具体格式和对应的资助金额，无须第三方参与，自动判断零知识证明的有效性。

上述方案实施步骤如下。

（1）研究机构 r_i 基于满足其要求的医疗数据需求，通过 ZK-SNARK 生成零知识证明 π'，然后将零知识证明 π'、相关计算结果 R'，以及哈希值 h' 记录在智能合约中。智能合约在区块链系统中发布。同时，研究机构 r_i 将公布其要求的一些关键词。

（2）患者 p_i（或授权监督医院 h_i）执行 Encrypt 算法，通过 PK_p 对其医疗数据 D 加密，然后发送密文 C_{PK_p} 到半信任代理云服务器。

（3）患者 p_i 向区块链提交交易记录，同时执行算法对交易签名。

（4）当患者 p_i 想从研究机构 r_i 获得一些奖励而不直接暴露他的医疗数据时，他需要基于智能合约去中心化应用的计算任务构建电路 C，执行证明算法，证明基于他的医疗数据生成的可信零知识证明 π 及其医疗数据符合研究机构 r_i 公布的关键词要求。

（5）患者 p_i 向智能合约提交零知识证明 π。通过验证算法，智能合约自动将患者的零知识证明 π、计算结果 R 和哈希值 h 与研究机构给出的零知识证明 π'、计算结果 R' 和哈希值 h' 进行比较。

（6）如果零知识证明验证成功，智能合约会通知患者 p_i 执行算法，用研究机构的公钥 PK_d 生成重加密密钥 $\mathrm{RK}_{p\to d}$（转换密钥）。然后，患者 p_i 将重加密密钥 $\mathrm{RK}_{p\to d}$ 发送到半信任代理云服务器，其中 $\mathrm{RK}_{p\to d}$ 由云服务器的公钥加密。

（7）半信任代理云服务器解密重加密密钥 $\mathrm{RK}_{p\to d}$，并执行算法转换密文 C_{PK_p} 为中间密文 $C_{\mathrm{PK}_{p\to d}}$。该密文可以由研究机构 r_i 解密，代理云服务器发送密文 C_{PK_p} 到 r_i。

（8）研究机构 r_i 通过其私钥 EK_d 执行算法得到医疗数据 D。在这个过程中，半信任代理云服务器无法获取任何与明文相关的信息。

（9）智能合约将交易提交给验证节点。该交易记录了患者 p_i 和研究机构 r_i 之间的数据共享信息，并经过共识算法验证后发布在区块链上。

在该系统模型中，我们主要关注 3 个紧密相连的场景。

第一个场景，如果患者认为自己的医疗数据符合智能合约公布的要求，则 ZK-SNARK 生成的零知识证明 π 将呈现给智能合约进行判断。π 的有效性将决定供需一致的数据可用性。

一旦验证通过，智能合约将通知云服务器，第二个场景开始。此前，患者自己或授权医院加密的医疗数据已被传至云端服务器。半信任代理云服务器将根据患者提供的转换密钥将加密的医疗数据转换为中间密文。随后，中间密文将被传输给研究机构，研究机构可以用其私钥进一步解密以获得明文。

出于权威或商业利益的考虑，在第三个场景中，患者与研究机构之间的交易将进行分布式共识，并最终记录在区块链中。这意味着，如果智能合约发布的要求明确了排他性许可，则患者可能不被允许向其他研究机构提供其医疗数据。

ZKP 的验证使智能合约在不泄露患者隐私的情况下自动判断患者的医疗数据是否满

足研究机构的要求。一旦验证通过，就采用代理重加密机制将加密的医疗数据传输为只有授权研究机构才能解密的中间密文。

6.4.2 医疗数据安全采集

具有无线通信功能并与生物传感器集成的小型移动设备被用作可穿戴配件来定期收集健康数据。在理想情况下，患者可以轻松管理他们的数据，以及选择与谁共享数据。一旦患者做出了选择，被授权的医疗保健专业人员可以根据收集的数据推荐治疗方法，而患者无须前往医疗机构。移动医疗技术的使用为患者提供了便利，有利于健康监测、诊断和疾病治疗。但在带来便利的同时，也可能带来严重的隐私泄露风险。移动医疗中许多功能都是通过智能手机管理的，健康监控设备和智能手机之间的通信可能被恶意应用程序攻击或被虚假数据取代。

有研究者提出了一种基于 NIZIP（Non-Interactive Zero-Knowledge Identification Protocol，非交互零知识身份协议）的身份验证方案，这种方案是轻量级的，可以在移动医疗设备上运行，以确保合法的移动医疗设备只与官方医疗应用程序交互，而且传输、存储或共享的健康数据受到加密保护。图 6-10 给出了这种移动医疗系统的架构。

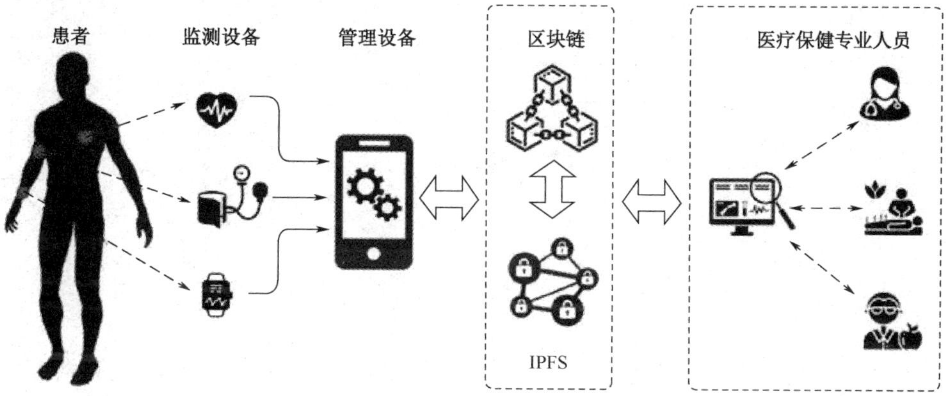

图 6-10　移动医疗系统的架构

为了帮助应对这些挑战，研究者研究了两个问题：

（1）监控设备的身份验证。

（2）数据的存储和访问控制。

能够实时收集健康数据的移动设备体积小、重量轻，可以作为配件穿戴在身上。为了实现这一点，它们所用的资源也一定是有限的，如少量的 RAM、缓慢的处理器和有限的存储空间。因此，数据收集设备通常先用患者的智能手机来预处理数据，再存储数据并与医疗保健专业人员共享。

移动医疗中很多资源都是通过智能手机来管理的，但问题也常发生在监控设备和智能手机的通信过程中。尽管设备之间的交互非常方便，但这种通信存在着严重的漏洞。蓝牙技术仅将监控设备与智能手机配对，并未将监控设备与特定应用程序关联起来。因此，任何获得通信通道使用许可的应用程序都可以访问连接到该通道的任何设备。开发一种将监控设备与官方移动医疗应用程序关联起来的程序，或许可以消除这种隐患。

研究者分析了数十个与医疗保健相关的应用程序，发现它们都缺少操作系统层面的保护，这可能导致两种可能的攻击场景，一是数据窃取攻击，二是数据注入攻击。

数据窃取攻击。智能手机上的恶意应用程序可以窃取患者的数据，前提是它具有蓝牙权限。当官方应用程序未连接到监控设备时，可能会发生恶意捕获数据的情况。在这种情况下，恶意应用程序可以仅使用其蓝牙权限和旁道信息来确定正确的下载时间。

数据注入攻击。攻击者可以使用恶意监控设备与患者的智能手机配对。例如，恶意应用程序利用其蓝牙权限收集有关合法监控设备的信息，然后攻击者利用收集到的信息（如 MAC 地址、UUID 和设备名称）克隆设备，并将克隆设备放在合法设备附近，之后智能手机与克隆设备而不是合法设备配对。在完成此操作后，克隆设备就可以将虚假数据注入官方移动医疗应用程序中。

为此，有研究者提出了轻量级的设备身份验证机制，该机制分为注册和身份验证两个步骤。

在管理设备发起连接请求后，监控设备和管理设备双方必须执行如图 6-11 的协议。

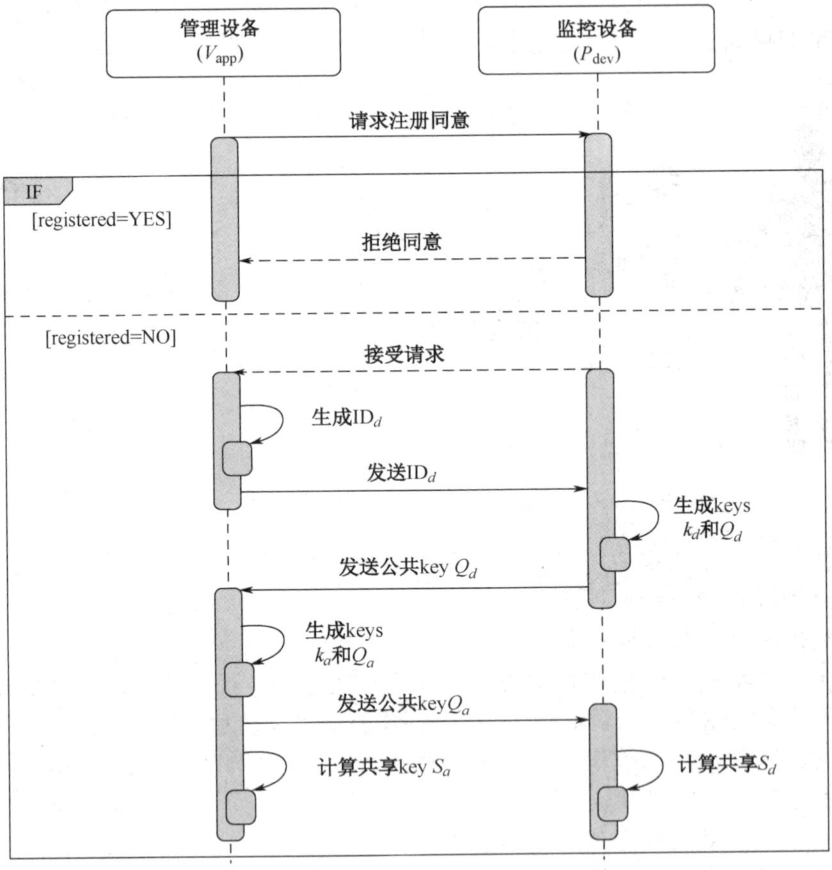

图 6-11　监控设备注册阶段工作流程

步骤 1：假设设备存在蓝牙连接，V_{app} 将请求注册同意消息发送至 P_{dev}。

步骤 2：P_{dev} 检查该 V_{app} 是否已经注册过。如果答案为“是”，则注册请求将被拒绝，因为如果再次同意该设备注册，那么这个设备将无法连接到其他应用程序。否则，到步骤 3。

步骤 3：V_{app} 生成并发送标识符 ID_d 到 P_{dev} 。

步骤 4：P_{dev} 选择一个秘密整数 $k_d \in \mathbb{F}_d$ 生成其私钥。然后通过计算 $Q_d = k_d G$ 生成其公钥，其中 $Q_d \in E(\mathbb{F}_d)$ 。

步骤 5：P_{dev} 将 Q_d 发送给 V_{app}，以允许 V_{app} 计算共享密钥。

步骤 6：V_{app} 通过随机选择秘密整数 $k_a \in \mathbb{F}_p$ 来生成其私钥，然后生成它的公钥 $Q_a = k_a G$，其中 $Q_a \in E(\mathbb{F}_p)$ 。

步骤 7：V_{app} 发送其公钥 Q_a 到 P_{dev}。

步骤 8：现在，双方都可以计算出共享密钥。V_{app} 计算 $S_a = k_a Q_d$，P_{dev} 计算 $S_d = k_d Q_a$ 。因此，共享密钥为 $S_a = S_d$ 。

在上述协议中，每个监控设备都使用 Q_d 生成的公钥，以防恶意证明者证明虚假陈述。

设备的认证流程包括 NIZKP 的生成和监控设备的数据发送，然后通过移动健康应用程序验证 NIZKP，以确保设备的合法性。图 6-12 给出了设备认证流程。

设备认证之后就开始数据的采集和传输。

步骤 1：P_{dev} 收集健康数据，用 data_{sim} 表示。

步骤 2：P_{dev} 选择一个整数 $v \in \mathbb{F}_p$，然后计算 $A = vG$ 。

步骤 3：P_{dev} 使用哈希函数 H 计算挑战值 σ 。

步骤 4：P_{dev} 以 π 响应，使得 $\pi = \text{v} + \sigma \cdot k_d \left(\text{mod}_p\right)$ 。

步骤 5：P_{dev} 加密健康数据。S_d 是 data_{enc} 的加密数据。

步骤 6：P_{dev} 申请包含 NIZKP 和加密健康数据 data_{enc} 的包 $\text{pac}_{\text{NIZKP}}$ 。

步骤 7：P_{dev} 将包 pac_{nikp} 发送给 V_{app} 。

步骤 8：V_{app} 接收包 pac_{nikp}（包含点 A 、响应 π 、 ID_d 、加密数据 data_{enc} ）。

步骤 9：V_{app} 检查 ID_d 是否来自注册设备。如果为真，则继续。

步骤 10：V_{app} 使用与 ID_d 关联的公钥 Q_d 来接受挑战。

步骤 11：V_{app} 检查点 $P = G - \sigma Q_d$，并检查 P 是否等于 A；如果 $P = A$，则 P_{dev} 为合法设备。

此方案在监控设备上运行所需的内存约 24KB，运行时间约 13 秒，有一定的实用价值。数据的存储和访问控制是基于区块链和 IPFS 实现的，此处不做赘述。

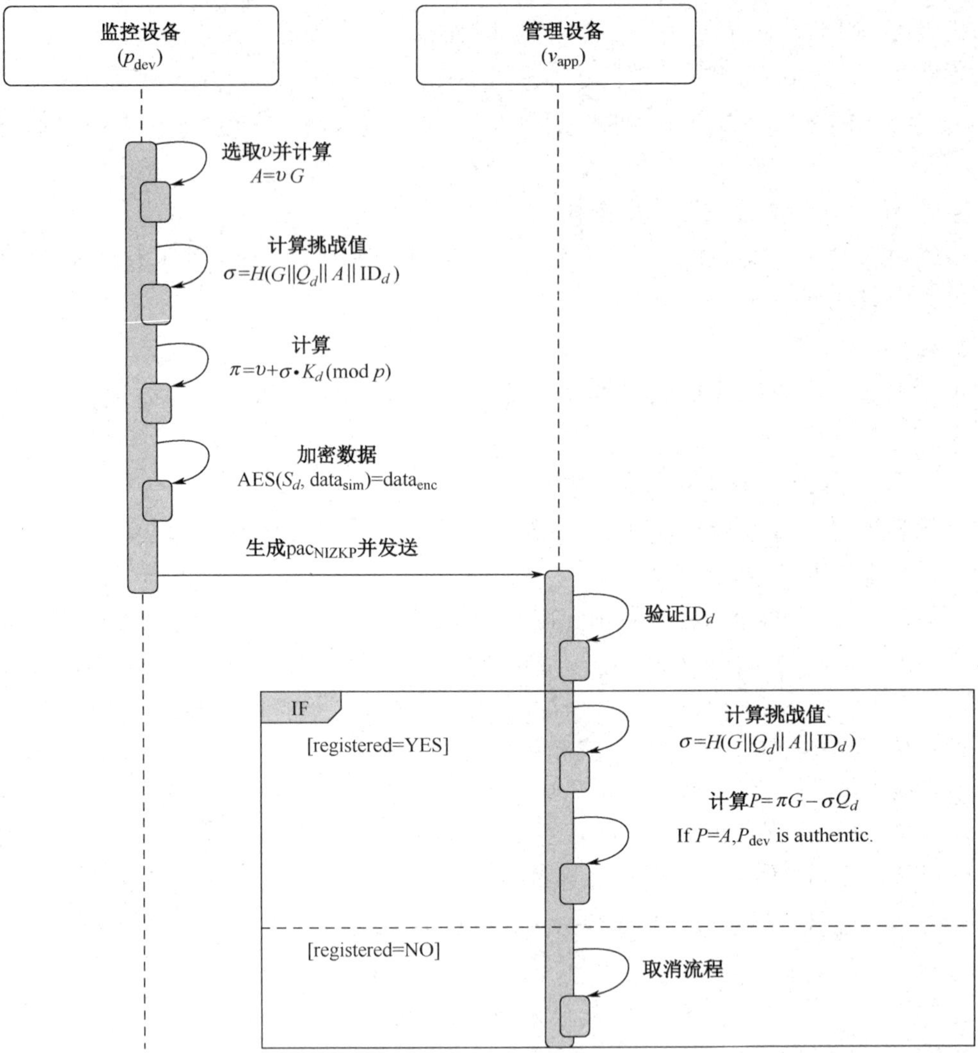
监控设备
(p_{dev})
管理设备
(v_{app})
选取υ并计算
$A=\upsilon G$
计算挑战值
$\sigma=H(G||Q_d||A||\mathrm{ID}_d)$
计算
$\pi=\upsilon+\sigma\cdot K_d(\mathrm{mod}\ p)$
加密数据
$\mathrm{AES}(S_d,\mathrm{data}_{sim})=\mathrm{data}_{enc}$
生成pac_{NIZKP}并发送
验证ID_d
IF
[registered=YES]
计算挑战值
$\sigma=H(G||Q_d||A||\mathrm{ID}_d)$
计算$P=\pi G-\sigma Q_d$
If $P=A$,P_{dev} is authentic.
[registered=NO]
取消流程

图 6-12　设备认证流程

参考文献

[1] 罗伯特•希勒. 叙事经济学[M]. 陆殷莉，译. 北京：中信出版社，2020.

[2] GAVIN Wood. Dapps: What Web 3.0 Looks Like.[EB/OL].（2014-04-17）[2022-02-09].

[3] 姚前，陈永伟，等. Web3.0：下一代互联网的变革与挑战[M]. 北京：中信出版集团，2022.

[4] 唐塔普斯科特，亚力克斯•塔普斯科特. 区块链革命：比特币底层技术如何改变货币、商业和世界[M]. 凯尔，孙铭，周沁园，译. 北京：中信出版社，2016.

[5] 高承实，王永娟，于刚. 区块链中的密码技术[M]. 杭州：浙江大学出版社，2021.

[6] PREETHI Kasireddy. The Architecture of a Web 3.0 application.[EB/OL].(2021-9-22).

[7] LD Capital. New Public Chain Evolution: the key to victory comes from top-down [EB/OL].

[8] 探索加密货币：行业地图[R]. Binance Reasearch, 2023.

[9] BURAK Arikan. A Comparison of Heterogeneous Blockchain Networks[EB/OL].(2022-4-8).

[10] ANNDY Lian. 27 组数据看懂谁是 2022 年 NFT 市场的大赢家[N]. Gryptoslate, 2023-1-1.

[11] OXSHAN, JACK Ding. 简述四大 GameFi 模式及其特点——理论研究[EB/OL].(2022-3-1).

[12] AVATAR DAO. X To Earn Track Research Report: Defining GameFi and Analyzing the Development Trends of Blockchain Games.[EB/OL].(2023-1-10).

[13] NICHANAN Kesonpat. Towards Digital Self-Sovereignty: The Web3 Identity Stack [EB/OL].(2022-11-7).

[14] OKX Ventures 团队. 重新思考预言机，看到及未被看到的[EB/OL].(2023-6-9).

[15] 祝烈煌，高峰，沈蒙，等. 区块链隐私保护研究综述[J]. 计算机研究与发展，2017, 54(10): 2170-2186.

[16] 王晨旭，程加成，桑新欣，等. 区块链数据隐私保护：研究现状与展望[J]. 计算机研究与发展，2021, 58(10): 2099-2119.

[17] 潘晨，刘志强，刘振，等. 区块链可扩展性研究：问题与方法[J]. 计算机研究与发展，2018, 55(10): 2099-2110.

[18] HUOBI Research. 全球区块链产业全景与趋势 2022—2023 年度报告[EB/OL].(2022-11-8).

[19] PATRICK Ejeke. Web3: What Is Web3? Potential of Web 3.0[M]. Independently

published.2022.

[20] ZK Validator. ZK Rewind: The Year in Recap[EB/OL].(2023-1).

[21] HU Eric.一览 Web 3 基础设施框架[EB/OL].(2022-8-9).

[22] Vitalik Buterin. An incomplete guide to stealth addresses[EB/OL].(2023-1-20).

[23] W3C.Verifiable Credentials Data Model v1.1.[EB/OL].(2022-3-3)

[24] W3C.Decentralized Identifiers(DIDs)v1.0[EB/OL].(2022-7-19).

[25] ARKSTREAM Capital.详解 ZK 在扩容和隐私保护赛道的投资机会[EB/OL]. (2022-8-9).

[26] 阿罗拉，巴拉克. 计算复杂性：现代方法[M]. 骆吉洲，译. 北京：机械工业出版社，2016.

[27] MICHAEL Sipser. 计算理论导引[M]. 段磊，唐常杰，译. 北京：机械工业出版社，2000.

[28] CHRISTOF Paar, JAN Pelzl. 深入浅出密码学——常用加密技术原理与应用[M]. 马小婷，译. 北京：清华大学出版社，2012.

[29] 胡吉振，胡典顺. 为什么要证明——基于数学史视角的回答[J]. 基础教育课程. 2020, (19): 29-34.

[30] 高强，徐心和. 时间复杂性和空间复杂性研究[J]. 智能系统学报，2014, 9(5): 529-535.

[31] 张正，张方国. 混淆电路与不可区分混淆[J]. 密码学报. 2019, 6(5): 541-560.

[32] MATTHEW Green.Zero Knowledge Proofs: An illustrated primer.[EB/OL]. (2014-11-27).

[33] MATTHEW Green. Zero Knowledge Proofs: An illustrated primer, Part 2. [EB/OL]. (2017-1-21)

[34] QUISQUATER J J, QUISQUATER M, et al. How to explain zero-knowledge protocols to your children[C]// Conference on the Theory and Application of Cryptology. New York: Springer. 1989.

[35] GOLDWASSER, SHAFI, SILVIO Micali, et al. The knowledge complexity of interactive proof systems[J]. SIAM Journal on computing, 1989: 186-208.

[36] SHAFI Goldwasser, SILVIO Micali, Probabilistic Encryption[J]. Special issue of Journal of Computer and Systems Sciences, 1984(28-2): 270-299.

[37] GOLDREICH, ODED, SILVIO Micali, et al. Proofs that yield nothing but their validity or all languages in NP have zero-knowledge proof systems[J]. Journal of the ACM (JACM), 1991: 690-728.

[38] BEN-Sasson, ELI, et al. Scalable transparent and post-quantum secure computational integrity[J]. IACR Cryptology ePrint Archive, 2018 (2018): 46.

[39] 郭宇. 初识“零知识”与“证明”[EB/OL].(2019-7-31).

[40] 郭宇. 从「模拟」理解零知识证明：平行宇宙与时光倒流[EB/OL].(2019-8-6).
[41] 郭宇. 读心术：从零知识证明中提取“知识”[EB/OL].(2019-8-28).
[42] 郭宇. 随机挑战.[EB/OL].(2019-9-8).
[43] 郭宇. 埋藏秘密.[EB/OL].(2019-9-8).
[44] JUSTIN Thaler. Proofs Arguments and Zero-Knowledge[EB/OL].(2023-7-18).
[45] NUMEN CYBER LABS.零知识证明引论 Part1[EB/OL].(2023-2-6).
[46] NUMEN CYBER LABS.零知识证明引论 Part2[EB/OL].(2023-2-15).
[47] NUMEN CYBER LABS.零知识证明引论 Part 3[EB/OL].(2023-2-15).
[48] JOSEPH Burleson, MICHELE Korver, DAN Boneh. 使用零知识证明实现加密隐私和监管合规[EB/OL].(2022-11-17).
[49] ELENA Burger. Decentralized Speed: Advances in Zero Knowledge Proofs[EB/OL].(2022-4-15).
[50] FUNDAMENTAL LABS. Incomplete Guide to ZK: Why ZK Matters？[EB/OL]. (2022-4-8).
[51] The Moon Math Manual[EB/OL].
[52] VITALIK Buterin. Quadratic Arithmetic Programs: from Zero to Hero[EB/OL]. (2016-11-12)
[53] VITALIK Buterin. ZK-SNARKs: Under the Hood. [EB/OL].(2017-2-3).
[54] 李威翰，张宗洋，周子博，等. 简洁非交互零知识证明综述[J]. 密码学报，2022, 9(3): 379-447.
[55] GOLDWASSER, SHAFI, YAEL Tauman Kalai, et al. Delegating computation: interactive proofs for muggles[J]. Journal of the ACM (JACM) 62.4 (2015): 1-64.
[56] XIE T, ZHANG J, ZHANG Y, et al. Libra: Succinct Zero-Knowledge Proofs with Optimal Prover Computation. In: Boldyreva, A., Micciancio, D. (eds) Advances in Cryptology[C]. CRYPTO 2019. Springer, 2019.
[57] PETKUS M.Why and how Zk-SNARK works[EB/OL], 2019.
[58] BEN-Sasson E, BENTOV I, HORESH Y, et al. Fast reed-solomon interactive oracle proofs of proximity[C]. ICALP 2018(107): 1-17.
[59] Inner Product Arguments[EB/OL].(2021-7-27).
[60] GRAHAM Cormode, MICHAEL Mitzenmacher, JUSTIN Thaler. Practical verified computation with streaming interactive proofs[C]. In Shafi Goldwasser, editor, ITCS, ACM, 2012.
[61] ZHANG Jiaheng, et al. Transparent polynomial delegation and its applications to zero knowledge proof[C]. 2020 IEEE Symposium on Security and Privacy (SP). IEEE, 2020.
[62] BOWE, GRIGG, Hopwood: Recursive Proof Composition without a Trusted setup[EB/OL]. (2019-10-21).

[63] CANETTI R, et al. Fiat-Shamir: from practice to theory[C]. 51st ACM STOC, ACM Press, 2019(6): 1082-1090.

[64] STEVEN Yue.浅谈零知识证明之二：简短无交互证明（SNARK）[EB/OL].(2020-6-23).

[65] STEVEN Yue.浅谈零知识证明之三：zkSNARK 证明体系的实现[EB/OL].(2020-6-26).

[66] GROTH J. On the size of pairing-based non-interactive arguments[C]//Annual international conference on the theory and applications of cryptographic techniques. Springer, Berlin, Heidelberg, 2016: 305-326.

[67] BITANSKY N, CANETTI R, CHIESA A, et al. Recursive composition and bootstrapping for SNARKS and proof-carrying data[C]. In: STOC, 2013: 111-120.

[68] BITANSKY N, CHIESA A, ISHAI Y, et al. Succinct non-interactive arguments via linear interactive proofs[C]. TCC 2013, LNCS, Springer, Heidelberg, 2013(7785): 315-333.

[69] STARKWARE. Goldwasser, Shafi, Yael Tauman Kalai[EB/OL].(2023-6-9).

[70] VITALIK Buterin. STARKs, Part I: Proofs with Polynomials[EB/OL].(2023-6-9).

[71] VITALIK Buterin. STARKs, Part II: Thank Goodness It's FRI-day[EB/OL].(2017-10-22).

[72] VITALIK Buterin. STARKs, Part 3: Into the Weeds[EB/OL].(2018-7-21).

[73] VITALIK Buterin. Understanding PLONK[EB/OL].(2019-9-22).

[74] PARNO B, HOWELL J, GENTRY C, et al. Pinocchio: Nearly practical verifiable computation[C]//2013 IEEE Symposium on Security and Privacy. IEEE, 2013: 238-252.

[75] GENNARO R, GENTRY C, PARNO B, et al. Quadratic span programs and succinct NIZKs without PCPs[C]. in EUROCRYPT (2013). Originally published as Cryptology ePrint Archive[C]. 2012.

[76] GROTH J. On the size of pairing-based non-interactive arguments[C]//Annual international conference on the theory and applications of cryptographic techniques. Springer, Berlin, Heidelberg, 2016: 305-326.

[77] GROTH J. On the size of pairing-based non-interactive arguments[C]//Annual international conference on the theory and applications of cryptographic techniques. Springer, Berlin, Heidelberg, 2016: 305-326.

[78] ARIEL Gabizon, ZACHARY J Williamson, OANA-Madalina Ciobotaru. PLONK: Permutations over Lagrange-bases for Oecumenical Noninteractive arguments of Knowledge[C]// 2019 IACR Cryptology ePrint Archive. 2019.

[79] STARKWARE. STARK Math: The Journey Begins[EB/OL].(2019-2-5).

[80] STARKWARE. Arithmetization I [EB/OL].(2019-2-20).

[81] STARKWARE. Low Degree Testing[EB/OL].(2019-3-28).

[82] MAXWELL G. Confidential transactions. 2016.

[83] PEDERSEN T. Non-interactive and information theoretic secure verifiable secret sharing[C]. In:Advances in Cryptology-CRYPTO 92.Springer Berlin Heidelberg, 1992: 129-140.

[84] BOOTLE J, CERULLI A, CHAIDOS P, et al. Efficient zero-knowledge arguments for arithmeticcircuits in the discrete log setting[C]. In Annual International Conference on the Theory and Applications of Cryptographic Techniques. Springer, 2016: 327-357.

[85] CAMENISCH J, CHAABOUNI R, SHELAT A. Efficient protocols for set membership and rangeproofs[C]. In: Advances in Cryptology-ASIACRYPT 2008. Springer Berlin Heidelberg, 2008: 234-252.

[86] BONEH D, BOYEN X. Short signatures without random oracles[C]. In: Advances in Cryptology EUROCRYPT 2004. Springer Berlin Heidelberg, 2004: 56-73.

[87] BUNZ B, BOOTLE J, BONEH D, et al. Bulletproofs: Efficient range proofs for confidentialtransactions[J].IACR Cryptology ePrint Archive, 2017.

[88] BOOTLE J. CERULLI A, CHAIDOS P, et al. Efficient zero-knowledge arguments for arithmeticcircuits in the discrete log setting[C]. In: Advances in Cryptology-EUROCRYPT 2016, Part II. SpringerBerlin Heidelberg,2016: 327-357.

[89] DAGHER G, JOSEPH Bonneau, JEREMY Clark, et al. Provisions: Privacy-preservingproofs of solvency for bitcoin exchanges (full version)[J]. Technical report, IACR Cryptology ePrintArchive, 2015.

[90] JAN Camenisch, RAFIK Chaabouni, ABHI shelat. Efficient protocols for set membership and rangeproofs[J]. Advances in Cryptology-Asiacrypt, 2008: 234-252.

[91] FIAT A, SHAMIR A. How to prove yourself: practical solutions to identification and signatureproblems[J].CRYPTO 1986: 186-194.

[92] DAN Boneh, BEN Lynn, HOVAV Shacham. Short signatures from the weil pairing[C]. In International Conference on the Theory and Application of Cryptology and Information Security, 2001: 514-532.

[93] WAGMI Ventures. Web3 Zero Knowledge Market Map[EB/OL].(2023-2-4).

[94] OLIVIA，IOSG Ventures. DID——零知识证明的第一个应用试验场[EB/OL].(2023-2-4).

[95] VITALIK Buterin.What do I think about biometric proof of personhood?[EB/OL].(2023-7-24).

[96] BLOCKTURBO.一文看懂决定 Web3 未来的账户抽象[EB/OL].(2023-9-11).

[97] IOSG Ventures.为什么我们看好零知识证明硬件加速？[EB/OL].(2022-11-22).

[98] Zero Knowledge Validator. ZK Rewind: The Year in Recap[EB/OL].(2022).

[99] Zero Knowledge Validator. Exploring ZK Bridges [EB/OL].(2022).

[100] R3PO. 我们研究了 ZK 的技术史，发现下一个千亿应用蕴藏其上[EB/OL].(2022-9-29).

[101] LOUROUND. A full research report on zkSync.[EB/OL].(2023-2-1).

[102] STARKNET Astro. What's Starknet: a diffirent zkVM tech stack[EB/OL].(2023-3-14).

[103] STARKWARE. Joining Forces: SHARP[EB/OL].(2023-7-27).

[104] SCROLL. An overview of Scroll's architecture[EB/OL].(2022-8-1).

[105] JOHN Abraham. A Visual Guide to Polygon zkEVM[EB/OL].(2023-3-16).

[106] RYAN Zarick, ISAAC Zhang.一文了解 LayerZero 如何将 IBC 带入以太坊 EVM 世界.[EB/OL].(2021-12-9).

[107] JESSE.全景解析多链格局下的跨链赛道[EB/OL].(2022-8-7).

[108] KARTHIK Inbasekar. Bridging the Multichain Universe with Zero Knowledge Proofs[EB/OL]. (2022-8-7).

[109] 田鸿飞. DID 行业研究报告[EB/OL].(2022-9-7).

[110] 读懂 Chainlink DECO：隐私保护的预言机[EB/OL].(2023-1-29).

[111] 杨歌.ZK-KYC and ZK Authentication Process[EB/OL].(2022-7-24).

[112] CHAINALYSIS TEAM.Privacy Coins 101: Anonymity-Enhanced Cryptocurrencies.[EB/OL].(2023-4-18).

[113] DAIRA Hopwood, SEAN Bowe, TAYLOR Hornby, et al. Zcash Protocol Specification [EB/OL].(2022-9-15).

[114] 胡甜媛，李泽成，李必信，等. 智能合约的合约安全和隐私安全研究综述[J]. 计算机学报，2021, 44(12).

[115] ANTONIO Tomaz, JOSE Nascimento, ABDELHAKIM Hafid, et al. Preserving Privacy in Mobile Health Systems using Non-Interactive Zero-Knowledge Proof and Blockchain[J].IEEE Access 2020.

[116] CHANG Chin-Yao, RICHARD Macwan, SINNOTT Murphy. Zero-knowledge proofbased approach for verifying the computational integrity of power grid controls[J]. arXiv preprint, 2022.

[117] DANIEL Kang. Fighting AI-generated Audio with Attested Microphones and ZK-SNARKs: the Attested Audio Experiment [EB/OL].(2023-6-13).

[118] DAN Boneh.Using ZK Proofs to Fight Disinformation[EB/OL].(2022-9-30).

[119] HUANG Haiping, ZHU Peng, XIAO Fu, et al. A blockchain-based scheme for privacy-preserving and secure sharing of medical data[J]. Computers & Security, 2020(12).

后　　记

有用、有趣、高效且有挑战的零知识证明学习之旅，到此就结束了，但零知识证明技术的发展、更多应用的出现、已有应用的更新完善，却从未停止。

零知识证明这个领域发展速度之快、变化之多、应用之广，可能是其他传统领域无法比拟的，甚至是 Web 3 其他细分领域也难以比拟的。就在本书完成初稿，做出版之前最后的修改完善时，书中所列的个别项目的官方网站，因为各种原因已经打不开了。当然，在这期间，原有的一大批项目也会有进一步的更新和完善，同时也有更多基于或使用零知识证明技术的项目和应用出现。因此，您在阅读本书的时候，书中个别项目网站可能打不开，甚至这些项目可能永远地从 Web 3 世界消失了。

对零知识证明的学习对绝大多数人来说确实是一个挑战。即使密码学专业出身的我，在零知识证明面前也会面临很多知识储备上的不足。同时，众多应用和项目纷纷涌现，也让人眼花缭乱。但在新事物面前，尤其在会产生巨大经济价值、带来生产力水平极大提升、治理秩序极大程度改善的新技术面前，人类总是善于学习的。在区块链刚刚兴起的时候，很多人可能对密码学到底是什么还不清楚，但目前这个领域的绝大部分从业者不仅知道了密码学是什么，而且对区块链使用最多的各种非对称密码、哈希函数也已经非常熟悉了，甚至一些从业者已经可以知道椭圆曲线 ECC 中 EcDSA 和 EdDSA 的专业上的区别了。随着零知识证明技术的发展、众多项目的广泛应用及其带来的巨大收益，本书所列的很多内容，自然也会成为这个领域的常识。

本书为众多从业者和爱好者提供了一个学习零知识证明的路线图，是众多从业者和爱好者进入零知识证明这个领域的一本入门读物，更多、更专业的内容还需要读者针对自己的需要，结合行业发展，自行补充学习。

本书成书过程中，薛冬梅女士帮助做了大量的工作，包括相关资料的收集整理、文字的校订、插图和表格的绘制。本书责任编辑朱雨萌老师花了大量时间精力，修正了相当多的错误，保证了此书能够以比较高的水准呈现在各位读者面前，在此一并表示感谢。零知识证明和 Web 3 对作者来说也是新鲜事物，也需要大量学习和反复消化，同时零知识证明和 Web 3 的发展也日新月异，因此本书缺点和错误在所难免，不足之处还请读者批评指正。

高承实

2024 年 4 月 5 日

反侵权盗版声明

举报电话：（010）88254396；（010）88258888
传　　真：（010）88254397
E-mail：　dbqq@phei.com.cn
通信地址：北京市万寿路 173 信箱
　　　　　电子工业出版社总编办公室
邮　　编：100036